El placebo eres tú

Joe Dispenza estudió bioquímica en la Universidad Rutgers de New Brunswick (Nueva Jersey) y es doctor en quiropráctica por la Life University de Atlanta (Georgia). Llena salas de conferencias en Estados Unidos y Europa.

Experimentó en sus propias carnes las posibilidades de la mente para influir en la materia tras sufrir un grave accidente a los veinticuatro años. Durante décadas se ha dedicado a estudiar lo que denomina neuroplasticidad o capacidad de la mente para modificar los circuitos que conectan las neuronas, lo que supone un inmenso cambio en la vida física y anímica de las personas.

Código BIC: VXA | Código BISAC: SEL021000
Diseño de cubierta: Opalworks

JOE DISPENZA

El placebo
eres tú

Descubre el poder de tu mente

Traducción de Núria Martí Pérez

Argentina • Chile • Colombia • España
Estados Unidos • México • Perú • Uruguay

Título original: *You Are the Placebo — Making Your Mind Matter*
Editor original: Hay House, California
Traducción: Núria Martí Pérez

1.ª edición en **books4pocket** junio 2025

Las ilustraciones del cuadernillo a color se obtuvieron con la colaboración de Jeffrey Fannin Ph. D. Encarecidas gracias al doctor Fannin por proporcionarnos los escáneres a color del cerebro y por contribuir a su interpretación.

Copyright © 2014 by Joe Dispenza
Originally published in 2014 by Hay House
All Rights Reserved
© 2014 de la traducción *by* Núria Martí Pérez
© 2014, 2025 *by* Urano World Spain, S.A.U.
Plaza de los Reyes Magos, 8, piso 1.º C y D – 28007 Madrid
www.edicionesurano.com
www.books4pocket.com

ISBN: 978-84-19130-68-6
E-ISBN: 978-84-9944-724-7
Depósito legal: M-11.081-2025

Fotocomposición: Urano World Spain, S.A.U.

Impreso por Novoprint, S.A. – Energía 53 – Sant Andreu de la Barca (Barcelona)

Impreso en España – *Printed in Spain*

Para mi madre,
Francesca

Índice

Primera parte: Información

Segunda parte: Transformación

Prólogo

Como la mayoría de sus fans, espero con ansia leer las sugestivas ideas de Joe Dispenza. Las sólidas evidencias científicas que nos ofrece combinadas con sus estimulantes y profundas percepciones, ensancha los horizontes de lo que es posible al ampliar los límites de lo conocido. Dispenza se toma la ciencia más en serio de lo que lo hacen la mayoría de los científicos y en este fascinante libro saca una conclusión lógica de los últimos descubrimientos relacionados con la epigenética, la plasticidad neuronal y la psiconeuroinmunología.

Esta conclusión es muy emocionante: tú, como los demás, estás moldeando tu cerebro y tu cuerpo con los pensamientos que tienes, las emociones que sientes, las intenciones que mantienes y los estados trascendentales que experimentas. *El placebo eres tú* te invita a aplicar estos conocimientos para cambiar tu cuerpo y tu vida.

No se trata de una propuesta metafísica. Dispenza explica cada eslabón de la cadena de la causalidad que empieza con un pensamiento y acaba con un hecho biológico, como el aumento de la cantidad de células madre o de proteínas inmunitarias que circulan por tu torrente sanguíneo.

Al comienzo del libro nos relata un accidente que le lesionó seis vértebras de la columna vertebral. De súbito se vio obligado a poner en práctica lo que creía en teoría: que el cuerpo posee una inteligencia innata dotada de un poder curativo milagroso. La férrea disciplina que aplicó al proceso de visualizar la regeneración de su columna es una historia que pone de relieve el poder de la inspiración y la determinación.

Esta clase de historias de remisiones espontáneas y de curaciones «milagrosas» son muy estimulantes; sin embargo, lo que Joe nos muestra en este libro es que todos podemos experimentar este tipo de curaciones milagrosas. La renovación se encuentra en cada tejido de nuestro cuerpo, y la degeneración y las enfermedades son la excepción y no la regla.

En cuanto comprendemos cómo se renueva el cuerpo, podemos empezar a dominar estos procesos fisiológicos dirigiendo intencionalmente las hormonas producidas por nuestras células y las proteínas que crean, los neurotransmisores que generan y las rutas neuronales por las que envían las señales. La anatomía de nuestro cuerpo en lugar de permanecer estática va cambiando de un instante a otro. A cada segundo el cerebro está modificándose debido a la creación y la destrucción de conexiones neuronales. Joe nos enseña que podemos dirigir este proceso con nuestra intención al ponernos al volante, un papel muy poderoso, en lugar de desempeñar el papel pasivo del pasajero.

El descubrimiento de que la cantidad de conexiones de un haz neuronal puede doblarse a través de una estimulación repetida revolucionó el mundo de la biología en la década de 1990. Y le valió a su descubridor, el neuropsiquiatra Eric Kandel, el Premio Nobel. Kandel también descubrió que si no usamos las conexiones neuronales, estas se empiezan a reducir en solo tres semanas. De modo que podemos moldear nuestro cerebro mediante las señales que enviamos por las redes neuronales.

En la misma década que Kandel y otros expertos efectuaban mediciones de la neuroplasticidad del cerebro, otros científicos descubrían que hay muy pocos genes que sean estáticos. La mayoría (de un 75 a un 85 por ciento como promedio) son desactivados y activados por las señales del entorno, entre las que se cuentan los pensamientos, las creencias y las emociones que cultivamos en nuestro cerebro. De entre estos genes, los *genes de expresión inmediata temprana* (IEG, del inglés immediate early genes) tardan solo tres segundos en expresarse. Los IEG suelen ser genes reguladores, es decir, controlan la expresión de cientos de otros genes y de miles de otras proteínas en lugares remotos del cuerpo. Esta clase de cambios amplios y rápidos constituye una explicación plausible para algunas de las curaciones radicales descritas en este libro.

Joe es uno de los pocos autores que entiende el papel de las emociones en la transformación. Las emociones negativas pueden ser literalmente una adicción a altos niveles de hormonas del estrés, como el cortisol y la adrenalina. Las hormonas del estrés y las de la relajación, como la DHEA y la oxitocina, tienen puntos de referencia, lo cual explica por qué nos sentimos mal en nuestra piel cuando tenemos pensamientos o creencias que nos hacen perder el equilibrio hormonal al que nos hemos acostumbrado. Esta idea coincide con la interpretación científica de las adicciones y las pulsiones.

Al cambiar tu estado interior, cambias tu realidad exterior. Joe explica de maravilla la cadena de acontecimientos que se inicia con las intenciones, originadas en el lóbulo frontal de tu cerebro, y que luego se traducen como *neuropéptidos,* los mensajeros químicos que envían señales por el cuerpo activando o desactivando los mecanismos genéticos. Algunas de estas sustancias químicas como la *oxitocina,* la «hormona del afecto» estimulada por medio del contacto físico, se vinculan a sentimientos de amor y confianza. A base de práctica puedes aprender a ajustar rápidamente tus puntos de referencia para las hormonas del estrés y las hormonas curativas.

La idea de poder autocurarte al convertir simplemente un pensamiento en emoción quizá te choque al principio. Ni siquiera Joe esperaba cosechar los resultados que empezó a observar en los alumnos de sus talleres cuando aplicaron estas ideas: remisiones espontáneas de tumores, pacientes en silla de ruedas que de pronto caminaban y migrañas que desaparecían como por arte de magia. Con el corazón gozoso y la mente flexible de un niño que juega a experimentar, Joe empezó a traspasar los límites, preguntándose con qué rapidez podría darse una curación radical si uno aplicaba el efecto placebo del cuerpo con absoluta convicción. *El placebo eres tú*, el título del libro, refleja que tus pensamientos, emociones y creencias son los que activan una cadena de reacciones fisiológicas en tu cuerpo.

A veces te sentirás incómodo leyendo este libro. Pero sigue adelante, ya que esta incomodidad no es más que tu yo antiguo protestando por el inevitable cambio transformador que estás experimentando y por la alteración de tus puntos de referencia hormonales. Joe nos asegura que estas sensaciones de incomodidad no son más que la sensación biológica que nos produce la desintegración del antiguo yo.

La mayoría de las personas no tenemos el tiempo o la disposición para entender estos complejos procesos biológicos: por eso este libro es tan útil. Joe investiga hasta el fondo los hechos científicos que encierran para presentárnoslos de manera comprensible y asimilable. Se ocupa de hacer el trabajo pesado para ofrecernos explicaciones elegantes y sencillas. Sirviéndose de analogías y casos reales, nos muestra cómo aplicar exactamente estos descubrimientos en nuestra vida cotidiana y nos ilustra con ejemplos los espectaculares progresos relacionados con la salud de quienes se los tomaron en serio.

Una nueva generación de investigadores ha acuñado un término para el método que Joe describe: *neuroplasticidad autodirigida* (o SDN, del inglés self-directed neuroplasticity). El término significa que tú eres el que dirige la creación de nuevas rutas neuronales y la destrucción de otras antiguas por medio de la calidad de las experiencias que cultivas. Creo que en la siguiente generación la SDN se convertirá en uno de los conceptos más poderosos en la transformación personal y en la neurobiología, y la presente obra estará a la vanguardia de este movimiento.

En los ejercicios de meditación de la segunda parte de este libro, la metafísica se convierte en una manifestación concreta. Puedes hacer estas meditaciones fácilmente viviendo de primera mano las inmensas posibilidades de ser tu propio placebo. El objetivo es cambiar tus creencias y percepciones sobre tu vida a nivel biológico para que el futuro deseado se materialice en tu vida.

Emprende este fantástico viaje que te ensanchará los horizontes de lo que es posible y te desafiará a mejorar enormemente el funcionamiento de tu cuerpo y tu salud. Entrégate con entusiasmo al proceso y despréndete de los pensamientos, los sentimientos y los puntos de referencia biológicos que te han estado limitando, ya que no tienes nada que perder. Si crees en tu capacidad para sacar de ti tu mayor potencial y actuar lleno de inspiración, te convertirás en el placebo que creará un futuro feliz y saludable tanto para ti como para el planeta.

Dawson Church, Ph. D.
Autor de *El genio en tus genes*

Prefacio

El despertar

Yo nunca busqué hacer la labor a la que me dedico como conferenciante, autor e investigador, fue ella la que me encontró a mí. Algunos necesitamos recibir una llamada de atención para despertar. En 1986 yo recibí la mía. Un hermoso día de abril en el sur de California tuve el privilegio de ser arrollado por un todoterreno en un triatlón de Palm Springs. Aquel momento me cambió la vida y me hizo emprender este viaje. En aquella época tenía 23 años, hacía poco que había abierto un consultorio quiropráctico en La Jolla, California, y llevaba meses entrenándome a fondo para ese triatlón.

Cuando sufrí el accidente había acabado la etapa de la natación y estaba empezando la carrera en bicicleta. Al llegar a una peligrosa curva en la que sabía que me uniría al tráfico, un policía de espaldas a los coches que circulaban me hizo señas para que girara a la derecha y me incorporara a la carretera. Mientras avanzaba velozmente en la curva a dos ciclistas sin despegar los ojos de él, un Ford Bronco rojo que iba casi a 90 kilómetros por hora me embistió por detrás. Salí catapultado por los aires y caí pesadamente al suelo de espaldas. Debido a la velocidad del todoterreno y a los lentos reflejos de la anciana que lo conducía, vi a los pocos segundos que se me iba a echar encima y me agarré al parachoques para evitar quedarme atrapado entre el metal y el asfalto. El todoterreno me arrastró por la carretera un rato hasta que la conductora se percató de lo que ocurría. Cuando por fin frenó en seco, salí rodando por el suelo descontroladamente a lo largo de 18 metros.

Todavía recuerdo el ruido de las bicicletas avanzándome como bólidos y los gritos horrorizados y las maldiciones de los ciclistas al pasar por mi lado sin saber si detenerse para ayudarme o seguir la carrera. Mientras yacía en el suelo lo único que podía hacer era abandonarme al momento.

Al cabo de poco descubrí que me había roto seis vértebras: tenía fracturas por compresión en la octava, novena, décima, undécima y duodécima vértebras torácicas y en la primera vértebra lumbar (desde los omoplatos hasta los riñones). Las vértebras están pegadas como bloques individuales en la columna y al impactar contra el suelo con fuerza se hundieron y aplastaron por el golpe. La parte superior de la octava vértebra torácica se me hundió en un 60 por ciento al fracturarse y el arco que contiene y protege la médula espinal se quebró, adquiriendo la forma de una rosquilla. Cuando una vértebra se comprime y rompe, los fragmentos de los huesos tienen que ir a alguna parte, en mi caso una buena cantidad fue a parar a la médula espinal. La situación no era nada halagüeña.

Como si estuviera viviendo una pesadilla, a la mañana siguiente me desperté con una pila de síntomas neurológicos: diferentes clases de dolor, diversos grados de embotamiento, sensación de hormigueo, cierta insensibilidad en las piernas y algunos problemas para controlar mis movimientos, lo cual me hizo pensar en lo peor.

Tras realizarme en el hospital todas las analíticas, radiografías, TAC e IRM necesarios, el traumatólogo me mostró los resultados y me dio la noticia con un tono sombrío: para contener los fragmentos óseos que en esos momentos se encontraban en la médula espinal debían operarme e implantarme una barra de Harrington. Es decir, tenían que cortar la parte posterior de las vértebras a partir de dos o tres segmentos por encima y por debajo de las fracturas y clavar y sujetar con abrazaderas dos barras de acero de 30 centímetros a cada lado de la columna. Luego me sacarían varios fragmentos del hueso de la cadera y me los adherirían sobre las barras. Sería una intervención quirúrgica importante, pero al menos me permitiría volver a caminar. Con todo, sabía que probablemente me quedaría discapacitado y tendría que vivir con dolor crónico el resto de mi vida. Huelga decir que esta opción no me gustó.

Pero si decidía no operarme era posible que me quedara paralítico. El mejor neurólogo de la zona de Palm Springs, que coincidía con la opinión del traumatólogo, me dijo que en todo Estados Unidos no conocía a un solo paciente con una lesión como la mía que se hubiera negado a operarse. Como la octava vértebra torácica se me había aplastado, adquiriendo la forma de cuña por el impacto, mi columna no soportaría el peso de mi cuerpo al ponerme yo de pie. La espina dorsal se hundiría, los fragmentos de las vértebras rotas se incrustarían más aún en la médula espinal y me quedaría paralítico al instante de pecho para abajo. Esta opción tampoco era demasiado atrayente que digamos.

Me trasladaron a un hospital de La Jolla, el más cercano a mi hogar, donde recibí dos opiniones más, una fue la de un importante traumatólogo del sur de California. Como es lógico, ambos doctores coincidieron en que debían implantarme la barra de Harrington. Estuvieron de acuerdo en el pronóstico: si no me operaba, me quedaría paralítico y no volvería a caminar nunca más. Si yo hubiera sido médico también habría aconsejado lo mismo. Era la opción más segura. Pero no fue esa la opción que yo elegí.

Tal vez en aquella época de mi vida era joven y audaz, pero decidí ir en contra del modelo médico y de las recomendaciones de los expertos. Creía que en cada persona existe una inteligencia, una conciencia invisible que nos da vida, apoyándonos, manteniéndonos, protegiéndonos y curándonos a cada momento. Dicha inteligencia crea casi cien billones de células especializadas (partiendo solo de 2), hace que el corazón nos lata cientos de miles de veces al día y organiza cientos de miles de reacciones químicas en una sola célula a cada segundo, entre muchas otras sorprendentes funciones. Concluí que si esa inteligencia era real y demostraba semejantes capacidades con un espíritu tan servicial, atento y afectuoso, quizá podría dejar de centrarme en el mundo exterior y empezar a mirar en mi interior para conectar con esa inteligencia y establecer una relación con ella.

Pero aunque comprendiera intelectualmente que el cuerpo a menudo es capaz de curarse, en esos momentos debía aplicar todo lo que conocía para llevar esos conocimientos al siguiente nivel e incluso superarlo para producir una auténtica experiencia curativa. Y como en las condiciones en las que estaba no podía ir a ninguna parte ni hacer nada, salvo yacer boca abajo, decidí llevar a cabo dos cosas. La primera fue que cada día me centraría en esa inteligencia que habitaba en mí y le encomendaría un plan, una plantilla, una visión con órdenes muy concretas, y luego dejaría que esa mente superior dotada de poderes ilimitados se encargara de mi curación, para que lo hiciera por mí. Y la segunda fue que no dejaría que me viniera a la cabeza ningún pensamiento que no quisiera tener. Parece fácil de hacer, ¿verdad?

Una decisión radical

A pesar de que el equipo médico que se ocupaba de mi caso me lo desaconsejara, abandoné el hospital y me fui en ambulancia a casa de dos íntimos amigos míos en la que permanecí los tres meses siguientes para centrarme en mi curación. Me fijé una misión. Decidí que empezaría cada día a reconstruir mi columna, vértebra a vértebra, y le mostraría a esa conciencia, si es que reparaba en mis esfuerzos, lo que quería alcanzar. Sabía que tendría que permanecer en un estado de presencia, es decir, vivir el presente en lugar de pensar en el pasado o de lamentarme por lo sucedido, preocupándome por el futuro, obsesionándome con las condiciones de mi vida exterior o centrándome en mi dolor o mis síntomas. Al igual que en cualquier relación que mantenemos, todos sabemos cuándo alguien está presente o no al relacionarse con nosotros, ¿no? Como la conciencia es atención, y la atención consiste en fijarse en las cosas, y fijarse en las cosas es estar presente y advertirlo todo, esa conciencia sabría cuándo yo estaba presente y cuándo no lo estaba. Al interactuar con ella tendría que permanecer en el presente. Mi estado de presencia tendría que ser como el suyo, mi voluntad tendría que coincidir con su voluntad, y mi mente tendría que concordar con la suya.

Así que dos veces al día, durante dos horas, me dedicaba a mirar en mi interior y a crear una imagen del resultado que deseaba: una columna totalmente reconstruida. Advertí lo poco consciente y lo descentrado que estaba. Es curioso. De pronto vi que, cuando nos enfrentamos a una crisis o a un trauma, invertimos demasiada atención y energía pensando en lo que *no* queremos en lugar de en lo que sí queremos. Durante aquellas primeras semanas estuve manifestando esa tendencia a todas horas.

En mitad de la meditación, mientras estaba creando la vida que quería con una columna totalmente reconstruida, advertía de pronto que me había distraído pensando en lo que los traumatólogos me habían dicho varias semanas atrás: que seguramente nunca más volvería a caminar. Mientras intentaba reconstruir mi columna, me descubría estresándome al pensar si debía vender mi consultorio quiropráctico. O cuando estaba repasando mentalmente, paso a paso, que volvía a caminar, me pillaba imaginándome cómo sería pasar el resto de mi vida en una silla de ruedas, supongo que ya sabes a lo que me refiero.

Cada vez que me distraía y me venía a la cabeza un pensamiento que yo no quería, volvía a empezar y me imaginaba lo que deseaba alcanzar de nuevo. Era una labor tediosa, frustrante y, para serte sincero, una de las cosas más difíciles que he hecho en mi vida. Pero concluí que la imagen decisiva en la que quería que se fijara el observador que habitaba en mí debía ser clara, impoluta y constante. Para que esa inteligencia realizara lo que yo deseaba —y *sabía* que era capaz de hacerlo—, debía estar plenamente consciente en todo momento en lugar de distraerme.

Al final, después de estar batallando durante seis semanas conmigo mismo e intentando estar presente con esa conciencia, logré realizar el proceso interior de reconstruir mi columna sin tener que detenerme para volver a empezar. Recuerdo el día que lo conseguí por primera vez: fue como cuando algo te sale por fin redondo. Sabía que me había salido con la *mía*. La sensación era muy singular. Inconfundible. Y me sentí lleno, satisfecho y completo. Por primera vez estaba realmente relajado y presente en cuerpo y alma. Había dejado de parlotear en mi interior, de analizar, de pensar, de obsesionarme, de intentar alcanzar algo, y sentí una especie de paz y silencio. Fue como si ya no me importara ninguna de las cosas de mi pasado y mi futuro por las que me había estado preocupando tanto.

Y al comprenderlo, el viaje que había emprendido cobró más fuerza todavía, porque cada vez me estaba resultando más fácil crear la visión de lo que yo quería, reconstruyendo mis vértebras. Y lo más importante es que empecé a notar algunos cambios fisiológicos muy significativos. En aquel momento fue cuando comencé a asociar lo que estaba haciendo dentro de mí para crear ese cambio con lo que sucedía fuera de mí, en mi cuerpo. En cuanto lo relacioné presté más atención aún a lo que estaba haciendo y lo realicé una y otra vez con más convicción. Por eso lo hice con alegría e inspiración en lugar de con miedo e inseguridad. Y de pronto fui capaz de acortar la sesión de meditación que me llevaba de dos a tres horas.

Como en esa época disponía de un montón de tiempo empecé a pensar en cómo sería volver a contemplar la puesta de sol desde la orilla del mar o almorzar con mis amigos en un restaurante, y cómo a partir de entonces valoraría todas esas cosas. Me imaginé con todo detalle tomando una ducha y sintiendo el agua deslizarse por mi cara y mi cuello, o sentado simplemente en el retrete, o paseando por la playa de San Diego, sintiendo el viento en mi cara. Eran algunas de las cosas que no había valorado nunca antes del accidente, pero en esos momentos eran muy importantes para mí y dediqué un tiempo a aceptarlas emocionalmente hasta experimentar la sensación de estarlas realizando de nuevo.

En aquella época no sabía lo que estaba haciendo, pero ahora sí lo sé: estaba empezando a pensar en todas esas posibilidades futuras que ya existían en el campo cuántico y aceptando emocionalmente cada una de ellas. Y a medida que elegía ese futuro para mí y lo combinaba con la emoción que sentía al vivirlo, mi cuerpo empezó a creer en el presente que *ya* lo estaba experimentando. A medida que mi capacidad para observar mi destino deseado mejoraba día a día, mis células empezaron a reorganizarse. Comencé a enviar señales nuevas a genes nuevos y entonces mi cuerpo empezó *realmente* a mejorar más deprisa.

Lo que estaba aprendiendo es uno de los principios fundamentales de la física cuántica: mente y materia no son dos elementos distintos, y nuestros pensamientos y sentimientos tanto conscientes como inconscientes son los planos que determinan nuestro destino. La tenacidad, la convicción y la concentración para manifestar cualquier posibilidad futura se encuentra en la propia mente y en la mente de los potenciales infinitos del campo cuántico. Estas dos mentes actúan al unísono para materializar cualquier realidad posible. Comprendí que en este sentido todos somos creadores divinos, independientemente de nuestra raza, sexo, cultura, posición social, educación, credo religioso o incluso de los errores cometidos. Por primera vez en mi vida me sentí una persona muy afortunada.

Tomé otras decisiones importantes sobre mi recuperación. Seguí un régimen (lo describo con detalle en *Desarrolla tu cerebro*), que incluía una dieta saludable, visitas de amigos míos que ejercían la curación energética y un elaborado programa de rehabilitación. Pero en aquella época lo más importante para mí fue entrar en contacto con esa inteligencia que existía en mí y, a través de ella, usar mi mente para curar mi cuerpo.

Nueve semanas y media después del accidente me levanté y volví a llevar mi vida cotidiana habitual sin recurrir a escayolas ni a intervenciones quirúrgicas. Me había recuperado del todo. A las diez semanas empecé a ocuparme de mis pacientes, y a las doce a entrenarme y levantar pesas mientras seguía con mi rehabilitación. Y ahora, casi treinta años después del accidente, puedo sinceramente decir que desde entonces apenas me ha dolido la espalda.

Mi apasionada dedicación a la investigación

Pero aquello no fue el fin de mi aventura. Como es lógico no pude volver a la misma vida que había estado llevando hasta entonces porque yo había cambiado en muchos sentidos. Acababa de percibir una realidad que ninguna de las personas que conocía podía entender. No podía seguir relacionándome con muchos de mis amigos ni seguir llevando la misma vida de siempre. Lo que antes era tan importante para mí ahora ya no me importaba. Y empecé a hacerme preguntas fundamentales como: «¿Quién soy yo?» «¿Qué sentido tiene la vida?» «¿Por qué he venido a este mundo?» «¿Cuál es el propósito de mi vida?» y «¿Qué o quién es Dios?» Al poco tiempo dejé San Diego para mudarme más al norte y acabé abriendo una clínica quiropráctica cerca de Olympia, en el estado de Washington. Pero al principio pasaba la mayor parte de las horas apartado del mundo estudiando espiritualidad.

Con el paso del tiempo me empecé a interesar mucho por las remisiones espontáneas, en las que la gente se curaba de una enfermedad grave o de una dolencia terminal o irreversible sin la ayuda de procedimientos médicos como las intervenciones quirúrgicas o los medicamentos. Mientras me recuperaba, en aquellas noches largas y solitarias en las que no podía pegar ojo hice un trato con esa conciencia y le prometí que si volvía a caminar me pasaría el resto de mi vida estudiando e investigando la conexión entre la mente y el cuerpo, y el concepto del poder de la mente sobre la materia. Y desde entonces eso ha sido lo que me he dedicado a hacer durante casi las tres últimas décadas.

Viajé a distintos países buscando a numerosas personas con enfermedades que tras haber recurrido a la medicina convencional o a la alternativa sin experimentar ninguna mejoría o incluso empeorando, de repente habían mejorado. Empecé a entrevistarlas para descubrir qué similitudes había en sus experiencias y averiguar y documentar qué era lo que les había hecho mejorar, porque mi pasión era unir la ciencia con la espiritualidad. Descubrí que en todos esos casos la mente había desempeñado un papel muy importante.

El científico que había en mí empezó a interesarse en ello y me volví más curioso aún. Retomé las clases en la universidad, me dediqué a estudiar las últimas investigaciones neurocientíficas, y realicé estudios de posgrado especializados en mapeos cerebrales, neuroplasticidad, epigenética y psiconeuroinmunología. Concluí que ahora que ya sabía por qué esas personas habían mejorado y que lo conocía todo sobre la ciencia de cambiar la propia mente (o al menos eso *creía*), debía ser capaz de aplicar esos conocimientos tanto en las personas enfermas como en las sanas que querían hacer cambios para no solo mejorar su salud, sino también sus relaciones, su carrera profesional, su vida familiar y su existencia en general.

En aquella época me invitaron a formar parte de los 14 científicos e investigadores que participarían en el documental del

2004 *¡¡Y tú qué sabes!?* Esa película, que se convirtió en todo un éxito de la noche a la mañana, invitaba a los espectadores a cuestionarse la naturaleza de la realidad y a comprobar en su propia vida si su «observación» funcionaba o, para ser más exactos, si se *materializaba*. Por todo el mundo se hablaba de la película y de los conceptos que propugnaba. Después de aquel gran éxito, en el 2007 publiqué mi primer libro *Desarrolla tu cerebro: la ciencia de cambiar tu mente*. Al cabo de un tiempo de haberlo publicado, la gente empezó a preguntarme: «¿Cómo puedo hacerlo? ¿Cómo puedo cambiar y crear la vida que quiero?» Esa pregunta se convirtió al poco tiempo en la más habitual.

Así que reuní un equipo y empecé a dar talleres a lo largo y ancho de Estados Unidos y en el extranjero sobre la formación de las conexiones neuronales y cómo reprogramar nuestros pensamientos por medio de los principios neurofisiológicos. Al principio esos talleres consistían sobre todo en compartir esa clase de información. Pero la gente quería aprender más cosas y decidí añadir las meditaciones para sinergizar y complementar la información, ofreciéndoles a los participantes los pasos prácticos para cambiar su mente y su cuerpo, y también como resultado, su vida. Después de dar mis talleres introductorios en distintas partes del mundo, los participantes me preguntaban: «Y ahora ¿qué viene a continuación?» Y empecé a dar otros talleres introductorios de un nivel superior. Tras asistir a ellos, los alumnos me pedían si podía dar otros talleres más avanzados. Eso me sucedía en la mayoría de los lugares donde los impartía.

Yo seguía pensando que eso era todo, que ya les había enseñado todo cuanto sabía, pero como la gente no dejaba de pedirme que les enseñara más cosas, seguí investigando y perfeccioné las presentaciones y las meditaciones. Esos talleres fueron adquiriendo fuerza y además tenían muy buena acogida, los asistentes aprendían a dejar algunos de sus hábitos autodestructivos y a llevar una vida más feliz. Aunque mis colegas y yo solo hubiéramos visto pequeños cambios hasta el momento —ninguno era importante—, a los asistentes les encantaba la información que recibían y querían seguir aplicándola. De modo que seguí yendo a donde me invitaban. Me dije que cuando dejaran de invitarme sabría que mi misión había terminado.

Un año y medio más tarde de dar nuestro primer taller, mi equipo y yo empezamos a recibir varios correos electrónicos de nuestros participantes comentando los cambios positivos que les habían ocurrido al hacer las meditaciones a diario. Les habían comenzado a suceder muchos cambios en su vida y estaban encantados. Las respuestas tan favorables que fuimos recibiendo de la gente a lo largo del año siguiente nos llamaron la atención tanto a mí como a mi equipo. Los participantes de nuestros talleres empezaron a decirnos que no solo habían notado cambios subjetivos en su salud, sino que los parámetros de sus analíticas también habían mejorado. A veces los análisis clínicos incluso llegaban a normalizarse. Esas personas habían logrado reproducir los mismos cambios físicos, mentales y emocionales que yo había estudiado, observado y, por último, descrito en *Desarrolla tu cerebro*.

Presenciar esa clase de cambios me entusiasmó porque sabía que cualquier cosa que sea repetible acaba convirtiéndose en una ley científica. Muchas personas me enviaban correos encabezados por la misma frase: «No te lo vas a creer…». Y esos cambios no eran casuales.

Aquel mismo año empezaron a ocurrir unos hechos sorprendentes en los dos talleres que di más tarde en Seattle. En el primero, una mujer con esclerosis múltiple (EM) que se desplazaba con un caminador terminó el taller andando sin usarlo. Y en el segundo otra mujer que llevaba diez años sufriendo también esclerosis múltiple, se puso a caminar por la sala afirmando que la parálisis y la insensibilidad de su pie izquierdo habían desaparecido. (En los capítulos siguientes narro la curación de estas mujeres y de otros participantes de mis talleres.) Tras pedírmelo mis alumnos, en el 2010 di un taller más avanzado en Colorado en el que los participantes advirtieron que se empezaron a sentir mejor allí mismo. Se levantaban, tomaban el micrófono y contaban historias muy inspiradoras.

En aquella época también me invitaron a dar un sinnúmero de charlas a empresarios sobre la biología del cambio, la neurociencia del liderazgo y el concepto de cómo al transformarnos a nivel individual se transforma una cultura. Después de dar una charla inaugural en particular a un grupo de empresarios, varios ejecutivos me pidieron que adaptara las ideas para un modelo corporativo de la transformación. De modo que creé un curso de ocho horas de duración concebido para compañías y organizaciones, y tuvo tanto éxito que nos llevó a crear un curso empresarial al que llamamos «La genialidad en 30 días». Me descubrí trabajando con representantes de compañías como Sony Entertainment Network, Gallo Family Vineyards, la compañía de telecomunicaciones WOW! (al principio se llamaba Wide Open West) y muchas otras. Y acabé asesorando en privado a ejecutivos de alta dirección.

Nuestros cursos empresariales tuvieron tanto éxito que empecé a formar a instructores. En la actualidad tenemos más de treinta instructores en activo, entre los que se cuentan antiguos directores ejecutivos, asesores corporativos, psicoterapeutas, abogados, médicos, ingenieros y profesionales con doctorados que viajan por todo el mundo enseñando este modelo de transformación a distintas compañías. (Ahora planeamos empezar a formar a instructores independientes que deseen aplicar este modelo del cambio a sus propios clientes.) En ningún momento se me pasó por la cabeza llegar a vivir esta clase de futuro.

Escribí mi segundo libro *Deja de ser tú: la mente crea la realidad,* publicado en el 2012, para poner en práctica lo que exponía en *Desarrolla tu cerebro*. En él además de explicar más cosas sobre la neurociencia del cambio y la epigenética, incluía un programa de cuatro semanas en el que describía paso a paso cómo realizar estos cambios basándome en los talleres que daba en aquella época.

Más tarde impartí otro taller más avanzado en Colorado en el que ocurrieron *siete* remisiones espontáneas de varias dolencias. Una mujer que solo se alimentaba de lechuga por sus graves alergias alimentarias se curó en aquel fin de semana. Otros asistentes se curaron de la intolerancia al gluten, la enfermedad celíaca, los problemas tiroideos, el dolor crónico intenso y otros trastornos. De pronto empecé a ver cambios importantes en la salud y la vida de los asistentes mientras se aislaban de su realidad habitual para crear otra nueva. Sucedía ante mis propios ojos.

Información sobre la transformación

El taller de Colorado del 2012 fue un momento decisivo en mi carrera porque por fin vi que no solo estaba ayudando a la gente a sentirse mejor, sino que también estaban enviando señales nuevas a nuevos genes *allí mismo* durante las meditaciones, en tiempo real, de manera importante. Para que alguien que ha estado padeciendo durante años una enfermedad como el lupus se cure en una sesión de meditación de una hora significa que *debe* haber ocurrido algo importante en su mente y en su cuerpo. Quería descubrir cómo podía registrar esos cambios mientras se daban en los talleres para ver exactamente lo que ocurría.

Así que a principios del 2013 di un novedoso taller en Arizona de cuatro días de duración que llevó a mis seminarios a un nuevo nivel. Se inscribieron más de doscientas personas e invité a él a un equipo de investigadores formado por neurocientíficos, técnicos y físicos cuánticos equipados con instrumentos especializados. Los expertos registraron el campo electromagnético de la sala donde se llevó a cabo para ver si la energía cambiaba a medida que el taller tenía lugar. También registraron el campo energético que irradiaba el cuerpo de los participantes y los centros energéticos de sus cuerpos (llamados también *chakras*) para ver si estaban influyendo en ellos.

Para reunir estos registros se utilizaron equipos y procedimientos muy sofisticados: electroencefalógrafos para registrar la actividad eléctrica del cerebro, electroencefalogramas cuantitativos (EEGC) para analizar por ordenador los datos de los EEG, la variabilidad del ritmo cardíaco (HRV, del inglés heart rate variability) para documentar las variaciones en los intervalos entre las pulsaciones y la coherencia cardíaca (una medida del ritmo cardíaco que refleja la comunicación entre el corazón y el cerebro), y la visualización por descarga de gas (GDV, del inglés gas discharge visualization) que permite ver los cambios en el campo bioenergético de una persona.

Les escaneamos el cerebro a muchos de los participantes antes y después del taller para poder ver lo que estaba ocurriendo en el mundo interior de su cerebro y también elegimos al azar a otros participantes para intentar registrar cualquier cambio en los patrones cerebrales en tiempo real durante las tres sesiones de meditación diarias que yo dirigía. Fue un gran evento. Una persona con la enfermedad de Parkinson dejó de padecer temblores. Otra con un traumatismo cerebral se curó. Participantes con tumores en el cerebro y el cuerpo descubrieron que estos habían desaparecido. Muchas personas con dolor artrítico sintieron un gran alivio por primera vez en años. Esas curaciones solo fueron algunos de los numerosos cambios profundos que ocurrieron.

Durante este asombroso taller pudimos por fin documentar los cambios objetivos en el campo científico de los registros y documentar los cambios subjetivos narrados por los participantes en cuanto a su salud. No creo que sea una exageración decir que lo que observamos y registramos marcó un hito. Más adelante te mostraré, al compartir algunas de estas historias de personas corrientes haciendo cosas extraordinarias, lo que eres capaz de hacer.

Había concebido este taller para ofrecer a los participantes la información científica y las instrucciones necesarias para aplicarla, así podrían experimentar una gran transformación personal. Al fin y al cabo, la ciencia no es más que el lenguaje contemporáneo del misticismo. Había aprendido que en cuanto empiezas a hablar en el lenguaje de la religión o de la cultura, y a citar la tradición, los participantes se dividen. Pero la ciencia, en cambio, los une y desmitifica lo místico.

Y había descubierto que si enseñaba a los asistentes el modelo científico de la transformación (incluyendo un poco de física cuántica para ayudarles a entender la ciencia de las posibilidades), y lo combinaba con los últimos descubrimientos en el campo de la neurociencia, la neuroendocrinología, la epigenética y la psiconeuroinmunología, y si además les ofrecía las instrucciones adecuadas y la oportunidad para aplicar esta información, experimentarían una transformación. Y si lo hacía en un lugar donde se pudiera registrar dicha transformación en tiempo real, esos registros se convertirían en *más* información que podría usar para enseñar a los participantes más cosas *sobre* la transformación que acababan de experimentar. Y con esta información podrían tener *otra*, y así sucesivamente, hasta que lograran cerrar la brecha entre lo que creen ser y lo que son en realidad —creadores divinos—, para que les resultara más fácil seguir haciéndolo. Llamé a este concepto «información para la transformación» y ahora se ha convertido en mi nueva pasión.

En la actualidad imparto por Internet cursos introductorios de siete horas y también imparto nueve o diez talleres al año de distintos niveles de tres días de duración, y uno o dos talleres avanzados de cinco días, en los que los científicos que he citado acuden con su equipo para registrar los cambios cerebrales, los cambios en la función cardíaca, los cambios de la expresión epigenética y los cambios energéticos en tiempo real. Los resultados son asombrosos y constituyen una parte esencial de este libro.

Introducción

Haz que tu mente importe

Los increíbles resultados que he presenciado en mis talleres avanzados y la información científica que generaron me llevaron a la idea del *placebo*: a cómo mejoramos al tomar una pastilla de azúcar o recibir una inyección salina, creyendo en algo exterior a nosotros.

Me empecé a preguntar: «¿Y si creyéramos en *nosotros mismos* en lugar de en algo exterior? ¿Y si creyéramos que podemos cambiar algo de nuestro interior y adquirir el mismo estado del ser de alguien que toma un placebo? ¿Acaso no es esto lo que los participantes de nuestros talleres han estado haciendo para mejorar? ¿Realmente necesitamos tomar una pastilla o recibir una inyección para cambiar nuestro estado del ser? ¿Se puede enseñar a la gente a obtener el mismo resultado al mostrarles cómo actúa el placebo?»

Al fin y al cabo, los predicadores que manejan serpientes venenosas y toman estricnina sin que les provoque ningún efecto biológico han cambiado sin duda su estado del ser, ¿verdad? (En el primer capítulo explico con más detalle este fenómeno.) Si registrásemos lo que ocurre en el cerebro y estudiásemos toda esta información, ¿podríamos enseñarles a los demás a autocurarse sin recurrir a algo de fuera, sin un placebo? ¿Enseñarles que uno mismo *es* el placebo? Es decir, ¿podríamos convencerles de que en lugar de creer en lo conocido, como en una pastilla de azúcar o en una inyección salina, pueden creer en lo desconocido y hacer que se transforme en *conocido*?

Este libro trata sobre ello, te faculta para que te des cuenta que dentro de ti ya tienes todos los mecanismos biológicos y neurológicos para conseguirlo. Mi meta es desmitificar estos conceptos con la nueva ciencia de cómo son realmente las cosas para que muchas más personas puedan cambiar su estado interior y hacer así cambios positivos en su salud y en su mundo exterior. Si te parece demasiado increíble para ser verdad, como ya he señalado antes, hacia el final del libro verás algunas investigaciones procedentes de nuestros talleres que te mostrarán exactamente cómo es esto posible.

Sobre qué *no* trata el libro

Me gustaría aclarar sobre qué *no* trata este libro para evitar desde el principio cualquier malentendido. En él no analizo el aspecto ético del uso de los placebos en los tratamientos médicos. Existe una gran polémica sobre si es ético o no tratar a un paciente que no forma parte de un estudio médico con una sustancia inerte. Si bien en una conversación más amplia sobre los placebos valdría la pena debatir si el fin justifica esta clase de medios, este tema no tiene nada que ver con el mensaje que el libro desea transmitir. *El placebo eres tú* trata de sentarte ante el volante para que produzcas tus propios cambios y no de si es correcto o no que alguien te lo haga hacer sin que tú te enteres.

Este libro tampoco trata de la negación. Ninguno de los métodos que te presentaré conlleva negar tu estado de salud. Al contrario, trata de transformar tus enfermedades y dolencias. Lo que a mí me interesa es registrar los cambios que experimenta alguien cuando pasa de estar enfermo a estar sano. *El placebo eres tú* no trata sobre rechazar la realidad, sino sobre proyectar lo que es posible cuando te adentras en una *nueva* realidad.

Descubrirás que los resultados de tus analíticas te indicarán si lo que estás haciendo funciona. En cuanto veas los efectos que has creado, puedes fijarte en lo que hiciste para llegar a ese resultado y repetirlo. Y si lo que estás haciendo no te funciona, es hora de cambiar hasta que crees los efectos deseados. En esto consiste combinar la ciencia con la espiritualidad. En cambio la negación es no ver la realidad de lo que está ocurriendo dentro y fuera de ti.

Este libro tampoco cuestiona la eficiencia de los distintos métodos curativos. Existen muchos métodos diferentes y una gran parte funcionan de maravilla. Todos producen alguna clase de efecto beneficioso perceptible en al menos algunas personas, pero en este libro mi objetivo no ha sido clasificarlos, sino presentarte el método que más me ha llamado la atención: curarte a ti mismo por medio de los pensamientos. Te animo a que sigas utilizando cualquiera de los métodos curativos que te funcionen, ya sea medicamentos recetados, intervenciones quirúrgicas, acupuntura, quiropráctica, *biofeedback*, masaje terapéutico, complementos nutricionales, yoga, reflexología, medicina energética, sonidoterapia o cualquier otro. *El placebo eres tú* no rechaza ninguno de estos métodos, salvo las limitaciones que tú mismo te impones.

¿Qué encontrarás en este libro?

El placebo eres tú se divide en dos partes:

La **primera parte** te ofrece todos los conocimientos y la información necesaria para entender qué es el efecto placebo, cómo actúa en tu cerebro y tu cuerpo, y cómo crear con tus pensamientos la misma clase de cambios milagrosos en tu cerebro y tu cuerpo.

El **capítulo 1** te presenta varias historias increíbles que demuestran el asombroso poder de la mente humana. Algunas tienen que ver con personas que se curaron con sus propios pensamientos, y otras con personas que enfermaron a causa de ellos (en algunos casos hasta llegar a morir). Conocerás la historia de un hombre que murió después de escuchar que tenía cáncer, aunque la autopsia revelara más tarde que se habían equivocado al diagnosticárselo. La de una mujer que llevaba décadas sufriendo una depresión que mejoró enormemente al participar en un estudio clínico sobre antidepresivos, pese a haberle tocado el grupo del placebo. Y la de un puñado de veteranos de guerra aquejados de osteoartritis que se curaron por medio de una falsa cirugía de rodilla. Incluso conocerás algunas historias sorprendentes sobre maleficios vudú y manipuladores de serpientes. Mi propósito al compartir estas historias contigo es mostrarte la amplia gama de fenómenos que la mente humana es capaz de provocar sin recurrir a la medicina moderna. Y espero que al leerlas te preguntes: «¿Cómo es posible esto?»

En el **capítulo 2** encontrarás una breve historia sobre el placebo, desde los descubrimientos científicos de la década de 1770 (cuando un médico vienés usó imanes para inducir lo que él creía que eran convulsiones terapéuticas), hasta la época moderna, a medida que los neurocientíficos van resolviendo misterios excitantes sobre las complejidades del funcionamiento de la mente. Conocerás a un médico que desarrolló las técnicas del hipnotismo después de llegar tarde a una cita y encontrarse a su paciente contemplando fascinado la llama de una lámpara de aceite, a un cirujano de la Segunda Guerra Mundial que administraba inyecciones salinas como analgésico a los soldados heridos cuando se quedaba sin morfina, y a unos investigadores de Japón especializados en psicoinmunología que, al reemplazar las hojas de hiedra venenosa por hojas inofensivas, descubrieron que los participantes del estudio reaccionaban más a lo que les decían que iban a sentir que a lo que experimentaban realmente.

También verás cómo Norman Cousins se curó a base de hincharse a reír, cómo el doctor Herbert Benson, investigador de Harvard, redujo los factores de riesgo de los pacientes con cardiopatías al descubrir los efectos de la meditación trascendental, y cómo el neurocientífico italiano Fabrizio Benedetti, tras administrar primero a los sujetos de su investigación un medicamento que luego sustituyó por un placebo, descubrió que el cerebro seguía enviando señales al cuerpo para que produjera ininterrumpidamente las mismas sustancias neuroquímicas del fármaco. Y también conocerás los resultados de un asombroso estudio reciente que revelan que los pacientes con el síndrome del intestino irritable (SII) mejoraron en gran medida al tomar placebos, pese a *saber perfectamente* que el medicamento no era un fármaco activo.

En el **capítulo 3** conocerás la fisiología de lo que sucede en tu cerebro cuando experimentas el efecto placebo. Descubrirás que en cierto sentido el placebo funciona porque aceptas o abrigas el nuevo pensamiento de poder curarte y luego lo usas para reemplazar el de que siempre estarás enfermo. Ello significa que puedes cambiar tus pensamientos al dejar de prever subconscientemente que tu futuro será como tu pasado de siempre y al anticipar y esperar un nuevo resultado. Si estás de acuerdo con esta idea, significa que tendrás que analizar lo que piensas, lo que es la mente y cómo todo esto afecta a tu cuerpo.

Te explicaré cómo mientras sigas teniendo los mismos pensamientos de siempre, te llevarán a las mismas decisiones, por lo que te comportarás de la misma forma, creando las mismas experiencias, lo cual producirá las mismas emociones que a su vez generarán los mismos pensamientos, con lo que seguirás neuroquímicamente siendo el mismo de siempre. De hecho, te estarás recordando quién crees ser. Pero ten en cuenta que no estás programado neurológicamente para ser el mismo de siempre el resto de tu vida. Te presentaré el concepto de la neuroplasticidad y cómo ahora se sabe que el cerebro es capaz de cambiar a lo largo de nuestra vida, formando nuevas rutas y conexiones neurales.

En el **capítulo 4** hablo del efecto placebo en el cuerpo y analizo el siguiente paso de la fisiología de la respuesta placebo. Comienza con la historia de un grupo de ancianos que asistieron a un retiro de una semana de duración llevado a cabo por un equipo de científicos de Harvard, los cuales les pidieron que aparentaran tener veinte años menos. Al terminar el retiro los participantes del estudio habían experimentado numerosos cambios fisiológicos mensurables, haciendo retroceder el reloj biológico de su cuerpo, y también aprenderás el secreto de cómo lo hicieron.

Para revelártelo el capítulo también describe qué son los genes y cómo se activan y desactivan en el cuerpo. Aprenderás cómo la relativamente nueva y excitante ciencia de la epigenética ha arrasado la idea de la vieja escuela de que los genes determinan tu destino al enseñarnos que la mente puede ordenar a genes nuevos a comportarse de formas nuevas. Descubrirás los complejos mecanismos del cuerpo para activar algunos genes y desactivar otros, lo cual significa que no estás condenado a expresar cualquier gen heredado. Es decir, puedes aprender a cambiar tus rutas neuronales para seleccionar genes nuevos y producir cambios físicos reales. También conocerás cómo tu cuerpo recurre a las células madre —la materia física que hay detrás de muchos milagros del efecto placebo— para crear células sanas en las zonas en las que estaban dañadas.

El **capítulo 5** relaciona los dos capítulos anteriores explicando cómo tus pensamientos te cambian el cerebro y el cuerpo. Empieza preguntándote: «Si al cambiar tu entorno envías señales a genes nuevos de nuevas formas, ¿es posible hacer lo mismo *antes* de que tu entorno cambie?» Y luego describe cómo usar la técnica del *repaso mental* para combinar una intención clara con una emoción elevada; así el cuerpo saborea la situación futura que deseas y tú la experimentas en el presente antes de que haya ocurrido.

El secreto está en hacer que tus pensamientos interiores sean más reales que tu entorno exterior, porque como tu cerebro no sabe distinguir lo uno de lo otro, cambiará al creer que lo que tú deseas ya ha ocurrido. Si logras hacerlo las suficientes veces, transformarás tu cuerpo y empezarás a activar genes nuevos de formas nuevas, con lo que se producirán cambios epigenéticos como si la situación futura imaginada ya se hubiera materializado. Y entonces podrás vivir esta nueva realidad y *convertirte* en el placebo. Este capítulo además de describirte científicamente cómo esto ocurre, incluye historias de muchas figuras públicas de distintas profesiones y condiciones sociales que usaron esta técnica (intencionadamente o sin saber del todo lo que estaban haciendo) para que sus sueños más osados se hicieran realidad.

El **capítulo 6** se centra en el concepto de la sugestionabilidad. Se inicia con una historia fascinante aunque escalofriante de cómo un equipo de investigadores intentaron averiguar si podían programar a una persona mentalmente sana que respetaba la ley, pero muy susceptible a la hipnosis, a hacer algo a lo que normalmente se hubiera negado en redondo: disparar a un desconocido para matarlo.

Verás que no todas las personas tienen el mismo grado de sugestionabilidad y que cuanto más sugestionable seas, con más facilidad podrás entrar en tu subconsciente. Este es el secreto para entender el efecto placebo, porque la mente consciente no es más que un 5 por ciento de quienes somos. El 95 por ciento restante está formado por una serie de estados programados subconscientes en los que el cuerpo se ha convertido en mente. Aprenderás que debes ir más allá de la mente analítica y entrar en el sistema operativo de tus programas subconscientes si quieres que tus pensamientos nuevos creen nuevos resultados y cambiar así tu destino genético, y también que la meditación es una poderosa herramienta para lograrlo. El capítulo concluye con una breve exposición sobre los distintos estados de ondas cerebrales y cuáles son los más indicados para volverte más sugestionable.

El **capítulo 7** trata de cómo tus actitudes, creencias y percepciones cambian tu estado del ser y crean tu personalidad —tu realidad personal—, y de cómo puedes cambiarlas para crear una realidad nueva. Descubrirás el poder de las creencias inconscientes y tendrás la oportunidad de identificar las creencias que has estado albergando sin saberlo. También conocerás cómo el entorno y tus recuerdos asociativos pueden impedirte cambiarlas.

Te explicaré que para cambiar tus creencias y percepciones, debes combinar una intención clara con una emoción elevada que condicione tu cuerpo a creer que ya ha ocurrido la posibilidad futura que has elegido del campo cuántico. Sentir una emoción elevada es fundamental, porque solo podrás cambiar los circuitos de tu cerebro y la expresión genética de tu cuerpo, y volver a condicionar tu cuerpo a una mente nueva (eliminando cualquier vestigio de los antiguos neurocircuitos y condicionamientos), cuando tu decisión acarree una energía más poderosa que la de los programas grabados en tu cerebro y la de la adicción emocional de tu cuerpo.

En el **capítulo 8** te presentaré el universo cuántico, el mundo imprevisible de la materia y la energía, los elementos de los que se componen los átomos y las moléculas de todo cuanto existe en el universo, los cuales por lo visto están compuestos más de energía (que parece como si fuera espacio vacío) que de materia. El modelo cuántico, que afirma que en este momento presente ya existen todas las posibilidades, es tu secreto para curarte con el efecto placebo, porque te permite elegir un nuevo futuro y *observarlo* haciéndose realidad. Entonces comprenderás que es posible cruzar el río del Cambio y conocer lo desconocido.

El **capítulo 9** te describe a tres participantes de mis talleres que afirmaron haber obtenido unos resultados asombrosos al usar estas mismas técnicas para que su salud mejorara. Primero conocerás a Laurie, una mujer a la que a los 19 años los médicos le diagnosticaron una rara enfermedad ósea degenerativa que tacharon de incurable. Aunque los huesos de la pierna izquierda y de la cadera de Laurie sufrieran 12 fracturas importantes durante varias décadas, obligándola a desplazarse con muletas, en la actualidad camina con normalidad sin la ayuda de ni siquiera un bastón. Sus radiografías son la prueba de que sus fracturas han desaparecido.

A continuación te presentaré a Candace, a la que le diagnosticaron la enfermedad de Hashimoto, un grave trastorno tiroideo caracterizado por numerosas complicaciones, en una época de su vida en que estaba resentida y furiosa. Su médico le dijo que tendría que medicarse el resto de su vida, pero ella le demostró que se equivocaba tras superar su enfermedad. En la actualidad Candace es una mujer enamorada que lleva una vida nueva sin necesidad de tomar medicamentos para la tiroides, y sus análisis de sangre demuestran que está sana.

Y por último conocerás a Joann (la mujer que cito en el prefacio), madre de cinco hijos, empresaria de éxito y una gran emprendedora a la que todos consideraban una supermujer antes de derrumbarse de pronto y de que le diagnosticaran una forma avanzada de esclerosis múltiple. Su enfermedad fue empeorando rápidamente hasta llegar al extremo de no poder mover las piernas. Cuando acudió a mis talleres, al principio solo hizo pequeños cambios, hasta que un día la mujer que llevaba años sin poder mover las piernas se puso a andar por la sala sin ayuda ¡tras hacer una sesión de meditación de una hora!

En el **capítulo 10** comparto más historias sorprendentes sobre algunos participantes de mis talleres y de los escáneres cerebrales que les hicimos. Conocerás a Michelle, que se curó de la enfermedad de Parkinson, y a John, un parapléjico que se levantó de su silla de ruedas después de una meditación. También descubrirás cómo Kathy (una directora ejecutiva que llevaba una vida trepidante) aprendió a encontrar el presente y cómo Bonnie se curó a sí misma de sus fibromas y de su excesivo sangrado menstrual. Y por último conocerás a Genevieve, que se sume en unos estados meditativos tan gozosos que llora de alegría y a Maria, cuya experiencia solo puede describirse como un orgasmo cerebral.

También te mostraré la información que mi equipo de científicos reunió de los escáneres cerebrales de estas personas para que veas los cambios que presenciamos en tiempo real en los talleres. Lo mejor de esta información es que te demuestra que no necesitas ser un monje o una monja, un erudito, un científico o un líder espiritual para acometer semejantes hazañas. Ni tampoco tener un doctorado o una titulación médica. Las personas de este libro son gente común y corriente como tú. Después de leer este capítulo, comprenderás que lo que hicieron no es un acto mágico o ni siquiera milagroso, sino que simplemente aprendieron y aplicaron habilidades que se pueden aprender. Y si tú las practicas, también podrás hacer cambios parecidos.

La **segunda parte** trata de la meditación. El **capítulo 11** describe varios pasos preliminares sencillos para meditar y diversas técnicas que te resultarán útiles. Y el **capítulo 12** te ofrece paso a paso las instrucciones para aplicar las técnicas meditativas de mis talleres, las mismas que les permitieron a los participantes crear los asombrosos resultados de los que te he hablado.

Me alegra decir que aunque no tengamos aún todas las respuestas para manejar el poder del efecto placebo, en la actualidad, personas de toda índole están usando estas ideas en *este mismo instante* para producir cambios extraordinarios en su vida, la clase de cambios que muchas otras considerarían prácticamente imposibles. Las técnicas de este libro no sirven solo para curarte de una enfermedad, sino también para mejorar cualquier aspecto de tu vida. Espero que te inspire a aplicarlas y a hacer posible en *tu* vida la misma clase de cambios que parecen imposibles.

Nota del autor: Las historias de los participantes de mis talleres que se curaron son reales, pero he cambiado en este libro sus nombres y algunos detalles identificativos para proteger su privacidad.

Primera parte

INFORMACIÓN

1

¿Es posible?

Sam Londe, un dependiente de zapatería jubilado que vivía en las afueras de Saint Louis a principios de la década de 1970, empezó a tener problemas de deglución.[1] Al final fue a ver al médico y este descubrió que tenía un cáncer de esófago metastásico. En aquellos días este tipo de cáncer se consideraba incurable y nadie sobrevivía a él. Era una sentencia de muerte y el médico de Londe le comunicó la noticia con un tono sombrío.

Intentando alargarle la vida lo máximo posible, le dijo que lo mejor era extirparle el tejido canceroso del esófago y del estómago, donde el cáncer se había propagado. Confiando en él, Londe accedió y se sometió a la intervención. Por un tiempo le fue bien, pero al cabo de poco las cosas fueron de mal en peor. Una ecografía del hígado de Londe reveló más malas noticias: el cáncer se había extendido por todo el lóbulo izquierdo del hígado. El médico le dijo que por desgracia le quedaba como mucho solo unos meses de vida.

Londe y su nueva esposa, ambos septuagenarios, decidieron mudarse a Nashville, a unos 500 kilómetros de distancia, donde residían algunos familiares de ella. Al poco tiempo de trasladarse a Tennessee, Londe ingresó en un hospital donde lo asignaron al médico internista Clifton Meador. La primera vez que el doctor Meador entró en la habitación de Londe, encontró a un hombre canijo y sin afeitar acurrucado bajo una pila de mantas con aspecto de moribundo. Londe se mostraba huraño y poco comunicativo y las enfermeras le contaron al doctor Meador que había estado de ese modo desde que lo habían ingresado unos días antes.

Si bien Londe tenía altos niveles de glucosa en la sangre debido a su diabetes, los parámetros del resto de la analítica eran normales, salvo por unos niveles un tanto elevados de las enzimas hepáticas, lo cual era de esperar en alguien con cáncer de hígado. En las otras pruebas que le habían hecho todo salía bien, una gran suerte teniendo en cuenta el grave estado del paciente. Bajo las órdenes de su nuevo médico, Londe recibió a regañadientes una terapia física, una dieta reconstituyente a base de líquidos y cuidados y atenciones médicas. A los pocos días ya se sentía más fuerte y animado. Le empezó a contar su vida al doctor Meador.

Londe había estado casado antes con una mujer que había sido su verdadera media naranja. No pudieron tener hijos, pero habían disfrutado de la vida. Como les encantaba navegar, al jubilarse se compraron una casa junto a un gran lago artificial. Pero un día ya avanzada la noche, el muro de contención de tierra de la presa se rompió y una tromba de agua se llevó por delante su hogar. Londe sobrevivió de milagro al agarrarse a algunos escombros, pero el cuerpo de su mujer desapareció bajo el agua.

«Perdí todo lo que más quería en este mundo —le dijo al doctor Meador—. Aquella noche la tromba de agua se llevó también mi corazón y mi alma.»

A los seis meses de la muerte de su esposa, mientras todavía la lloraba sumido en una profunda depresión, le diagnosticaron el cáncer de esófago y le operaron para extirpárselo. Entonces fue cuando conoció a su segunda esposa y se casó con ella, una mujer bondadosa que sabía que él tenía una enfermedad terminal y que aceptó cuidarle durante el tiempo que le quedara de vida. Varios meses después de casarse, se mudaron a Nashville y el doctor Meador ya conocía el resto de la historia.

En cuanto Londe terminó de contársela, el médico, asombrado por lo que acababa de oír, le preguntó compasivamente: «¿Qué quiere que haga por usted?» Londe, que estaba a las puertas de la muerte, se quedó pensativo.

«Me gustaría vivir hasta Navidad para celebrarla con mi mujer y su familia, porque se han portado muy bien conmigo —contestó al fin—. Lo único que deseo es que me ayude a conseguirlo.» El doctor Meador le respondió que haría todo lo posible para que lo lograra.

Cuando le dieron de alta a finales de octubre, Londe se encontraba mucho mejor que al llegar. El doctor Meador se quedó sorprendido y contento a la vez por los progresos de su paciente. A partir de entonces lo fue visitando una vez al mes, y cada vez observaba que Londe seguía bien. Pero una semana después de Navidad (el día de Año Nuevo), su mujer volvió a llevarlo al hospital.

El doctor Meador se sorprendió al ver que Londe parecía volver a estar a punto de morir. Al hacerle un chequeo, lo único que encontró fue que tenía un poco de fiebre y una pequeña mancha oscura en un pulmón que indicaba una pulmonía, aunque Londe no parecía tener problemas respiratorios. Todas las analíticas salieron normales y las pruebas de cultivos que el médico pidió no indicaron que sufriera ninguna otra enfermedad. El doctor Meador le recetó antibióticos y le conectó a un tanque de oxígeno, esperando lo mejor, pero al cabo de veinticuatro horas Sam Londe murió.

Como habrás supuesto, esta historia trata de un diagnóstico típico de cáncer seguido de una desafortunada muerte a causa de una enfermedad mortal, ¿verdad?

Pues no es lo que parece.

Cuando le practicaron la autopsia en el hospital, descubrieron algo muy curioso. En realidad, el hígado de Londe *no* estaba invadido por el cáncer, solo tenía un diminuto nódulo cancerígeno en el lóbulo izquierdo y otro foco muy pequeño en el pulmón. La verdad es que ninguno de esos cánceres estaba lo bastante extendido como para causarle la muerte. Y de hecho la zona alrededor del esófago estaba totalmente sana. Por lo visto la ecografía que le habían hecho en el hospital de Saint Louis para ver si tenía cáncer en el hígado había dado un falso resultado positivo.

Sam Londe no murió de un cáncer esofágico o hepático. Ni tampoco por la pulmonía que pilló cuando volvieron a ingresarlo en el hospital. Simplemente se murió porque todas las personas de su entorno creyeron que tenía los días contados. El médico del hospital de Saint Louis creyó que Londe se estaba muriendo, y cuando el doctor Meador de Nashville pensó también lo mismo, la mujer y los familiares de Londe lo dieron por un caso perdido. Y lo más importante es que el propio Sam Londe pensó que se estaba muriendo. ¿Es posible que se muriera solo por el mero hecho de *pensarlo*? ¿Que ese pensamiento fuera tan poderoso? Y si es así, ¿se trata de un caso aislado?

¿Se puede sufrir una sobredosis con un placebo?

Fred Mason (no es su nombre real), un estudiante de posgrado de 26 años cayó en una depresión cuando su novia rompió con él.[2] Pero de pronto vio en un periódico el anuncio de un ensayo clínico sobre un nuevo medicamento antidepresivo y decidió participar. Cuatro años antes había tenido un brote depresivo y el médico le había recetado un antidepresivo a base de amitriptilina (Elavil), pero se había visto obligado a dejarlo por la somnolencia y el embotamiento que le causaba. El medicamento era demasiado fuerte para él y ahora esperaba que ese nuevo fármaco tuviera menos efectos secundarios.

Cuando ya hacía cerca de un mes que participaba en el estudio, decidió llamar a su antigua novia. Los dos se pelearon por teléfono y Mason después de colgar, agarró en un arrebato el frasco de pastillas del ensayo clínico y se tragó las 29 que quedaban con la intención de suicidarse. Pero al instante se arrepintió. Salió de su casa corriendo y, tras pedir ayuda a gritos, se desplomó. Una vecina le oyó gritar y al salir al pasillo del edificio se lo encontró tendido en el suelo.

Retorciéndose de dolor, Mason le contó que había cometido un terrible error al tomarse las pastillas, pero que no se quería morir. Cuando le pidió que lo llevara al hospital, su vecina así lo hizo. Mason llegó a urgencias pálido y sudoroso, con una tensión de 80/40 y un ritmo cardíaco de 140 pulsaciones. Respirando agitadamente, no cesaba de exclamar: «¡No quiero morir!»

Cuando los médicos le examinaron, vieron que lo único que tenía era la tensión baja, el pulso acelerado y la respiración agitada. Aun así, Mason estaba aletargado y arrastraba las palabras al hablar. El equipo médico decidió administrarle suero intravenoso, le hicieron análisis de sangre y de orina, y le preguntaron cuál era el medicamento que había tomado. Mason no podía recordar el nombre del fármaco.

Les dijo que era el antidepresivo experimental de un ensayo clínico. Luego les entregó el frasco vacío, pero en la etiqueta no aparecía el nombre del medicamento, sino solo la información sobre el estudio. Así que no podían hacer más que esperar los resultados de los análisis, controlar sus constantes vitales para asegurarse de que no empeorase de golpe y esperar a que el personal del hospital pudiera contactar con los investigadores que estaban realizando el ensayo clínico.

Al cabo de cuatro horas, después de que los resultados de los análisis salieran totalmente normales, llegó un médico que había participado en el estudio del fármaco experimental. Al consultar el código de la etiqueta del frasco vacío de las pastillas de Mason, lo cotejó con la información recabada en el estudio. Les dijo que Mason había estado tomando un placebo y que las pastillas que había ingerido no contenían ningún fármaco. Milagrosamente, a los pocos minutos a Mason se le normalizó la tensión arterial y el pulso. Y como por arte de magia, dejó también de sentirse soñoliento. Mason había sido víctima del efecto *nocebo:* una sustancia inocua que, gracias a sus intensas expectativas, le había producido efectos perjudiciales.

¿Es posible que los síntomas se los hubiera provocado el hecho de esperar sufrirlos después de tragarse un buen puñado de antidepresivos? ¿Puede que su mente, como en el caso de Sam Londe, se hubiera apoderado de su cuerpo, llevada por las expectativas de lo que parecía ser la perspectiva más probable, hasta el punto de *materializarla*? ¿Le pudo haber ocurrido *aunque* esto significara que su mente se había ocupado de unas funciones que normalmente no están bajo nuestro control? Y si esto *fuera* posible y nuestros pensamientos pudieran hacernos enfermar, ¿acaso no podríamos también usarlos para curarnos?

La depresión crónica se esfuma por arte de magia

Janis Schonfeld, una interiorista de 46 años que vivía en California, había sufrido depresiones desde la adolescencia. Pero nunca había recurrido a ningún profesional en busca de ayuda hasta ver el anuncio de un periódico en 1997. El Instituto Neuropsiquiátrico de la UCLA estaba buscando voluntarios para probar en un ensayo clínico un nuevo antidepresivo a base de venlafaxina (Effexor). Schonfeld, esposa y madre, cuya depresión había empeorado hasta tal punto que se había planteado suicidarse, decidió aprovechar la oportunidad de participar en el estudio.

Cuando Schonfeld llegó al Instituto Neuropsiquiátrico por primera vez, un técnico le aplicó unos electrodos durante cuarenta y cinco minutos para monitorizar y registrar su actividad bioeléctrica cerebral con un electroencefalógrafo, y poco después ella se fue con el frasco de pastillas que le dieron en la farmacia del hospital. Sabía que aproximadamente la mitad del grupo de 51 participantes recibiría el fármaco, y la otra mitad, un placebo, aunque ni Schonfeld ni los médicos del estudio tenían idea de a cuál de los dos grupos la habían asignado al azar. En realidad, nadie lo sabría hasta que finalizara el estudio. Pero a ella no le importaba, porque estaba entusiasmada y esperaba que el fármaco experimental le ayudara después de haber estado luchando durante décadas contra una depresión clínica que hacía que de pronto se echara a llorar sin una razón aparente.

Schonfeld accedió a volver al Instituto cada semana a lo largo del estudio de dos meses de duración. Cada vez respondía a las preguntas de cómo se sentía y en varias ocasiones incluso le realizaron otro electroencefalograma (EEG). Al poco tiempo de empezar a tomar las pastillas, Schonfeld se comenzó a encontrar muchísimo mejor por primera vez en su vida. Y lo más curioso es que además sentía náuseas, pero esto era una *buena* noticia, porque sabía que era uno de los efectos secundarios del fármaco experimental. Como la depresión tendía a desaparecer y además notaba los efectos secundarios, estaba segura de que le había tocado el fármaco activo. Hasta la enfermera con la que hablaba al volver cada semana al Instituto creía que Schonfeld estaba tomando el medicamento real por los cambios que experimentaba.

Al final de la octava semana del estudio, uno de los investigadores le reveló por fin la impactante verdad: Schonfeld, que después de haber tomado las pastillas ya no deseaba suicidarse y se sentía como una persona diferente, había formado parte en realidad del grupo del placebo. Se quedó de una pieza. Estaba segura de que el médico se había equivocado. No se podía creer que después de estar sufriendo durante tantos años una agobiante depresión, se sintiera ahora mucho mejor por haberse tomado un frasco de pastillas de azúcar. ¡Y hasta había sufrido los efectos secundarios y todo! *Debía de* ser un error. Le pidió al médico que volviera a revisar la información recabada. Él, riéndose afablemente, le aseguró que el frasco que se había llevado a casa, el que le había devuelto las ganas de vivir, no contenía más que pastillas placebo.

Mientras Schonfeld se quedaba de piedra, el médico le insistió en que el hecho de no haber recibido el medicamento auténtico no significaba que se hubiera imaginado su depresión o su mejoría, sino que simplemente no era el Effexor lo que le había hecho sentirse mejor.

Y ella no había sido la única. Los resultados del estudio revelaron al cabo de poco que el 38 por ciento de los participantes del grupo placebo se sentía mejor, comparados con el 52 por ciento del grupo que había recibido Effexor. Pero cuando el resto de la información salió a la luz, fueron los investigadores los que se quedaron sorprendidos: los pacientes como Schonfeld, que habían mejorado con el placebo, no se habían imaginado sentirse mejor, sino que los *patrones de sus ondas cerebrales habían cambiado*. Las electroencefalografías que les hicieron religiosamente a lo largo del estudio revelaban un aumento importante de actividad en la corteza prefrontal, la cual en los pacientes deprimidos solía ser muy baja.[3]

El efecto placebo, además de cambiar la mente de Schonfeld, le estaba modificando su biología. Es decir, no eran solo *imaginaciones* suyas, sino cambios reales en su *cerebro*. Además de sentirse bien, también se estaba *poniendo* bien. Al final del estudio, a Schonfeld le había cambiado el cerebro sin tomar ningún medicamento ni hacer nada distinto a lo de siempre. Era su mente la que había cambiado su cuerpo. Y doce años más tarde, Schonfeld seguía sintiéndose muchísimo mejor que antes.

¿Cómo es posible que una pastilla de azúcar pueda acabar con los síntomas de una depresión arraigada y provocar además efectos secundarios como náuseas? ¿Y qué significa que la misma sustancia inerte tenga el poder de cambiar la activación de las ondas cerebrales, aumentando la actividad en la parte del cerebro más afectada por la depresión? ¿Puede la mente subjetiva crear esta clase de cambios fisiológicos, objetivos y medibles? ¿Qué sucede en la mente y en el cuerpo que permite que un placebo actúe a la perfección como un fármaco? ¿Podrían darse los mismos fantásticos efectos curativos no solo en las enfermedades mentales crónicas, sino también en una afección tan grave como el cáncer?

Una cura «milagrosa»: ahora lo ves, y ahora no lo ves

En 1957 el psicólogo de UCLA Bruno Klopfer publicó un artículo en una publicación académica contando la historia de un hombre al que llamó «el señor Wright» aquejado de un linfoma avanzado, un cáncer en las glándulas linfáticas.[4] El tipo tenía unos tumores enormes, algunos del tamaño de una naranja, en el cuello, la entrepierna y las axilas, y el cáncer no estaba respondiendo a los tratamientos convencionales. Llevaba semanas enfermo, «febril, respirando con dificultad y postrado en cama». Su médico, Philip West, lo había dado por un caso perdido, aunque el propio Wright siguiera luchando. Cuando este descubrió que el hospital donde lo estaban tratando (en Long Beach, California) era uno de los diez hospitales y centros de investigación del país donde se estaba evaluando el Krebiozen, un medicamento experimental extraído de la sangre de caballo, el hecho le entusiasmó. Wright le dio la lata sin descanso al doctor West durante varios días hasta que el médico aceptó administrarle el nuevo remedio (aunque Wright no pudiera participar formalmente en el ensayo clínico porque los pacientes debían tener como mínimo una esperanza de vida de tres meses).

Wright recibió la inyección de Krebiozen un viernes, y el lunes ya se había levantado de la cama y caminaba la mar de animado, riendo y bromeando con las enfermeras: parecía otra persona.

El doctor West escribió en el informe médico que los tumores «se habían disuelto como bolas de nieve en una estufa encendida». A los tres días los tumores se habían reducido a la mitad. Y al cabo de otros diez, le dieron el alta: Wright se había curado. Parecía un milagro.

Pero dos meses más tarde los medios de comunicación anunciaron que los diez ensayos clínicos revelaban que el Krebiozen era un engaño. En cuanto Wright leyó las noticias empeoró en el acto al creer que el medicamento no servía para nada y los tumores le volvieron a aparecer al poco tiempo. El doctor West sospechó que la primera respuesta positiva de Wright se debía al efecto placebo, y sabiendo que su paciente tenía una enfermedad terminal, se dijo que tenía poco que perder —y Wright mucho que ganar— si ponía a prueba su teoría. Así que le dijo a este que no se creyera las noticias del periódico y que había recaído porque el Krebiozen que le habían administrado formaba parte de un lote de mala calidad. Además, le contó que estaba a punto de llegar al hospital una versión del medicamento «el doble de potente y de una calidad excelente» y que se la inyectaría en cuanto la recibiera.

Wright se sintió eufórico ante la posibilidad de curarse y a los pocos días recibió la inyección. Pero en esta ocasión el doctor West no le inyectó un fármaco experimental ni un placebo, sino simplemente agua destilada.

A Wright le volvieron a desaparecer los tumores como por arte de magia. Regresó a su casa y durante los dos siguientes meses se estuvo sintiendo la mar de bien, ya no tenía ningún tumor. Pero de pronto la Asociación Médica Americana anunció que el Krebiozen no servía para nada. La comunidad médica había sido víctima de un engaño. El «medicamento milagroso» había resultado ser un timo, no era más que aceite mineral que contenía un simple aminoácido. De hecho, a los fabricantes les habían condenado por fraude. Al oír la noticia Wright sufrió una recaída por última vez:

había dejado de creer en la posibilidad de curarse. Volvió al hospital desesperanzado y a los dos días murió.

¿Es posible que Wright hubiera cambiado de algún modo su *estado del ser* no una vez sino dos, transformándose en alguien que se había librado del cáncer en cuestión de días? ¿Respondió su cuerpo al instante a ese nuevo estado mental? ¿Y pudo haber recuperado el estado mental de un hombre con cáncer en cuanto oyó que el medicamento en cuestión no servía para nada, y entonces su cuerpo creó de nuevo exactamente la misma química, con lo que los tumores volvieron a aparecer? ¿Es posible alcanzar ese nuevo estado bioquímico no solo tomando pastillas o recibiendo inyecciones, sino también por medio de algo tan invasivo como una cirugía?

La cirugía de rodilla que nunca se llevó a cabo

En 1996 el ortopedista Bruce Moseley, que por aquel entonces trabajaba en la Facultad de Medicina de Baylor y era uno de los expertos punteros de Houston en medicina deportiva ortopédica, publicó un ensayo clínico basado en su experiencia con diez voluntarios varones que habían servido en el ejército y padecían osteoartritis de rodilla.[5] Debido a la gravedad de su enfermedad, muchos de ellos cojeaban ostensiblemente, caminaban con un bastón o necesitaban algún tipo de ayuda para desplazarse.

El estudio estaba concebido para analizar la cirugía artroscópica, una práctica muy corriente que consistía en anestesiar al paciente y hacerle luego una incisión diminuta para insertarle un artroscopio, un aparato provisto de una cámara para ver su articulación. En la cirugía de rodilla el médico limpia y enjuaga la articulación para eliminar cualquier fragmento de cartílago degenerado que se considera la causa de la inflamación y del dolor. En aquel tiempo cerca de tres cuartos de millón de pacientes se sometían a esta clase de intervención cada año.

En el estudio del doctor Moseley, a dos de los diez participantes les practicaron un *desbridamiento,* una cirugía muy común en la que el cirujano extrae los restos de cartílago lesionado de la articulación de la rodilla. Otros tres recibieron un *lavado,* un procedimiento en el que se inyecta agua a gran presión en la articulación de la rodilla para limpiar y eliminar el material artrítico deteriorado, y a los cinco restantes se les sometió a una *cirugía falsa* en la que el doctor Moseley se limitaba a hacerles una incisión con un escalpelo y a suturársela luego sin realizarles ninguna clase de cirugía. A ninguno de estos cinco pacientes les insertaron un artroscopio, ni les limpiaron la articulación de la rodilla, ni les eliminaron los fragmentos óseos con agua a presión, solo les hicieron una incisión y luego les cosieron la herida.

Los diez participantes siguieron el mismo protocolo al principio. Los llevaron en sillas de ruedas a la sala de operaciones y, a continuación, les aplicaron la anestesia general para que el doctor Moseley pudiera eliminar los desechos artríticos de la articulación. En cuanto el cirujano entraba en la sala de operaciones, encontraba un sobre sellado que contenía información que le indicaba a cuál de los tres grupos había sido asignado al azar el paciente que yacía en la mesa de operaciones. El doctor Moseley no tenía idea de la información que contenía el sobre hasta que lo abría.

Después de la cirugía, los diez pacientes del estudio afirmaron gozar de mayor movilidad y sufrir menos dolor. En realidad, los que fueron objeto de la cirugía «falsa» se sintieron igual de bien que los del desbridamiento o el lavado quirúrgico. No hubo ninguna diferencia en los resultados, ni siquiera seis meses más tarde. Y al cabo de seis años, cuando entrevistaron a dos de los participantes que habían recibido la cirugía placebo, afirmaron que seguían andando con normalidad, sin sentir dolor y que su movilidad había aumentado en gran medida.[6] Dijeron que ahora podían realizar todas las actividades cotidianas que no podían hacer seis años atrás, cuando todavía no les habían operado. Todos opinaban que habían recuperado la calidad de vida de antes.

Fascinado por los resultados, el doctor Moseley publicó otro estudio en el 2002 sobre 180 pacientes a los que se les hizo un seguimiento de dos años de duración después de haberles practicado la intervención quirúrgica.[7] Los tres grupos del estudio mejoraron, ya que tras la cirugía los pacientes empezaron a caminar sin que les doliera la rodilla o sin cojear. Pero ninguno de los participantes de los dos grupos había mejorado más que cualquiera de los pacientes sometidos a la cirugía placebo, incluso al cabo de dos años.

¿Es posible que esos pacientes mejoraran por confiar y creer en el poder curativo del cirujano, el hospital e incluso en el de la reluciente y moderna sala de operaciones? ¿Se imaginaron de algún modo una vida con una rodilla sana, entregándose simplemente a ese posible resultado y haciéndolo realidad literalmente? ¿Era el doctor Moseley una versión moderna de los antiguos «hechiceros», solo que llevaba una bata blanca? ¿Y es posible curarse también de un trastorno más grave, como por ejemplo uno que requiera una operación cardíaca?

La operación cardíaca falsa

A finales de la década de 1950 dos grupos de investigadores realizaron una serie de estudios para comparar la cirugía estándar en el tratamiento de la angina de pecho con un placebo.[8] Fue mucho antes de utilizar el procedimiento conocido como *derivación (bypass) aortocoronaria por injerto*, el tipo de cirugía que más se utiliza hoy día. En aquella época a la mayoría de los pacientes con problemas cardíacos se les realizaba una *ligadura de las arterias mamarias*, un procedimiento que consistía en exponer las arterias dañadas y ligarlas. Los cirujanos creían que si bloqueaban el paso de la sangre con este sistema, obligarían al cuerpo a crear nuevos conductos vasculares, con lo que aumentaría el riego sanguíneo en el corazón. Este procedimiento quirúrgico daba muy buenos resultados en la mayoría de los pacientes, aunque los médicos no tuvieran ninguna prueba sólida de que se hubiera creado ningún nuevo vaso sanguíneo, y esa fue la razón que les llevó a realizar esos dos estudios.

Aquellos dos equipos de investigadores, uno de Kansas City y otro de Seattle, siguieron el mismo procedimiento dividiendo a los participantes del estudio en dos grupos. A los miembros de uno se les practicó la ligadura de las arterias mamarias y a los del otro, una cirugía falsa. Los cirujanos les hicieron a todos las mismas pequeñas incisiones en el pecho, exponiendo las arterias, la única diferencia era que a los pacientes de la cirugía falsa les cosían el corte y nada más.

Los resultados de ambos estudios fueron asombrosamente parecidos: el 67 por ciento de los pacientes operados sintieron menos dolor y necesitaron menos medicación, y el 83 por ciento de los que habían sido objeto de una intervención falsa obtuvieron también el mismo nivel de mejoría. ¡La cirugía placebo había dado mejores resultados que la cirugía real!

¿Podía ser que los pacientes sometidos a la operación falsa creyeran tanto que iban a mejorar que *acabaran* mejorando simplemente por el hecho de esperarlo? Y si fue así, ¿qué nos enseña esto sobre cómo nos afectan nuestros pensamientos cotidianos, ya sean positivos o negativos, en cuanto al cuerpo y la salud?

La actitud lo es todo

En la actualidad muchos estudios demuestran que nuestra actitud nos afecta a la salud, incluyendo la esperanza de vida. Por ejemplo, la Clínica Mayo publicó en el 2002 un estudio de un seguimiento realizado a 447 sujetos a lo largo de más de treinta años, revelando que las personas optimistas estaban más sanas física y mentalmente.[9] *Optimista* significa literalmente «mejor», lo cual sugiere que aquellas personas del estudio se fijaban en el mejor aspecto del futuro. Es decir, tenían menos problemas con las actividades diarias como resultado de su buena salud física o de su estado emocional: experimentaban menos dolor, tenían más energía, gozaban más de las actividades sociales, y se sentían más contentas, tranquilas y serenas la mayor parte del tiempo. Este estudio llegó justo después de otro en el que la Clínica Mayo había hecho un seguimiento a más de ochocientas personas a lo largo de 30 años y había revelado que los sujetos optimistas vivían más años que los pesimistas.[10]

Los investigadores de la Universidad de Yale también hicieron un seguimiento a 660 personas de 50 años y de más edad, durante veintitrés años, y descubrieron que las que tenían una actitud positiva sobre el envejecimiento vivían siete años más que las que lo afrontaban con una actitud negativa.[11] La actitud influía más en la longevidad que la tensión arterial, los niveles de colesterol, el tabaquismo, el sobrepeso o la cantidad de ejercicio físico.

Otros estudios han analizado la relación entre la salud del corazón y la actitud. Aproximadamente en la misma época, un estudio de la Universidad de Duke sobre 866 pacientes con problemas cardiovasculares desveló que los que más sentían a diario emociones positivas tenían un 20 por ciento más de probabilidades de seguir vivos al cabo de once años que los que habitualmente experimentaban más emociones negativas.[12] Y más asombrosos todavía fueron los resultados de un estudio sobre 255 estudiantes de la Facultad de Medicina de Georgia a los que se les realizó un seguimiento durante veinticinco años. Los más hostiles tenían cinco veces más probabilidades de sufrir enfermedades coronarias.[13] Y un estudio de la Universidad Johns Hopkins presentado en las Sesiones Científicas del 2001 de la Asociación Americana del Corazón, incluso reveló que una actitud positiva constituye la mejor protección conocida contra las enfermedades cardíacas en los adultos con riesgo por antecedentes familiares.[14] Este estudio sugiere que adoptar la actitud adecuada funciona igual de bien o mejor incluso que seguir una dieta saludable, hacer la cantidad adecuada de ejercicio y mantener el peso ideal.

¿Cómo es que nuestra actitud diaria —ya sea más alegre y afectuosa o más hostil y negativa— ayuda a determinar los años que viviremos? ¿Es posible cambiar nuestra actitud? Y si lo lográramos ¿podríamos superar la forma en que nuestra mente ha sido condicionada por las experiencias del pasado? ¿O acaso esperar que vuelva a pasar algo negativo ayuda a que suceda?

Náuseas antes de recibir la inyección

Según el Instituto Nacional del Cáncer, cerca del 29 por ciento de los pacientes que se someten a quimioterapia al ser expuestos a los olores y las imágenes que les recuerdan los tratamientos de la quimio sufren un trastorno llamado *náusea anticipatoria*.[15] Cerca del 11 por ciento de sujetos se sienten tan mal antes de los tratamientos que hasta vomitan. Algunos pacientes con cáncer ya empiezan a sentir náuseas cuando van en coche al ir a recibir la quimioterapia, antes de pisar siquiera el hospital, y otros vomitan mientras están en la sala de espera.

Un estudio del 2001 de la Universidad del Centro Rochester para el Cáncer, publicado en el *Journal of Pain and Symptom Management,* concluyó que esperar tener náuseas era el mayor factor predictor de que los pacientes las acabarían teniendo.[16] La información de los científicos revelaba que el 40 por ciento de los pacientes que recibían quimioterapia y que pensaban que se sentirían mal —porque sus médicos les habían dicho que probablemente se sentirían mal *después* del tratamiento—, tuvieron náuseas *antes* de recibirlo. Un 13 por ciento adicional de los pacientes que dijeron no saber con exactitud qué esperar del tratamiento, también se sintieron mal. Pero *ninguno* de los sujetos que no esperaban tener náuseas las tuvo.

¿Cómo es posible que algunas personas estén tan convencidas de que los fármacos de la quimioterapia les harán sentirse mal que les llega a pasar *antes* de que se los administren? ¿Podría ser que se sintieran mal por el poder de sus propios pensamientos? Y si esto les ocurre al 40 por ciento de los pacientes tratados con quimioterapia, podría también el 40 por ciento de los pacientes *mejorar* fácilmente al cambiar sus pensamientos sobre lo que esperan en cuanto a su salud o a la jornada? ¿Podría un solo pensamiento que aceptamos hacernos ya sentir *mejor*?

Los problemas digestivos se esfuman

Hace poco, cuando estaba a punto de bajar del avión en Austin, conocí a una mujer que leía un libro que me llamó la atención. Mientras esperábamos de pie en el pasillo para desembarcar, lo vi asomando en su bolso, en el título aparecía la palabra *creencia*. Nos sonreímos y yo le pregunté de qué trataba el libro.

«De cristianismo y fe —me respondió—. ¿Por qué lo quieres saber?» Le repuse que estaba escribiendo un libro sobre el efecto placebo que trataba sobre las creencias.

«Te contaré una historia», me dijo. Y entonces me reveló que hacía años le diagnosticaron intolerancia al gluten, celiaquía, colitis y otros trastornos, y que además sufría dolor crónico. Había estado leyendo sobre sus dolencias y decidió ir a ver a distintos profesionales de la salud para pedirles consejo. Le aconsejaron no consumir ciertos alimentos y tomar determinados medicamentos, y ella así lo hizo, pero seguía doliéndole todo el cuerpo. También tenía insomnio, sarpullidos en la piel y problemas digestivos, y sufría una lista de otros desagradables síntomas. Al cabo de varios años fue a ver a otro médico que decidió hacerle varios análisis de sangre. Pero los resultados de las pruebas dieron negativo.

«Aquel día descubrí que no tenía ninguna enfermedad y que no me pasaba nada y me dije *estoy bien*, y a partir de entonces mis síntomas se esfumaron como por arte de magia. Al instante me sentí de maravilla y podía comer lo que quisiera», me contó haciendo un gesto triunfal. «¿Qué te parece?», añadió sonriendo.

Al descubrir una información nueva y ver que lo que creíamos sobre nosotros mismos no es cierto, nuestros síntomas se pueden esfumar, pero ¿qué sucede en nuestro cuerpo cuando esto nos ocurre? ¿Cuál es exactamente la relación entre mente y cuerpo? ¿Es posible que esas nuevas creencias nos cambien el cerebro y la química del cuerpo, creando las nuevas rutas neuronales de quien creemos ser y alterando nuestra expresión genética? ¿Podríamos llegar a convertirnos en otra persona?

El párkinson frente a un placebo

La enfermedad de Parkinson es un trastorno neurológico caracterizado por una degeneración gradual de las células nerviosas en los *ganglios basales*, una zona del mesencéfalo que controla los movimientos físicos. El cerebro de los que tienen esta terrible enfermedad no produce bastante dopamina, el neurotransmisor que necesitan los ganglios basales para funcionar adecuadamente. Los síntomas tempranos del párkinson, una enfermedad que en la actualidad se considera incurable, incluyen problemas motores como rigidez muscular, temblores y cambios en el modo de andar y hablar que van más allá de nuestro control.

En un estudio, un grupo de investigadores de la Universidad de Columbia Británica en Vancouver, informaron a un grupo de pacientes con párkinson que les administrarían un medicamento que haría que sus síntomas mejoraran mucho.[17] En realidad, recibieron un placebo, una mera inyección salina. Incluso a la mitad de los que no habían tomado ningún fármaco les mejoró el control de la función motora después de recibir la inyección.

Los investigadores generaron imágenes del cerebro de los pacientes con un escáner para entender mejor lo que les había sucedido, y descubrieron que quienes habían respondido positivamente al placebo eran los que estaban fabricando dopamina en su cerebro: un 200 por ciento más que antes. Para obtener el mismo efecto con un medicamento, se tendría que recibir una dosis entera de anfetaminas, un fármaco que sube el estado de ánimo y que también aumenta la dopamina.

Por lo visto el simple hecho de esperar mejorar desencadenó en los pacientes con párkinson un poder sin explotar que activó la producción de dopamina, exactamente la cantidad que su cuerpo necesitaba para mejorar. Y si esto es cierto, ¿cuál es el proceso por el que un simple pensamiento logra producir la dopamina que el cerebro necesita? ¿Es posible que esta clase de estado mental, creado por la combinación de una clara intención con un estado emocional más intenso, nos hiciera invencibles a ciertas situaciones al activar nuestro almacén interior de fármacos y superar las circunstancias genéticas de la enfermedad que creíamos no poder controlar?

Sobre serpientes mortales y estricnina

En la región de los Apalaches existen focos de un ritual religioso centenario conocido como la manipulación de serpientes o «toma de las sierpes».[18] Aunque West Virginia (Virginia Occidental) sea el único estado donde es legal todavía, esto no impide que la policía local de otros estados haga la vista gorda a esta práctica. En las iglesias pequeñas y modestas, mientras los fieles se reúnen para celebrar el servicio religioso, el predicador entra con una o más cajas de madera en forma de maletín provistas de bisagras y puertas de plástico transparente con agujeros de ventilación, y las deposita cuidadosamente en el estrado, ante el presbiterio o en la sala, cerca del púlpito. Al poco tiempo la música empieza a sonar, una vibrante mezcla de música country, ranchera y folk de Kentucky con una letra sumamente religiosa sobre la salvación y el amor de Jesús. Cantando enfervorecidos, los músicos interpretan melodías con teclados, guitarras eléctricas e incluso baterías que cualquier banda musical de adolescentes envidiaría, mientras los feligreses agitan las panderetas movidos por el espíritu que se ha apoderado del ambiente. A medida que la energía va aumentando, el predicador prende una llama en un recipiente colocado sobre el púlpito y pone la mano encima, dejando que la llama le lama la palma antes de coger el recipiente y pasárselo lentamente por encima de los antebrazos desnudos para que la llama los roce. Se está «calentando».

Al cabo de poco los feligreses empiezan a balancearse y a posar las manos unos sobre otros, hablando en lenguas desconocidas, dando saltos y bailando al ritmo de la música alabando a su Salvador. Han sido poseídos por el espíritu, lo que ellos llaman «el ungimiento». Entonces el predicador abre una de las cajas de madera, mete la mano dentro y saca una serpiente venenosa, normalmente una serpiente cascabel, una boca de algodón, o una víbora cobriza. Él también se pone a bailar y a saltar hasta sudar, mientras sostiene la serpiente viva por la mitad del cuerpo para que la cabeza del animal quede terroríficamente cerca de su propia cabeza y de su garganta.

A veces sostiene la serpiente en lo alto antes de acercársela al cuerpo, bailando todo el rato mientras el animal se le enrosca con la mitad inferior del cuerpo alrededor del brazo y gira en el aire la parte superior a su antojo. El predicador puede sacar una segunda o incluso una tercera serpiente de otras cajas de madera y los feligreses, tanto hombres como mujeres, empiezan también a cogerlas mientras sienten que son «ungidos». En algunos servicios religiosos, el predicador ingiere veneno de un vaso, como por ejemplo estricnina, sin sufrir ninguno de sus mortíferos efectos.

Si bien las serpientes muerden a veces a algunos de los que las cogen, no ocurre con tanta frecuencia como sería de esperar, considerando los miles de servicios religiosos en los que los fieles meten febrilmente la mano en las cajas de madera provistas de bisagras sin una pizca de duda o de temor. E incluso cuando les pasa no siempre se mueren aunque no vayan corriendo al hospital, prefieren que los otros fieles se apiñen a su alrededor para rezar por ellos. ¿Por qué las serpientes no les muerden más a menudo? ¿Y por qué solo unos pocos se mueren cuando les ocurre? ¿Cómo pueden entrar en un estado mental en el que no les dan miedo esas serpientes venenosas cuando todos sabemos que su mordedura es letal, y cómo puede protegerles este estado mental?

También existen los estallidos de «fuerza histérica», la manifestación de una fuerza física sobrehumana en situaciones de emergencia. En abril del 2013, por ejemplo, Hannah Smith, una adolescente de 16 años y su hermana Haylee de 14, que vivían en Lebanon (Oregón), levantaron un tractor de casi 1.400 kilos de peso para liberar a su padre, Jeff Smith, que había quedado atrapado debajo.[19] ¿Y qué hay de los que caminan sobre brasas, como los miembros de tribus indígenas que practican rituales sagrados y los occidentales que asisten a esta clase de talleres? ¿O incluso los artistas de los carnavales o los bailarines javaneses en trance que sienten el irreprimible deseo de masticar cristales y tragárselos (un trastorno conocido como *hialofagia*)?

¿Cómo son posibles semejantes hazañas sobrehumanas y qué es lo que tienen en común de esencial? ¿Podría ser que al creer a ciegas en algo les cambia el cuerpo hasta el punto de volverse inmunes a su entorno? ¿Y es posible que esas férreas convicciones que otorgan poder a los que manejan serpientes y caminan sobre brasas pudieran actuar también a la inversa, dañándonos —e incluso causándonos la muerte— sin ser conscientes de ello?

Acabar con un hechizo vudú

En 1938 un hombre de 60 años de la zona rural de Tennessee se pasó cuatro meses enfermo, yendo de mal en peor, hasta que su mujer lo llevó a un hospital con capacidad para 15 camas en las afueras de la ciudad.[20] A esas alturas Vance Vanders (no es su nombre real) había perdido más de 22 kilos y parecía encontrarse a las puertas de la muerte. El doctor Drayton Doherty sospechó que Vanders sufría tuberculosis o un posible cáncer, pero en las numerosas pruebas y radiografías que le realizaron no apareció ninguna anomalía. La revisión médica del doctor Doherty reveló que su paciente estaba perfectamente. Como Vanders se negaba a comer, lo alimentaron mediante una sonda, pero él vomitaba tercamente todo cuanto le introducían por ella. Siguió empeorando, convencido de que se iba a morir y al final apenas podía hablar. Aunque pareciera que su muerte era inminente, el doctor Doherty aún no tenía idea de cuál era la dolencia de su paciente.

La angustiada mujer de Vanders le dijo al doctor que quería hablar con él en privado, y al asegurarle Doherty que no le revelaría la conversación a nadie, ella le contó que a su esposo le habían hecho «vudú». Por lo visto Vanders, que vivía en una comunidad donde las prácticas de vudú eran muy habituales, se había peleado con un sacerdote vudú local. El sacerdote, tras quedar con él en un cementerio a altas horas de la noche, le había echado un maleficio agitando una botella con un líquido pestilente ante su cara y le había soltado que moriría al poco tiempo y que nadie podría salvarlo. Eso fue lo que ocurrió. Y Vanders, convencido de que tenía los días contados, había creído en esa nueva y sombría realidad. El pobre hombre volvió abatido a casa negándose a comer. Hasta que su esposa lo llevó al hospital.

Tras oír la historia, al doctor Doherty se le ocurrió un plan muy poco ortodoxo para tratar a su paciente. Por la mañana reunió a los familiares al pie de la cama de Vanders y les dijo que estaba seguro de tener el remedio para curarlo. Los familiares le escucharon atentamente mientras él les contaba la siguiente patraña. Les dijo que la noche anterior había conseguido con una treta que el sacerdote vudú se reuniera con él en el cementerio y le desvelara cómo le había echado el maleficio a Vanders. No le había resultado fácil, les contó. El sacerdote se había negado a colaborar, pero él, agarrándolo del pescuezo, lo había empujado contra un árbol para obligarlo a hablar.

Les dijo que el sacerdote le confesó que había untado la piel de Vanders con huevos de lagartija para que se le metieran en la barriga y le eclosionaran en las entrañas. La mayoría de las lagartijas habían muerto, pero una muy gorda había sobrevivido y ahora se lo estaba comiendo por dentro. El doctor les anunció que, en cuanto le sacara la lagartija del cuerpo, Vanders se curaría.

Entonces llamó a la enfermera y esta le trajo diligentemente una jeringuilla enorme llena de una poderosa medicina, según les dijo el doctor Doherty. Pero en realidad contenía un medicamento vomitivo. El doctor Doherty inspeccionó atentamente la jeringuilla para asegurarse de que funcionara bien y luego le inyectó el líquido ceremoniosamente a su asustado paciente. A continuación con un gesto grandilocuente, abandonó la habitación sin decir una palabra a los familiares, que se quedaron atónitos.

Al cabo de poco al paciente le entraron ganas de vomitar. La enfermera le entregó una palangana y Vanders sintiendo arcadas y náuseas, la agarró gimiendo justo a tiempo. Cuando el doctor Doherty juzgó que su paciente ya casi había terminado de vomitar, entró resuelto a la habitación a grandes zancadas. Luego se acercó a la cama, sacó a escondidas de su maletín negro una lagartija verde, y en cuanto Vanders volvió a vomitar, la echó en la palangana sin que nadie se percatara.

«¡Mira, Vance! —exclamó con el mayor dramatismo del que fue capaz—. ¡Mira lo que tenías en la barriga! Ahora estás curado. ¡El hechizo vudú se ha acabado!»

En la habitación hubo un gran revuelo. Algunos familiares se desplomaron al suelo, gimiendo impactados. Vanders se apartó de la palangana con los ojos desorbitados. A los pocos minutos se había sumido en un profundo sueño que duró más de doce horas.

Cuando por fin despertó, estaba hambriento y se tragó ávidamente tanta comida que el médico temió que se le reventara el estómago. Al cabo de una semana, Vanders había recuperado el peso y la fuerza. Se fue del hospital sintiéndose de maravilla y vivió diez años más.

¿Es posible que un hombre se acurruque en la cama y se muera simplemente por creer que ha sido víctima de un maleficio? ¿Acaso un «brujo» actual, adornado con un estetoscopio en el cuello y un recetario en la mano, no habla con la misma convicción con la que el sacerdote vudú le habló a Vanders, y nosotros también nos creemos al pie de la letra lo que nos dice? Y si es posible que una persona, a un nivel, decida morir, ¿no podría también otra con una enfermedad terminal decidir *vivir*? ¿Es posible cambiar nuestro estado interior permanentemente —despojándonos de nuestra identidad como víctimas del cáncer, de artritis, de cardiopatías o del párkinson—, y adquirir un cuerpo sano con la misma soltura con la que nos quitamos una prenda de ropa y nos ponemos otra? En los siguientes capítulos verás lo que es realmente posible y cómo esto se aplica a tu vida.

2

Breve historia sobre el placebo

Como dice el proverbio, los momentos desesperados requieren medidas desesperadas. Cuando Henry Beecher, un cirujano estadounidense licenciado por la Universidad de Harvard, estaba sirviendo en la Segunda Guerra Mundial, se quedó sin morfina. Hacia el final de la guerra, los hospitales de campaña militares apenas disponían de morfina, por lo que esta situación era muy habitual. En aquella época Beecher estaba a punto de operar a un soldado herido de gravedad. Temía que al hacerlo sin un analgésico sufriera un colapso cardiovascular mortal. Pero lo que sucedió a continuación lo dejó anonadado.

Sin titubear, una de las enfermeras llenó una jeringuilla con una solución salina y se la inyectó al soldado como si le estuviera inyectando morfina. El soldado se calmó al instante. Reaccionó como si hubiera recibido el fármaco, aunque solo le hubieran inyectado agua con sal. Beecher realizó la intervención quirúrgica haciéndole un corte en el cuerpo y curándole las heridas, y luego se las suturó, todo ello sin anestesia. El soldado sintió un poco de dolor, pero no sufrió el colapso. ¿Cómo era posible, se preguntó Beecher, que el agua salina hubiera actuado como la morfina?

Después de aquel asombroso éxito, siempre que en el hospital de campaña se quedaban sin morfina, Beecher volvía a hacer lo mismo: inyectaba una solución salina como si estuviera inyectando morfina. La experiencia le convenció del poder de los placebos y al volver a Estados Unidos tras finalizar la guerra, empezó a estudiar este fenómeno.

En 1955, Beecher hizo historia al publicar un artículo basado en 15 estudios en la revista *Journal of the American Medical Association* en el que además de hablar de la gran importancia de los placebos, sugería un nuevo modelo de investigación médica que dividiera al azar a los participantes de los estudios en dos grupos para que recibieran medicamentos activos o placebos —lo que en la actualidad se denomina *ensayo clínico randomizado*—, a fin de que el poderoso efecto placebo no alterara los resultados.[1]

La idea de que podemos alterar la realidad física con los pensamientos, las creencias y las expectativas (tanto si somos conscientes de ello como si no), no surgió sin duda en aquel hospital de campaña durante la Segunda Guerra Mundial. La Biblia está repleta de historias de curaciones milagrosas e incluso en los tiempos modernos las multitudes acuden a lugares como Lourdes, en el sur de Francia (donde Bernadette, una campesina de 14 años, vio a la Virgen María en 1858), y la gente deja allí las muletas, los aparatos ortopédicos y las sillas de ruedas como prueba de haberse curado. También se sabe que ocurrieron otros milagros parecidos en Fátima, Portugal (donde tres pastorcitos vieron aparecerse a la Virgen María en 1917), y también otros relacionados con la imagen itinerante de la Virgen María esculpida para conmemorar el 30.º aniversario de la aparición. La estatua se basa en la descripción que dio la mayor de los tres pastorcitos, una niña que para entonces ya era monja, y el papa Pío XII bendijo la estatua antes de que la fueran llevando de un lugar a otro por todo el mundo.

La curación por la fe no se da solo en la tradición cristiana. Al difunto gurú Sathya Sai Baba, considerado por sus seguidores como un *avatar* —la manifestación de una deidad—, se le conocía por materializar la ceniza sagrada llamada *vibhuti* en la palma de sus manos. Se dice que esta fina ceniza gris tiene el poder de curar muchas enfermedades físicas, mentales y espirituales al ingerirla o aplicarla en la piel como una pasta. Y los lamas tibetanos, de los que también se dice que tienen poderes curativos, usan su aliento echándolo sobre los enfermos para curarlos.

Incluso los reyes franceses e ingleses que reinaron desde el siglo cuatro al nueve curaban a sus súbditos a través de la imposición de manos. El rey Carlos II de Inglaterra era conocido por ser adepto a esta práctica, y la llegó a realizar cerca de cien mil veces.

¿Qué es lo que causa estas curaciones milagrosas, tanto si se deben a la fe en una deidad o en los poderes extraordinarios de una persona, un objeto o incluso un lugar considerado sagrado o santo? ¿Cuál es el proceso por el que la fe o una creencia producen esta clase de profundos efectos? ¿El hecho de otorgarle significado a un ritual —ya sea al de rezar el rosario, aplicar un poco de ceniza sagrada en la piel o tomar un nuevo fármaco milagroso recetado por un médico en el que confiamos— podría jugar un papel en el efecto placebo? ¿Y es posible que el estado mental de quienes recibieron estas curas estuviera influido o alterado por las condiciones de su entorno exterior (una persona, un lugar o un objeto en el momento idóneo) hasta el punto de haber hecho que sus cuerpos cambiaran físicamente?

Del magnetismo al hipnotismo

En la década de 1770 el médico vienés Franz Anton Mesmer se hizo famoso al desarrollar y demostrar lo que en aquellos tiempos se consideraba un modelo médico de curación milagrosa. Desarrollando la idea de sir Isaac Newton sobre los efectos de la gravitación planetaria en el cuerpo humano, Mesmer estaba convencido de que el cuerpo contenía unos fluidos invisibles que se podían manipular para curar a las personas usando una fuerza a la que llamó «magnetismo animal».

Su técnica consistía en pedir a los pacientes que le miraran fijamente a los ojos antes de pasarles unos imanes por el cuerpo para dirigir y equilibrar esos fluidos magnéticos. Más tarde descubrió que solo con pasar sus manos por encima del cuerpo (sin los imanes) de los pacientes ya producía el mismo efecto. Al cabo de poco de empezar la sesión, los pacientes se ponían a temblar y a agitarse antes de ser presas de convulsiones que Mesmer consideraba terapéuticas. Mesmer seguía equilibrando los fluidos hasta que los pacientes se calmaban de nuevo. Usaba esta técnica para curar una variedad de enfermedades, desde dolencias graves como la parálisis y los trastornos convulsivos hasta afecciones menores, como problemas menstruales y hemorroides.

En uno de sus casos más famosos, Mesmer le curó parcialmente a Maria-Theresia von Paradis, una pianista adolescente que daba conciertos, la «ceguera histérica», un trastorno psicosomático que llevaba sufriendo desde los 3 años. Maria-Theresia se quedó varias semanas en el hogar de Mesmer mientras él la trataba, hasta lograr ayudarla a percibir los movimientos y a distinguir los colores. Pero a los padres de Maria-Theresia no les hacía ninguna gracia los progresos de su hija, porque si se curaba perderían la pensión real que recibían. Además, al recuperar la visión dejó de tocar el piano tan bien como antes, porque ya podía ver sus dedos deslizarse por el teclado. Empezaron a correr rumores, que nunca llegaron a demostrarse, de que la relación que Mesmer mantenía con su paciente era indecorosa. Los padres de Maria-Theresia obligaron a su hija a abandonar el hogar de Mesmer, ella se quedó ciega de nuevo y la reputación del galeno disminuyó considerablemente.

Armand-Marie-Jacques de Chastenet, un aristócrata francés conocido como el marqués de Puységur, se interesó en lo que hacía Mesmer y llevó sus ideas al siguiente nivel. Puységur inducía un profundo estado al que llamaba «sonambulismo magnético» (parecido al de caminar dormido) en el que sus pacientes entraban en contacto con sus pensamientos profundos e incluso tenían corazonadas sobre su propia salud o la de otras personas. En ese estado eran sumamente sugestionables y seguían las instrucciones de Puységur, aunque en cuanto se despertaban no se acordaban de nada. Mesmer creía que el poder residía en el efecto del médico sobre el paciente. En cambio, Puységur afirmaba que residía en el efecto que los pensamientos del paciente (dirigidos por el médico) le producían en el propio cuerpo. Este fue quizá uno de los primeros intentos de explorar la relación mente-cuerpo.

En la primera década del siglo diecinueve el cirujano escocés James Braid llevó la idea del mesmerismo incluso más lejos aún, creando un concepto al que llamó *neurohipnotismo* (en la actualidad se conoce como *hipnotismo*). A Braid le llamó la atención la idea cuando un día al llegar tarde a una cita, encontró al paciente que le esperaba contemplando fascinado la llama de una lámpara de aceite. Braid descubrió que su paciente permanecería en un estado sumamente sugestionable mientras siguiera tan concentrado en algo, «fatigando» así ciertas zonas de su cerebro.

Después de realizar muchos experimentos, Braid decidió pedirles a los pacientes que se concentraran en una sola idea mientras miraban fijamente un objeto para hacerlos entrar en una especie de trance, ya que creía que esta técnica le permitiría curar diversos trastornos, como la artritis reumatoide crónica, los problemas sensoriales y diversas complicaciones procedentes de lesiones medulares y derrames cerebrales. En *Neurypnology,* el libro que escribió, detalla muchos de sus éxitos, como la historia de cómo curó a una mujer de 33 años con las piernas paralizadas y a otra de 54 con problemas cutáneos y dolores de cabeza muy fuertes.

En aquel tiempo el reputado neurólogo francés Jean-Martin Charcot criticó la obra de Braid afirmando que solo podían entrar en esa clase de trance las personas aquejadas de histeria, que según él era un trastorno neurológico hereditario irreversible. Usaba la hipnosis no para curar a los pacientes, sino para estudiar sus síntomas. Al final, el médico Hippolyte Bernheim de la Universidad de

Nancy, rival de Charcot, insistió en que la sugestionabilidad que tan fundamental era en el hipnotismo, no solo se presentaba en las personas histéricas, sino que era algo natural en todos los humanos. Implantaba ideas a sus pacientes diciéndoles que cuando despertaran de su estado de trance se sentirían mejor y que sus síntomas habrían desaparecido, usando el poder de la sugestión como herramienta terapéutica. El método de Bernheim se siguió aplicando hasta la primera década del siglo veinte.

Si bien el enfoque y la técnica de aquellos primeros exploradores de la sugestionabilidad eran ligeramente distintos de los de los otros, ayudaron a miles de pacientes a curarse de una gran variedad de problemas físicos y mentales al cambiar su visión de sus enfermedades y su forma de expresarlas a través de su cuerpo.

Durante las dos primeras guerras mundiales, los médicos militares, sobre todo el psiquiatra Benjamin Simon, que prestaba sus servicios en el ejército de Estados Unidos, usaron el concepto de la sugestionabilidad hipnótica (del que hablaré más tarde), para ayudar a los soldados que regresaban a casa acarreando un trauma que al principio se llamó *neurosis de guerra* y que ahora se conoce como *trastorno por estrés postraumático* (TEPT). Estos veteranos habían sufrido en la guerra experiencias tan traumáticas que muchos bloqueaban sus emociones para no sufrir, desarrollando una amnesia relacionada con esos terribles sucesos o, peor aún, reviviendo esas experiencias en *flashbacks,* lo cual les hacía enfermar físicamente debido al estrés. Simon y sus colegas descubrieron que la hipnosis era sumamente útil para ayudar a los veteranos a reconocer sus traumas y a afrontarlos para que no afloraran en forma de ansiedad y trastornos físicos (como náuseas, hipertensión y otros problemas cardiovasculares, e incluso inmunodeficiencia). Al igual que los médicos del siglo anterior al suyo, esos médicos militares usaban la hipnosis para ayudar a los pacientes a cambiar sus hábitos mentales y a recuperar así la salud mental y física.

Estas técnicas de hipnosis tuvieron tanto éxito que los médicos civiles empezaron a interesarse por el uso de la sugestionabilidad, aunque muchos de ellos en lugar de hacer que sus pacientes entraran en trance, les daban pastillas de azúcar y otros placebos diciéndoles que esas «medicinas» les ayudarían a sentirse mejor. Y los pacientes se *sentían* mejor, respondiendo a la sugestionabilidad de la misma forma que los soldados heridos de Beecher respondían al creer que les estaban inyectando morfina. Esto ocurría en la época de Beecher y después de escribir su artículo pionero en 1955, en el que pedía que se realizaran ensayos clínicos controlados y randomizados, esto es, asignados de manera aleatoria, con placebos para experimentar con los fármacos, los placebos se convirtieron en una parte importante de la investigación médica.

La idea de Beecher tuvo muy buena acogida. Al principio los investigadores esperaban que el grupo de control de un estudio (el grupo que tomaba el placebo) siguiera siendo neutral para que las comparaciones entre el grupo de control y el que recibía el tratamiento activo revelaran lo bien que funcionaba el tratamiento. Pero en muchos estudios el grupo de control mejoraba por *esperar y creer* que aquel fármaco o tratamiento les ayudaría a mejorar. Aunque el placebo en sí fuera inactivo, producía unos efectos muy reales, y esas expectativas y creencias demostraban lo poderosas que eran. Así que de algún modo esos efectos debían eliminarse de la información para que los resultados fueran fidedignos.

Con este propósito, y haciendo caso de la petición de Beecher, los investigadores empezaron a realizar como norma ensayos clínicos randomizados de doble ciego, asignando al azar los pacientes al grupo activo o al del placebo, y asegurándose de que ninguno de los participantes ni de los investigadores supiera quiénes tomaban el fármaco y quiénes, el placebo. De esta forma el efecto placebo se podría producir en cualquiera de los grupos y se eliminaría cualquier posibilidad de que los investigadores trataran a los participantes de distinta forma según el grupo al que pertenecieran. (En la actualidad, los estudios pueden ser incluso de *triple ciego,* es decir, no solo los participantes y los investigadores ignoran quiénes están tomando qué hasta el final del estudio, sino que también lo desconocen los estadísticos que analizan la información, hasta que terminan su trabajo.)

El efecto nocebo

Por supuesto, siempre existe la otra cara de la moneda. Mientras la sugestionabilidad acaparaba cada vez más atención por su capacidad curativa, también se hizo aparente que el mismo fenómeno se podía usar para hacer daño a los demás. Prácticas como los maleficios y los hechizos vudú ilustraban el aspecto negativo de la sugestionabilidad.

En la década de 1940, el psicólogo de la Universidad de Harvard Walter Bradford Cannon (que en 1932 había acuñado el término *reacción de lucha o huida*), estudió la respuesta nocebo, un fenómeno al que llamó «muerte por vudú».[2] Cannon examinó una serie de informes anecdóticos de personas que creían firmemente, debido a su cultura, en el poder de brujos o sacerdotes vudú, y que de pronto enfermaban y morían —pese a no tener lesiones, no haber tomado ningún veneno ni sufrir infección alguna— después de haber sido objeto de un maleficio o una maldición. Sus investigaciones constituirían el trabajo preliminar de lo que en la actualidad se conoce como los sistemas de respuesta fisiológica que permiten a las emociones (en concreto al miedo) causar enfermedades. La creencia de la víctima en el poder letal de un maleficio solo era un elemento psicológico más que le provocaba la muerte, afirmaba Cannon. Otro elemento era los efectos de ser aislado y rechazado socialmente, incluso por los propios familiares de la víctima. Esta clase de sujetos se convertían rápidamente en muertos vivientes.

Los efectos dañinos procedentes de fuentes inocuas no se limitan al vudú. Los científicos acuñaron en la década de 1960 el término *nocebo* (que significa «dañar» en latín, lo opuesto de «dar placer», el significado de *placebo*), refiriéndose a una sustancia inerte que produce efectos perjudiciales simplemente porque alguien cree o espera que le haga daño.[3] El efecto nocebo suele darse en estudios sobre fármacos cuando los participantes que están tomando placebos esperan que el fármaco experimental les cause efectos secundarios, o cuando les advierten de los posibles efectos secundarios, y entonces los experimentan al asociar al fármaco con estos, aunque en realidad no lo estén tomando.

Por evidentes razones éticas existen pocos estudios concebidos para estudiar este fenómeno, aunque hay algunos. Un famoso ejemplo es el estudio realizado en 1962 en Japón con un grupo de niños sumamente alérgicos a la hiedra venenosa.[4] Los investigadores les frotaron el antebrazo con una hoja de esta planta, pero les dijeron que la hoja era inofensiva. Luego les frotaron el otro antebrazo con una hoja inofensiva diciéndoles que era hiedra venenosa. A todos los niños les salió un sarpullido en el brazo donde les aplicaron la hoja que ellos creían era hiedra venenosa, pese a ser inofensiva. A 11 de los 13 niños no les salió ninguna erupción en el brazo donde les habían frotado la hiedra venenosa.

Este hallazgo dejó atónitos a los investigadores. ¿Cómo era posible que a unos niños sumamente alérgicos a la hiedra venenosa *no* les saliera ninguna erupción al entrar en contacto con ella? ¿Y por qué una hoja inofensiva les había producido alergia? La hiedra venenosa no les había causado ningún daño porque el nuevo pensamiento de que la hoja era inofensiva había *anulado* sus recuerdos y su creencia en su alergia. Y la segunda parte del experimento produjo el efecto contrario. Una hoja inofensiva se convirtió en dañina al creer que lo era. En ambos casos, el *cuerpo* de los niños respondió al instante a su nuevo *estado mental*.

En este ejemplo se podría decir que a esos niños los liberaron de algún modo de sus expectativas sobre la reacción física que les causaría la hoja tóxica, basadas en sus experiencias pasadas de ser alérgicos a ella. De hecho, de algún modo trascendieron una previsible línea de tiempo. Esto también sugiere que por alguna razón se volvieron más fuertes que las condiciones de su entorno (la hoja de hiedra venenosa). Al final fueron capaces de alterar y controlar su fisiología al cambiar simplemente un pensamiento. Esta asombrosa prueba sobre que un pensamiento (en forma de expectativa) pudo producir un efecto más fuerte en el cuerpo que el del entorno físico «real», ayudó a marcar el nacimiento de un nuevo campo científico, el de la *psiconeuroinmunología*: el efecto que los pensamientos y las emociones producen en el sistema inmunológico, una parte importante de la conexión mente-cuerpo.

Otro notable estudio sobre el nocebo de la década de 1960 analizó a sujetos con asma.[5] Los investigadores dieron a 40 pacientes asmáticos inhaladores que no contenían más que vapor de agua, pero les dijeron que contenían alergénicos o irritantes: 19 de ellos (el 48 por ciento) experimentaron síntomas asmáticos, como la contracción de las vías respiratorias, y 12 (el 30 por ciento) del grupo sufrieron ataques asmáticos en toda regla. Los investigadores les dieron más tarde inhaladores diciéndoles que contenían una medicina que les aliviaría los síntomas y las vías respiratorias se les volvieron a abrir a todos, aunque los inhaladores contuvieran solo vapor de agua.

En ambas situaciones —la de provocarles síntomas asmáticos y la de eliminarlos de manera espectacular—, los pacientes respondieron a la sugestión al implantarles los investigadores el pensamiento en la mente, obteniendo exactamente el efecto esperado. Sufrieron un ataque de asma cuando creyeron estar inhalando algo perjudicial y se pusieron mejor cuando pensaron estar inhalando un medicamento, y estos pensamientos fueron más poderosos que el propio entorno y que la realidad. Se podría decir que sus pensamientos crearon una realidad *totalmente nueva*.

¿Qué es lo que esto nos muestra sobre las creencias que albergamos y los pensamientos que tenemos a diario? ¿Estamos más predispuestos a pillar la gripe porque a lo largo del invierno por todas partes no vemos más que artículos relacionados con la estación gripal y carteles sobre vacunas, recordándonos que si no nos vacunamos enfermaremos? ¿Es posible que al ver a alguien con los síntomas de la gripe, enfermemos al pensar de la misma forma que los niños del estudio sobre la hiedra venenosa a los que una hoja inofensiva les provocó un sarpullido o que los asmáticos que tuvieron una reacción bronquial importante después de inhalar solamente vapor de agua?

¿Somos más proclives a sufrir artritis, rigidez articular, falta de memoria, poca energía y baja libido a medida que envejecemos simplemente porque esta es la versión de la verdad con la que nos bombardean los anuncios, los programas televisivos y los medios de comunicación? ¿Qué otras profecías que acarrean su propio cumplimiento estamos creando en nuestra mente sin darnos cuenta? ¿Y qué «verdades inevitables» podemos cambiar simplemente al tener nuevos pensamientos y adoptar nuevas creencias?

El primer gran avance

Un estudio pionero realizado a finales de la década de 1970 demostró por primera vez que un placebo podía activar la liberación de endorfinas (los analgésicos naturales del cuerpo), al igual que ciertos fármacos activos. En el estudio, Jon Levine, de la Universidad de California en San Francisco, dio placebos en lugar de medicamentos para el dolor a cuarenta pacientes a los que les acababan de extraer una muela del juicio.[6] Como era de esperar, al creer que estaban recibiendo un analgésico la mayoría afirmó sentirse mejor. Pero después los investigadores les dieron naloxona, un antídoto para la morfina que bloquea químicamente los sitios receptores tanto de la morfina como de las endorfinas (la morfina endógena) en el cerebro. Cuando los investigadores se la administraron, los pacientes ¡volvieron a sentir dolor! Lo cual demostró que al tomar los placebos los pacientes habían estado fabricando sus propias endorfinas: sus propios analgésicos naturales. Marcó un hito en la investigación de los placebos, porque significó que el alivio experimentado por los sujetos del estudio no era solo mental, *sino* también físico, lo había provocado su *estado del ser*.

Si el cuerpo humano puede actuar como si fuera su propia farmacia, produciendo sus propios analgésicos, en ese caso quizá sea *también* verdad que pueda proporcionarnos otros medicamentos naturales cuando los necesitemos procedentes de la infinita combinación de sustancias químicas y de compuestos medicinales que almacena: fármacos que actúen como los recetados por los médicos o incluso *mejor* todavía.

Otro estudio llevado a cabo en la década de 1970 por el psicólogo Robert Ader de la Universidad de Rochester, añadió una fascinante nueva dimensión al tema de los placebos: el elemento conocido como condicionamiento. El *condicionamiento,* una idea que se hizo famosa gracias al fisiólogo ruso Ivan Pavlov, consiste en asociar una cosa con otra, como los perros pavlovianos asociando el sonido de la campanilla con la comida después de que Pavlov la hiciera sonar cada día antes de alimentarlos. Con el paso del tiempo, los perros condicionados salivaban automáticamente al esperar recibir comida siempre que oían la campanilla. Debido a esta clase de condicionamiento, sus cuerpos habían aprendido a responder fisiológicamente a un nuevo estímulo del entorno (en ese caso, la campanilla) incluso sin que el estímulo original que desencadenaba la respuesta (la comida) estuviera presente.

Cuando se da una respuesta condicionada, se puede decir por tanto que un programa subconsciente, almacenado en el cuerpo (hablaré más a fondo sobre ello en los siguientes capítulos), toma el mando anulando la mente consciente. De esta manera, el cuerpo está condicionado a *convertirse* en mente porque los pensamientos conscientes ya no son los que tienen el control.

En el caso de Pavlov, estuvo exponiendo repetidamente a los perros al olor, la vista y el sabor de la comida mientras tocaba la campanilla. Con el paso del tiempo, el mero sonido de la campanilla hacía que los perros cambiaran de manera automática su estado fisiológico y químico sin percatarse de ello. Su *sistema nervioso autónomo* —el sistema subconsciente del cuerpo que funciona sin que nos demos cuenta— tomaba el mando. El condicionamiento crea cambios internos subconscientes en el cuerpo al asociar recuerdos del pasado con la expectativa de unos efectos internos (lo que se llama *memoria asociativa*) hasta que esos resultados esperados o anticipados ocurren de manera automática. Cuanto más fuerte sea el condicionamiento, menos podremos controlar de manera consciente esos procesos y más automática se volverá la programación subconsciente.

Ader intentó estudiar cuánto duraban esa clase de respuestas condicionadas. Alimentó a ratas de laboratorio con agua endulzada con sacarina mezclada con ciclofosfamida, un fármaco que produce dolor de estómago. Después de condicionar a las ratas a asociar el sabor dulce del agua con el dolor de barriga, esperaba que al poco tiempo se negaran a beberla. Su intención era ver hasta cuándo la rechazaban para medir la duración de su respuesta condicionada al agua endulzada.

Pero lo que Ader ignoraba es que la ciclofosfamida también inhibe el sistema inmunitario, de modo que se quedó de una pieza cuando sus ratas empezaron a morir inesperadamente de infecciones bacterianas y víricas. Haciendo un cambio en su investigación, les siguió dando agua endulzada con sacarina (les obligaba a tomársela a la fuerza con un cuentagotas), pero sin añadir la ciclofosfamida. Aunque ya no recibieran el fármaco inhibidor del sistema inmunitario, las ratas seguían muriéndose de infecciones (en cambio el grupo de control que había recibido solo el agua endulzada seguía perfectamente). Asociándose con el inmunólogo Nicholas Cohen de la Universidad de Rochester, Ader descubrió que cuando condicionaba a las ratas de laboratorio a asociar el sabor del agua endulzada con el efecto inmunesupresor del fármaco, la asociación era tan fuerte que el mero hecho de pensar en el agua endulzada ya les producía el mismo efecto fisiológico que el propio fármaco, enviando el mensaje al sistema nervioso para que inhibiera el sistema inmunitario.[7]

Como le ocurrió a Sam Londe, cuya historia aparece en el primer capítulo, las ratas murieron a causa de un mero pensamiento. Los investigadores empezaron a ver que la mente podía activar subconscientemente el cuerpo de varias poderosas maneras que nunca habían imaginado.

El encuentro de Occidente con Oriente

En aquella época la práctica oriental de la *meditación trascendental* (MT), enseñada por el gurú hindú Maharishi Mahesh Yogi, se había vuelto famosa en Estados Unidos, avivada por la entusiasta participación de varias celebridades (empezando por los Beatles en la década de 1960). El objetivo de esta técnica, que consistía en aquietar la mente y repetir un mantra durante una sesión de meditación de veinte minutos, dos veces al día, era alcanzar la iluminación espiritual. Pero la práctica le llamó la atención al cardiólogo de Harvard Herbert Benson al ver que podía ayudar a reducir el estrés y los factores de riesgo cardiovascular. Desmitificando el proceso, Benson creó una técnica similar a la que llamó «respuesta de relajación», descrita en el libro que escribió en 1975 bajo el mismo título.[8] Benson descubrió que cuando la gente cambiaba sus hábitos mentales, podía desactivar la respuesta de estrés, y entonces les bajaba la tensión arterial, se les normalizaba el ritmo cardíaco y entraban en un profundo estado de relajación.

Aunque la meditación consistiera en mantener una actitud neutral, en ella también se recalcaba los beneficiosos efectos de cultivar una actitud y emociones más positivas. En 1952 el ex pastor evangelista Norman Vincent Peale allanó el camino de la conexión mente-cuerpo al publicar *El poder del pensamiento positivo,* un libro que popularizó la idea de que aquello que pensamos produce en nuestra vida efectos reales, tanto en el sentido positivo como negativo.[9] Esta idea llamó la atención de la comunidad médica en 1976, cuando Norman Cousins, analista político y editor de una revista, publicó un artículo en el *New England Journal of Medicine* sobre cómo había usado la risa para revertir una enfermedad que podía haber sido mortal.[10] Cousins también contó su historia en el libro que se convirtió en superventas *Anatomía de una enfermedad,* publicado al cabo de varios años.[11]

El médico de Cousins le había diagnosticado *espondilitis anquilosante,* una enfermedad degenerativa, una forma de artritis que causa la descomposición del colágeno, las proteínas fibrosas que mantienen unidas las células del cuerpo, y le había dado 1 posibilidad entre 500 de curarse. Cousins sufría un tremendo dolor y le costaba tanto mover los miembros que apenas se podía girar en la cama. Le aparecieron nódulos granulados bajo la piel y en su peor época las mandíbulas se le estuvieron a punto de trabar.

Convencido de que su persistente estado emocional negativo había contribuido a su enfermedad, decidió que también era posible que un estado emocional más positivo revirtiera los daños. Mientras seguía visitando a su médico, Cousins empezó un régimen de dosis masivas de vitamina C y de películas de los Hermanos Marx (así como otras películas de humor y programas cómicos). Descubrió que diez minutos de reír a mandíbula batiente le permitían dormir dos horas sin sentir dolor. Al final consiguió recuperarse del todo. Cousins se curó simplemente a base de desternillarse de risa.

¿Cómo fue esto posible? Aunque los científicos de aquella época no pudieran entender o explicar semejante recuperación milagrosa, las investigaciones nos muestran en la actualidad que lo más probable es que se debiera a procesos epigenéticos. El cambio de actitud de Cousins le cambió la química del cuerpo, y esta a su vez alteró su estado interno, permitiéndole programar nuevos genes de nuevas formas: simplemente *re-silenció* (o desactivó) los genes que causaban su enfermedad y *reactivó* (o activó) los responsables de su recuperación. (En los siguientes capítulos hablaré con más detalle sobre la activación y la desactivación de los genes.)

Muchos años más tarde, una investigación llevada a cabo por Keiko Hayashi, de la Universidad de Tsukuba en Japón, reveló lo mismo.[12] En el estudio de Hayashi, los pacientes diabéticos que miraron durante una hora un programa cómico reactivaron un total de 39 genes, 14 de los cuales estaban relacionados con la actividad de las células asesinas naturales. Si bien ninguno de esos genes participó directamente en la regulación de la glucosa en la sangre, los niveles de glucosa de los pacientes mejoraron más después de ver el programa cómico que de asistir otro día a una conferencia sobre cómo llevar una vida saludable y la diabetes. Los investigadores concluyeron que las risas habían influido en muchos genes implicados en la respuesta inmunológica, lo cual a su vez contribuyó a controlar mejor la glucosa en la sangre. Las emociones positivas, producidas por el cerebro de los pacientes, fomentaron las variaciones genéticas que activaron a su vez las células asesinas naturales y mejoraron también de algún modo su respuesta a la glucosa, probablemente además de crear muchos otros efectos beneficiosos.

Como Cousins dijo sobre los placebos en 1979: «El proceso no funciona por ningún efecto mágico de las pastillas, sino porque el cuerpo humano es el mejor boticario y porque las mejores medicinas las receta el propio cuerpo».[13]

Inspirándose en la experiencia de Cousins y en la medicina alternativa y la de mente-cuerpo que en aquella época estaba en pleno desarrollo, el cirujano de la Universidad de Yale, Bernie Siegel, empezó a estudiar por qué algunos de sus pacientes con cáncer con pocas probabilidades de superarlo sobrevivían, y en cambio otros con mejores probabilidades se morían. A raíz de sus investigaciones Siegel definió a los sobrevivientes de cáncer sobre todo como aquellos que mantenían un espíritu optimista y luchador, y concluyó que no había enfermedades incurables, sino solo pacientes incurables. Siegel también empezó a escribir sobre la esperanza como una poderosa fuerza curativa, y sobre el amor incondicional —con la farmacia natural de los elixires que proporciona—, como el estimulante más poderoso del sistema inmunitario.[14]

Los placebos superan a los antidepresivos

La profusión de nuevos antidepresivos que aparecieron en el mercado a finales de la década de 1980 y en los noventa provocó una polémica que acabó aumentando (aunque no de inmediato) el respeto por el poder de los placebos. Al realizar en 1998 un metaanálisis de los estudios publicados sobre fármacos antidepresivos, el psicólogo Irving Kirsch, que en aquella época trabajaba en la Universidad de Connecticut, se quedó atónito al descubrir que de los 19 ensayos clínicos randomizados y de doble ciego efectuados a más de dos mil trescientos pacientes, la mayoría de las mejorías no se debieron a los antidepresivos, sino a los placebos.[15]

Kirsch decidió a continuación utilizar el Acta de la Libertad de Información para acceder a la información sin publicar de los ensayos clínicos de las compañías farmacéuticas, que por ley se debía entregar a la agencia reguladora de alimentos y medicamentos estadounidense. Kirsch y sus colegas llevaron a cabo un segundo metaanálisis, en esta ocasión de 35 ensayos clínicos realizados, para analizar cuatro de los seis antidepresivos más recetados aprobados entre 1987 y 1999.[16] Al examinar la información procedente de más de cinco mil pacientes, descubrieron que los placebos habían funcionado igual de bien que antidepresivos tan populares como el Prozac, el Effexor, el Serzone y el Paxil en un asombroso 81 por ciento de los casos. En la mayoría de los casos restantes en los que el antidepresivo *había sido* más eficaz, las ventajas eran tan pequeñas que estadísticamente no tenían importancia. Los antidepresivos solo funcionaron mejor que los placebos en los pacientes aquejados de depresiones graves.

Como era de esperar, el estudio de Kirsch causó un gran revuelo, y muchos investigadores poniéndose a la defensiva parecían estar dispuestos a arremeter contra los placebos. Si bien la mayor parte de la disputa se centraba en que estos antidepresivos no eran mejores que los placebos, los pacientes de los ensayos clínicos mejoraban al tomárselos de todos modos. Es decir, los fármacos funcionaban. Pero los que tomaban placebos también mejoraban. En lugar de ver el estudio de Kirsch como una prueba de que los antidepresivos fallaban, algunos investigadores eligieron ver el vaso medio lleno y señalaron la información como prueba de que los placebos funcionaban.

Después de todo, los ensayos clínicos aportaban la asombrosa prueba de que al pensar que mejoraremos de una depresión, nos podemos curar de ella como si nos hubiéramos tomado un fármaco. Los sujetos del estudio que mejoraron con los placebos habían producido sus *propios antidepresivos naturales,* como los pacientes de Levine en la década de 1970 que crearon sus propios analgésicos naturales después de extraerles la muela del juicio. Lo que Kirsch había puesto de manifiesto eran más pruebas de que nuestro cuerpo tiene una inteligencia innata que le permite proporcionarnos toda una serie de componentes químicos con propiedades medicinales naturales. Curiosamente, el porcentaje de personas aquejadas de depresión que mejoran al tomar un placebo en los ensayos clínicos sobre esta dolencia ha ido aumentando con el paso de los años, al igual que el de la respuesta al medicamento activo. Algunos investigadores han sugerido que se debe a que en la actualidad la gente tiene mayores expectativas en cuanto a los antidepresivos, lo cual hace a su vez que los placebos sean más eficaces en esta clase de ensayos clínicos de doble ciego.[17]

La neurobiología del placebo

Era solo cuestión de tiempo que los neurocientíficos empezaran a usar sofisticados escáneres cerebrales para observar las complejidades de lo que sucede neuroquímicamente cuando se administra un placebo. Un ejemplo es el estudio del 2001 sobre pacientes con párkinson que recuperaron el control motor tras recibir una inyección con una solución salina creyendo que era un medicamento (se describe en el capítulo 1).[18] El investigador italiano Fabrizio Benedetti, pionero en la investigación de los placebos, realizó un estudio parecido sobre el párkinson varios años más tarde y por primera vez fue capaz de mostrar los efectos de un placebo en las neuronas de los sujetos.[19]

Sus estudios no solo exploraron la neurobiología de las expectativas, como en el caso de los pacientes con párkinson, sino también la neurobiología en el condicionamiento clásico, algo que Ader había logrado entrever años atrás en sus ratas de laboratorio aquejadas de náuseas. En un experimento, Benedetti les dio a los sujetos del estudio sumatriptán para estimular la hormona del crecimiento e inhibir la secreción de cortisol, y luego, sin que lo supieran, reemplazó el fármaco por un placebo. Benedetti descubrió que las mismas zonas del cerebro de los pacientes seguían activándose como cuando tomaban sumatriptán. Era la prueba de que el cerebro estaba produciendo la misma sustancia —en ese caso la hormona del crecimiento— por sí solo.[20]

Lo mismo sucedió con otras combinaciones de fármaco-placebo. Las sustancias químicas elaboradas en el cerebro actuaban como las de los fármacos que los sujetos habían tomado para tratar trastornos del sistema inmunológico, problemas motores y depresiones.[21] En realidad, Benedetti incluso demostró que los placebos causaban los mismos efectos secundarios que los fármacos. Por ejemplo, en un estudio sobre placebos realizado con narcóticos, los sujetos al tomar un placebo sufrieron los mismos efectos secundarios consistentes en una respiración lenta y superficial que provocaba el fármaco.[22]

Lo cierto es que nuestro cuerpo puede crear un montón de sustancias químicas que pueden curarnos, protegernos del dolor, ayudarnos a dormir profundamente, fortalecer el sistema inmunológico, hacernos sentir placer e incluso animarnos a enamorarnos. Reflexiona un poco sobre ello: si un gen en particular ya se expresó para fabricar esas sustancias químicas en concreto en un determinado momento de nuestra vida, pero luego dejamos de elaborarlas debido a algún tipo de estrés o de enfermedad que desactivó ese gen, tal vez podamos volver a activarlo, porque nuestro cuerpo *ya sabe* cómo hacerlo de esa experiencia pasada. (Sigue leyendo para no perderte las pruebas de los estudios que lo demuestran.)

Empecemos viendo cómo ocurre. Las investigaciones neurológicas revelan algo realmente asombroso: si una persona sigue tomando la misma sustancia, su cerebro seguirá activando los mismos circuitos de la misma forma, memorizando lo que hace la sustancia. Y puede acabar condicionada por el efecto de una pastilla o una inyección en particular al asociarlo con un cambio interno que ya ha experimentado. Debido a esta clase de condicionamiento, cuando tomamos luego un placebo, se activan los mismos circuitos que si tomáramos el medicamento. La memoria asociativa pone en marcha un programa subconsciente que asocia la pastilla o la inyección con los cambios hormonales en el cuerpo, y entonces el programa envía automáticamente las señales al cuerpo para que elabore las mismas sustancias químicas que contiene el fármaco... es asombroso, ¿verdad?

La investigación de Benedetti también destaca otro punto con gran claridad: distintos tipos de tratamientos con placebos funcionan mejor con distintos objetivos. Por ejemplo, en el estudio realizado con el sumatriptán, las primeras indicaciones verbales sobre que el placebo funcionaría no consiguieron que los participantes produjeran en su interior la hormona del crecimiento. Para que los placebos afecten las respuestas fisiológicas inconscientes por medio de la memoria asociativa (como la de liberar hormonas o alterar el funcionamiento del sistema inmunológico), debe darse el condicionamiento. En cambio cuando se usan los placebos para cambiar unas respuestas más conscientes (como para aliviar el dolor o reducir una depresión), basta con una simple sugestión o expectativa. Así que no hay solo *una* respuesta placebo, insistía Benedetti, sino *varias*.

Haz que tu mente influya en la materia

En el 2010 un estudio piloto realizado por Ted Kaptchuk en Harvard, hizo que las investigaciones sobre los placebos dieran un sorprendente giro al demostrar que los placebos actuaban *incluso cuando los participantes sabían que los estaban tomando*.[23] En el estudio, Kaptchuk y sus colegas dieron un placebo a 40 pacientes con el síndrome del intestino irritable (SII). Cada paciente recibió un frasco en el que ponía con claridad en la etiqueta «pastillas placebo», y les dijeron que contenía «pastillas placebo hechas con una sustancia inerte, como pastillas de azúcar, y que en los ensayos clínicos se había demostrado que iban muy bien para mejorar los síntomas del SII a través de los procesos mente-cuerpo y el autocurativo». Un segundo grupo de 40 pacientes aquejados de SII, el grupo de control, no recibió pastillas.

Al cabo de tres semanas, en el grupo que tomaba los placebos *los síntomas habían mejorado el doble* que los del grupo que no los tomaba, una diferencia que Kaptchuk señaló que se podía comparar al resultado de los mejores fármacos para el SII. A esos pacientes no les habían engañado para que se autocuraran. *Sabían perfectamente* que no estaban tomando un medicamento y, sin embargo, después de oír la sugestión de que los placebos aliviarían sus síntomas y creer en el resultado independientemente de la causa, su cuerpo fue influenciado para hacer que ocurriera.

Mientras tanto, otros estudios paralelos que estaban analizando los efectos de la actitud, las percepciones y las creencias, allanaban el camino a las investigaciones actuales sobre la conexión mente-cuerpo, revelando que a través de las creencias incluso se podía afectar algo tan concreto como los beneficios físicos del ejercicio. Como lo demuestra el estudio del 2007 de la Universidad de Harvard realizado por las psicólogas Alia Crum y Ellen Langer, en el que participaron 84 limpiadoras de hoteles.[24]

Al inicio del estudio ninguna de las limpiadoras sabía que el trabajo rutinario que realizaba excedía las recomendaciones del jefe del Servicio Federal de Sanidad sobre la cantidad saludable de ejercicio diario (treinta minutos). De hecho, el 67 por ciento de las mujeres dijeron a los investigadores que no hacían ejercicio con regularidad, y el 37 por ciento afirmó no hacer ningún tipo de ejercicio. Después de esta evaluación inicial, Crum y Langer dividieron a las limpiadoras en dos grupos. Al primero le explicaron que su actividad estaba ligada a una cantidad de calorías quemadas y que por el mero hecho de realizar su trabajo ya estaban haciendo suficiente ejercicio diario. En cambio, al segundo grupo no le dieron esta clase de información (como trabajaban en hoteles distintos a los de las limpiadoras del primer grupo, al no poder conversar entre ellas no se beneficiarían de estos conocimientos).

Un mes más tarde los investigadores descubrieron que las mujeres del primer grupo habían perdido por término medio 1 kilo, el porcentaje de su grasa corporal había disminuido y la tensión arterial sistólica les había bajado en general 10 puntos, aunque no hubieran hecho ninguna otra clase de ejercicio adicional fuera del trabajo ni cambiado sus hábitos alimenticios. Sin embargo, las mujeres del grupo de control que realizaban el mismo trabajo que las del primero no experimentaron ningún cambio.

También ocurrió algo parecido en otra investigación llevada a cabo con anterioridad en Quebec, donde un grupo de 48 jóvenes adultos participaron en un programa de ejercicios aeróbicos de diez semanas de duración, asistiendo a tres sesiones de ejercicios semanales de noventa minutos.[25] Dividieron a los participantes en dos grupos. Los instructores les dijeron a los del primero, los sujetos de la prueba, que el estudio estaba concebido tanto para mejorar su capacidad aeróbica como su bienestar psicológico. A los del segundo en cambio, el grupo de control, solo les mencionaron los beneficios físicos de los ejercicios aeróbicos. Al finalizar las diez semanas, los investigadores descubrieron que en ambos grupos había aumentado la capacidad aeróbica, pero solo a los sujetos de la prueba, y no a los del grupo de control, les había mejorado considerablemente la autoestima (un indicador del bienestar).

Como estos estudios demuestran, el mero hecho de ser conscientes de algo puede producir un efecto físico en nuestro cuerpo y nuestra salud de manera importante. Lo que aprendemos, el lenguaje usado para definir lo que experimentaremos y el significado que le damos a las explicaciones que nos ofrecen, todo ello afecta a nuestra intención, y cuando hacemos algo estando más motivados, obtenemos mejores resultados.

Es decir, cuanto más aprendas sobre el «qué» y el «porqué», más fácil y eficaz se volverá el «cómo». (Espero que este libro te ayude a lograrlo: cuanto más sepas lo que estás haciendo y por qué lo haces, mejores resultados conseguirás.)

También le damos un significado a factores más sutiles, como el color del medicamento que tomamos o la cantidad de pastillas que ingerimos, como lo demuestra un estudio más antiguo, aunque clásico, de la Universidad de Cincinnati. En este estudio los investigadores dieron a 57 estudiantes de medicina una o dos cápsulas de color rosa o azul, todas ellas inertes, aunque les dijeron que las rosas eran estimulantes y las azules, sedantes.[26] Los investigadores concluyeron: «Dos cápsulas produjeron cambios más evidentes que una sola, y las azules se asociaron con efectos más sedantes que las rosas». Los estudiantes consideraron que las azules eran dos veces y medio más eficaces como sedantes que las rosas, aunque *todas* las pastillas fueran placebos.

Una investigación más reciente revela que las creencias y las percepciones también pueden afectar a la puntuación obtenida en las pruebas estandarizadas de rendimiento mental. En un estudio canadiense de 2006, a doscientos veinte estudiantes del sexo femenino les dieron a leer unos artículos falsos sobre una investigación que afirmaba que los varones tenían un 5 por ciento más de ventaja sobre las mujeres en cuanto al rendimiento matemático.[27] Dividieron al grupo en dos, a un grupo se le informó que la ventaja se debía a factores genéticos recién descubiertos, y al otro, que la ventaja se debía a la forma en que los profesores de educación primaria estereotipaban a los chicos y las chicas. A continuación les hicieron una prueba de matemáticas. Las chicas que habían leído que los hombres tenían una ventaja genética sacaron una nota más baja que las que leyeron que la ventaja de los hombres se debía a los estereotipos inculcados. Es decir, cuando les hicieron *creer* que su desventaja era inevitable, las chicas se comportaron como si realmente tuvieran esa desventaja.

Un efecto similar se ha documentado en los estudiantes afroamericanos, que históricamente obtienen notas más bajas que los blancos en cuanto a vocabulario, lectura y pruebas de matemáticas. Es el caso de la Prueba de Aptitud Escolar (SAT, del inglés Scholastic Aptitude Test), aun cuando la clase socioeconómica no sea un factor que intervenga. En realidad, los estudiantes de color sacan de media una puntuación de un 70 a un 80 por ciento más baja que los estudiantes blancos de la misma edad en la mayoría de las pruebas estandarizadas.[28] El psicólogo Claude Steele, de la Universidad de Stanford, explica que la culpa la tiene un efecto llamado «la amenaza del estereotipo». Su investigación muestra que los estudiantes de grupos a los que se ha estereotipado negativamente rinden menos cuando creen que la puntuación se evaluará según ese estereotipo que cuando no sienten esa clase de presión.[29]

En el estudio de Steele, que marcó un hito, realizado en colaboración con Joshua Aronson, los investigadores hicieron una serie de pruebas verbales de razonamiento a estudiantes de segundo curso de la Universidad de Stanford. A algunos les hicieron creer en las instrucciones el estereotipo de que los estudiantes de color sacaban notas más bajas que los blancos y les indicaron que la prueba que estaban a punto de realizar era para medir su capacidad cognitiva. Y, en cambio, a los del otro grupo les dijeron que la prueba no era más que una herramienta de investigación sin importancia. En el grupo donde les habían dicho lo del estereotipo, los estudiantes de color sacaron una puntuación más baja que los blancos, pese a haber obtenido todos la misma nota en el SAT. Pero en el grupo en el que *no* se habló del estereotipo, los estudiantes de color y los de raza blanca que habían sacado la misma nota en el SAT obtuvieron la misma puntuación, demostrando que el efecto bombeo había marcado una gran diferencia.

El *efecto bombeo* significa, básicamente, cuando *alguien,* algún *lugar* o *algo* de nuestro entorno (por ejemplo, al realizar una prueba) desencadena toda clase de asociaciones almacenadas en nuestro cerebro (como, por ejemplo, que los que corrigen esa prueba crean que los estudiantes de color siempre sacan una puntuación más baja que los blancos), haciendo que actuemos de determinada forma (sacando una nota más baja) sin ser conscientes de ello. Se llama «efecto bombeo» porque funciona como cuando cebamos una bomba. Hay que tener agua en el sistema de bombeo para bombear más agua de él. En este ejemplo, la idea o la creencia de que las otras personas esperan que los estudiantes de color saquen una puntuación más baja que los blancos es como el agua que ya está en el sistema: siempre ha estado allí. Cuando haces algo para activar el sistema (agarrar el tirador de la bomba o hacer la prueba), estás removiendo todos esos pensamientos, conductas o emociones relacionadas con ello y sacas exactamente lo que estaba esperando salir del sistema: ya sea agua, en el caso de una bomba, o una puntuación más baja, si se trata de una prueba.

Piensa en ello durante un momento. La mayoría de las conductas automáticas producidas por el «efecto bombeo» las crea una programación inconsciente o subconsciente que la mayoría de las veces sucede sin que nos demos cuenta. ¿Nos están condicionando para que actuemos de manera inconsciente todo el día sin saberlo siquiera?

Steele reprodujo este efecto también en otros grupos estereotipados. Cuando les hizo una prueba de matemáticas a un grupo de estudiantes blancos y asiáticos que destacaban en esta asignatura, los estudiantes blancos del grupo a los que les habían dicho que los asiáticos sacaban una puntuación un poco más alta que los blancos en este tipo de pruebas no rindieron tanto como los estudiantes blancos del grupo de control a los que no se lo habían dicho. Los experimentos de Steele llevados a cabo con estudiantes del sexo femenino que sobresalían en matemáticas revelaron resultados parecidos. Cuando esperaban inconscientemente sacar una puntuación más baja, les ocurría exactamente eso.

Los resultados más importantes de la investigación de Steele revelan algo muy profundo: aquello que nos han condicionado a creer sobre nosotros mismos y aquello que nos han programado a creer los demás piensan de nosotros afecta a nuestro rendimiento, como el éxito que tendremos. Lo mismo ocurre con los placebos: aquello que nos han condicionado a creer que nos pasará cuando nos tomemos una pastilla, y aquello que creemos que todo el mundo de nuestro entorno (como nuestros médicos) espera que nos pase cuando lo hagamos afecta a cómo nuestro cuerpo responderá a la pastilla. ¿Podría ser que muchos fármacos o incluso intervenciones quirúrgicas funcionen mejor porque nos han estado «cebando», educando y condicionando una y otra vez para creer en sus efectos, cuando de no ser por el efecto placebo esos medicamentos quizá no funcionarían tan bien o incluso no lo harían en absoluto?

¿Puedes ser tu propio placebo?

Dos estudios recientes de la Universidad de Toledo de Ohio quizá han sido los que más luz han arrojado sobre cómo la mente determina lo que percibimos y experimentamos.[30] Para cada uno de los estudios, los investigadores dividieron a un grupo de voluntarios con buena salud en dos categorías —optimistas y pesimistas—, según como respondieron a las preguntas de un cuestionario de diagnóstico. En el primer estudio les dieron un placebo, pero les dijeron que era un fármaco que les haría sentirse mal. Los pesimistas tuvieron una reacción negativa más fuerte a la pastilla que los optimistas. En el segundo estudio, los investigadores también les dieron a los participantes un placebo diciéndoles esta vez que les ayudaría a dormir mejor. Los optimistas afirmaron haber dormido mucho mejor que los pesimistas.

Los optimistas tendieron a responder de manera positiva a la sugestión de que algo les haría sentirse mejor porque los habían «cebado» para esperar el mejor resultado. Y los pesimistas fueron más proclives a responder negativamente a la sugestión de que algo les haría sentirse peor porque de forma consciente o inconsciente esperaban el peor resultado posible. Es como si los optimistas produjeran inconscientemente las sustancias químicas específicas que les ayudasen a dormir, y los pesimistas crearan una farmacia de sustancias químicas que les hicieran sentir mal.

Es decir, en exactamente el mismo entorno las personas de mentalidad positiva tienden a crear situaciones positivas y las de mentalidad negativa tienden a crear situaciones negativas. Este es el milagro de nuestra ingeniería biológica individual dotada de libre albedrío.

Si bien no se conoce *exactamente* cuántas curaciones médicas proceden del efecto placebo (en su artículo de 1955 citado anteriormente en este capítulo, Beecher afirmaba que eran un 35 por ciento de ellas, pero las investigaciones actuales demuestran que puede oscilar del 10 al 100 por ciento),[31] la cantidad total es sin duda muy importante. Por tanto, debemos preguntarnos: *¿cuál es el porcentaje de enfermedades y trastornos debidos a los efectos de los pensamientos negativos en los nocebos?* Teniendo en cuenta que las investigaciones científicas más recientes en el campo de la psicología estiman que cerca del 70 por ciento de nuestros pensamientos son negativos y redundantes, la cantidad de enfermedades que podemos crear inconscientemente debido al efecto nocebo es tremenda, sin duda mucho más elevada de lo que creemos.[32] Esta idea tiene sentido, dado que muchos trastornos mentales, físicos y emocionales parecen surgir de la nada.

Aunque pueda parecerte increíble que tu mente sea tan poderosa, las investigaciones de las últimas décadas señalan claramente algunas grandes verdades: lo que piensas es lo que experimentas, y con relación a tu salud, lo materializas a través de la asombrosa farmacopea que tienes en el cuerpo y que se alinea de manera automática y exquisita con tus pensamientos. Esta milagrosa farmacia activa de manera natural las moléculas curativas que ya existen en tu cuerpo, liberando distintos componentes químicos diseñados para producir distintos efectos en distintas circunstancias. Naturalmente, esto hace que te preguntes: *¿cómo lo hacemos?*

En los siguientes capítulos explicaré cómo esto se da a nivel biológico y cómo puedes aplicar esta capacidad innata para crear de manera deliberada la salud —y la vida— que quieres experimentar.

3

El efecto placebo en el cerebro

Si has leído mi libro anterior, *Deja de ser tú,* descubrirás que en este capítulo resumo gran parte de la información que contiene. Si te parece que ya la dominas, sáltatelo o léelo por encima para repasar los conceptos que necesites. Y si no sabes qué hacer, te aconsejo que leas el capítulo, porque para comprender los siguientes capítulos necesitarás entender lo que te presento aquí.

Como ilustran las historias de los dos últimos capítulos, cuando cambiamos nuestro estado del ser, el cuerpo responde a la nueva mente. Y entonces nuestros pensamientos empiezan también a cambiar. Gracias al gran tamaño de nuestro cerebro frontal, los seres humanos tenemos el privilegio de poder hacer que nuestros pensamientos cobren vida más que cualquier otra cosa, y así es como actúan los placebos. Para ver la evolución de este proceso es esencial examinar y repasar tres elementos fundamentales: el *condicionamiento,* las *expectativas* y el *significado.* Como verás, estos tres conceptos actúan juntos al orquestar la respuesta placebo.

Ya he explicado el *condicionamiento,* el primer elemento, al hablar de Pavlov en el capítulo anterior. En resumen, el condicionamiento se da cuando asociamos un recuerdo del pasado (por ejemplo, tomar una aspirina) con un cambio fisiológico (la desaparición del dolor de cabeza) porque ya lo hemos experimentado muchas veces. Considéralo de esta forma: si adviertes que te duele la cabeza, te estás dando cuenta de que se ha producido un cambio fisiológico en tu mundo interior (sientes dolor). Lo siguiente que haces es buscar algo en el mundo exterior (en este caso, una aspirina) para crear un cambio en tu mundo interior. Se podría decir que ha sido tu estado interior (sentir dolor) lo que te ha llevado a pensar en una decisión, acción o experiencia tuya de tu realidad exterior que cambió cómo te sentías (al tomar la aspirina y aliviarte el dolor de cabeza).

El estímulo, o el agente, del mundo exterior al que en este caso llamamos aspirina, crea por tanto una experiencia en concreto. Cuando esta experiencia produce una respuesta fisiológica o recompensa, cambia tu mundo interior. En cuanto adviertes un cambio en tu interior, te fijas en aquello del mundo exterior que lo ha causado. A este hecho —cuando algo exterior cambia algo dentro de ti— se le llama *recuerdo asociativo*.

Si sigues repitiendo el proceso una y otra vez, el estímulo externo por asociación se llega a volver tan fuerte o reforzado que si se sustituye la aspirina por una pastilla de azúcar que parezca una aspirina, producirá una respuesta interna automática (aliviándote el dolor de cabeza). Es una de las formas en que actúa el placebo. Las figuras 3.1 A, 3.1 B y 3.1 C ilustran el proceso del condicionamiento.

Las *expectativas,* el segundo elemento, entran en juego cuando tienes una razón para esperar un resultado distinto. Como, por ejemplo, si sufres dolor artrítico crónico y el médico te receta un nuevo medicamento explicándote con entusiasmo que te aliviará el dolor, y tú aceptas lo que te sugiere y esperas que al tomártelo te suceda algo distinto (ya no sentirás dolor). En ese caso tu médico ha influido en tu nivel de sugestionabilidad.

En cuanto te vuelves más sugestionable, asocias algo del exterior (el nuevo medicamento) con lo que escoges de una serie de distintas posibilidades (en este caso, librarte del dolor). En tu mente, estás eligiendo un distinto posible futuro, anticipando y esperando un resultado distinto. Si aceptas y esperas emocionalmente que este nuevo resultado elegido se materialice, y esto te produce además una emoción lo bastante intensa, tu cerebro y tu cuerpo no distinguirán entre imaginar que has cambiado tu estado del ser para librarte del dolor y el acontecimiento que ha hecho que tu estado del ser cambiara. Para el cerebro y el cuerpo son lo mismo.

CONDICIONAMIENTO

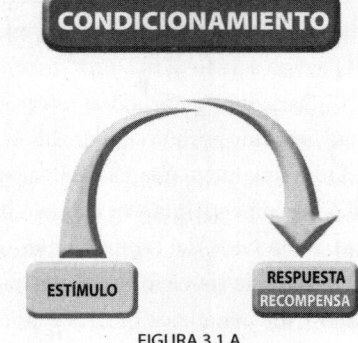

En la figura 3.1 A, un estímulo produce un cambio fisiológico llamado respuesta o recompensa.

FIGURA 3.1 A

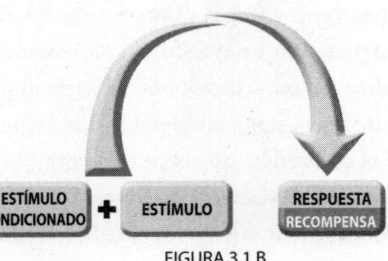

La figura 3.1 B demuestra que si combinas un estímulo con un estímulo condicionado la suficiente cantidad de veces, seguirá produciendo una respuesta.

FIGURA 3.1 B

La figura 3.1 C ilustra que si eliminas el estímulo y lo sustituyes por un estímulo condicionado —como un placebo—, puede producir la misma respuesta fisiológica.

FIGURA 3.1 C

En el cerebro se activan, por consiguiente, los mismos circuitos neuronales que se activarían si tu estado hubiera cambiado (si el medicamento hubiera funcionado aliviándote el dolor), con lo que se liberan las mismas sustancias químicas en tu cuerpo. Lo que estás esperando (que el dolor se vaya) ocurre porque el cerebro y el cuerpo crean la farmacia perfecta para cambiar tu estado interno. Ahora tienes un nuevo estado del ser, es decir, la mente y el cuerpo actúan al unísono. Tal es tu poder.

Darle un *significado,* el tercer elemento, a un placebo ayuda a que funcione porque cuando das un nuevo significado a un acto, le añades una intención. Es decir, al aprender y entender algo nuevo, le pones más energía. Por ejemplo, en el estudio sobre las limpiadoras de un hotel del capítulo anterior, en cuanto comprendieron el considerable ejercicio físico que hacían a diario al ejecutar su trabajo y los beneficios que les reportaba, le atribuyeron un mayor significado a estas acciones. No se limitaron a pasar la aspiradora, restregar, y fregar el suelo, sino que comprendieron que estaban ejercitando sus músculos, aumentando su fuerza física y quemando calorías. Como pasar la aspiradora, la mopa y fregar el suelo tuvo más significado para ellas después de que los investigadores las concienciaran sobre las ventajas físicas del ejercicio, la intención o el objetivo de las limpiadoras no fue realizar simplemente su trabajo, sino además hacer ejercicio físico y estar más sanas.

Y eso fue exactamente lo que ocurrió. En cambio las limpiadoras del grupo de control no atribuyeron el mismo significado a sus tareas porque no *sabían* que lo que estaban haciendo era bueno para la salud, de modo que tampoco recibieron los mismos beneficios, aunque realizaran exactamente las mismas acciones.

El placebo actúa de la misma forma. Cuanto más crees que funcionará una sustancia, un procedimiento o una intervención quirúrgica en particular porque te han concienciado de sus beneficios, más posibilidades tendrás de responder al pensamiento de mejorar tu salud y sentirte mejor. Es decir, si le das más significado a una posible experiencia con una persona, un lugar o un objeto del exterior para cambiar tu interior, más probabilidades tendrás de cambiar tu estado interior *por medio de los pensamientos*. Además, cuanto más aceptes un nuevo resultado relacionado con tu salud —porque te han concienciado sobre las posibles recompensas de lo que estás haciendo—, más claro será el modelo que estás creando en tu mente, y mejor «cebarás» tu cerebro y tu cuerpo para reproducir exactamente eso. En resumidas cuentas, cuanto más *creas* en la causa, mejor será el efecto.

El placebo: anatomía de un pensamiento

Si el efecto placebo es la función de cómo un pensamiento puede cambiar la fisiología —podríamos llamarlo el poder de la mente sobre la materia—, en este caso tal vez deberíamos examinar nuestros pensamientos y cómo interactúan con nuestro cerebro y nuestro cuerpo. Empezaremos con nuestros pensamientos cotidianos personales.

Los humanos somos seres de costumbres. Tenemos de 60.000 a 70.000 pensamientos diarios,[1] y el 90 por ciento de ellos son exactamente los mismos que los del día anterior. Nos levantamos por el mismo lado de la cama, seguimos la misma rutina en el baño, nos peinamos de la misma forma, nos sentamos en la misma silla para desayunar, sostenemos la taza con la misma mano, vamos en coche por la misma ruta al mismo trabajo de siempre, y hacemos las mismas cosas que sabemos hacer tan bien con las mismas personas (que nos alteran emocionalmente del mismo modo) cada día. Y luego nos apresuramos a volver a casa para apresurarnos a leer el correo electrónico, para apresurarnos a cenar, para apresurarnos a ver nuestro programa favorito en la tele, para apresurarnos a cepillarnos los dientes de la misma manera que siempre, para apresurarnos a ir a acostarnos, para apresurarnos a levantarnos a la mañana siguiente y volver a hacer lo mismo.

Si parece que esté diciendo que vivimos la mayor parte de nuestra vida con el piloto automático puesto, esto es exactamente lo que quiero decir. Tener los mismos *pensamientos* de siempre nos lleva a tomar las mismas *decisiones*. Tomar las mismas *decisiones* nos lleva a manifestar la misma *conducta*. Manifestar la misma *conducta* nos lleva a crear las mismas *experiencias*. Crear las mismas *experiencias* nos lleva a tener las mismas *emociones*. Y tener las mismas *emociones* nos conduce a los mismos *pensamientos*. Observa la figura 3.2 y sigue la secuencia de cómo nuestros pensamientos de siempre crean nuestra realidad de siempre.

ANTIGUO ESTADO DEL SER

FIGURA 3.2

Cómo creamos la misma realidad de siempre con nuestros pensamientos.

Este proceso consciente o inconsciente hace que tu biología siga siendo la misma. Ni tu cerebro ni tu cuerpo cambian porque estás teniendo los mismos pensamientos de siempre, realizando las mismas acciones y viviendo según las mismas emociones, aunque en el fondo estés deseando que tu vida cambie. Creas la misma actividad cerebral, lo cual activa los mismos circuitos cerebrales y reproduce la misma química cerebral, y esto afecta la química de tu cuerpo de la misma manera de siempre. Y la misma química envía las mismas señales a los mismos genes. Y la misma expresión genética crea las mismas proteínas, los componentes básicos de las células, con lo que el cuerpo sigue siendo el mismo de siempre (más adelante trataré el tema de las proteínas más a fondo). Y como la expresión de las proteínas es la expresión de la vida o de la salud, tu vida y tu salud siguen siendo las mismas de siempre.

Echémosle ahora un vistazo a tu vida por un momento. ¿Qué significa esto para *ti*? Si estás teniendo los mismos pensamientos que ayer, lo más probable es que hoy tomes las mismas decisiones. Estas mismas decisiones de hoy te llevan a la misma conducta de mañana. La misma conducta habitual de mañana producirá las mismas experiencias en tu futuro. Los mismos episodios en tu realidad futura crearán las mismas emociones previsibles para ti todo el tiempo. Por eso te sientes igual cada día. El ayer se convierte en el mañana, así que en realidad tu pasado es tu futuro.

Si estás de acuerdo conmigo en este punto, se podría decir que esta sensación conocida que acabo de describir eres «tú»: tu identidad o tu personalidad. Es tu estado del ser. Y es algo natural y automático con lo que te sientes a gusto. Es tu propio tú de siempre viviendo en el pasado. Cuando dejas que este proceso redundante se dé a diario (porque te despiertas por la mañana y prevés y recuerdas la sensación de ser «tú» cada día), con el paso del tiempo este estado conocido del ser te acaba llevando a los mismos pensamientos de siempre que te hacen desear seguir con el mismo ciclo automático de decisiones, conductas y experiencias para volver a sentir esta sensación conocida que consideras como «tú». De manera que tu personalidad sigue siendo la misma de siempre.

Si esta es tu personalidad, entonces *tu personalidad crea tu realidad personal.* Es así de sencillo. Y tu personalidad está hecha de cómo *piensas, actúas y sientes.* La personalidad actual de la persona que está leyendo esta página ha creado la realidad personal presente llamada tu vida, y esto también significa que si deseas crear una nueva realidad personal —una nueva vida—, tienes que empezar a analizar los pensamientos que has estado teniendo o reflexionar sobre ellos y cambiarlos. Debes tomar conciencia de las conductas inconscientes que has estado eligiendo para demostrar que te han llevado a las mismas experiencias de siempre, y luego tomar nuevas decisiones, realizar nuevas acciones y crear experiencias nuevas. La figura 3.3 te muestra cómo tu personalidad influye en tu realidad personal.

FIGURA 3.3

Tu personalidad la forma tu modo de pensar, actuar y sentir. Es tu estado del ser. Tus mismos pensamientos, acciones y sentimientos de siempre te mantienen atado a tu misma realidad personal del pasado. Pero cuando tú como personalidad aceptas unos nuevos pensamientos, acciones y sentimientos, creas inevitablemente una nueva realidad personal en tu futuro.

Observa esas emociones memorizadas que sientes a diario, préstales atención y decide si vivir dejándote llevar por ellas una y otra vez es quererte a ti mismo. La mayoría de las personas intentan crear una nueva realidad personal con la misma personalidad de siempre y esto no funciona. Para cambiar tu vida, debes convertirte en otra persona literalmente. Más adelante encontrarás las pruebas científicas que demuestran este proceso. Échale un vistazo a la figura 3.4 y sigue la secuencia de nuevo.

FIGURA 3.4

Cómo creamos una nueva realidad con nuestros pensamientos.

Si entiendes este modelo, coincidirás conmigo en que tus nuevos pensamientos te llevan a tomar nuevas decisiones. Las nuevas decisiones te llevan a nuevas conductas. Las nuevas conductas te llevan a nuevas experiencias. Las nuevas experiencias te producen nuevas emociones y las nuevas emociones y sentimientos te inspiran a pensar de nuevas formas. A esto se le llama «evolución». Y tu realidad personal y tu biología —los circuitos de tu cerebro, tu química interior, tu expresión genética y, finalmente, tu salud— acaban cambiando debido a esta personalidad nueva, a este nuevo estado del ser. Y todo ello empieza solo con un pensamiento.

Un rápido vistazo al funcionamiento del cerebro

A estas alturas ya he mencionado brevemente términos como *circuitos del cerebro, redes neuronales, química cerebral* y *expresión genética* sin apenas explicar lo que significan. A lo largo del resto del capítulo describiré algunas sencillas interpretaciones científicas de cómo actúan el cerebro y el cuerpo al unísono para crear un modelo completo de cómo tu realidad puede convertirse en tu propio placebo.

Tu cerebro —que se compone en un 75 por ciento de agua como mínimo y tiene la consistencia de un huevo pasado por agua—, está formado por unos cien mil millones de células nerviosas, llamadas *neuronas,* dispuestas a la perfección en el ambiente acuoso en el que flotan. Cada célula nerviosa se parece a un roble elástico, aunque sin hojas, con ramas serpenteantes y sistemas radiculares que se conectan y desconectan a otras células nerviosas. Una célula nerviosa en particular puede tener desde 1.000 conexiones hasta más de 100.000, depende de dónde resida en el cerebro. Por ejemplo, la *neocorteza* —tu cerebro pensante— tiene de 10.000 a 40.000 conexiones por neurona.

Se solía ver el cerebro como un ordenador y aunque se le parezca en ciertos aspectos, hoy día se sabe que no es exactamente así, ya que cada neurona es una biocomputadora en sí misma, con más de 60 megabytes de memoria RAM, capaz de procesar enormes cantidades de información, ejecutando incluso miles de funciones por segundo. A medida que aprendes cosas nuevas y tienes nuevas experiencias en la vida, tus neuronas crean conexiones nuevas, intercambiándose información electroquímica unas con otras. Estas conexiones se llaman *conexiones sinápticas,* porque el lugar donde las células intercambian la información —el espacio entre la rama de una neurona y la raíz de otra— se denomina *sinapsis*.

Si el aprendizaje crea nuevas conexiones sinápticas, en tal caso recordar es mantener estas conexiones. Un recuerdo es por tanto una relación o conexión a largo plazo entre las células nerviosas. Y la creación de estas conexiones y las formas en que cambian a lo largo del tiempo alteran la estructura física de tu cerebro.

A medida que el cerebro hace estos cambios, tus pensamientos producen una mezcla de distintas sustancias químicas llamadas *neurotransmisores* (como, por ejemplo, la serotonina, la dopamina y la acetilcolina entre otras). Cuando tienes un pensamiento, los neurotransmisores de la rama de una neurona-árbol cruzan el espacio sináptico para llegar a la raíz de otra neurona-árbol. En cuanto cruzan este espacio, la neurona descarga información en forma de impulsos eléctricos. Cuando sigues teniendo los mismos pensamientos de siempre, la neurona sigue activándose de las mismas formas, con lo que se fortalece la relación entre las dos células nerviosas para que, la siguiente vez que se activen, transmitan la señal con más rapidez. Por eso el cerebro revela la evidencia física de no solo haber aprendido algo, sino también de recordarlo. Este proceso de reforzamiento selectivo se llama *potenciación sináptica*.

Cuando las marañas de neuronas se activan al unísono para apoyar un nuevo pensamiento, en la célula nerviosa se crea una sustancia química adicional (una proteína) que penetra al centro de la misma o *núcleo,* donde se integrará al ADN. La proteína cambia entonces varios genes. Como la labor de los genes es crear proteínas que mantengan tanto la estructura como la función del cuerpo, la célula nerviosa produce rápidamente una nueva proteína para crear nuevas ramas entre las células nerviosas. Cuando repites un pensamiento o una experiencia las suficientes veces, además de reforzarse las conexiones entre tus células nerviosas (afectando tus funciones fisiológicas), aumenta la cantidad de conexiones (afectando la estructura física del cuerpo). El cerebro se enriquece más a nivel microscópico.

En cuanto tienes un nuevo pensamiento, cambias por tanto a nivel neurológico, químico y genético. De hecho, al aprender, pensar y experimentar cosas nuevas, creas miles de nuevas conexiones en cuestión de segundos. Así que en este mismo instante puedes activar nuevos genes simplemente por medio del pensamiento. Ocurre al cambiar tu mente, es el poder de la mente sobre la materia.

Eric Kandel, galardonado con un Nobel de Medicina, demostró que cuando se crean nuevos recuerdos, la cantidad de conexiones sinápticas de las neuronas sensoriales estimuladas se dobla a 2.600. Pero a no ser que la experiencia original de aprendizaje se repita una y otra vez, la cantidad de conexiones nuevas se vuelven a reducir a las 1.300 del principio en tan solo tres semanas.

Si repetimos lo que hemos aprendido las suficientes veces, estaremos reforzando comunidades de neuronas que nos ayudarán a recordarlo la próxima vez. Ya que, de lo contrario, las conexiones sinápticas desaparecerán al cabo de poco y el recuerdo se borrará de la mente. Por eso es importante actualizar, repasar y recordar continuamente tus nuevos pensamientos, decisiones, conductas, hábitos, creencias y experiencias si quieres consolidarlos en tu cerebro.[2] La figura 3.5 te ayudará a familiarizarte con las neuronas y las redes neuronales.

Para que te hagas una idea de lo inmenso que es este sistema, imagínate una célula nerviosa conectando con otras 40.000 más. Pongamos que procesa 100.000 bits de información por segundo y que la comparte con otras neuronas que también están procesando 100.000 funciones por segundo. Esta red, integrada por grupos de neuronas que actúan juntas, se llama *red neuronal*. Las redes neuronales forman comunidades de conexiones sinápticas. También se pueden llamar *neurocircuitos*.

A medida que las células nerviosas de la materia gris de tu cerebro cambian físicamente y que las neuronas se seleccionan y organizan en estas redes inmensas que procesan cientos de millones de bits de información, el hardware físico del cerebro también cambia, adaptándose a la información recibida del entorno. Y con el paso del tiempo, a medida que las redes neuronales se activan una y otra vez, agrupando y dispersando la actividad eléctrica como las densas nubes de una imponente tormenta eléctrica, el cerebro sigue usando los mismos sistemas de hardware (las redes neuronales físicas), pero también creará un programa de software (una red neuronal automática). Así es como se instalan los programas en el cerebro. El hardware crea el software, y el sistema de software está grabado en el hardware, y cada vez que usas el software, refuerzas el hardware.

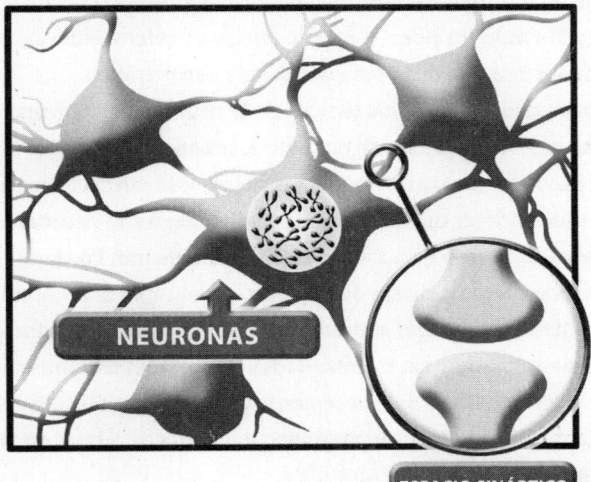

FIGURA 3.5

Representación gráfica simple de las neuronas en una red neuronal. El minúsculo espacio entre las ramas de las neuronas que facilita la comunicación entre ellas se llama *espacio sináptico*. En el espacio que ocupa un grano de arena cabrían 100.000 neuronas y entre ellas habría más de mil millones de conexiones.

Cuando tienes los mismos pensamientos y sentimientos de siempre porque no estás aprendiendo ni haciendo nada nuevo, el cerebro activa las neuronas y las redes neuronales exactamente con las mismas secuencias, estructuras y combinaciones. Se convierten en programas automáticos que usas sin darte cuenta a diario. Tienes una red automática neuronal para hablar una lengua, afeitarte o maquillarte, teclear en el ordenador, juzgar a tu compañero de trabajo, etcétera, porque has realizado estas acciones tantas veces que prácticamente se han vuelto inconscientes. Ya no tienes que pensar en ellas. Te salen de manera natural.

Has reforzado estos circuitos tan a menudo que se han grabado en el hardware de tu cerebro. Las conexiones entre las neuronas se han reforzado, se han formado nuevos circuitos y las ramas se han alargado y engrosado físicamente, como si hubieras fortalecido y reforzado un puente, creado varias carreteras nuevas, o ensanchado una autopista para dar cabida a más tráfico.

Uno de los principios básicos de la neurociencia afirma: «Las células nerviosas que se activan juntas, se conectan juntas».[3] A medida que tu cerebro se activa una y otra vez de la misma forma, estás reproduciendo el mismo nivel de mente. Según la neurociencia, *mente* es el cerebro en acción o en funcionamiento. Por tanto, si te estás recordando a diario quién crees ser al reproducir la misma mente de siempre, estás activando tu cerebro de la misma forma, y seguirás activando las mismas redes neuronales durante años y años. Y a los treinta y pico tu cerebro ya se habrá organizado en una impronta muy limitada de programas automáticos, y estas estructuras fijas se denominan tu *identidad*.

Considéralo como una caja en el interior de tu cerebro. Por supuesto, no se trata de una caja real. Pero pensar de la misma forma que siempre significa que en tu cerebro has creado físicamente una estructura limitada, como lo ilustra la figura 3.6. Al decidir reproducir el mismo nivel de mente una y otra vez, la serie de circuitos que más se activan neurológicamente han predeterminado quién eres.

NEURORRIGIDEZ

PENSAR COMO SIEMPRE

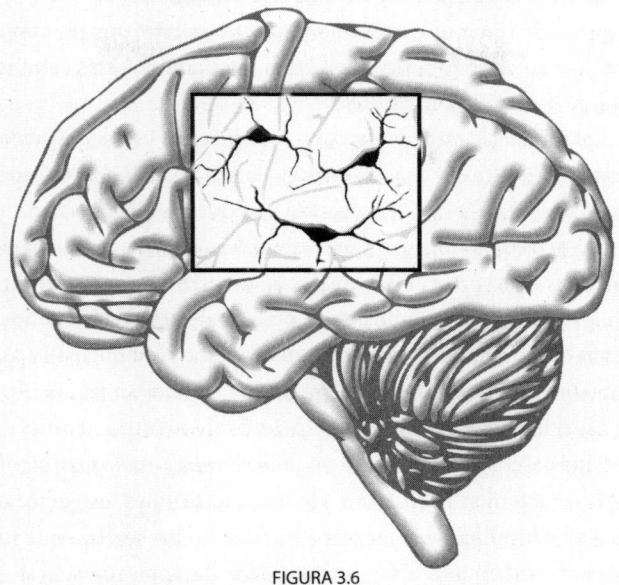

FIGURA 3.6

Si tus pensamientos, decisiones, conductas, experiencias y estados de ánimo siguen siendo los mismos de siempre durante años y años —y tener los mismos pensamientos equivale a tener los mismos sentimientos, con lo que refuerzas este ciclo interminable—, tu cerebro adquiere una impronta limitada, porque estás recreando la misma mente a diario al activar siempre las mismas estructuras neuronales. Y con el paso del tiempo, acabas reforzando biológicamente una serie limitada de redes neuronales que hacen que tu cerebro tienda a crear el mismo nivel mental de siempre, hasta acabar pensando siempre igual. Tu identidad es el conjunto de estos circuitos que se han grabado en tu cerebro.

La neuroplasticidad

Nuestro objetivo es, por consiguiente, dejar de pensar como siempre para que el cerebro se active de nuevas formas, como lo ilustra la figura 3.7. Tener una mentalidad abierta es esto, porque cuando haces que tu cerebro funcione de distinta manera, estás cambiando tu mente en el sentido literal.

Las investigaciones revelan que a medida que usamos el cerebro, este va creciendo y cambiando gracias a la *neuroplasticidad:* su capacidad de adaptarse y cambiar cuando aprendemos una información nueva. Por ejemplo, cuantas más matemáticas estudie un matemático, más ramas neuronales creará en la zona del cerebro que se activa con las matemáticas.[4] Y a un músico profesional después de haber estado interpretando sinfonías y tocando en orquestas, le aumenta la parte del cerebro relacionada con el lenguaje y las aptitudes musicales.[5]

En el lenguaje científico, el funcionamiento de la neuroplasticidad del cerebro se denomina *podado* y *brotadura,* lo cual significa esto exactamente: eliminar algunas conexiones, estructuras y circuitos neuronales y crear otros nuevos. En un cerebro que funcione adecuadamente, este proceso puede darse en cuestión de segundos. Un equipo de investigadores de la Universidad de California, en Berkeley, lo demostraron en un estudio realizado con ratas de laboratorio. Descubrieron que las ratas que vivían en un ambiente enriquecedor (compartiendo la jaula con sus hermanas y sus crías, y disponiendo de distintos juguetes) tenían un cerebro más grande, con más neuronas y conexiones neuronales que las que vivían en un ambiente menos enriquecedor.[6] Cuando aprendemos cosas nuevas y tenemos nuevas experiencias, nuestro cerebro cambia literalmente.

Pero liberarte de las limitaciones de los programas de tu cerebro y del condicionamiento que hace que seas el mismo de siempre requiere esfuerzo. Y también conocimientos, porque cuando aprendes una información crucial sobre ti o tu vida, creas un nuevo diseño en el bordado tridimensional de tu materia gris. Entonces dispones de más materias primas para hacer que tu cerebro funcione de distinta manera. Empiezas a pensar en la realidad y a percibirla de distinta forma porque ves tu vida desde la perspectiva de una nueva mente.

NEUROPLASTICIDAD

PENSAR DE DISTINTAS MANERAS A LA DE SIEMPRE

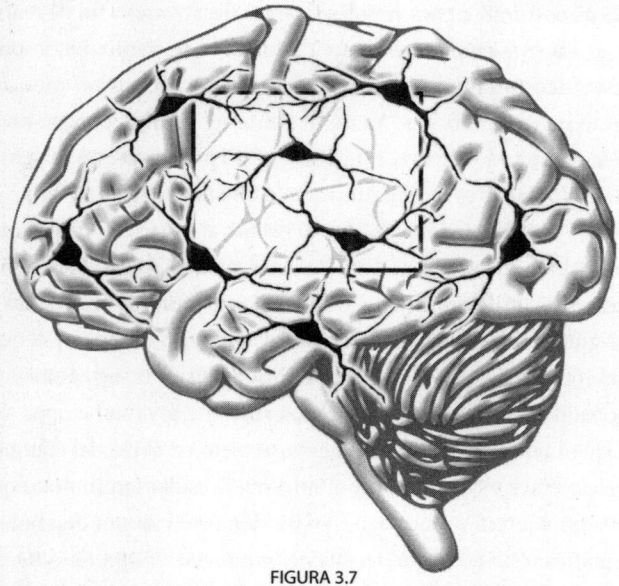

FIGURA 3.7

Cuando aprendes cosas nuevas y empiezas a pensar de nuevas formas, haces que en tu cerebro se activen distintas secuencias, estructuras y combinaciones. Es decir, estás activando una gran cantidad de diversas redes neuronales de distintas formas. Y siempre que haces que tu cerebro funcione de distinta manera, estás cambiando tu mente. Y a medida que empiezas a pensar de distinto modo, los nuevos pensamientos te llevan a tomar nuevas decisiones y a tener nuevas conductas, experiencias y emociones. Y entonces tu identidad también cambia.

Cruzando el río del Cambio

A estas alturas ya sabes que para cambiar debes ser consciente de tu yo inconsciente (que no es más que una serie de programas grabados en tu cerebro).

Lo más difícil en cuanto a cambiar es *no tomar las mismas decisiones del día anterior.* Cuesta tanto porque en el instante en que ya no tienes los mismos pensamientos que te llevan a tomar las mismas decisiones de siempre —haciéndote actuar automáticamente como de costumbre para vivir las mismas situaciones a fin de reafirmar las mismas emociones de tu identidad—, te sientes incómodo. No estás acostumbrado a este nuevo estado del ser, y al no conocerlo no te parece «normal». Ya no te sientes el mismo, porque no lo eres. Y como todo te parece incierto, ya no puedes prever la sensación del yo que te es familiar ni aquello que te refleja en tu vida.

Pero por más incómodo que te resulte al principio, en ese momento sabrás que te acabas de meter en el río del Cambio. Que te has adentrado en lo desconocido. En cuanto ya no eres el mismo de siempre, significa que has cruzado el espacio entre tu yo antiguo y el nuevo, tal como la figura 3.8 ilustra con claridad. Es decir, no cambias de personalidad en cuestión de segundos, sino que lleva su tiempo.

Habitualmente, cuando la gente se mete en el río del Cambio, ese vacío entre el yo antiguo y el nuevo les resulta tan molesto que en el acto vuelven a su antiguo yo de siempre. Piensan de manera automática: *esto no puede ser bueno, me siento incómodo* o *no me siento a gusto.* En cuanto aceptan este *pensamiento,* o autosugestión (y se vuelven sugestionables por sus propios pensamientos), vuelven a tomar sin darse cuenta las mismas *decisiones* de siempre que les llevarán a la progresión de las mismas *conductas* de siempre para crear las mismas *experiencias,* que les harán tener automáticamente las mismas *emociones* y *sentimientos de siempre.* Y entonces se dirán a sí mismos: *esto sí que me parece bien.* Pero lo que en realidad quieren decir es que les resulta *conocido.*

CRUZANDO EL RÍO DEL CAMBIO

YO ANTIGUO — RÍO DEL CAMBIO → YO NUEVO

PASADO CONOCIDO Y PREVISIBLE — DESCONOCIDO/VACÍO — FUTURO DESCONOCIDO E IMPREVISIBLE

FIGURA 3.8

Para cruzar el río del Cambio necesitas despojarte de tu yo conocido y previsible —conectado a los mismos pensamientos, decisiones, conductas y sentimientos de siempre—, y adentrarte en el vacío o en lo desconocido. El espacio entre el yo antiguo y el nuevo constituye la muerte biológica de tu antigua personalidad. Si el yo antiguo ha de morir, en este caso debes crear un yo nuevo con nuevos pensamientos, decisiones, conductas y emociones. Meterte en este río es adquirir un nuevo yo desconocido e imprevisible. Lo desconocido es el único lugar donde puedes crear, porque desde lo conocido te es imposible crear nada nuevo.

En cuanto comprendas que cruzar el río del Cambio y sentir ese malestar es en realidad la muerte a nivel biológico, neurológico, químico e incluso genético del yo antiguo, el cambio ya no te aterrará y podrás intentar llegar a la otra orilla. Si aceptas que el cambio significa deshacer los circuitos que has creado al pensar durante años de la misma manera sin darte cuenta, podrás afrontarlo. Si ves que la desazón que sientes es el desmantelamiento de las antiguas actitudes, creencias y percepciones que has ido grabando una y otra vez en tu arquitectura cerebral, podrás soportarla. Si comprendes que las pulsiones a las que te enfrentas cuando estás intentando cambiar vienen del mono de las adicciones químicas y emocionales de tu cuerpo,

115

las superarás. Si logras comprender que las variaciones biológicas que se están dando en ti se deben a los hábitos y conductas subconscientes que tu cuerpo está cambiando a nivel celular, podrás seguir adelante. Y si tienes en cuenta que estás modificando tus propios genes de esta vida y de las incalculables generaciones anteriores, lograrás seguir centrado en tu objetivo e inspirado hasta alcanzarlo.

Algunas personas califican esta experiencia de noche oscura del alma. Es el ave fénix ardiendo y convirtiéndose en cenizas. Para que nazca un yo nuevo el antiguo debe morir. ¡*Claro* que esto te resulta incómodo!

Pero no te preocupes, porque lo desconocido es el lugar perfecto desde el que crear, donde existen las posibilidades. ¿Acaso puede haber algo mejor? Como a la mayoría de nosotros nos han condicionado a huir de lo desconocido, ahora tienes que aprender a sentirte cómodo ante el vacío o lo desconocido en lugar de temerlo.

Si me dijeras que no te gusta sentir ese vacío porque te descoloca y te impide ver lo que te espera al no poder prever el futuro, yo te respondería que esa situación es ideal, porque la mejor manera de prever el futuro es *crearlo desde lo desconocido* en lugar de a partir de lo conocido.

A medida que nazca tu nuevo yo, también debes cambiar biológicamente. Por eso tienes que crear nuevas conexiones neuronales y mantenerlas al decidir pensar y actuar de nuevas formas a diario. Y luego reforzarlas al crear una y otra vez las mismas experiencias hasta que se conviertan en hábitos. Debes familiarizarte con los nuevos estados químicos que te habrán creado las emociones procedentes de la suficiente cantidad de experiencias nuevas. Y tienes que enviarles señales a nuevos genes para que creen nuevas proteínas y cambien así tu estado del ser de nuevas formas. Y si, como ya has visto, la expresión de las proteínas es la expresión de la vida, y la expresión de la vida equivale a la salud del cuerpo, en este caso estarás creando un nuevo nivel estructural y funcional de salud y vida. Tu mente y tu cuerpo se renovarán.

Cuando amanece un nuevo día después de una larga noche de oscuridad y el ave fénix renace de sus propias cenizas, acabas de crear un yo nuevo. Y la expresión física y biológica de este yo nuevo significa literalmente convertirte en otra persona. Se trata de una auténtica metamorfosis.

Trascendiendo tu entorno

Otra forma de considerar el cerebro es decir que está organizado para reflejar todo cuanto conoces y has experimentado en tu vida. Ahora entiendes que cada vez que has interactuado con el mundo exterior, esos hechos te han configurado y moldeado en quien hoy eres. Las complejas redes de neuronas que se han estado activando y conectando a lo largo de tus días en la Tierra, han formado miles y miles de millones de conexiones, porque aprendiste cosas y almacenaste recuerdos. Y como cualquier lugar donde una neurona se conecte con otra se llama un «recuerdo», tu cerebro es un recuerdo viviente del pasado. Las innumerables experiencias que has tenido con personas y cosas en distintos momentos de tu vida y lugares, han quedado grabadas en los recovecos de tu materia gris.

La mayoría de nosotros solemos pensar en el pasado porque usamos los mismos programas de *hardware* y *software* procedentes de nuestros recuerdos. Y si estamos llevando la misma vida a diario al hacer las mismas cosas a la misma hora, ver las mismas personas y los mismos lugares de siempre, y crear las mismas experiencias que las del día anterior, en ese caso no podremos evitar que nuestro mundo exterior influya en nuestro mundo interior. Nuestro entorno es entonces el que controla cómo pensamos, actuamos y sentimos. Somos víctimas de nuestra realidad personal porque es la que crea nuestra personalidad, y además se ha convertido en un proceso inconsciente. Y esto a su vez hace que sigamos pensando y sintiendo lo mismo de siempre, y entonces el mundo exterior se entrelaza o une con nuestro mundo interior, y se funden convirtiéndose en lo mismo, y a nosotros nos pasa igual.

Si nuestro entorno es el que condiciona lo que pensamos y sentimos a diario, para poder cambiar deberá haber algo en nosotros o en nuestra vida que trascienda las circunstancias presentes que nos rodean.

Pensando y sintiendo, y sintiendo y pensando

Al igual que los pensamientos son el lenguaje del cerebro, los sentimientos son el lenguaje del cuerpo. Y lo que piensas y sientes crea un estado del ser. Un *estado del ser* es cuando tu mente y tu cuerpo actúan juntos. Así que tu estado del ser actual es la auténtica conexión mente-cuerpo.

Cada vez que tienes un pensamiento tu cerebro además de crear neurotransmisores también produce otra sustancia química, una pequeña proteína llamada *neuropéptido* que envía un mensaje a tu cuerpo. Este reacciona entonces experimentando un sentimiento. El cerebro advierte que el cuerpo está sintiendo algo y genera otro pensamiento acorde con el sentimiento que estás teniendo, y este produce a su vez los mismos mensajes químicos que te permiten pensar de la forma en que te estás sintiendo.

Los pensamientos crean sentimientos y los sentimientos crean luego unos pensamientos acordes con esos sentimientos. Es un bucle (en el que nos quedamos atrapados durante años). Y como el cerebro actúa según los sentimientos del cuerpo al generar los mismos pensamientos que crearán las mismas emociones, es evidente que esos pensamientos redundantes acabarán creando en tu cerebro unos neurocircuitos con una estructura fija.

Pero ¿qué ocurre en el cuerpo? Como los sentimientos son el modus operandi del cuerpo, las emociones que estás sintiendo continuamente basadas en tus pensamientos automáticos acaban haciendo que el cuerpo memorice esas emociones que son como un programa inconsciente de la mente y el cerebro. Ello significa que la mente consciente no es la que está al mando. Subconscientemente has programado y condicionado al cuerpo, de una forma muy real, a convertirse en mente.

Al final, cuando este bucle de pensar y sentir y de sentir y pensar se ha estado dando el suficiente tiempo, nuestro cuerpo acaba memorizando las emociones que el cerebro le ha señalado que sienta. El ciclo se ha instalado y se ha arraigado tanto que crea un estado del ser conocido basado en una información antigua que no cesa de reciclarse. Esas emociones, que no son más que registros químicos de experiencias pasadas, son las que motivan nuestros pensamientos y las que surgen una y otra vez. Mientras sigan apareciendo, estaremos viviendo en el pasado. ¡Por eso no es de extrañar que nos cueste tanto cambiar nuestro futuro!

Cuando las neuronas se activan siempre del mismo modo acaban desencadenando la liberación de los mismos neurotransmisores y neuropéptidos en el cerebro y el cuerpo, y entonces esas mismas sustancias químicas hacen que el cuerpo recuerde aquellas emociones al alterarlo físicamente de nuevo. Las células y los tejidos reciben esas señales químicas tan específicas en unos sitios receptores en concreto. Los sitios receptores son como estaciones de acoplamiento para los mensajeros químicos. Los mensajeros encajan perfectamente en el lugar, a modo de un rompecabezas infantil en el cual varias formas, como un círculo, un triángulo o un cuadrado, encajan en sus respectivos huecos.

Es como si esos mensajeros químicos, que son realmente moléculas de emoción, llevaran unos códigos de barras que les permitieran leer a los receptores de las células la energía electromagnética que acarrean. Cuando se da la unión perfecta, el sitio receptor se prepara. El mensajero se acopla, la célula recibe el mensaje químico que acarrea y luego crea o altera una proteína. La nueva proteína activa el ADN de la célula en el núcleo. A continuación el ADN se abre y despliega, el gen es leído para recibir ese mensaje correspondiente procedente del exterior de la célula, y esta crea una nueva proteína a partir del ADN (por ejemplo, una hormona en particular) y la libera en el cuerpo.

Ahora la mente está entrenando al cuerpo. Si este proceso se sigue dando durante años y años porque las mismas señales del exterior de la célula vienen del mismo nivel mental del cerebro (por estar pensando, haciendo y sintiendo lo mismo a diario), es lógico que se activen los mismos genes de las mismas formas, porque el cuerpo está recibiendo la misma información del entorno. No surgen pensamientos nuevos, ni se toman decisiones nuevas, ni se manifiestan conductas nuevas, ni se viven experiencias nuevas, ni tampoco se crean sentimientos nuevos. Cuando la misma información del cerebro de siempre activa los mismos genes, esos genes son seleccionados una y otra vez y, al igual que las marchas de un coche, se empiezan a desgastar. Y entonces el cuerpo produce proteínas con estructuras más débiles y funciones menos eficaces. Enfermamos y envejecemos.

Y con el paso del tiempo acaba ocurriendo una de las dos siguientes situaciones. La inteligencia de la membrana celular, que sigue recibiendo a diario la misma información de siempre, se adapta a las necesidades y demandas del cuerpo modificando sus sitios receptores para poder contener una mayor cantidad de esas sustancias químicas. Básicamente crea más estaciones de acoplamiento para satisfacer la demanda, al igual que en los supermercados se abren cajas adicionales cuando las colas se hacen demasiado largas. Si el negocio va viento en popa (si no cesan de llegar las mismas sustancias químicas de siempre), tendrás que contratar a más empleados para tener más cajas funcionando. Ahora el cuerpo es tan poderoso como la mente.

En la otra situación, la célula está demasiado agobiada por el continuo bombardeo de sentimientos y emociones como para dejar que se acoplen todos los mensajeros químicos. Como las mismas sustancias químicas de siempre se quedan rondando ante las puertas de la estación de acoplamiento todo el tiempo, las células se acaban acostumbrando a la presencia de esas sustancias químicas. De modo que solo abren sus puertas cuando el cerebro produce un montón de emociones más fuertes. En cuanto aumenta la intensidad de la emoción, la célula recibe el estímulo suficiente como para abrir las puertas de la estación de acoplamiento y entonces se activa. (Más adelante hablaré con más detalle de la importancia de las emociones, ya que es una parte fundamental en el efecto placebo.)

En la primera situación, cuando la célula crea unos nuevos sitios receptores, el cuerpo ansía recibir esas determinadas sustancias químicas cuando el cerebro no fabrica las suficientes y por tanto nuestros sentimientos acaban determinando nuestros pensamientos: el cuerpo controla la mente. A esto es a lo que me refiero al decir que *el cuerpo memoriza la emoción*. Ha acabado siendo condicionado y alterado biológicamente para ser un reflejo de la mente.

En la segunda situación, cuando el constante bombardeo agobia a la célula y los receptores se desensibilizan, al igual que le pasa a un drogadicto, el cuerpo necesita recibir una mayor cantidad de sustancias químicas para activar la célula. Es decir, para que tu cuerpo se sienta estimulado y reciba su dosis, necesitarás enfadarte, preocuparte, culpabilizarte o confundirte más que la última vez. Así que tal vez sientas el deseo de montar un numerito gritándole sin ninguna razón a tu perro solo para darle a tu cuerpo la «droga» a la que se ha vuelto adicto. O quizá no puedas evitar hablar de lo mucho que detestas a tu suegra para que tu cuerpo cree incluso más sustancias químicas aún lo bastante potentes como para activar la célula. O puede que te empieces a obsesionar con algún horrible resultado imaginado para que tu cuerpo reciba una inyección de hormonas suprarrenales. Cuando el cuerpo no recibe las sustancias químicas emocionales que necesita, le envía una señal al cerebro para que fabrique más: el cuerpo está controlando a la mente. Como esto se parece mucho a una adicción, cuando use ahora el término *adicción emocional* ya sabrás a lo que me refiero.

Cuando los sentimientos se han convertido en los vehículos para pensar de esta forma —o no podemos pensar más allá de lo que sentimos—, significa que estamos funcionando *con el programa* automático. Nuestros pensamientos son lo que sentimos y nuestros sentimientos son lo que pensamos. Lo que experimentamos es como una fusión de nuestros pensamientos y sentimientos: estamos *sintiepensando* y *pensasintiendo*. Como nos hemos quedado atrapados en este bucle, nuestro cuerpo, como mente inconsciente, cree estar viviendo la misma experiencia del pasado las veinticuatro horas del día, los siete días de la semana, los trescientos sesenta y cinco días del año. El cuerpo y la mente se vuelven uno, alineándose a un destino predeterminado por nuestros programas inconscientes. Por eso para poder cambiar es necesario ir más allá del cuerpo y de sus recuerdos emocionales, sus adicciones y sus habituaciones inconscientes, es decir, para que el cuerpo no siga actuando como si fuera la mente.

La repetición del ciclo de pensar y sentir, y luego de sentir y pensar, es el proceso de condicionamiento del cuerpo creado por la mente consciente. En cuanto el cuerpo se convierte en mente, eso se denomina un «hábito»: un hábito es cuando tu cuerpo *es* la mente. El 95 por ciento de quien eres al cumplir los 35 años es una serie de conductas, habilidades, reacciones emocionales, creencias, percepciones y actitudes memorizadas que funcionan como el programa automático y subconsciente de un ordenador.

El 95 por ciento de quien eres es por tanto un estado del ser subconsciente o incluso inconsciente. Y esto significa que el 5 por ciento de tu mente consciente actúa en contra del 95 por ciento de lo que has memorizado subconscientemente. Por más pensamientos positivos que intentes tener, ese 5 por ciento de tu mente consciente se sentirá como si nadara a contracorriente del otro 95 por ciento restante, la química inconsciente de tu cuerpo que ha estado recordando y memorizando cualquier negatividad que hayas albergado durante los 35 años de tu vida. La mente y el cuerpo actuando de forma opuesta consiste en esto. ¡No es de extrañar que no llegues demasiado lejos al intentar luchar contra esta corriente!

Por eso mi último libro se titulaba *Deja de ser tú*, ya que el hábito de ser el mismo de siempre es el que más cuesta cambiar, porque pensar, sentir y actuar de la misma manera de siempre refuerza los programas inconscientes que reflejan nuestra personalidad y nuestra realidad personal. Mientras sigamos viviendo en el pasado, no podremos crear un nuevo futuro. Es simplemente imposible.

Cómo te conviertes en tu propio placebo

El siguiente ejemplo ilustra todo lo que acabo de explicar. He elegido un episodio negativo porque esta clase de situaciones nos limitan, en tanto que otras más exitosas, enriquecedoras e inspiradoras nos ayudan a crear un futuro mejor. (Pronto verás con claridad cómo se da este proceso.)

Pongamos que una horrible experiencia que tuviste al hablar en público te traumatizó emocionalmente. (Reemplázala si quieres por cualquier otra experiencia emocional terrible que prefieras.) Por culpa de esa experiencia ahora te da miedo hablar en público. Te hace sentir expuesto, nervioso e inseguro. Solo de pensar tener que hablar en una sala de conferencias, aunque no haya más de veinte personas, ya se te hace un nudo en la garganta, las manos te sudan, el corazón se te acelera, la cara y el cuello se te enrojecen, el estómago se te revuelve y el cerebro se te paraliza.

Todas estas reacciones las controla el sistema nervioso autónomo, el sistema nervioso que funciona *subconscientemente,* sin que puedas controlarlo. Considéralo como *automático,* es la parte del sistema nervioso que regula la digestión, las hormonas, la circulación, la temperatura corporal y otras funciones sin que las puedas controlar. No puedes decidir cambiar tu ritmo cardíaco, ni alterar el flujo de la sangre en tus extremidades para dejar de sudar, hacer que la cara y el cuello se te enrojezcan, cambiar las secreciones metabólicas de tus enzimas digestivas o desactivar millones de células nerviosas. Por más que intentes cambiar cualquiera de estas funciones, probablemente descubrirás que te resulta imposible.

Cuando tu cuerpo experimenta estos cambios fisiológicos autónomos es porque has asociado el *pensamiento futuro* de hacer una presentación con el *recuerdo emocional* de tu mala experiencia cuando hablaste en público. Y al asociar sistemáticamente ese pensamiento, idea o posibilidad futura con los sentimientos que tuviste de ansiedad, fracaso o bochorno, con el paso del tiempo la mente acaba condicionando al cuerpo para que responda automáticamente a ese sentimiento. Así es cómo entramos constantemente en nuestros estados del ser habituales: nuestros pensamientos y sentimientos se vuelven uno con el pasado porque no podemos pensar más allá de lo que sentimos.

Analicemos ahora con más detenimiento cómo ocurre esto en tu cerebro. El episodio que se ha grabado y estructurado neurológicamente como un recuerdo del pasado (no olvides que la experiencia enriquece el circuito del cerebro) se integra físicamente en tu cerebro como una huella. Por eso puedes volver atrás y recordar la experiencia negativa de hablar en público como un pensamiento. Para poder recordarla, la experiencia tiene que haber conllevado además una carga emocional lo bastante importante. Y también puedes evocar emocionalmente todos los sentimientos relacionados con tu fracasado intento de ser un conferenciante de éxito, porque por lo visto la experiencia ha alterado la química de tu cuerpo.

Ten en cuenta que los sentimientos y las emociones son producto de experiencias pasadas. Cuando te quedas atrapado en una experiencia, tus sentidos captan el episodio y luego entregan toda esa información crucial al cerebro a través de cinco distintas vías sensoriales. En cuanto toda esta información llega al cerebro, un gran número de células nerviosas forman nuevas redes para reflejar el episodio exterior que te ha ocurrido. Y tan pronto como se crean estos circuitos, el cerebro elabora sustancias químicas para enviarle las señales al cuerpo y alterar su fisiología. Estas sustancias químicas se llaman un sentimiento o una emoción. Por eso podemos recordar episodios del pasado, porque nos acordamos del sentimiento que nos produjeron.

Cuando la conferencia que dabas te salió mal, toda la información que tus cinco sentidos captaron del mundo exterior cambió cómo te estabas sintiendo en tu mundo interior. La información que tus sentidos procesaron —las caras de los asistentes, la lujosa sala, las fuertes luces sobre tu cabeza, el sonido del micrófono retumbando, el silencio sepulcral después de tu primer intento de bromear, la sensación de haber subido la temperatura en la sala en cuanto empezaste a hablar y el sudor haciendo desaparecer el aroma de tu colonia—, hizo que tu estado interior del ser cambiara. Y en cuanto relacionaste ese particular episodio en tu mundo exterior sensorial (la causa), con los cambios que sucedieron en tu mundo interior de los pensamientos y sentimientos (el efecto), creaste un recuerdo. Asociaste una causa con un efecto, y entonces empezó tu propio proceso de condicionamiento.

Después de la tortura que te infligiste aquel día, que por suerte terminó sin que te lanzaran ninguna fruta o verdura podrida, volviste en coche a casa. Durante el trayecto no dejaste de darle vueltas al incidente una y otra vez. En diversos grados, cada vez que recordabas la experiencia (que es exactamente eso: *re*producir el mismo nivel *mental*), creaste los mismos cambios químicos en tu cerebro y en tu cuerpo. En cierto sentido, reafirmaste repetidamente el pasado y seguiste el proceso de condicionamiento.

Como tu cuerpo actúa como mente inconsciente, no reconoce la diferencia entre el incidente real de tu vida que produjo tu estado emocional y las emociones que tú creaste con los pensamientos al recordar el incidente. Tu cuerpo creía estar viviendo la misma experiencia una y otra vez, aunque tú estuvieras solo en tu cómodo coche, y respondió fisiológicamente como si estuvieras reviviendo esa experiencia en el presente. Mientras activabas y conectabas los circuitos de tu cerebro procedentes de tus pensamientos relacionados con aquella experiencia, estabas reforzando físicamente las conexiones sinápticas, y en ese momento creaste conexiones incluso más duraderas en esas redes neuronales: estabas creando un recuerdo de larga duración.

En cuanto llegaste a casa, le contaste a tu pareja, a tus amigos y quizá incluso a tu madre los acontecimientos del día. Mientras les describías el trauma con todos sus dolorosos detalles, te volviste a sentir fatal. Y al revivir las emociones del incidente, condicionaste a tu cuerpo a responder químicamente como aquel día. Lo acostumbraste fisiológicamente a convertirse en tu historia personal de forma subconsciente, inconsciente y automática.

Durante los días siguientes estuviste de mal humor. La gente acabó dándose cuenta y cada vez que alguien te preguntaba: «¿Qué te pasa?», tú no podías resistirte y te lo tomabas como una invitación para volverte más adicto al torrente de sustancias químicas que recibías del pasado. El estado de ánimo creado por aquella experiencia no fue más que una larga reacción emocional que te duró varios días. Pero cuando las semanas en las que te estuviste sintiendo de esa misma forma cada vez que recordabas el incidente se fueron convirtiendo en meses e incluso en años, se acabó transformando en una prolongada reacción emocional. Y ahora no solo se ha convertido en una parte de tu temperamento, tu carácter y tu naturaleza, sino también de tu personalidad. Es quien eres.

Si alguien te pide que vuelvas a hablar en público, te mueres de vergüenza solo de pensarlo y te pones nervioso. Tu mundo exterior está controlando tu mundo interior, y eres incapaz de trascenderlo. Como esperas que tu futuro (tu inicio como conferenciante) será más bien como la sensación de tu pasado (un tormento insoportable), tu cuerpo como por arte de magia, actuando como si fuera la mente, responde de manera automática y subconsciente. Por más que intentes evitarlo, es como si tu mente no pudiera controlarlo. En cuestión de segundos surgen un montón de respuestas condicionadas de la farmacia de tu cerebro y tu cuerpo —te pones a sudar profusamente, notas que la boca se te seca, las piernas te flaquean, sientes náuseas, la cabeza te da vueltas, te cuesta respirar y te sientes agotado— y todo esto por un solo pensamiento que ha cambiado tu fisiología. A mí estos efectos me recuerdan a los de un placebo.

Si pudieras, rechazarías la oportunidad de hablar en público alegando algo como: «No soy un orador», «Me siento inseguro al hablar en público», «Soy un pésimo conferenciante» o «Me da demasiado miedo hablar delante de mucha gente». Siempre que dices: «Soy…» (llena el espacio en blanco con tus propias palabras), lo que estás manifestando es que tu cuerpo y tu mente se han alineado con un futuro, o que tus pensamientos y sentimientos se han unido con tu destino. Estás reforzando el estado del ser que has memorizado.

Si por casualidad alguien te preguntara por qué eliges que tu pasado te defina y además te limite, estoy seguro de que contarías una historia idéntica a la de tus recuerdos y emociones del pasado, reafirmando que eres así. Probablemente incluso la embellecerías un poco. Pero a nivel biológico, lo que estás proclamando es en realidad que el incidente de varios años atrás te cambió física, química y emocionalmente, y que desde entonces apenas has cambiado. Elegiste que tus propias limitaciones te definieran.

En este ejemplo, se podría decir que eres esclavo de tu *cuerpo* (porque ahora se ha convertido en la mente), estás atrapado por las condiciones de tu *entorno* (porque la experiencia que tuviste con determinadas personas y cosas en un lugar y un tiempo en concreto te están influyendo en cómo piensas, actúas y sientes), te has quedado anclado en el *tiempo* (estás viviendo en el pasado y anticipando el mismo futuro de siempre, tu mente y tu cuerpo no viven nunca el momento presente). De modo que para cambiar tu estado del ser actual, tienes que ir más allá de estos tres elementos: el cuerpo, el entorno y el tiempo.

¿Recuerdas que al principio del capítulo he señalado que el placebo lo crean tres elementos: el condicionamiento, las expectativas y el significado otorgado? Pues ahora puedes ver que el placebo eres tú. ¿Por qué? Porque los tres elementos aparecen en el ejemplo anterior.

En primer lugar, como un talentoso adiestrador de animales, has *condicionado* a tu cuerpo a adoptar un *estado del ser* subconsciente en el que mente y cuerpo son uno —tus pensamientos y sentimientos se han fusionado—, y ahora has programado tu cuerpo para que sea la mente de manera automática, biológica y fisiológica *por medio de tus pensamientos*. Y en cuanto surge un estímulo del mundo exterior —como una oportunidad para enseñárselo— has condicionado a tu cuerpo, como Pavlov condicionó a sus perros, a responder de forma subconsciente y automática a la mente de la experiencia pasada.

Dado que la mayoría de los estudios sobre placebos han revelado que un solo pensamiento puede activar el sistema nervioso autónomo del cuerpo y producir cambios fisiológicos importantes, significa que estás regulando tu mundo interior simplemente al asociar un pensamiento con una emoción. Todos tus sistemas autónomos subconscientes están siendo reforzados neuroquímicamente por los sentimientos que sueles tener y las sensaciones físicas relacionadas con tu miedo, y tu biología lo refleja a la perfección.

En segundo lugar, si tus *expectativas* son que tu futuro será como tu pasado, en este caso además de estar pensando en el pasado, estás eligiendo un futuro conocido basado solo *en* tu pasado y aceptándolo emocionalmente, hasta que tu cuerpo (como mente inconsciente) cree estar viviendo ese futuro en el presente. Estás centrado en una realidad conocida y previsible que te impide optar por cualquier decisión, conducta, experiencia y emoción nuevas. Al aferrarte fisiológicamente al pasado, estás previendo inconscientemente tu futuro.

En tercer lugar, si le asignas un *significado* o una intención a una acción, el resultado aumenta. Lo que te estás diciendo a diario (en este caso, que eres un pésimo conferenciante y que hablar en público te da pánico) es lo que tiene significado para ti. Te has vuelto susceptible a tus propias sugestiones. Y si tus conocimientos actuales se basan en las conclusiones de tus experiencias pasadas, en este caso al no adquirir ningún conocimiento nuevo siempre crearás el resultado que equivale a tu mente. Pero si cambias el significado que le das y también tu intención, como hicieron las limpiadoras del hotel del estudio del último capítulo, cambiarás los resultados.

Tanto si has intentado hacer un cambio positivo para crear un nuevo estado del ser, como si has estado viviendo de manera automática con el mismo antiguo estado del ser, la verdad es que *siempre* has estado siendo tu propio placebo.

4

El efecto placebo en el cuerpo

Un frío y despejado día de septiembre de 1981, un grupo de ocho hombres septuagenarios y octogenarios subieron a varios vehículos y viajaron durante dos horas al norte de Boston, hasta llegar a un monasterio de Peterborough, en New Hampshire. Eran los participantes de un retiro de cinco días de duración en el que les iban a pedir que fingieran volver a ser jóvenes, o al menos tener veintidós años menos. El retiro lo organizaba un equipo de investigadores dirigido por la psicóloga de Harvard Ellen Langer, que a la semana siguiente llevaría al monasterio a otro grupo formado por ocho ancianos. A los participantes del segundo grupo, el grupo de control, les pedirían recordar activamente cómo eran veintidós años atrás, aunque sin intentar fingir tener esa edad.

Cuando el primer grupo de participantes llegó al monasterio, descubrieron que estaban rodeados de todo tipo de pistas que les ayudaban a recrear aquella época del pasado. Ojearon antiguos artículos de la revista *Life* y del *Saturday Evening Post,* vieron por la televisión películas y programas que eran populares en 1959, y escucharon por la radio canciones de Perry Como y Nat King Cole. También hablaron de acontecimientos «actuales», como la subida al poder de Fidel Castro en Cuba, la visita a Estados Unidos del primer ministro ruso Nikita Khrushchev e incluso de las hazañas deportivas de la estrella del béisbol Mickey Mantle y del gran boxeador Floyd Patterson. Todos estos elementos estaban ingeniosamente concebidos para ayudarles a imaginar que realmente tenían veintidós años menos.

Transcurridos los cinco días de retiro de cada grupo, los investigadores evaluaron los distintos parámetros de los participantes y los compararon con los que les habían registrado al inicio del estudio. Los cuerpos de los sujetos de ambos grupos habían rejuvenecido fisiológica, estructural y funcionalmente, aunque los del primero (los que fingieron ser más jóvenes) rejuvenecieron mucho más que los del grupo de control, que se limitaron a recordar cómo se sentían veintidós años atrás.[1]

Los investigadores descubrieron mejoras en cuanto a la altura, el peso y el modo de andar. La altura de los participantes aumentó al mantenerse más erguidos, sus articulaciones se volvieron más flexibles y sus dedos se alargaron al disminuir la artritis. Su vista y su audición también mejoraron, al igual que su fuerza de prensión. La memoria se les agudizó y sacaron una mejor puntuación en las pruebas de cognición mental (la puntuación del primer grupo aumentó en un 63 por ciento comparado con el 44 por ciento que obtuvo el grupo de control). Los participantes se *volvieron más jóvenes* literalmente durante esos cinco días, ante los propios ojos de los investigadores.

Langer escribió: «Al final del estudio yo estuve jugando a fútbol americano —aunque reemplazamos los placajes por toques, siguió siendo fútbol— con aquellos hombres, algunos habían prescindido incluso de la ayuda del bastón para andar».[2]

¿Cómo ocurrió? Era evidente que fueron capaces de activar los circuitos cerebrales que les recordaban quiénes habían sido veintidós años atrás y entonces la química de su cuerpo había respondido magníficamente de algún modo. Además de *sentirse* más jóvenes, se *volvieron* más jóvenes físicamente, tal como lo demostraba una medición tras otra. Los cambios no solo estaban en su *mente,* sino que también se apreciaban en *su cuerpo.*

Pero ¿qué les ocurrió en el cuerpo para producir una transformación física tan asombrosa? ¿Qué podía haber causado todos esos cambios medibles en la estructura y la función física? La respuesta es sus *genes,* que no eran tan inmutables como crees. Así que analizaré un poco qué son exactamente los genes y cómo actúan.

La desmitificación del ADN

Imagínate una escalera o una cremallera en forma de espiral y te harás una buena idea del aspecto del ácido *desoxirribonucleico* (conocido más popularmente como ADN). Almacenado en el núcleo de cada célula viva de nuestro cuerpo, el ADN contiene la información en bruto, o las instrucciones, que nos hacen ser quienes somos y lo que somos (aunque como verás dentro de poco, estas instrucciones no son una impronta inalterable que nuestras células deban seguir toda nuestra vida). Cada mitad de esa cremallera del ADN contiene los correspondientes ácidos nucleicos que, juntos, se llaman *pares de bases,* cada célula está formada por unos tres mil millones de ellos. Los grupos de largas secuencias de estos ácidos nucleicos se llaman *genes.*

Los genes son pequeñas estructuras únicas. Si sacaras el ADN del núcleo de una célula de tu cuerpo y lo extendieras de punta a punta, mediría casi 2 metros de largo. Y si sacaras todo el ADN de tu cuerpo y lo extendieras de un extremo a otro, equivaldría a la distancia que una nave espacial recorrería si fuera hasta el sol y volviera de él ciento cincuenta veces.[3] Pero si tomaras todo el ADN de casi los siete mil millones de personas del planeta y lo apretujaras, cabría en un espacio tan pequeño como el de un grano de arroz.

Nuestro ADN usa las instrucciones impresas en sus secuencias individuales para producir proteínas. La palabra *proteína* viene de *protas,* que en griego significa «de fundamental importancia». Las proteínas son las materias primas usadas por el cuerpo para construir no solo estructuras tridimensionales coherentes (nuestra anatomía física), sino también realizar las complicadas funciones y complejas interacciones de nuestra fisiología. Nuestro cuerpo es en realidad una máquina productora de proteínas. Las células musculares elaboran actina y miosina; las de la piel, colágeno y elastina; las del sistema inmunitario, anticuerpos; las de la tiroides, tiroxina; algunas de las oculares, queratina; las de la médula ósea, hemoglobina; y las pancreáticas, enzimas como las proteasas, las lipasas y las amilasas.

Todos los elementos producidos por estas células son proteínas. Las proteínas controlan el sistema inmunitario, digieren la comida, curan las heridas, catalizan las reacciones químicas, mantienen la integridad estructural del cuerpo, producen moléculas elegantes para que las células se comuniquen entre ellas y hacen muchas otras cosas más. En resumen, las proteínas son la expresión de la vida (y de la salud de nuestro cuerpo). La figura 4.1 te muestra una interpretación simplificada de los genes.

Durante sesenta años, desde que James Watson y Francis Crick descubrieran la doble hélice del ADN, se creía lo que en 1970 Watson afirmó ser en un artículo de la revista científica *Nature*[4] un «dogma fundamental»: que nuestros genes lo determinan todo. Y a medida que iban surgiendo evidencias contradictorias por todas partes, los investigadores tendían a descartarlas afirmando que eran simples anomalías en un sistema complejo.[5]

Al cabo de cuarenta y tantos años, en la mente del público en general sigue predominando la idea del determinismo genético. La mayoría de la gente tiene la falsa idea de que nuestro destino genético está predeterminado y que si hemos heredado los genes que nos hacen vulnerables a determinados cánceres, cardiopatías, diabetes o cualquier otro trastorno, no podemos hacer nada, al igual que no podemos cambiar el color de nuestros ojos o la forma de nuestra nariz (a no ser que nos pongamos lentillas y que recurramos a la cirugía estética).

Las noticias de los medios de comunicación respaldan esta idea sugiriéndonos una y otra vez que determinados genes causan esta o aquella enfermedad. Nos han programado para creer que somos víctimas de nuestra propia biología y que nuestros genes, además de tener un poder decisivo sobre nuestra salud, bienestar y personalidad, dictan incluso nuestros asuntos humanos, determinan nuestras relaciones interpersonales y prevén nuestro futuro. Pero ¿somos quienes somos y hacemos lo que hacemos porque nacimos de ese modo? Este concepto implica que el determinismo genético está profundamente arraigado en nuestra cultura y que hay genes para la esquizofrenia, la homosexualidad, el liderazgo y un sinfín de cosas más.

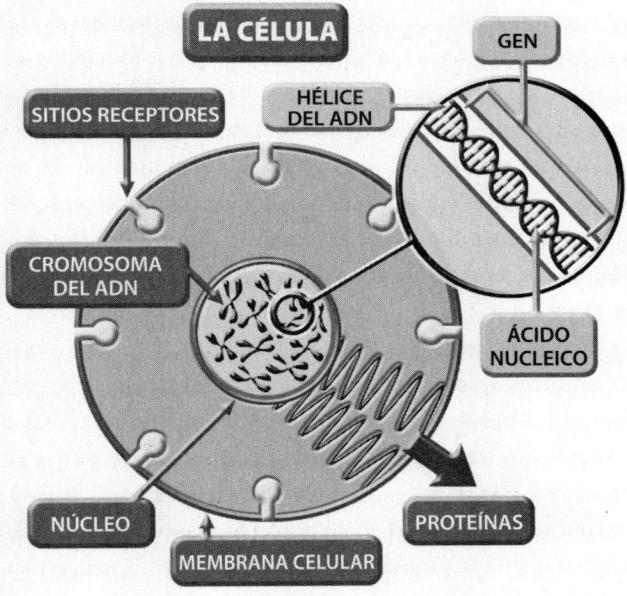

FIGURA 4.1

Esta representación simplificada muestra una célula con el ADN alojado en el núcleo. El material genético está formado por hebras individuales parecidas a una cremallera retorcida o a una escalera, llamadas hélices del ADN. Los peldaños de la escalera son los ácidos nucleicos emparejados que actúan como códigos para fabricar proteínas. Un gen es una hebra de ADN de una determinada longitud y secuencia, y se expresa al producir una proteína. Distintas células del cuerpo crean distintas proteínas tanto para mantener la estructura física como las funciones.

Pero estas ideas basadas en noticias del pasado han quedado obsoletas. En primer lugar, no existe por ejemplo ningún gen para la dislexia, el ADHD (trastorno por déficit de atención; del inglés attention deficit hyperactivity disorder) o el alcoholismo, ni tampoco cada enfermedad o variación física está ligada a un gen. Y menos del 5 por ciento de los habitantes del planeta nacen con alguna enfermedad genética: como la diabetes tipo 1, el síndrome de Down o la anemia drepanocítica. En el 95 por ciento restante que desarrolla esta clase de dolencias se debe al estilo de vida o a las conductas.[6] Lo contrario también es cierto: no todas las personas que nacen con los genes asociados a una enfermedad (por ejemplo, alzhéimer o cáncer de mama) acaban desarrollándola. Nuestros genes no son como unos huevos que acaban eclosionando un día u otro. No funcionan así. En realidad, las verdaderas preguntas son si cualquier gen presente en nuestro organismo ya se ha expresado o aún no, y qué es lo que estamos haciendo para señalarle al cuerpo que lo active o lo desactive.

Nuestra forma de ver los genes cambió enormemente cuando los científicos descifraron por fin el genoma humano. En 1990, al comienzo del proyecto, los investigadores esperaban acabar descubriendo que tenemos 140.000 genes distintos. Creían que equivaldrían a esta cantidad porque los genes fabrican proteínas (y supervisan su producción), y el cuerpo humano produce 100.000 proteínas distintas, y además se necesitan 40.000 proteínas reguladoras para fabricar otras proteínas. De modo que los científicos que intentaban descifrar el genoma humano previeron encontrar un gen por proteína, pero al finalizar el proyecto en el 2003 se quedaron asombrados al descubrir que en realidad los seres humanos solo tenemos 23.688 genes.

Desde la perspectiva del dogma fundamental de Watson, esta cantidad de genes no basta para crear nuestro complejo cuerpo, ni para mantenerlo, o ni siquiera para hacer que el cerebro siga funcionando. Si no se encuentra en los genes, ¿de dónde viene toda la información necesaria para crear tantas proteínas y para mantenernos con vida?

El genio de tus genes

La respuesta a esta pregunta llevó a una nueva idea: los genes debían trabajar en una cooperación sistémica los unos con los otros para que muchos se expresaran (activaran) o inhibieran (desactivaran) al mismo tiempo en la célula; la combinación de los genes que se activan en un determinado momento es lo que produce todas las distintas proteínas de las que dependemos para vivir. Imagínate la guirnalda de lucecitas de un árbol navideño: algunas parpadean juntas y otras se apagan al mismo tiempo. O los edificios de una ciudad recortados contra el horizonte nocturno, con las luces de las habitaciones de cada edificio encendiéndose o apagándose a medida que transcurre la noche.

Aunque esto no ocurre al azar. El genoma o las hebras del ADN saben lo que cada una de las otras partes está haciendo en una interconexión sumamente coreografiada. Cada átomo, molécula, célula, tejido y sistema del cuerpo funciona a un nivel de coherencia energética que equivale al del estado del ser intencionado o involuntario (consciente o inconsciente) de la personalidad individual.[7] Así que es lógico que los genes puedan activarse (encenderse) o desactivarse (apagarse) debido al entorno del exterior de la célula, lo cual algunas veces significa el entorno *dentro* del cuerpo (el estado del ser emocional, biológico, neurológico, mental, energético e incluso espiritual), y otras, al entorno *exterior* al cuerpo (un trauma, la temperatura, altitud, contaminación, bacterias, virus, comida, alcohol, etcétera).

En realidad, los genes se clasifican por la clase de estímulo que los activa y desactiva. Por ejemplo, los genes que dependen de la experiencia o la actividad se activan cuando estamos teniendo experiencias nuevas, asimilando una nueva información y curándonos. Estos genes generan síntesis proteicas y mensajeros químicos para ordenar a las células madre que se metamorfoseen en cualquier tipo de células que uno necesite en ese momento para curarse (dentro de poco trataré con más detalle las células madre y su papel en la curación).

Los genes que dependen del estado conductual se activan durante periodos de un intenso estado emocional, de estrés o de diferentes niveles de conciencia (como el sueño). Tienden un puente entre nuestros pensamientos y el cuerpo, es decir, son la conexión mente-cuerpo. Estos genes nos ayudan a entender cómo podemos influir en nuestra salud a través de estados mentales y corporales que fomentan el bienestar, la resistencia física y la curación.

Los científicos ahora creen que es incluso posible que nuestra expresión genética fluctúe a cada momento. Las investigaciones están revelando que nuestros pensamientos y sentimientos, y también nuestras actividades —es decir, nuestras decisiones, conductas y experiencias—, producen unos profundos efectos curativos y regenerativos en nuestro cuerpo, como descubrieron los participantes del estudio del monasterio. Tus genes son por tanto influidos por tus interacciones con la familia, los amigos y los compañeros de trabajo, por tus prácticas espirituales, y también por tus hábitos sexuales, la cantidad de ejercicio que haces y la clase de detergentes que usas. La última investigación realizada demuestra que cerca del 90 por ciento de genes participan en colaboración con las señales procedentes del ambiente.[8] Y si nuestras *experiencias* son las que activan una buena cantidad de genes, en este caso un ambiente propicio influye en nuestra naturaleza. ¿Por qué no utilizar entonces el poder de esas ideas para hacer todo lo posible para maximizar nuestra salud y minimizar nuestra dependencia al recetario?

Como Ernest Rossi escribe en *La psicobiología de la expresión genética:* «Nuestros estados mentales subjetivos, nuestro comportamiento motivado conscientemente y nuestra percepción del libre albedrío pueden modular la expresión genética para optimizar la salud».[9] Las personas pueden alterar sus genes en su propia generación, según las últimas ideas científicas. Si bien el proceso de la evolución genética lleva miles de años, al cambiar de conducta o vivir una experiencia novedosa puedes alterar la expresión de un gen en cuestión de minutos y transmitirla a la siguiente generación.

En lugar de ver los genes como tablillas de piedra en las que se ha esculpido nuestro destino, es mejor considerarlos como depósitos que contienen una cantidad inmensa de información codificada o incluso como bibliotecas enormes llenas de posibilidades para la expresión de proteínas. Pero no podemos recuperar la información almacenada para usarla como lo haría una compañía que pidiera un artículo de su almacén. Más bien es como si no supiéramos qué hay en el almacén o cómo acceder a él, por eso usamos una parte muy pequeña de lo que disponemos. De hecho, solo expresamos un 1,5 por ciento de nuestro ADN, el 98,5 restante permanece latente en el cuerpo. (Los científicos lo llaman «ADN basura», pero en realidad no es basura, lo que pasa es que aún desconocen cómo se utiliza todo este material, aunque al menos saben que una parte de él es el que se ocupa de crear las proteínas reguladoras.)

«En realidad los genes contribuyen a dar forma a nuestras características, pero no las determinan —escribe Dawson Church en su libro *El genio en sus genes*—. Las herramientas de nuestra conciencia (nuestras creencias, oraciones, pensamientos, intenciones y la fe) suelen tener una correlación más potente con nuestra salud, longevidad y felicidad que los genes.»[10]

Al igual que nuestro cuerpo no es solo un saco de carne y huesos, nuestros genes tampoco son simplemente información almacenada.

La biología de la expresión genética

Vamos a analizar ahora con más detenimiento cómo se activan los genes. (Distintos factores intervienen en ello, pero para ceñirnos al tema de la conexión mente-cuerpo, lo explicaré de forma simplificada.)

En cuanto un mensajero químico (por ejemplo, un neuropéptido) del exterior de la célula (del entorno) se acopla a la estación de acoplamiento de la célula y atraviesa la membrana celular, entra en el núcleo, donde se encuentra con el ADN. El mensajero químico modifica o crea entonces una nueva proteína y la señal que acarreaba se traduce en *información* una vez dentro de la célula. Luego entra en el núcleo de la célula por una ventanita y, dependiendo del contenido del mensaje de la proteína, busca en el interior del núcleo un cromosoma en concreto (una sola pieza del ADN enrollado que contiene muchos genes), como lo harías tú si buscaras un determinado libro en los estantes de una biblioteca.

Cada una de estas hebras está protegida por una cubierta proteica que actúa como un filtro entre la información contenida en la hebra del ADN y el resto del entorno intracelular del núcleo. Para poder seleccionar el código del ADN, esa cubierta ha de ser eliminada o desenvuelta para que el ADN quede expuesto (al igual que tienes que abrir el libro elegido de la biblioteca antes de poder leerlo). El código genético del ADN contiene la información que está esperando ser leída y activada para crear una proteína en concreto. Hasta que esta información no se exponga en el gen al desenvolver la cubierta proteica, el ADN seguirá latente.

Es un almacén en potencia de información codificada esperando ser descifrada o abierta. El ADN se puede considerar como una lista de potenciales que está esperando recibir instrucciones para fabricar las proteínas que regulan y mantienen todos los aspectos de la vida.

En cuanto la proteína selecciona el cromosoma, la cubierta que recubre el ADN se abre. Entonces otra proteína regula y prepara toda una secuencia genética del interior del cromosoma (considérala como un capítulo del libro) para leerla de cabo a rabo. En cuanto el gen queda expuesto y es leído se elimina la cubierta proteica, y la proteína reguladora que lo lee produce otro ácido nucleico llamado ácido ribonucleico (ARN).

Ahora el gen se expresa o activa. El ARN sale del núcleo de la célula para unirse a una nueva proteína procedente del código que acarrea el ARN. Ha pasado de ser un plano con un potencial latente a convertirse en una expresión activa. La proteína creada por el gen puede ahora construir, unir, interactuar, restablecer, mantener e influir sobre muchos distintos aspectos de la vida tanto dentro de la célula como fuera de ella. Las figuras 4.2 A, 4.2 B, 4.2 C y 4.2 D muestran una visión general del proceso.

El cuerpo, a modo de un arquitecto reuniendo toda la información necesaria para construir una estructura a partir de un plano, recibe las instrucciones que precisa para crear las moléculas complejas que nos mantienen vivos y que actúan según cuáles sean los cromosomas de nuestro ADN. Pero antes de que el arquitecto lea el plano, es necesario sacarlo de su tubo de cartón y desplegarlo. Hasta entonces no es más que información latente esperando ser leída. Con la célula también ocurre lo mismo: el gen se mantiene inerte hasta que la funda proteica se abre y la célula decide leer la secuencia genética.

Los científicos creían que todo cuanto el cuerpo necesitaba era la información en sí (el plano) para empezar a construir, por eso fue en lo que más se centraron. Apenas se fijaron en el hecho de que se desencadena toda una cascada de acontecimientos al darse *la señal fuera de la célula,* que en realidad determina cuáles son los genes de su biblioteca que la célula decide leer. La señal, como sabemos, puede provenir de pensamientos, decisiones, conductas, experiencias y sentimientos. Así que es lógico que si logras cambiar estos elementos, puedas influir también en tu expresión genética.

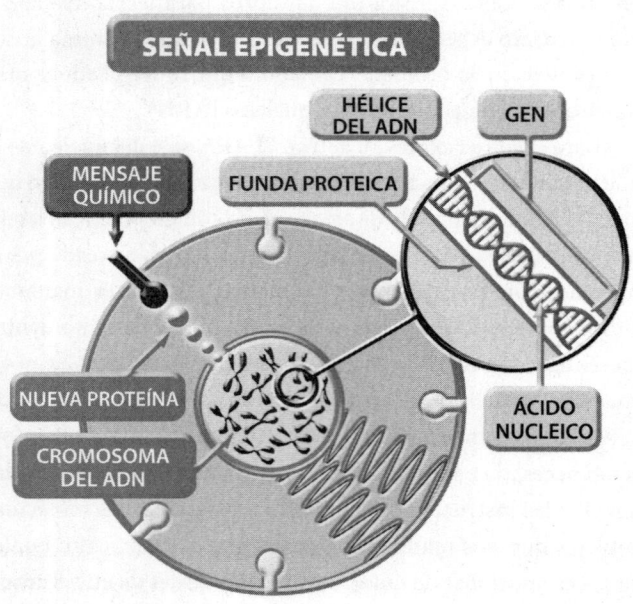

FIGURA 4.2 A

La figura 4.2 A ilustra la señal epigenética entrando en el sitio receptor de la célula. En cuanto el mensajero químico interactúa al nivel de la membrana celular, se envía otra señal en forma de una nueva proteína al núcleo de la célula para seleccionar una secuencia genética. El gen todavía tiene una funda proteica que le protege del entorno exterior, y esta ha de abrirse para que pueda ser leído.

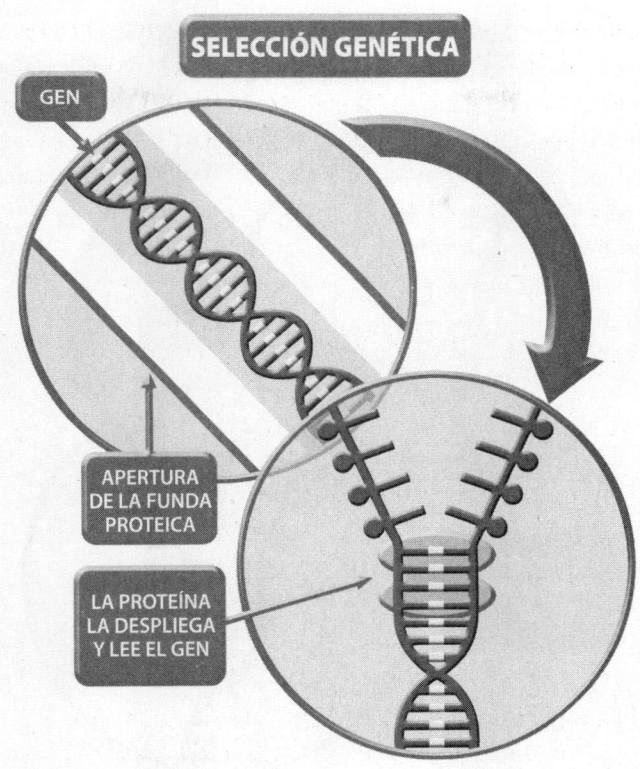

SELECCIÓN GENÉTICA

GEN

APERTURA
DE LA FUNDA
PROTEICA

LA PROTEÍNA
LA DESPLIEGA
Y LEE EL GEN

FIGURA 4.2 B

La figura 4.2 B muestra cómo se abre la funda proteica que recubre la secuencia genética del ADN para que otra proteína, llamada proteína reguladora, la desenrolle y lea el gen de un determinado lugar.

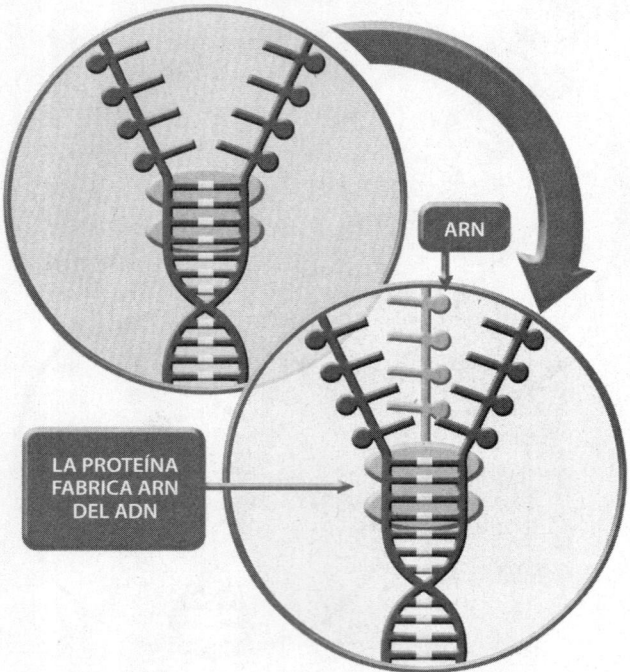

LECTURA DEL GEN

ARN

LA PROTEÍNA
FABRICA ARN
DEL ADN

FIGURA 4.2 C

La figura 4.2 C muestra cómo la proteína reguladora crea otra molécula, llamada ARN, que organiza la traducción y la transcripción del material codificado genéticamente en una proteína.

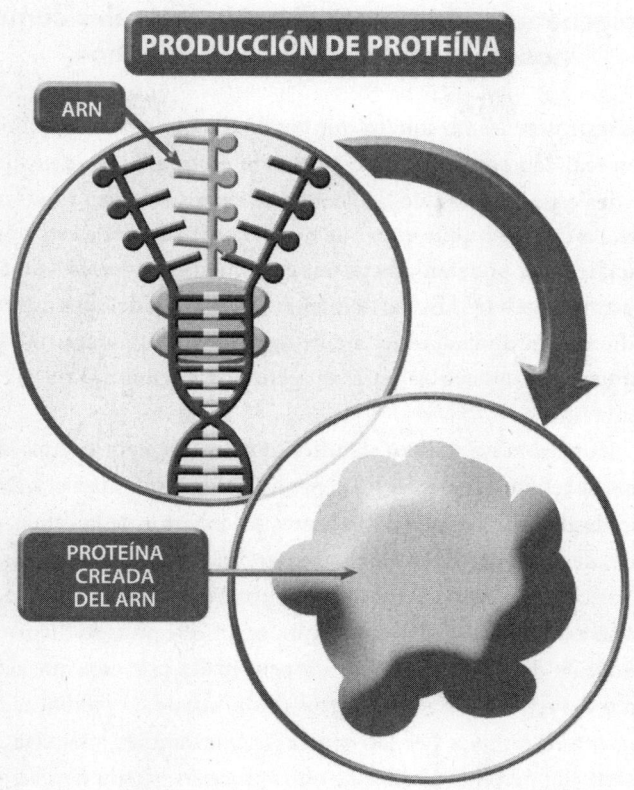

FIGURA 4.2 D

La figura 4.2 D ilustra la producción de proteína. El ARN fabrica una nueva proteína de los componentes básicos individuales de proteínas llamados aminoácidos.

Epigenética: cómo unos simples mortales como nosotros podemos jugar a ser Dios

Si nuestros genes no son los que condicionan nuestro destino y si en realidad contienen una enorme biblioteca llena de posibilidades esperando a que las saquemos de los estantes y las leamos, en este caso ¿qué es lo que nos permite acceder a estos potenciales que podrían afectar en gran medida nuestra salud y nuestro bienestar? Los participantes del estudio del monasterio pudieron sin duda acceder a ellos, pero ¿cómo lo lograron? La respuesta se encuentra en la epigenética, un campo relativamente nuevo.

La palabra *epigenética* significa literalmente «por encima del gen». Se refiere a controlar los genes no desde el interior del ADN, sino desde los mensajes procedentes del exterior de la célula, es decir, del entorno. Estas señales causan un grupo metilo (un átomo de carbono ligado a tres átomos de hidrógeno) para que se adhieran a un determinado punto de un gen, y este proceso (llamado *metilación del ADN*) es uno de los principales procesos que activan o desactivan los genes. (Otros dos procesos, la *modificación covalente de histonas* y el *ARN no codificante* también los activan o desactivan, pero los detalles de estos procesos no son necesarios para el tema que estoy tratando.)

La epigenética nos enseña que nuestro destino no depende de nuestros genes y que un cambio en la conciencia humana puede producir cambios físicos en el cuerpo, tanto en la estructura como en las funciones. Es posible modificar nuestro destino genético activando los genes que queremos y desactivando los que no queremos al trabajar con los distintos factores del entorno que los programa. Algunas de estas señales vienen del interior del cuerpo, como los sentimientos y los pensamientos, y otras de las respuestas del cuerpo al entorno exterior, como la contaminación y la luz solar.

La epigenética estudia todas estas señales externas que le dicen a la célula lo que debe hacer y cuándo ha de hacerlo, analizando tanto las causas que activan, o ponen en marcha, la expresión genética (reactivación) y las que la inhiben o desactivan (re-silenciamiento), y también la dinámica energética que regula el proceso de la función celular a cada momento. La epigenética sugiere que aunque nuestro código del ADN nunca cambie, son posibles miles de combinaciones, secuencias y estructuras en un solo gen (al igual que son posibles miles de combinaciones, secuencias y estructuras de redes neuronales en el cerebro).

Al estudiar el genoma humano, los científicos vieron que se podían dar tantos millones de posibles variaciones epigenéticas que la cabeza les empezó a dar vueltas solo de pensarlo. El Proyecto del Epigenoma Humano se inició en el 2003 en Europa, justo cuando el Proyecto del Genoma Humano estaba finalizando,[11] y algunos investigadores han afirmado que cuando se termine «hará que el Proyecto del Genoma Humano parezca los deberes de unos niños del siglo quince hechos con un ábaco».[12] Volviendo al modelo del plano, podemos cambiar el color de lo que construimos, la clase de materiales, la escala de la construcción e incluso la ubicación de la estructura —haciendo una cantidad casi infinita de variaciones— sin cambiar el plano en sí.

Un buen ejemplo de la epigenética en acción sería unos hermanos mellizos idénticos que compartieran exactamente el mismo ADN. Si aceptamos la idea del predeterminismo genético —que todas las enfermedades son genéticas—, en ese caso los hermanos mellizos deberían tener exactamente la misma expresión genética. Sin embargo, no siempre manifiestan las mismas enfermedades de la misma forma, y a veces uno manifiesta una enfermedad genética que el otro no desarrolla. Aunque tengan los mismos genes, pueden mostrar distintos resultados.

Un estudio español lo ilustra a la perfección. Un equipo de investigadores del Laboratorio de Epigenética del Cáncer del Centro

Nacional del Cáncer en Madrid estudió a 40 pares de mellizos idénticos de 3 a 74 años de edad. Descubrieron que los mellizos más jóvenes que llevaban estilos de vida parecidos y que habían pasado más años juntos, tenían patrones epigenéticos similares; en cambio, los mellizos de más edad, sobre todo los que llevaban estilos de vida distintos y habían pasado menos años juntos, tenían patrones epigenéticos muy distintos.[13] Por ejemplo, los investigadores encontraron que la diferencia en la expresión genética se *cuadruplicaba* entre un par de mellizos de 50 años en comparación con otro de 3 años de edad.

Los mellizos habían nacido exactamente con el mismo ADN, pero los que llevaban diferentes estilos de vida (y vidas diferentes), acabaron expresando sus genes de muy distinta forma, sobre todo con el paso de los años. Para usar otra analogía, los mellizos de más edad eran como las copias exactas del mismo modelo de un ordenador. Los ordenadores recién salidos de fábrica llevaban los mismos programas informáticos, pero con el paso de los años cada uno le fue añadiendo distintos programas adicionales. El ordenador (el ADN) seguía siendo el mismo, pero dependiendo de los programas que cada mellizo había añadido (las variaciones epigenéticas), un ordenador funcionaría y actuaría de una forma muy distinta al otro. Así que cuando tenemos pensamientos y sentimientos, nuestro cuerpo responde a ellos con una compleja fórmula de cambios y alteraciones biológicas, y cada experiencia desencadena verdaderos cambios genéticos en nuestras células.

La rapidez con la que se dan estos cambios puede ser asombrosa. En *solo tres meses,* un grupo de 31 hombres con bajo riesgo de sufrir cáncer de próstata lograron reactivar 48 genes (la mayoría relacionados con la inhibición de tumores) y re-silenciar 453 genes (la mayoría relacionados con el desarrollo tumoral) al seguir un régimen intensivo de nutrición y un estilo de vida saludable.[14] Los varones que participaron en un estudio dirigido por Dean Ornish de la Universidad de California en San Francisco, adelgazaron y se les redujo la obesidad abdominal, la tensión arterial y el perfil lipídico a lo largo del estudio. Ornish observó: «Lo más importante no es la reducción del factor de riesgo o la prevención para que no llegue a ocurrir algo malo, ya que estos cambios pueden darse con tanta rapidez que no es necesario esperar años para ver los beneficios».[15]

Y lo más impresionante aún es la cantidad de cambios epigenéticos que tuvieron lugar en un estudio sueco de seis meses de duración, realizado con 23 varones sanos con un ligero sobrepeso, que pasaron de llevar una vida relativamente sedentaria a asistir a clases de *spinning* y aeróbic dos veces por semana. Los investigadores de la Universidad de Lund descubrieron que esos sujetos habían alterado epigenéticamente 7.000 genes, ¡casi el 30 por ciento de los genes del genoma humano![16]

Estas variaciones epigenéticas pueden incluso heredarlas nuestros hijos y pasárselas a su vez a nuestros nietos.[17] El primer investigador que lo demostró fue Michael Skinner, director del Centro de Biología Reproductiva de la Universidad Estatal de Washington. En el 2005, Skinner dirigió un estudio en el que se expuso a pesticidas a ratas preñadas.[18] Las crías macho de las ratas hembra expuestas tuvieron unos índices de infertilidad superiores y una menor producción espermática, revelando cambios epigenéticos en dos genes. Estos cambios estuvieron también presentes en cerca del 90 por ciento de ratas macho de las cuatro generaciones siguientes, aunque ninguna de ellas hubiera sido expuesta a ningún pesticida.

Nuestras experiencias procedentes del entorno exterior son solo una parte de la historia. Como ya has ido aprendiendo, el significado que le damos a esas experiencias produce un aluvión de respuestas físicas, mentales, emocionales y químicas que también activan genes. Nuestra forma de percibir e interpretar la información que nuestros sentidos captan como información objetiva —tanto si es cierta como si no lo es—, y el significado que le damos producen cambios biológicos importantes a nivel genético. Nuestros genes interactúan con nuestra mente consciente en complejas relaciones. Se podría decir que el *significado* que le damos a nuestras experiencias está continuamente afectando las estructuras neuronales que influyen en quiénes somos a nivel microscópico, lo cual influye a su vez en quiénes somos a nivel macroscópico.

El estudio de la epigenética también plantea estas preguntas: ¿qué ocurriría si nada cambiara en tu entorno exterior? ¿Si hicieras lo mismo con las mismas personas a la misma hora cada día, cosas que te llevarían a las mismas experiencias que generarían las mismas emociones que enviarían la misma clase de señales a los mismos genes?

Se podría decir que mientras percibas tu vida desde la perspectiva del pasado y reacciones a las condiciones con la misma arquitectura neuronal y desde el mismo nivel mental, te estarás dirigiendo a un destino genético predeterminado muy concreto. Además, lo que crees sobre ti y tu vida, y las decisiones que tomas debido a esas creencias, también hacen que les sigas enviando los mismos mensajes a los mismos genes.

La célula solo puede crear miles de variaciones del mismo gen para reescribir una nueva expresión de proteínas que cambie tu cuerpo cuando se activa de una forma nueva, al recibir nueva información. Tal vez no puedas controlar todos los elementos del mundo exterior, pero puedes manejar muchos aspectos de tu mundo interior. Tus creencias, tus percepciones y tu forma de actuar con el entorno exterior influyen en tu entorno interior, que sigue siendo el entorno exterior de la célula. Esto significa que *tú* eres —y no tu biología preprogramada— el que tiene las claves para tu destino genético. No es más que una cuestión de encontrar la llave que encaje en la cerradura adecuada que te permita liberar tu potencial. ¿Por qué entonces no ver tus genes como lo que realmente son, como un caudal de posibilidades, unos recursos de potencial ilimitado, un sistema codificado de órdenes personales? Ya que en verdad son un montón de herramientas para la *transformación,* palabra que significa literalmente «cambiar la forma».

El estrés nos hace vivir en el estado de supervivencia

El estrés es una de las principales causas de cambios epigenéticos porque hace que tu cuerpo pierda el equilibrio. Se da en tres formas: estrés físico (trauma), estrés químico (toxinas) y estrés emocional (miedo, preocupaciones, agobio, etcétera). Cada una de estas clases puede desencadenar más de mil cuatrocientas reacciones químicas y producir más de treinta hormonas y neurotransmisores. Cuando se desencadena esta cascada de sustancias químicas de hormonas del estrés, tu mente influye en tu cuerpo a través del sistema nervioso autónomo y experimentas la fundamental conexión mente-cuerpo.

Lo más curioso es que el estrés estaba concebido para ser adaptativo. Todos los organismos de la naturaleza, incluidos los seres humanos, están programados para afrontar un estrés a corto plazo a fin de disponer de los recursos necesarios ante situaciones de emergencia. Cuando percibes una amenaza en el mundo exterior, se activa la respuesta de lucha o huida del sistema nervioso simpático (un subsistema del sistema nervioso autónomo), y entonces tu ritmo cardíaco y tu tensión arterial aumentan, tus músculos se tensan y tu cuerpo libera hormonas como la adrenalina y el cortisol para prepararse para huir o afrontar el peligro.

Si te persigue una manada de lobos salvajes y hambrientos o un grupo de guerreros violentos y tú los dejas atrás, tu cuerpo volverá a la homeostasis (su estado equilibrado normal) al poco tiempo de desaparecer el peligro. Es la manera en que nuestro cuerpo está diseñado para actuar cuando se encuentra en un estado de supervivencia. El cuerpo pierde el equilibrio, pero solo por

151

un breve tiempo, hasta que el peligro se esfuma. Al menos esta reacción se concibió para esto.

Lo mismo sucede en el mundo moderno, aunque el escenario suele ser algo distinto. Si cuando conduces por la carretera te corta el paso un coche, puede que te asustes por un momento, pero luego te das cuenta de que no te ha pasado nada y al dejar de temer sufrir un accidente tu cuerpo vuelve a su estado normal, a no ser que esta sea una de las innumerables situaciones estresantes con las que te has topado ese día.

Si eres como la mayoría de las personas, una serie de incidentes enervantes te mantendrá con la respuesta de lucha o huida activada —en un estado de desequilibrio— la mayor parte del tiempo. Tal vez el coche que te ha cortado el paso sea la única situación peligrosa real con la que te has topado a lo largo del día, pero el tráfico de camino al trabajo, la presión de tener que preparar una gran presentación, la pelea con tu pareja, el importe de la tarjeta de crédito, el ordenador que se quedó colgado y la nueva cana que viste al mirarte al espejo hacen que las hormonas del estrés sigan circulando por tu cuerpo casi a todas horas.

Entre recordar experiencias estresantes del pasado y prever situaciones estresantes del futuro, todos estos episodios estresantes a corto plazo que se repiten una y otra vez acaban amalgamándose en un estrés a largo plazo. Bienvenido a la versión del siglo veintiuno de vivir en un estado de supervivencia.

En el estado de lucha o huida, tu energía se moviliza para que el cuerpo pueda echar a correr o luchar. Pero cuando no recuperas la homeostasis (porque sigues percibiendo una amenaza), pierdes energía vital. Cuando la usas para otro propósito, en tu mundo interior dispones de menos energía para el crecimiento, la reparación celular y los proyectos regenerativos a largo plazo a nivel celular y de curación. Las células se desactivan, ya no se comunican entre ellas y se vuelven «egoístas». No es el momento para el mantenimiento habitual (y menos todavía para hacer mejoras), porque tu cuerpo está usando tu energía para defenderte de la «amenaza». Cada célula se preocupa solo de ella, con lo que la comunidad de células dejan de actuar juntas. El sistema inmunológico y el endocrino (entre otros) se debilitan a medida que los genes de estas células relacionadas con ellos se ven afectados al desactivarse las señales químicas procedentes del exterior.

Es como vivir en un país donde el 98 por ciento de los recursos se destinasen a la defensa y no quedara nada para invertir en colegios, bibliotecas, construcción y reparación de carreteras, sistemas de comunicación, agricultura y otros proyectos parecidos. Las carreteras se llenan de baches. Las universidades sufren recortes y el nivel académico de los estudiantes baja. Los programas de bienestar social que se ocupaban de los pobres y los ancianos se suprimen. Y no hay bastante comida para alimentar a todos los habitantes del país.

Por eso es lógico que el estrés a largo plazo se asocie con la ansiedad, la depresión, los problemas digestivos, la pérdida de memoria, el insomnio, la hipertensión, las cardiopatías, las embolias, el cáncer, las úlceras, la artritis reumatoide, los resfriados, la gripe, el envejecimiento prematuro, las alergias, el dolor físico, la fatiga crónica, la infertilidad, la impotencia, el asma, los problemas hormonales, las erupciones, la pérdida del cabello, los espasmos musculares y la diabetes, para citar solo algunos trastornos (todos ellos, por cierto, se deben a cambios epigenéticos). En la naturaleza no existe ningún organismo diseñado para aguantar los efectos del estrés a largo plazo.

Varios estudios demuestran sin duda que las instrucciones epigenéticas para la curación se desactivan cuando vivimos en un estado de emergencia. Por ejemplo, un equipo de investigadores del Centro Médico de la Universidad Estatal de Ohio descubrió que el estrés afectaba a más de ciento setenta genes, 100 de los cuales se desactivaban por completo (como muchos que crean directamente proteínas para facilitar la curación adecuada de las heridas). Los investigadores señalaron que las heridas de los pacientes estresados tardaban un 40 por ciento más de tiempo en curarse y que el «estrés inclinaba la balanza genómica hacia los genes que codificaban las proteínas responsables de la detención del ciclo celular, la muerte y la inflamación».[19] Otro estudio que analizó los genes de 100 ciudadanos de Detroit se centró en 23 sujetos aquejados del trastorno por estrés postraumático.[20] Las variaciones epigenéticas de esos sujetos aumentaron de seis a siete veces más, y la mayoría tenían que ver con la debilitación del sistema inmunitario.

Investigadores del Instituto del Sida de la UCLA descubrieron que el VIH se propagaba más deprisa en los pacientes más estresados, y además cuanto mayor era el grado de estrés del paciente, menos respondía a los fármacos antirretrovirales. Los medicamentos funcionaban cuatro veces más en los pacientes que estaban relativamente tranquilos, comparados con los que tenían una tensión arterial, una hidratación cutánea y un ritmo cardíaco en reposo que indicaban que eran los más estresados.[21] Basándose en esos descubrimientos, los investigadores concluyeron que el sistema nervioso afecta directamente la replicación viral.

Aunque la respuesta de lucha o huida fuera en un principio muy adaptativa (porque mantenía a los hombres de la prehistoria con vida), ahora es evidente que cuanto más esté activado el sistema de supervivencia, de más tiempo carece el cuerpo de los recursos necesarios para mantener una salud óptima, de modo que el sistema se acaba convirtiendo en maladaptativo.

El legado de las emociones negativas

A medida que liberamos hormonas del estrés, creamos un sinnúmero de emociones negativas altamente adictivas, como ira, hostilidad, agresividad, competitividad, odio, frustración, miedo, ansiedad, celos, inseguridad, culpabilidad, vergüenza, tristeza, depresión, desesperanza e impotencia, por citar unas pocas. Cuando nos centramos en pensamientos de recuerdos amargos o en situaciones horribles que nos podrían pasar en el futuro, olvidándonos de todo lo demás, no dejamos que el cuerpo recupere la homeostasis. De hecho, con un mero pensamiento podemos activar la respuesta de estrés. Si la activamos y luego no podemos desactivarla, acabaremos desarrollando algún tipo de enfermedad o trastorno —ya sea un resfriado o un cáncer— a medida que re-silenciamos más y más genes en un efecto dominó, hasta alcanzar nuestro destino genético.

Por ejemplo, si esperas que te ocurra una situación conocida y luego te centras solo en ese pensamiento y en nada más, aunque solamente sea por un momento, el cuerpo empezará a cambiar fisiológicamente para prepararte para ella. El cuerpo está ahora viviendo en ese futuro conocido en el momento presente. Debido a este fenómeno, el proceso de condicionamiento activa el sistema nervioso autónomo y libera *automáticamente* las correspondientes sustancias químicas del estrés. Así es como la conexión mentecuerpo puede llegar a actuar en tu contra.

En este tipo de casos, estás manifestando los tres elementos del efecto placebo en perfecta simetría. En primer lugar, empiezas a condicionar a tu cuerpo a sentir el subidón de energía procedente del aluvión de sustancias químicas generado por la adrenalina. Si este aluvión de sustancias químicas de tu interior lo asocias con una determinada persona, objeto o experiencia de un momento y lugar en concreto de tu realidad exterior, solo de pensar en ese estímulo ya estarás condicionando a tu cuerpo para que active la respuesta. Y con el paso del tiempo lo acabarás condicionando a ser la mente al crear con tus pensamientos ese estado emocional de excitación: al pensar en una *posible experiencia* con *alguien* o *algo* en un determinado *tiempo* y *lugar*. Si esperas que en el futuro te ocurra una situación basándote en una experiencia del pasado, al esperarla e imaginártela emocionalmente, estarás cambiando la fisiología de tu cuerpo. Y si además le das un significado a tus conductas y experiencias, estarás reforzando el resultado con tu intención, y entonces tu cuerpo cambiará o no dependiendo de lo que creas saber sobre tu realidad y sobre ti.

Pero tanto si crees como si no que el estrés en tu vida está justificado y es válido, sus efectos nunca son buenos ni saludables. Cuando estás estresado tu cuerpo cree que te persigue un león, que cuelgas del vacío en un peligroso acantilado, o que luchas contra caníbales hambrientos. Los siguientes ejemplos procedentes de varios estudios científicos revelan los efectos físicos del estrés.

Investigadores de la Facultad de Medicina de la Universidad Estatal de Ohio confirmaron que las emociones estresantes desencadenan respuestas hormonales y genéticas al evaluar cómo el estrés afectaba la rapidez con que se curaban heridas cutáneas de poca importancia, un marcador importante en la activación genética.[22] A un grupo de 42 parejas casadas les produjeron pequeñas ampollas por succión en la piel y luego les controlaron durante tres semanas los niveles de tres proteínas que se expresan en la curación de heridas. A las parejas que participaban en el estudio les pidieron para empezar que conversaran sobre un tema neutral durante media hora y más tarde que hablaran de alguna pelea conyugal que hubieran tenido.

Los investigadores descubrieron que después de que las parejas discutieran sobre algo en lo que estaban en desacuerdo, les bajaba ligeramente el nivel de proteínas asociadas con la curación (revelando que los genes se habían re-silenciado). Pero la reducción aumentó —cerca de un 40 por ciento— en aquellas parejas que habían acabado discutiendo acaloradamente en una pelea salpicada de sarcasmos, críticas y muestras de desprecio.

Las investigaciones también respaldan el efecto contrario: reducir el estrés con emociones positivas produce cambios epigenéticos que mejoran la salud. Dos estudios fundamentales llevados a cabo por investigadores del Instituto Benson-Henry de Medicina Mente-Cuerpo del Hospital General de Massachusetts en Boston, analizaron los efectos de la meditación, conocida por generar en la expresión genética estados de ánimo serenos e incluso gozosos. En el primer estudio, realizado en el 2008, 20 voluntarios recibieron un entrenamiento de ocho semanas de duración sobre varias prácticas relacionadas con la conexión mente-cuerpo (como diversas clases de meditación, yoga y oraciones repetitivas) conocidas por inducir la respuesta de relajación, un estado fisiológico de un profundo descanso (se describe en el capítulo 2).[23] Los investigadores también hicieron un seguimiento a 19 personas que llevaban tiempo practicando a diario las mismas técnicas.

Al finalizar el estudio, los principiantes en esta clase de prácticas mostraron cambios en 1.561 genes (reactivaron 874 relacionados con la salud y re-silenciaron 687 relacionados con el estrés), y una reducción de la tensión arterial y el ritmo cardíaco y respiratorio. Y los meditadores expertos también expresaron 2.209 genes nuevos. La mayoría de los cambios genéticos tenían que ver con mejorar las respuestas del cuerpo ante el estrés psicológico crónico.

El segundo estudio, realizado en el 2013, reveló que la activación de la respuesta de relajación había producido cambios en la expresión genética al cabo de tan solo *una sesión* de meditación tanto en los participantes novatos como en los experimentados (los que llevaban mucho tiempo meditando fueron, como es lógico, los que obtuvieron más beneficios).[24] Entre los genes reactivados se encontraban los relacionados con la función inmunológica, los que metabolizan la energía y los que secretan insulina, y entre los genes re-silenciados, los que tenían que ver con la inflamación y el estrés.

Esta clase de estudios ponen de relieve la rapidez con la que podemos cambiar nuestros propios genes. Por eso la respuesta placebo puede producir cambios físicos en cuestión de segundos. En los talleres que doy por todo el mundo, mis colegas y yo hemos presenciado cambios importantes e inmediatos en la salud de los participantes después de solo una sesión de meditación. Por medio de sus pensamientos, se transformaron a sí mismos y activaron genes nuevos de nuevas formas. (Dentro de poco describiré algunos de esos casos.)

Cuando vivimos en un estado de supervivencia, con la respuesta de estrés activada constantemente, solo podemos centrarnos en tres cosas: el cuerpo físico (¿Estoy bien?), el entorno (¿Dónde hay *un lugar seguro*?) y el tiempo (¿Durante cuánto tiempo *me estará acechando esta amenaza*?) Estar constantemente centrados en estos tres elementos nos hace menos espirituales, conscientes y lúcidos, porque al final nos acostumbramos a estar absortos en nosotros mismos y a centrarnos más en nuestro cuerpo y en otras cosas materiales (como lo que poseemos, dónde vivimos, cuánto dinero ganamos, etcétera), y en todos los problemas que tenemos en nuestro mundo exterior. Esta actitud hace que al final nos obsesionemos con el tiempo —y que estemos imaginando constantemente las peores situaciones basándonos en nuestras experiencias traumáticas del pasado—, porque siempre vamos escasos de él y nunca tenemos bastante para todo lo que queremos hacer.

Se podría decir que las hormonas del estrés hacen que las células de nuestro cuerpo se vuelvan egoístas para asegurarse de que sobrevivamos y, al mismo tiempo, que nuestro ego se vuelva avaro, por lo que acabamos convirtiéndonos en unos materialistas que definimos la realidad a través de nuestros sentidos. Acabamos cerrándonos a nuevas posibilidades, porque cuando nunca salimos del estado crónico de emergencia en el que vivimos, la mentalidad de «yo ante todo» que impregna nuestro modo de pensar se refuerza y perdura, con lo que nos volvemos demasiado indulgentes con nosotros mismos, interesados y prepotentes. Y al final, acabamos definiéndonos como un cuerpo viviendo en el entorno y el tiempo.

Como acabas de leer y ahora de entender mejor, en realidad tienes un cierto control sobre tu propia ingeniería genética por medio de tus pensamientos, decisiones, conductas, experiencias y emociones. Al igual que Dorothy en *El mago de Oz*, que tenía un poder del que no era consciente, tú también tienes uno que desconocías: las claves para liberarte de las limitaciones de tu expresión genética.

5

Cómo los pensamientos cambian el cerebro y el cuerpo

Ahora entenderás que tanto si son placenteros como estresantes, con cada pensamiento, emoción y situación que experimentas estás actuando como un ingeniero epigenético sobre tus células. Eres tú el que controla tu destino, lo cual plantea otra cuestión: si al cambiar tu entorno programas nuevos genes de nuevas formas, ¿sería posible entonces —basándote en tus percepciones y creencias— programar los genes *antes de que cambie el entorno*? Los sentimientos y las emociones normalmente provienen de experiencias, pero ¿puedes combinar una clara intención con una emoción para empezar a darle al cuerpo una muestra de la futura experiencia antes de que esta se manifieste?

Cuando te centras de verdad en una intención para alcanzar un resultado, si logras que el pensamiento interior sea más real que el entorno exterior, tu cerebro no reconocerá la diferencia entre ambos. Entonces tu cuerpo, como mente inconsciente, empezará a experimentar la nueva situación futura en el presente. Les enviarás señales a nuevos genes de nuevas formas para prepararte para esta situación futura imaginada.

Si sigues practicando mentalmente las suficientes veces esta nueva serie de decisiones, conductas y experiencias deseadas, reproduciendo el mismo nuevo nivel mental una y otra vez, tu cerebro empezará a cambiar físicamente —instalando un nuevo circuito neurológico para empezar a pensar desde ese nuevo nivel mental— y a actuar como si la experiencia ya hubiera sucedido. Estarás produciendo variaciones epigenéticas que acabarán generando, por medio de tus pensamientos, auténticos cambios estructurales y funcionales en tu cuerpo, como les sucede a los que responden a un placebo. Tu cerebro y tu cuerpo ya no seguirán viviendo en el mismo pasado de siempre, sino en el nuevo futuro que habrás creado con la mente.

Esto es posible mediante el *repaso mental*. Esta técnica consiste básicamente en cerrar los ojos e imaginar una y otra vez que ejecutas una acción y en repasar mentalmente el futuro deseado, mientras te recuerdas a ti mismo quién ya no quieres seguir siendo (el de antes) y quién *quieres* ser. Este proceso implica pensar en tus acciones futuras, planeando mentalmente las decisiones que tomarás y centrando tu mente en una nueva experiencia.

Volveré a describir esta secuencia con más detalle para que entiendas mejor lo que ocurre en el repaso mental y cómo funciona. Mientras repasas mentalmente tu destino o tus sueños en cuanto a los resultados deseados, te lo imaginas una y otra vez hasta familiarizarte con él. Cuantos más conocimientos y experiencias grabes en tu cerebro sobre la nueva realidad que deseas, más recursos tendrás para crear en tu visualización un mejor modelo de ella, y de ese modo será más intensa tu intención y mayores tus expectativas (como les sucedió a las limpiadoras del hotel). Te estás «recordando» a ti mismo cómo será tu vida y cómo te sentirás cuando sea como tú quieres. Ahora estás reforzando tu atención con una intención.

Luego combinas tus pensamientos y tu intención con un intenso estado emocional, como de alegría o gratitud. (Más adelante hablaré con más detalle de los estados emocionales intensos.) En cuanto sientas esta nueva emoción y te entusiasmes más todavía, estarás inundando tu cuerpo con la neuroquímica que se daría si esa situación estuviera ya ocurriendo. Se podría decir que estás haciendo que tu cuerpo saboree la experiencia futura. Tu cerebro y tu cuerpo no saben distinguir una experiencia real de una imaginada, ya que neuroquímicamente son lo mismo. Así que empiezan a creer que estás viviendo la nueva experiencia en el presente.

Al seguir centrado en esa situación futura sin dejar que ningún otro pensamiento te distraiga, en cuestión de segundos bajas el volumen de los circuitos neuronales relacionados con tu antiguo yo, con lo que empiezas a desactivar los antiguos genes y a activar y crear nuevos circuitos neuronales, los cuales envían las señales adecuadas que activarán nuevos genes de nuevas formas. Gracias a la neuroplasticidad del cerebro de la que he hablado antes, tus circuitos neuronales empiezan a reorganizarse para reflejar lo que estás repasando mentalmente. Y a medida que sigues combinando esos nuevos pensamientos e imágenes mentales con una emoción elevada e intensa, tu mente y tu cuerpo actúan al unísono y tú experimentas un nuevo estado del ser.

En este punto, tu cerebro y tu cuerpo ya no son una grabación del pasado, sino un mapa del futuro que has creado en tu mente. Tus pensamientos se han convertido en la experiencia deseada y tú te acabas de convertir en el placebo.

Algunas historias inspiradoras sobre el repaso mental

Tal vez hayas oído la historia de un comandante apresado en un campo de concentración vietnamita que se imaginaba a diario estar jugando al golf en un lugar en particular de su país para mantenerse cuerdo, y que cuando por fin lo liberaron y volvió a casa, ganó un partido en ese mismo campo de golf sacando la máxima puntuación. O quizá hayas oído el relato de Anatoly Shcharansky, un activista soviético por los derechos humanos, conocido más tarde como Natan Sharansky, que permaneció más de nueve años en una prisión de la Unión Soviética tras ser acusado falsamente de trabajar como espía para Estados Unidos en la década de 1970. Sharansky —que estuvo cuatrocientos días del tiempo que pasó en la cárcel encerrado en una celda de castigo pequeña, oscura y gélida—, jugaba mentalmente al ajedrez contra sí mismo a diario, anotando en su mente las coordenadas y las posiciones de cada pieza en el tablero. Esta actividad le permitió mantener muchos de sus mapas neuronales (que normalmente requieren una estimulación externa para seguir intactos). Más tarde, después de salir de la cárcel, emigró a Israel y acabó siendo ministro en el gobierno israelí. Y cuando el campeón mundial de ajedrez Gary Kasparov fue a Israel en 1996 para enfrentarse en una competición con 25 israelíes, Sharansky le ganó.[1]

Aaron Rodgers, el mariscal de campo del equipo de fútbol americano Green Bay Packers, también se imaginaba mentalmente las jugadas que más tarde realizaría con precisión en el campo. Hizo que este equipo ganara la Super Bowl en el 2011 en el torneo de eliminación directa en el que los Packers, que ocupaban la sexta posición, ganaron 48 a 21 contra los Halcones de Atlanta, que ocupaban la primera. Rodgers completó 31 de 36 pases (el 86,1 por ciento), el quinto mejor porcentaje de compleción de pases de la postemporada de todos los tiempos.

«En el sexto curso un entrenador nos enseñó la importancia de la visualización —le dijo Rodgers a un corresponsal deportivo del *USA Today*—.[2] Cuando estoy en una reunión, mirando una película o [acostado] en la cama antes de dormirme, siempre visualizo esas jugadas. Muchas de las jugadas que realizo en el campo las he pensado antes. Mientras estoy [tumbado] en el sofá, visualizo que las hago.» Rodgers en aquel partido también logró evitar tres posibles puntos del equipo contrario , y más tarde observó acerca de esas jugadas: «La mayoría las he visualizado antes de hacerlas».

Otros muchos atletas profesionales también usaron el repaso mental con asombrosos resultados, como el golfista Tiger Woods, las estrellas de baloncesto Michael Jordan, Larry Bird y Jerry West; y el bateador Roy Halladay. El campeón de golf Jack Nicklaus escribió en su libro *Golf: técnicas de juego*:

> Nunca doy un golpe, ni siquiera entrenándome, sin tener en la mente una imagen bien clara, perfectamente enfocada del mismo. Es como una película en color. Primero «veo» la bola donde quiero que vaya a parar, bonita y blanca y parada en un punto elevado de la hierba color verde vivo. Luego la escena cambia rápidamente, y «veo» la bola dirigiéndose allí: su camino, su trayectoria, su forma y hasta su comportamiento al aterrizar. Luego viene una especie de desvanecimiento del cuadro y la escena siguiente me presenta realizando la clase de *swing* que dará existencia real a las imágenes anteriores. Solo al final de esta breve y particular cinta de Hollywood escojo un palo y golpeo la bola.[3]

Como puedes ver en estos ejemplos (y existen muchísimos más), un gran número de evidencias demuestran que el repaso mental es sumamente eficaz para aprender una habilidad física con un mínimo de práctica física.

No puedo resistir la tentación de contar un ejemplo más, esta vez procedente de Jim Carrey, que explica una historia sorprendente sobre lo que hizo cuando llegó por primera vez a Los Ángeles a finales de la década de 1980 siendo entonces un actor desconocido en busca de trabajo. Llevaba escrito en un papel un largo párrafo sobre la necesidad de conocer a las personas adecuadas, conseguir los papeles adecuados, trabajar en la película adecuada con una selección de actores adecuada, triunfar, contribuir en algo que valiera la pena, y dejar huella en el mundo.

Cada noche conducía hasta Mulholland Drive, en Hollywood Hills y, reclinándose en su coche descapotable, contemplaba el cielo mientras se repetía aquel párrafo, aprendiéndoselo de memoria, y se imaginaba que lo que describía en él estaba sucediendo de verdad. Y no se iba de aquel lugar con vistas hasta sentir que era la persona que se había estado imaginando ser y que la situación era real. Incluso se extendió un cheque a sí mismo por la cantidad de 10 millones de dólares, escribiendo «por los servicios prestados como actor», y en el lugar de la fecha puso: «día de Acción de Gracias, 1995». Estuvo llevando aquel cheque en la cartera durante años.

Por fin, en 1994, se estrenaron tres películas que convirtieron a Carrey en estrella. Primero en febrero se estrenó *Ace Ventura: Pet Detective*, y después en julio *La máscara*. Y por su papel en la tercera película, *Dos tontos muy tontos,* estrenada en diciembre, recibió un talón por la cantidad de 10 millones de dólares. Había creado *exactamente* lo que había imaginado.

Todas esas personas tienen en común que trascendieron el entorno exterior, fueron más allá de su cuerpo y del tiempo para hacer importantes cambios neurológicos en su interior. Cuando se presentaron ante el mundo, lograron que su mente y su cuerpo actuaran al unísono y luego crearon el mundo material que habían concebido antes en el reino mental.

Existen estudios científicos que lo respaldan. Para empezar, muchos experimentos sobre el repaso mental revelan que cuando te concentras en una determinada zona del cuerpo, tus pensamientos estimulan la región del cerebro que rige esa parte,[4] y si lo sigues haciendo, terminan produciendo cambios físicos en la zona sensorial del cerebro. Y es lógico que ocurra, porque cuando sigues volcando tu atención en lo mismo, estás activando y creando las mismas redes de neuronas. Y por eso acabas construyendo en esa área los mapas cerebrales más consistentes.

En un estudio realizado en Harvard, los participantes que nunca habían tocado el piano al practicar mentalmente un sencillo ejercicio de piano ejecutado con cinco dedos dos horas diarias, durante cinco días, experimentaron los mismos cambios cerebrales que los sujetos que practicaron físicamente la misma actividad, aunque sin mover un solo dedo.[5] La región de su cerebro que controla los movimientos de los dedos aumentó notablemente, haciendo que su cerebro fuera como si la experiencia imaginada hubiera ocurrido de verdad. Los participantes habían instalado un hardware neurológico (circuitos) y unos programas de software, con lo que crearon nuevos mapas cerebrales solo con ayuda de los pensamientos.

En otro estudio realizado con 30 sujetos a lo largo de doce semanas, algunos de ellos ejercitaron a diario el dedo meñique, y otros en cambio solo imaginaron hacerlo. El dedo meñique de los sujetos del grupo que lo ejercitó físicamente se fortaleció en un 53 por ciento, y el de los que *solo* se imaginaron *que lo hacían,* en un 35 por ciento.[6] Su cuerpo había cambiado como si ellos hubieran vivido la experiencia física en la realidad exterior una y otra vez, pero solo la habían experimentado mentalmente. Su mente había cambiado su cuerpo.

En otro experimento parecido, 10 voluntarios se imaginaron que hacían flexiones de bíceps con uno de sus brazos con la mayor fuerza posible cinco veces a la semana. Los investigadores grabaron la actividad cerebral eléctrica de los sujetos durante las sesiones y midieron su fuerza muscular cada dos semanas. La musculatura del bíceps de quienes solo se imaginaron el ejercicio aumentó en un 13,5 por ciento en solo varias semanas, y mantuvieron este aumento durante tres meses después de dejar el entrenamiento.[7] Su cuerpo respondió a una nueva mente.

Y el último ejemplo es el de un estudio francés en el que se comparaba a sujetos que levantaban pesas de distintos kilos, ya sea físicamente o imaginándoselo. Los que imaginaron estar levantando las pesas más pesadas, activaron más sus músculos que los que imaginaron levantar pesas más ligeras.[8] En estos tres estudios sobre el repaso mental, los participantes lograron aumentar perceptiblemente la fuerza física usando *solo sus pensamientos.*

Tal vez te preguntes si existen estudios que revelen lo que sucede cuando seguimos *toda* la secuencia: cuando además de imaginar lo que deseamos crear, conectamos con la intensa emoción positiva que nos produce. Pues sí que existen. Y dentro de poco estarás leyendo sobre ellos.

Enviando señales a nuevos genes del cuerpo con una nueva mente

Para entender mejor por qué funciona el repaso mental, hablaré brevemente de algunas cuestiones sobre anatomía cerebral y de otras relacionadas con la neuroquímica. Empezaré explicando que tu *lóbulo frontal,* situado justo detrás de la frente, es tu centro creativo. La parte del cerebro que aprende cosas nuevas, sueña con nuevas posibilidades, toma decisiones, establece tus intenciones, etcétera. Es el director ejecutivo, por así decirlo, e incluso juega un papel más importante todavía, porque el lóbulo frontal también te permite observar quién eres y evaluar lo que estás haciendo y cómo te sientes. Es la sede de tu conciencia, lo cual es importante, porque en cuanto eres más consciente de tus pensamientos, consigues dirigirlos mejor.

A medida que vas practicando el repaso mental y te concentras y centras en el resultado deseado, el lóbulo frontal se convierte en tu aliado al bajar el volumen del mundo exterior para que no te distraigas tanto con la información que reciben tus cinco sentidos. Los escáneres cerebrales revelan que en un estado de gran concentración, como durante el repaso mental, la percepción del tiempo y el espacio disminuye.[9] Ocurre porque tu lóbulo frontal reduce la información procedente de los centros sensoriales (los que te permiten «sentir» tu cuerpo en el espacio), de los centros motores (responsables de tus movimientos físicos), y de los centros de asociación (donde residen los pensamientos sobre tu identidad y quién eres), y también la de los circuitos del lóbulo parietal (donde procesas el tiempo). Como vas más allá del entorno, del cuerpo e incluso del tiempo, te resulta más fácil que los pensamientos que estás teniendo se vuelvan más reales que ninguna otra cosa.

En cuanto te imaginas un nuevo futuro para ti, piensas en nuevas posibilidades y empiezas a hacerte preguntas concretas de esta índole: ¿cómo sería vivir sin este dolor ni limitación?, y tu lóbulo frontal se concentra en ello. En cuestión de segundos generas tanto la *intención* de estar sano (para saber con claridad lo que deseas crear, y lo que ya no quieres experimentar) como una *imagen mental* de estar sano para poder imaginártelo.

El lóbulo frontal, como director ejecutivo, está conectado con todas las otras partes del cerebro, de modo que empieza a seleccionar redes de neuronas para crear un nuevo estado mental como respuesta a esa pregunta. Se podría decir que se convierte en un director de orquesta, silenciando tu antiguo *hardware* neurológico (la función de poda de la neuroplasticidad cerebral), seleccionando nuevas redes neuronales de distintas partes del cerebro y conectándolas para crear un nuevo nivel mental que refleje lo que has estado imaginando. El lóbulo frontal es el que cambia tu mente, es decir, hace que el cerebro funcione usando distintas secuencias, estructuras y combinaciones. En cuanto el lóbulo frontal selecciona distintas redes neuronales y las activa al unísono a la perfección para crear un nuevo nivel mental, aparece en tu imaginación, o lóbulo frontal, una imagen o representación interna.

Ahora le toca el turno a la neuroquímica. Si tu lóbulo frontal orquesta lo suficientemente bien estas redes neuronales para que se activen al unísono mientras te centras en una clara intención, llegará un momento en que el pensamiento se convertirá en la experiencia en tu mente: es cuando tu realidad interior se vuelve más real que la exterior. En cuanto el pensamiento se convierte en la experiencia, empiezas a sentir la emoción que te produciría la situación si estuviera ocurriendo realmente (recuerda que las emociones son las improntas químicas de las experiencias). Tu cerebro crea entonces una clase distinta de mensajeros químicos —un neuropéptido— y los envía a las células del cuerpo. Los neuropéptidos buscan los sitios receptores adecuados, o estaciones de acoplamiento, de varias células para transmitir su mensaje a los centros hormonales del cuerpo y por último al ADN celular, y las células reciben el nuevo mensaje de que la situación imaginada ha ocurrido.

Cuando el ADN de una célula recibe esta nueva información del neuropéptido, responde encendiendo (o reactivando) algunos genes y apagando (o re-silenciando) otros para respaldar tu nuevo estado del ser. Considera la reactivación y el re-silenciamiento como luces calentándose o volviéndose más fuertes, o enfriándose y volviéndose más tenues. Cuando un gen se enciende, se activa para crear una proteína. Cuando un gen se apaga, se desactiva y se vuelve más tenue o débil y ya no produce tantas proteínas como antes. Y los efectos se ven como cambios medibles en nuestro cuerpo físico.

Observa las figuras 5.1 A y 5.1 B. Te ayudarán a seguir la secuencia de cómo cambiar tu cuerpo por medio de los pensamientos.

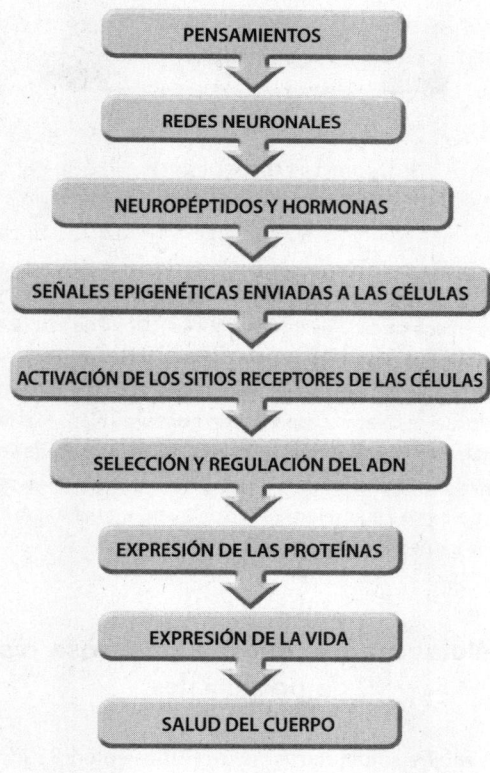

CÓMO CAMBIA TU CUERPO POR MEDIO DE LOS PENSAMIENTOS

PENSAMIENTOS

REDES NEURONALES

NEUROPÉPTIDOS Y HORMONAS

SEÑALES EPIGENÉTICAS ENVIADAS A LAS CÉLULAS

ACTIVACIÓN DE LOS SITIOS RECEPTORES DE LAS CÉLULAS

SELECCIÓN Y REGULACIÓN DEL ADN

EXPRESIÓN DE LAS PROTEÍNAS

EXPRESIÓN DE LA VIDA

SALUD DEL CUERPO

FIGURA 5.1 A

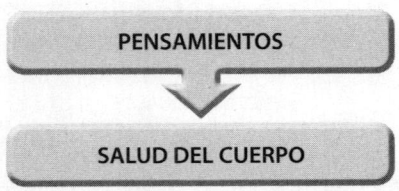

CÓMO TE CURAS POR MEDIO DE LOS PENSAMIENTOS

PENSAMIENTOS

SALUD DEL CUERPO

FIGURA 5.1 B

En la figura 5.1 A la secuencia de la tabla muestra cómo los pensamientos van progresando en una cascada de mecanismos sencillos y de reacciones químicas en una causación descendente para cambiar al cuerpo. Por deducción, si los nuevos pensamientos crean una nueva mente al activar redes neuronales nuevas, con lo que se crean neuropéptidos y hormonas más sanas (que envían a su vez señales de nuevas formas a las células y activan epigenéticamente nuevos genes para crear nuevas proteínas), y si la expresión de las proteínas es la expresión de la vida y equivale a la salud del cuerpo, en este caso la figura 5.1 B ilustra cómo los pensamientos pueden curar el cuerpo.

Las células madre: nuestra poderosa reserva de potenciales

Las *células madre* son la parte que necesitas entender a continuación del rompecabezas. Son responsables al menos parcialmente, de cómo lo que parece imposible se vuelve posible. Oficialmente, son células biológicamente no diferenciadas que se convierten en especializadas. Son la materia prima. Cuando se activan estas pizarras en blanco, se metamorfosean en cualquier clase de célula que el cuerpo necesite —como células musculares, células óseas, células de la piel, células inmunes e incluso células nerviosas cerebrales— para sustituir las células deterioradas o dañadas de los tejidos, órganos y sistemas del cuerpo. Considera las células madre como un granizado antes de verterle el sirope que le da el sabor, como arcilla esperando en el torno a que el alfarero la convierta en platos, cuencos, jarrones o tazas, o incluso como un rollo de cinta plateada para ductos con la que un día se puede reparar el escape de una tubería y al siguiente crear ingeniosamente un vestido para la fiesta de graduación.

El siguiente ejemplo ilustra cómo actúan las células madre. Cuando te haces un corte en el dedo, el cuerpo necesita reparar la piel. El trauma físico local envía una señal a tus genes desde el exterior de la célula. El gen se activa y crea las proteínas adecuadas que, a su vez, ordenan a las células madre que se conviertan en células de la piel que funcionen saludablemente. La señal traumática recibida es la información que necesita la célula madre para transformarse en célula de la piel. En nuestro cuerpo se dan constantemente millones de procesos como este. La curación atribuible a esta clase de expresión genética está documentada en el hígado, los músculos, la piel, los intestinos, la médula ósea e incluso el cerebro y el corazón.[10]

En estudios sobre la curación de heridas en los que los participantes se encuentran en un estado emocional sumamente negativo como el de la ira, las células madre no reciben el mensaje con claridad. Cuando hay interferencias en la señal, como ocurre con las interferencias estáticas de una radio, la célula en potencia no recibe la clase adecuada de estimulación de forma coherente para transformarse en una célula útil. Como expongo en la sección sobre la respuesta de estrés y el estado de supervivencia, la curación tarda más en realizarse porque la mayor parte de la energía vital del cuerpo está ocupada bregando con la emoción de la ira y sus efectos químicos. No es el momento para la creación, el crecimiento ni la regeneración, sino para una emergencia.

Cuando se da el efecto placebo y generas el nivel mental adecuado con una intención clara y lo combinas con una emoción elevada y sustentadora, llega al ADN de la célula la clase de señal adecuada. El mensaje, además de influir en la producción de proteínas sanas para mejorar la estructura y la función del cuerpo, crea células nuevas y sanas de las células madre latentes que estaban esperando a que las activaran con el mensaje adecuado.

Estas células madre se podrían considerar incluso como las tarjetas para salir de la cárcel del Monopoly, porque en cuanto se eligen o activan, reemplazan a las células de las zonas lesionadas del cuerpo, con lo que le permiten regenerarse. De hecho, las células madre nos ayudan a explicar cómo se da la curación en al menos la mitad de los casos placebo relacionados con cirugías falsas, tanto si se trata de una rodilla artrítica como de un *bypass* coronario (como se ha descrito en el capítulo 1).

Cómo la intención y una emoción intensa cambian nuestra biología

Ya he mencionado las emociones y el papel fundamental que juegan en la curación del cuerpo, pero ahora trataré más a fondo el tema. Si *respondemos con una intensa emoción* a los nuevos pensamientos en los que nos concentramos durante el repaso mental, es como equipar con un turbocompresor a nuestros esfuerzos, porque las emociones nos ayudan a hacer los cambios epigenéticos mucho más deprisa. El componente emocional no es *necesario*. Después de todo, los sujetos que fortalecieron sus músculos al imaginar que levantaban pesas no necesitaron sentirse extasiados para cambiar sus genes. Pero se inspiraron al usar su imaginación cada vez que las levantaban mentalmente diciendo: «¡Con más fuerza! ¡Con más fuerza! ¡Con más fuerza!» La emoción constante fue el catalizador energético que realmente mejoró el proceso.[11] Sentir esa clase de intensa emoción nos permite obtener unos resultados mucho más espectaculares con mucha más rapidez, la misma clase de sorprendentes resultados de la respuesta placebo.

¿Te acuerdas del estudio sobre la risa del capítulo 2? Unos investigadores japoneses descubrieron que ver una comedia de una hora en la televisión reactivaba 39 genes, 14 de los cuales estaban relacionados con la actividad de las células asesinas naturales del sistema inmunológico. Otros estudios han revelado que después de ver un vídeo humorístico, a los participantes les aumentaron distintos anticuerpos.[12] Investigadores de la Universidad de Carolina del Norte en Chapel Hill demostraron además que un aumento de emociones positivas producía un aumento en el *tono vagal,* un indicador de la salud del *nervio vago,* el cual desempeña una parte muy importante en la regulación del sistema nervioso autónomo y la homeostasis.[13] En un estudio japonés las crías de ratas a las que se les hizo cosquillas cinco minutos al día durante cinco días seguidos para producirles una emoción positiva generaron nuevas neuronas en su cerebro.[14]

En todos estos casos las emociones positivas ayudaron a los sujetos a activar cambios físicos reales que mejoraron su salud. Las emociones positivas favorecen la buena salud del cuerpo y el cerebro.

Observa ahora el patrón de muchos estudios sobre el efecto placebo: en cuanto el sujeto empieza a generar una clara intención sobre un nuevo futuro (deseando vivir sin dolor o sin estar enfermo) y la combina con una emoción intensa (de entusiasmo y esperanza, anticipando que vivirá sin dolor o sin estar enfermo), el cuerpo deja de vivir en el pasado. Está ya viviendo en ese nuevo futuro, porque, como se ha visto, el cuerpo no sabe diferenciar una emoción creada por una experiencia real de otra creada con los pensamientos. Este intenso estado emocional producido por el nuevo pensamiento es por tanto un componente esencial del proceso, porque constituye una nueva información del exterior de la célula, y el cuerpo no sabe diferenciar una experiencia del mundo exterior de otra del mundo interior.

¿Te acuerdas del señor Wright del capítulo 1? Se entusiasmó al creer que se curaría con el nuevo y potente medicamento del que había oído hablar. Se alegró tanto que le dio la lata a su médico para que se lo administrara. Cuando lo hizo, no tenía idea de que era una sustancia inerte. Pero como su cerebro no sabía distinguir las imágenes mentales de curarse impregnadas de una gran carga emocional de una curación real, su cuerpo respondió emocionalmente como si lo que se había imaginado ya hubiera sucedido. Su cuerpo y su mente trabajaron al unísono para enviar señales a nuevos genes de nuevas formas y *eso*, en lugar del «medicamento nuevo y potente» administrado, fue lo que hizo que sus tumores se redujeran y que él se curara. Eso fue lo que creó su nuevo estado del ser.

Pero cuando el señor Wright se enteró de que los ensayos clínicos sobre el fármaco habían revelado que el medicamento no funcionaba, volvió a sus antiguos pensamientos y emociones —a su antigua programación—, por eso es lógico que los tumores aparecieran de nuevo. Su estado del ser había vuelto a cambiar. Pero cuando su médico le dijo que podía conseguir una versión de mayor calidad del fármaco que antes le había funcionado, Wright volvió a ilusionarse. Realmente creyó que la nueva versión del medicamento funcionaría, porque lo había comprobado en el pasado (o al menos eso fue lo que había creído).

Naturalmente, en cuando volvió a surgir en él la intención de curarse y empezó a pensar en esa posibilidad de nuevo, su cerebro volvió a activar y formar nuevas conexiones neuronales, y él creó una nueva mente. Volvió a sentirse entusiasmado y esperanzado, y esas emociones produjeron las sustancias químicas en su cuerpo que reflejaban sus nuevos pensamientos. Y como su cuerpo no supo distinguir sus pensamientos y sentimientos sobre curarse de una *curación* real, respondió al unísono con su cerebro como si lo que se había imaginado ya hubiera pasado y sus tumores volvieron a desaparecer.

Pero en cuanto leyó en las noticias que el «medicamento milagroso» no había sido más que un timo, volvió a sus antiguos pensamientos y emociones por última vez, y a su antigua personalidad, junto con sus tumores. Lo milagroso no había sido el medicamento, sino *él*. *Él* había sido el verdadero placebo.

Por eso es lógico que en lugar de limitarnos a evitar emociones negativas, como el miedo y la ira, intentemos además sentir realmente emociones positivas, como agradecimiento, alegría, excitación, entusiasmo, fascinación, asombro, inspiración, maravilla, confianza, aprecio, bondad, compasión y fortaleza para aprovechar cualquier ventaja con el fin de maximizar nuestra salud.

Los estudios revelan que sentir emociones positivas y expansivas como la bondad y la compasión —emociones que, por cierto, todos podemos tener—, libera un neuropéptido distinto (llamado *oxitocina*) que desactiva los receptores en la *amígdala*, la parte del cerebro que genera miedo y ansiedad.[15] Al librarnos del miedo, podemos ser infinitamente más confiados, indulgentes y bondadosos. Dejamos atrás el egoísmo y nos volvemos altruistas. Y a medida que adoptamos este nuevo estado del ser, nuestros neurocircuitos nos presentan una infinidad de posibilidades que antes no podíamos ni siquiera imaginar, porque ahora no gastamos toda nuestra energía intentando averiguar cómo sobrevivir.

Los científicos están descubriendo áreas del cuerpo —como los intestinos, el sistema inmunológico, el hígado y el corazón, y muchos otros órganos— que contienen sitios receptores de la oxitocina. Estos órganos son muy sensibles a los efectos beneficiosos de la oxitocina, lo cual a su vez se ha asociado con un aumento de la cantidad de vasos sanguíneos en el corazón,[16] la estimulación de la función inmunológica,[17] el incremento de la motilidad gastrointestinal[18] y la normalización de los niveles de azúcar en la sangre.[19]

Volviendo al tema del repaso mental, recuerda que cuando lo realizas el lóbulo frontal es tu aliado, porque, como ya he señalado, esta parte del cerebro te ayuda a desconectarte del cuerpo, el entorno y el tiempo, los tres elementos principales en los que te centras cuando vives en el estado de supervivencia. Te ayuda a ir más allá de ti para entrar en un estado de pura conciencia en el que no existe el ego.

En este nuevo estado, mientras visualizas lo que deseas, tu corazón está más abierto y las emociones positivas fluyen a través de ti mientras el bucle de sentir lo que piensas y pensar de acuerdo a lo que sientes actúa por fin en tu beneficio. El estado mental egoísta del modo de supervivencia desaparece, porque ahora la energía que gastabas en él la aprovechas para crear. Es como si alguien hubiera pagado ese mes tu alquiler o tu hipoteca para que dispongas de un dinero extra y puedas usarlo como desees.

Ahora entenderás por qué si generas una clara intención sobre un nuevo futuro y la combinas con una emoción intensa y expansiva, y haces esto una y otra vez hasta crear un nuevo estado mental y un nuevo estado del ser, esos pensamientos te parecerán más reales que tu visión limitada de antes de la realidad. Por fin eres libre. En cuanto sientes esa emoción, puedes enamorarte con más facilidad de la posibilidad que has estado imaginando.

El director de orquesta (el lóbulo frontal) se siente como un niño en una tienda de golosinas: entusiasmado y alegre, ve toda clase de posibilidades creativas en cuanto a las combinaciones que puede hacer con las nuevas conexiones neuronales para formar nuevas redes en el cerebro. Y a medida que el director de orquesta nos desconecta de nuestro estado del ser antiguo y nos conecta a los circuitos de este nuevo estado del ser, nuestras sustancias neuroquímicas empiezan a transmitir nuevas señales a las células y, al recibirlas, estas se preparan para hacer cambios epigenéticos que enviarán señales a nuevos genes de una forma nueva y poderosa, y al sentir emociones intensas como si la situación deseada ya hubiera sucedido, le estás enviando al gen la señal *antes de que la situación suceda en el entorno*. Ahora ya no tienes que *esperar* ni *desear* que ocurra por fin el cambio, sino que eres *tú* el propio cambio.

De vuelta al monasterio

Volvamos al estudio del principio del capítulo anterior en el que unas personas mayores fingieron ser más jóvenes y al final acabaron rejuveneciendo físicamente. Ya he respondido la pregunta de cómo lo lograron y el misterio ha sido resuelto.

Cuando esos sujetos llegaron al monasterio, dejaron atrás la vida familiar que llevaban. Ya nada les recordaba quiénes creían ser basándose en su medio exterior. Entonces empezaron el retiro generando una intención muy clara: para aparentar con el mayor realismo posible que volvían a ser más jóvenes (usando el repaso físico y mental, porque ambos cambian el cerebro y el cuerpo). Mientras miraban películas, leían revistas y escuchaban programas de la radio y la televisión de veintidós años atrás, sin las interrupciones de la vida moderna, lograron olvidarse de la realidad de ser septuagenarios y octogenarios.

Empezaron a vivir como si volvieran a ser más jóvenes. A medida que generaban nuevos pensamientos y sentimientos sobre ser más jóvenes, su cerebro empezó a activar las neuronas en nuevas secuencias, estructuras y combinaciones, algunas de las cuales no se habían activado desde hacía veintidós años. Como todo cuanto les rodeaba, y también su excitada imaginación, les ayudaba alegremente a hacer que la experiencia fuera lo más real posible, su cerebro no pudo distinguir entre *ser* veintidós años más jóvenes y simplemente *fingir* serlo. Por eso los participantes del estudio lograron, en cuestión de días, empezar a enviar las señales que crearían los precisos cambios genéticos para reflejar quiénes estaban siendo.

Su cuerpo produjo entonces los neuropéptidos que concordaban con sus nuevas emociones y, al ser liberados en el cuerpo, enviaron nuevos mensajes a las células. A medida que las células adecuadas permitían que esos mensajeros químicos penetraran en su interior, los condujeron directamente al ADN del núcleo. En cuanto llegaron al núcleo de la célula, crearon allí nuevas proteínas, y estas a su vez buscaron nuevos genes que concordaran con la información que acarreaban. Al encontrarlos, las proteínas desplegaron el ADN, lo activaron en el gen latente y desencadenaron cambios epigenéticos. Estos produjeron a su vez nuevas proteínas que se parecían a las de cuando esos sujetos eran veintidós años más jóvenes. Y si en su cuerpo no había los elementos necesarios para crear cualquiera de los cambios epigenéticos requeridos, el epigenoma ordenaba simplemente a las células madre que crearan lo que fuera necesario.

La cascada de mejorías físicas les permitió hacer más cambios epigenéticos que activaron a su vez más genes, hasta que por fin los sujetos que salieron por las puertas de aquel monasterio ya no eran los mismos que habían entrado en él hacía solo una semana.

Y si el proceso les funcionó a ellos, supongo que a ti también te funcionará. ¿Qué realidad *eliges* vivir y quién estás *fingiendo* ser (o no ser)? *¿Podría ser así de sencillo?*

6

La sugestionabilidad

Ivan Santiago, un tipo de 36 años, estaba plantado pacientemente en una calle de la ciudad de Nueva York, junto con un puñado de *paparazzi* apiñados detrás de un cordón de terciopelo, delante de la entrada de servicio de un hotel de cuatro estrellas en el barrio de Lower East Side. Esperaban a un dignatario extranjero que estaba a punto de salir del edificio y subirse a una de las dos limusinas negras que le aguardaban junto al bordillo. Pero Santiago en lugar de sostener una cámara, con una mano sostenía una flamante mochila roja, y con la otra empuñaba un revólver equipado con un silenciador que guardaba en el interior de un bolsillo semiabierto de la mochila. Santiago, un funcionario de prisiones de imponente aspecto con una cabeza rapada que hubiera hecho que Vin Diesel se sintiera orgulloso, sabía una o dos cosas sobre armas letales. En su trabajo nunca había tenido que disparar a nadie, pero ese día estaba dispuesto a hacerlo.

Momentos antes iba de camino a casa sin pensar ni por asomo en revólveres, mochilas, dignatarios extranjeros ni asesinatos. Pero helo ahora allí, preparado para apretar el gatillo, con el ceño fruncido en una intimidante mueca y a pocos segundos de convertirse en un asesino. La puerta del hotel se abrió y su diana salió despreocupadamente vestido con una camisa blanca impecable, gafas oscuras y una cartera de cuero en la mano. Al tipo solo le dio tiempo a dar dos o tres zancadas hacia la limusina que le esperaba, porque Santiago sacó el revólver de la mochila y le disparó tres veces. El hombre cayó fulminado al suelo con la camisa ensangrentada.

A los pocos segundos un hombre llamado Tom Silver apareció de la nada y le puso tranquilamente a Santiago una mano en el hombro y la otra en la frente, diciendo: «Cuando haya contado hasta cinco diré "despierta", y tú abrirás los ojos y te despertarás. ¡Uno, dos, tres, cuatro, cinco! ¡Despierta!»

A Santiago le habían hipnotizado para que disparara a un desconocido (en realidad era un doble) con un inofensivo revólver de aire comprimido de los que se usan para jugar al *airsoft,* en un experimento dirigido por un puñado de investigadores que querían experimentar con algo inconcebible: ¿era posible, mediante la hipnosis, programar a una buena persona respetuosa con la ley para que se convirtiera en un despiadado asesino?[1]

Escondidos dentro de la limusina con la vista clavada en la escena se encontraban los investigadores que trabajaban con Silver: Cynthia Meyersburg, que en aquella época estaba haciendo un posdoctorado en Harvard especializado en psicopatología experimental; Mark Stokes, un neurocientífico de Oxford que estudiaba las redes neuronales relacionadas con la toma de decisiones; y Jeffery Kieliszewski, un psicólogo forense del Human Resource Associates en Grand Rapids, Michigan, que había trabajado en prisiones de máxima seguridad y en hospitales para asesinos dementes.

El día anterior los investigadores habían empezado el estudio con un grupo de 185 voluntarios. Silver (un profesional titulado en hipnosis clínica e investigador experto en hipnosis forense que había ayudado en una ocasión al Departamento de Defensa de Taiwán a sacar a la luz un escándalo internacional de tráfico de armas de 2.400 millones de dólares), había examinado a los 185 participantes para determinar hasta qué punto eran sugestionables por la hipnosis. Se considera que solo del 5 al 10 por ciento de la población está predispuesta a ella. Solamente 16 sujetos del grupo superaron la prueba, y tras realizarles una evaluación psicológica para descartar a los que pudieran sufrir daños psicológicos irreversibles a causa del experimento, 11 de ellos pasaron a la siguiente prueba para determinar si rechazaban, bajo hipnosis, normas sociales muy arraigadas y descubrir quién era el más sugestionable de todos.

Los dividieron en grupos más pequeños y los llevaron a comer a un restaurante poco concurrido tras haberles imbuido, sin que lo supieran, una sugestión posthipnótica diciéndoles que en cuanto se sentaran a la mesa, sentirían tanto calor que acabarían quitándose la ropa hasta quedarse en ropa interior en medio del restaurante. Si bien todos los sujetos realizaron las instrucciones recibidas en mayor o menor grado, los investigadores eliminaron a siete de ellos por creer que estaban fingiendo o que no eran lo bastante sugestionables como para seguir las instrucciones hasta el final. Los otros se quedaron en ropa interior en cuestión de segundos, realmente *creyeron* estar sintiendo un calor insoportable.

A los cuatro que pasaron al siguiente nivel les ofrecieron hacer una prueba en la que nadie podría fingir. Los participantes tenían que meterse en una profunda bañera de metal llena de agua helada a una temperatura de 1,6 grados, solo unos grados por encima del punto de congelación. Uno a uno, los conectaron a unos aparatos para controlarles la frecuencia cardíaca, el ritmo respiratorio y el pulso, mientras una cámara especial de imágenes térmicas monitorizaba tanto su temperatura corporal como la del agua. Silver, tras hipnotizarles, les dijo que la gélida agua no les molestaría en absoluto y que en realidad se sentirían como si estuvieran tomando un relajante baño de agua caliente. El anestesiólogo Sekhar Upadhyayula realizó la prueba en presencia de expertos en urgencias médicas por si acaso.

Esta prueba era definitiva para seguir con el experimento o descartarlo. Normalmente, cuando nos sumergimos en un agua tan fría, experimentamos el reflejo involuntario de la bocanada al llegarnos el agua a la altura de los pezones. El ritmo cardíaco y el respiratorio se aceleran, nos ponemos a temblar y los dientes nos castañean: es el sistema nervioso autónomo tomando el mando para intentar mantener el equilibrio interior, algo que no está bajo nuestro control. Aunque una persona se encontrara en un profundo estado de hipnosis, la cantidad de sensaciones que recibe el cerebro en esas circunstancias extremas es normalmente demasiado abrumadora como para seguir en estado hipnótico. Si cualquiera de los sujetos superaba la prueba, querría decir que era sin duda sumamente sugestionable.

Tres de los sujetos se hallaban en un profundo estado de hipnosis, aunque por lo visto no era lo bastante profundo como para soportar un frío tan intenso sin que su cuerpo dejara de mantener la homeostasis. El máximo de tiempo que lograron estar en la bañera fue dieciocho segundos. Pero el cuarto, Santiago, estuvo hasta dos minutos antes de que el doctor Upadhyayula detuviera la prueba.

Si bien el ritmo cardíaco de Santiago era elevado *antes* de realizar el experimento, en cuanto se metió en el agua le bajó al instante. En su ECG no apareció ni una sola oscilación y su ritmo respiratorio no produjo ni un solo pitido. Santiago se sentó entre los cubitos de hielo como si estuviera en una bañera llena de agua caliente, exactamente lo que creía estar haciendo. El tipo no se estremeció lo más mínimo ni sufrió una hipotermia y los investigadores supieron que habían encontrado al sujeto que andaban buscando.

Como Santiago era tan sugestionable bajo hipnosis que su cuerpo podía superar condiciones ambientales extremas durante ese espacio de tiempo y su mente era capaz de controlar sus funciones autónomas, estaba preparado para la última prueba.

Los investigadores descubrieron al examinar el pasado de Santiago que se trataba de una excelente persona. Era un empleado de confianza, un buen hijo y un tío cariñoso. Sin duda no era la clase de hombre que accedería a asesinar a alguien a sangre fría. ¿Lograría Silver convertirlo en un asesino?

Para que la siguiente fase del experimento fuera válida, Santiago no podía saber qué era lo que tramaban los investigadores, no podía relacionar los experimentos en los que participaba con la escena ante el hotel donde se realizaría el estudio científico. Como parte del plan, los productores de televisión encargados de filmar los experimentos le comunicaron que no había sido seleccionado para seguir en el programa, pero le pidieron que volviera al día siguiente para una breve entrevista de despedida. Antes de irse le dijeron que no le volverían a hipnotizar.

Santiago volvió al día siguiente. Mientras charlaba con la productora, el equipo se dedicó a preparar la escena de la calle. El doble se adhirió con cinta adhesiva unas bolsas con sangre falsa, metieron dentro de una mochila roja un revólver de aire comprimido de *airsoft* (produce el mismo estruendo y culatazo que los de un revólver real), y la dejaron en el asiento de una moto aparcada junto a la entrada del edificio. Rodearon la entrada de servicio del hotel con un cordón de terciopelo y los *paparazzi* falsos se apiñaron en el lugar equipados con sus cámaras fotográficas y de vídeo. Dos limusinas aparcadas en la calle simulaban esperar al «dignatario extranjero» y a su comitiva.

En la planta de arriba del edificio Santiago respondía ajeno a todo las preguntas de su «entrevista de despedida», pero de pronto la productora le dijo que la disculpara porque tenía que ausentarse un momento. Poco después entró Silver al despacho diciendo que quería despedirse de él. Cuando le estrechó la mano, le dio un pequeño tirón en el brazo, y Santiago, que a esas alturas ya estaba condicionado para reaccionar a esta clase de señales, se sumió en el acto en un trance hipnótico y cayó desmadejado sobre el sofá.

Silver le advirtió que «un tipo malvado» estaba abajo y añadió: «Hay que eliminarlo. Nos desembarazaremos de él y tú eres quien lo hará». Le dijo a Santiago que en cuanto saliera del edificio, vería una mochila roja sobre una moto y que dentro había un revólver. Añadió que debía coger la mochila roja, acercarse al cordón de terciopelo y esperar a que el dignatario, que llevaría una cartera en la mano, saliera del hotel. Le señaló: «En cuanto salga, le apuntarás al pecho con el revólver y dispararás: ¡Pum! ¡Pum! ¡Pum! ¡Pum! ¡Pum! Pero en cuanto lo hayas hecho, te olvidarás por completo de todo».

Por último Silver le implantó tanto el estímulo sonoro como el físico que haría que Santiago se sumiera en el acto en un estado hipnótico bajo el cual llevaría a cabo la sugestión posthipnótica: le dijo que al salir a la calle reconocería al productor del segmento y que esta persona le estrecharía la mano diciéndole: «Ivan, has hecho un magnífico trabajo». Silver le pidió que asintiera si iba a ejecutar lo que le había ordenado y Santiago así lo hizo. Luego Silver lo sacó del trance hipnótico y actuó como si se estuviera simplemente despidiendo de él.

La productora volvió al despacho cuando Silver ya se había ido y le dio las gracias a Santiago, diciéndole que la entrevista de despedida había terminado y que ya se podía marchar. Poco después Santiago salió del edificio creyendo que volvía a casa.

En cuanto salió a la calle, el productor del segmento se acercó a él y, dándole la mano, le dijo: «Ivan, has hecho un magnífico trabajo». Era el estímulo que lo iba a sumir en un estado hipnótico. Al instante, Santiago echó un vistazo alrededor, vio la moto, se dirigió a ella y cogió tranquilamente la mochila roja del asiento. Al ver el cordón de terciopelo y los *paparazzi*, se acercó a donde estaban y abrió lentamente la mochila.

Al cabo de poco, un tipo con una cartera en la mano salió del hotel. Santiago, sin vacilar, sacó el revólver de la mochila y le disparó al pecho varias veces. Las bolsas con sangre falsa que el «dignatario» llevaba adheridas bajo la camisa reventaron y él fingió caer fulminado al suelo.

Silver apareció casi de inmediato en el escenario e hizo que Santiago cerrara los ojos. El doble se apresuró a alejarse mientras Santiago despertaba del estado de trance en que se hallaba. El psicólogo Jeffery Kieliszewski apareció en el lugar y sugirió a Santiago que le acompañara al interior del edificio con los demás para informarle de lo sucedido. En cuanto entraron, los investigadores le contaron al desconcertado Santiago lo ocurrido y le preguntaron si se acordaba de lo que había hecho o de la escena que se había desarrollado en la calle. Santiago no se acordaba de nada, es decir, hasta que Silver le sugirió que lo hiciera.

La programación del subconsciente

En los primeros capítulos has leído sobre muchas distintas personas cuyos cuerpos, al aceptar una posible situación imaginada, respondieron como por acto de magia a esa imagen mental: pacientes que llevaban años padeciendo los temblores involuntarios del párkinson y que al aumentar sus niveles de dopamina por medio de sus pensamientos vieron desaparecer misteriosamente su parálisis espástica. Una mujer con una depresión crónica que con el paso del tiempo cambió físicamente su cerebro y transformó su debilitante estado emocional en alegría y bienestar. Asmáticos que tuvieron un ataque bronquial en toda regla provocado simplemente por vapor de agua y a los que luego, en cuestión de segundos, se les expandieron los bronquios al inhalar la misma sustancia. Y pacientes con un fuerte dolor de rodilla que apenas se podían desplazar, que mejoraron milagrosamente después de someterse a una cirugía falsa de rodilla y que al cabo de varios años seguían encontrándose perfectamente.

En todos estos casos y en más, se podría decir que cada una de esas personas aceptó primero la *sugestión* de mejorar y luego creyó en ella, y después se entregó al resultado sin analizar el proceso. Cuando aceptaron que podían recuperar la salud, se alinearon con una posible realidad futura y entonces su mente y su cerebro cambiaron en el proceso. Al creer en el resultado, aceptaron emocionalmente la idea de que mejorarían y por eso su cuerpo, como mente inconsciente, empezó a vivir esa realidad futura en el presente.

Condicionaron a su cuerpo a adoptar una nueva mente y luego empezaron a enviar señales a nuevos genes de nuevas formas, y a expresar nuevas proteínas para estar más sanos, con lo que adquirieron un nuevo estado del ser. En cuanto aceptaron esta nueva situación, dejaron de analizar cómo o cuándo iba a manifestarse: simplemente confiaron en un mejor estado del ser y mantuvieron ese nuevo estado mental y físico durante mucho tiempo. Ese duradero estado del ser fue lo que activó los genes adecuados y los programó para que siguieran dándose.

Tanto si decidieron tomar a diario pastillas de azúcar durante semanas o incluso meses, como si recibieron una sola inyección salina o se sometieron a una cirugía falsa, esas personas reafirmaron durante el estudio que creían en un nuevo futuro y que lo aceptaban y se entregaban a él. Si por ejemplo estaban tomando una pastilla diaria para aliviar su dolor o su depresión, la pastilla les *recordaba* constantemente que debían condicionar a su cuerpo, esperar curarse y asignarle un significado a esa actividad intencionada, reforzando el proceso interior una y otra vez. Si se trataba de una visita semanal al hospital para ver al médico y contarle sus progresos, la decisión de interactuar en un determinado entorno con facultativos, enfermeras, un equipo médico y salas de espera desencadenó un sinnúmero de respuestas sensoriales que les recordaba, por medio de la memoria asociativa, la posibilidad de un nuevo futuro. Sus experiencias pasadas les habían condicionado a ver el llamado «hospital» como un lugar donde la gente se curaba. Los pacientes placebo empezaron a anticipar sus futuros cambios, con lo que le asignaron una intención al proceso curativo. Y esos factores al tener un significado para ellos, les hacían más propensos a dejarse sugestionar por los resultados que experimentaban.

Vamos a centrarnos en lo que es evidente y que sin embargo suele pasarse por alto. Los cambios no se debieron a ningún mecanismo real físico, químico o terapéutico. Ninguna de esas personas se sometió a una intervención real, tomó medicamentos activos ni recibió un verdadero tratamiento para crear esos importantes cambios en su salud. Se curaron al influir con el poder de su mente en la fisiología de su cuerpo. Se puede afirmar que su auténtica transformación sucedió al margen de su mente consciente. Aunque esta *iniciara* el proceso curativo, ocurrió a nivel subconsciente sin que los sujetos supieran *cómo* había sucedido.

A Ivan Santiago le pasó lo mismo. El poder de su mente bajo hipnosis influyó hasta tal punto en su fisiología que ni siquiera se estremeció cuando se metió en la gélida bañera llena de cubitos de hielo. Esta hazaña no la realizó su mente consciente, sino su poderoso subconsciente alterado por una mera sugestión. Si no la hubiera aceptado, el resultado habría sido muy distinto. Además hizo lo que hizo sin pensar en cómo lo haría, de hecho Santiago no *creía* estar sumergido en agua helada, sino en una relajante bañera llena de agua caliente.

El efecto placebo por tanto, al igual que el de la hipnosis, lo crea nuestra mente al interactuar de algún modo con el sistema nervioso autónomo. La mente consciente se funde simplemente con el subconsciente. En cuanto los pacientes placebo aceptaron un pensamiento como una realidad y luego creyeron y confiaron emocionalmente en el resultado final, lo siguiente que sucedió fue que se curaron.

Una cascada de episodios fisiológicos produce automáticamente una serie de cambios biológicos, sin que participe en ello la mente consciente. Fueron capaces de entrar en el sistema operativo donde se dan estas funciones a diario y al hacerlo fue como si sembraran una semilla en tierra fértil. El sistema tomó automáticamente el mando. En realidad, nadie tuvo que hacerlo. Ocurrió sin más.

Ninguno de esos sujetos podía subir de manera *consciente* sus niveles de dopamina en un 200 por ciento, controlar mentalmente los temblores involuntarios, fabricar nuevos neurotransmisores para combatir la depresión, enviar señales a las células madre para que se metamorfosearan en leucocitos y aumentaran la respuesta inmunitaria, ni regenerar el cartílago de la rodilla para reducir el dolor, al igual que Santiago no podía haber evitado estremecerse por más que lo intentara con su mente *consciente* cuando se metió en la bañera. Cualquiera que intentara realizar esta clase de hazañas habría fracasado estrepitosamente. Esas personas tenían que recurrir a una mente que ya sabe cómo iniciar todos estos procesos. Para triunfar tenían que activar el sistema nervioso autónomo, el *subconsciente,* y asignarle luego la tarea de crear células nuevas y proteínas sanas nuevas.

Aceptación, creencia y entrega

He mencionado la palabra *sugestionabilidad* a lo largo del libro como si ser sugestionable fuera algo que pudiéramos hacer a voluntad. Pero al leer la historia del principio del capítulo has visto que no es tan fácil como parece. Afrontémoslo, algunos de nosotros —como Ivan Santiago— somos más sugestionables que otros. E incluso las personas más sugestionables responden mejor a determinadas sugestiones que a otras.

Por ejemplo, algunos de los sujetos que hicieron la prueba de hipnotismo, tras la sugestión posthipnótica no tuvieron ningún problema en quedarse en ropa interior en un lugar público, pero fueron incapaces de aceptar la idea de que una bañera llena de agua helada era en realidad un jacuzzi con agua caliente, a pesar de que las sugestiones posthipnóticas (como la de que Santiago disparara a un desconocido) suelen ser más difíciles de seguir que las sugestiones que te cambian el estado temporalmente durante el trance hipnótico.

Y la respuesta placebo, como la hipnosis, tampoco le funciona a todo el mundo. Los pacientes placebo citados en el libro que lograron mantener durante años los cambios positivos que habían hecho (como los de la cirugía falsa de rodilla) respondieron como los sujetos de la hipnoterapia que habían recibido sugestiones posthipnóticas. A algunos, como a esos sujetos, esta clase de sugestiones les funcionaron de maravilla. Pero a otros apenas les hicieron efecto.

Por ejemplo, muchas personas cuando enferman o padecen alguna enfermedad ni siquiera aceptan la idea de que un medicamento, un procedimiento, un tratamiento o una inyección puedan ayudarles, y menos aún un placebo. ¿Por qué no? Porque para lograrlo es necesario pensar más allá de cómo te sientes —y dejar luego que esos pensamientos creen nuevos sentimientos, los cuales reforzarán a su vez esos nuevos pensamientos— hasta adquirir un nuevo estado del ser. Pero si los sentimientos de siempre se han convertido en la manera de pensar de siempre y uno no puede trascender esa habituación, seguirá en el mismo estado mental y físico y nada cambiará.

Sin embargo, si esas personas que no aceptan que un medicamento o un procedimiento les puedan curar logran aceptar y creer que se curarán, y luego se entregan a este nuevo pensamiento sin agitarse, preocuparse ni analizarlo constantemente, en tal caso obtendrán unos resultados mucho más positivos. La sugestionabilidad convierte un pensamiento en una experiencia virtual, por eso el cuerpo responde de una nueva forma.

La sugestionabilidad combina tres elementos: *aceptación, creencia* y *entrega*. Cuanto más aceptamos, creemos y nos entregamos a sea lo que sea lo que estemos haciendo para cambiar nuestro estado interior, mejores son los resultados que obtenemos. Asimismo, cuando Santiago estaba bajo hipnosis y su subconsciente se encontraba al mando, aceptó lo que Silver le dijo del «tipo malvado» que debía eliminar creyendo que le estaba diciendo la verdad, y siguió las detalladas instrucciones sin analizar ni juzgar lo que iba a hacer. No firmaron ningún contrato, ni Santiago le pidió ninguna prueba. Ni tampoco se lo cuestionó. Lo hizo y punto.

El componente adicional de la emoción

Cuando nos presentan la idea de curarnos y la asociamos con la esperanza o con el pensamiento —de que algo fuera de nosotros nos cambiará por dentro—, al anticipar entusiasmados la experiencia curativa nos dejamos sugestionar por ese resultado final. Condicionamos al sistema que creará el resultado, esperamos que suceda y además le damos un significado.

Pero el componente emocional es esencial en esta experiencia, ya que la sugestionabilidad no es simplemente un proceso intelectual. Muchas personas pueden intelectualizar que se sienten mejor, pero si no aceptan *emocionalmente* el resultado, no podrán entrar en el sistema nervioso autónomo (como Santiago hizo mediante el hipnotismo), lo cual es fundamental porque es donde reside la programación subconsciente que controla las funciones biológicas (como he descrito en el capítulo 3). De hecho, en psicología se considera por lo general que una persona que siente emociones intensas tiende a ser más receptiva a las ideas y, por tanto, es más sugestionable.

El sistema nervioso autónomo está controlado por el *cerebro límbico,* llamado también «cerebro emocional» y «cerebro químico». El cerebro límbico, que aparece en la figura 6.1, se ocupa de las funciones subconscientes como el orden químico y la homeostasis, para mantener el equilibrio fisiológico natural del cuerpo. Es tu centro emocional. Al sentir distintas emociones, activas esta parte del cerebro y entonces crea las correspondientes moléculas químicas de la emoción. Y como el cerebro emocional funciona al margen de la mente consciente, en cuanto sientes una emoción activas el sistema nervioso autónomo.

Si el efecto placebo requiere que sientas una emoción intensa antes de que ocurra la experiencia curativa, cuando aumentas la respuesta emocional (y sales del estado en el que te has acomodado), estás activando el sistema subconsciente. Permitirte sentir emociones es una forma de entrar en el sistema operativo y programar un cambio, porque ahora le estás dando automáticamente las instrucciones al sistema nervioso autónomo para que empiece a crear la correspondiente bioquímica como si ya te estuvieras curando. Y el cuerpo recibe entonces una mezcla de esos elixires alquímicos naturales del cerebro y la mente. Por eso el cuerpo emocionalmente se convierte en mente.

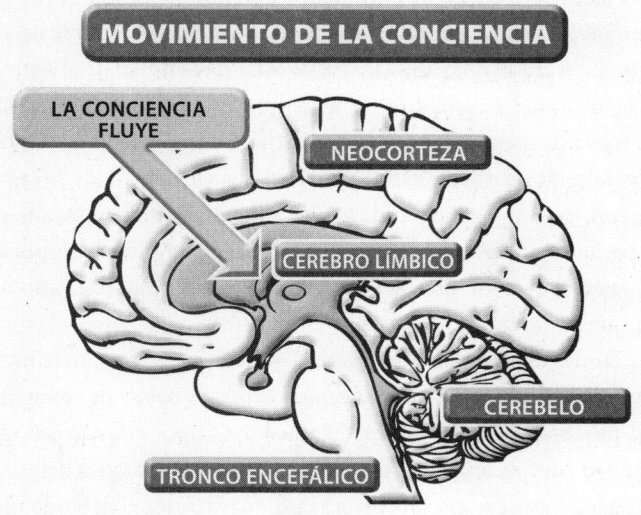

FIGURA 6.1

Cuando sientes una emoción prescindes de la neocorteza —la sede de la mente consciente— y activas el sistema nervioso autónomo. Y al ir más allá del cerebro pensante, entras en la parte del cerebro que regula, mantiene y fomenta la salud.

Como has visto, no todas las emociones sirven para ello. Las emociones del estado de supervivencia de las que ya he hablado en el capítulo anterior al desequilibrar el cerebro y el cuerpo re-silencian (o desactivan) los genes necesarios para una salud óptima. El miedo, la sensación de inutilidad, la ira, la hostilidad, la impaciencia, el pesimismo, la competitividad y las preocupaciones no envían las señales a los genes adecuados para que el cuerpo esté más sano; al contrario, activan la respuesta de lucha o huida del sistema nervioso y preparan al cuerpo para una emergencia. Cuando esto sucede en lugar de usar la energía vital para curarte, la estás malgastando.

Por cierto, se parece también a *intentar* hacer que algo ocurra. En cuanto lo intentas, te enfrentas a algo porque estás intentando cambiarlo. Estás luchando, intentando alcanzar a la fuerza un resultado, aunque no te des cuenta de estar haciéndolo. Esta actitud te hace perder el equilibrio, al igual que las emociones del estado de supervivencia, y cuanto más frustrado e impaciente te sientes, más falto de equilibrio estás. ¿Recuerdas el episodio V de *El imperio contraataca,* cuando Yoda le dice a Luke Skywalker que uno no debe intentar algo, solo hacerlo (o no hacerlo)? Con la respuesta placebo ocurre lo mismo. No hay que intentar obtenerla, solo dejar que se dé.

Todas esas emociones negativas y estresantes son tan habituales y al mismo tiempo nos conectan a tantas situaciones conocidas del pasado, que cuando nos dejamos llevar por ellas hacen que nuestro cuerpo siga conectado a las mismas condiciones del pasado, que en este caso es una mala salud. No estamos aportando ninguna información nueva para programar nuestros genes de ninguna forma nueva. Nuestro pasado refuerza nuestro futuro.

En cambio, emociones como la gratitud y el aprecio hacen que el corazón se nos abra y que la energía de nuestro cuerpo se eleve a un nuevo lugar, abandonando los centros hormonales inferiores. El agradecimiento es una de las emociones más poderosas que existen para aumentar nuestro grado de sugestionabilidad. Le enseña emocionalmente al cuerpo que el episodio por el que nos sentimos agradecidos *ya ha sucedido,* porque normalmente sentimos agradecimiento *después* de haber ocurrido la situación deseada.

HIPERACTIVIDAD O HIPEREXCITACIÓN

Puntuación Z (TRF) de la coherencia

Delta (1.0 - 4.0 Hz) Theta (4.0 - 8.0 Hz) Alpha (8.0 - 12.0 Hz) Beta (12.0 - 25.0 Hz)

High Beta (25.0 - 30.0 Hz) Beta 1 (12.0 - 15.0 Hz) Beta 2 (15.0 - 18.0 Hz) Beta 3 (18.0 - 25.0 Hz)

HIPOACTIVIDAD O HIPOEXCITACIÓN

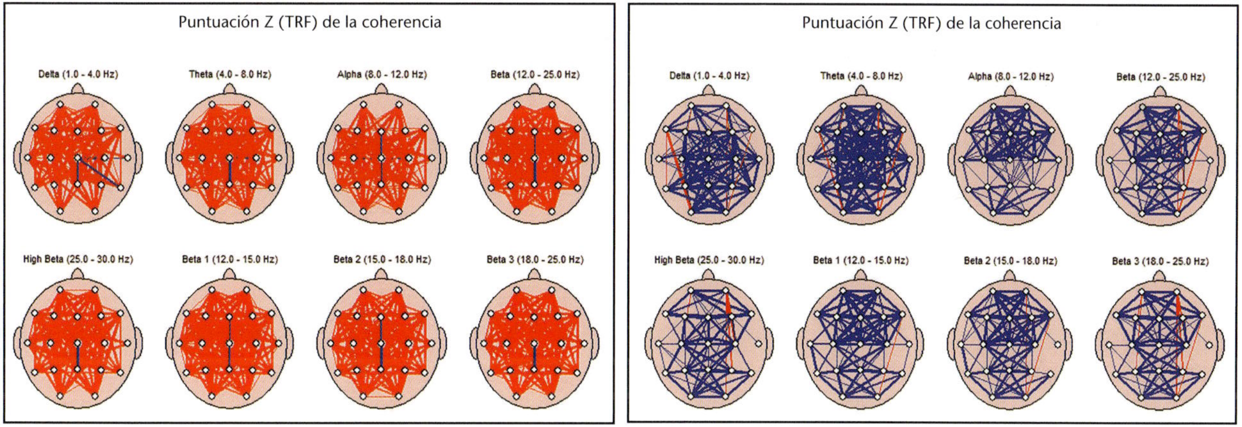

Puntuación Z (TRF) de la coherencia

Delta (1.0 - 4.0 Hz) Theta (4.0 - 8.0 Hz) Alpha (8.0 - 12.0 Hz) Beta (12.0 - 25.0 Hz)

High Beta (25.0 - 30.0 Hz) Beta 1 (12.0 - 15.0 Hz) Beta 2 (15.0 - 18.0 Hz) Beta 3 (18.0 - 25.0 Hz)

Puntuación Z ≥ 1.98   Puntuación Z ≥ 2.58   Puntuación Z ≥ 3.09

Representado en Desviaciones Estándar (DE)

Rojo = por ENCIMA de lo normal   Azul = por DEBAJO de lo normal

En *inglés* en las imágenes
Delta = Delta
Theta = Zeta
Alpha = Alfa
Beta = Beta

Figura 10.2

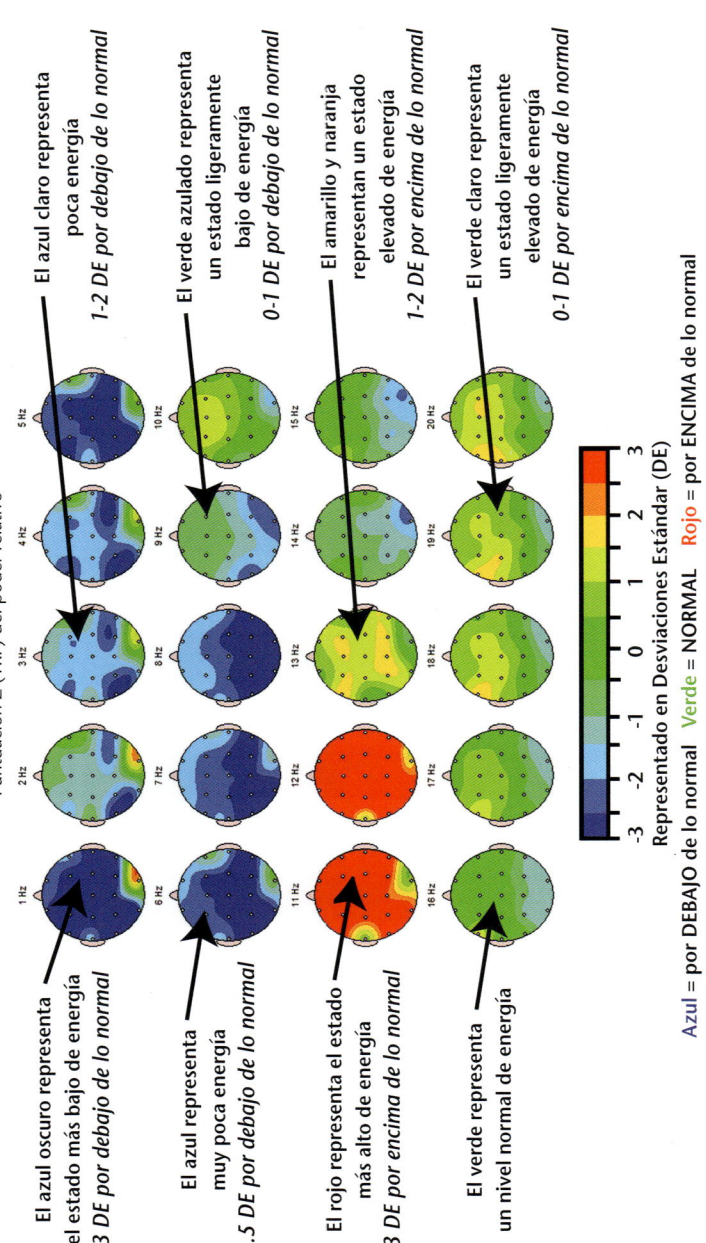

Puntuación Z (TRF) del poder relativo

El azul claro representa poca energía
1-2 DE por debajo de lo normal

El verde azulado representa un estado ligeramente bajo de energía
0-1 DE por debajo de lo normal

El amarillo y naranja representan un estado elevado de energía
1-2 DE por encima de lo normal

El verde claro representa un estado ligeramente elevado de energía
0-1 DE por encima de lo normal

El azul oscuro representa el estado más bajo de energía
3 DE por debajo de lo normal

El azul representa muy poca energía
2.5 DE por debajo de lo normal

El rojo representa el estado más alto de energía
3 DE por encima de lo normal

El verde representa un nivel normal de energía

Representado en Desviaciones Estándar (DE)

Azul = por DEBAJO de lo normal   Verde = NORMAL   Rojo = por ENCIMA de lo normal

Figura 10.3

CAMBIOS EN LA COHERENCIA DURANTE LA MEDITACIÓN

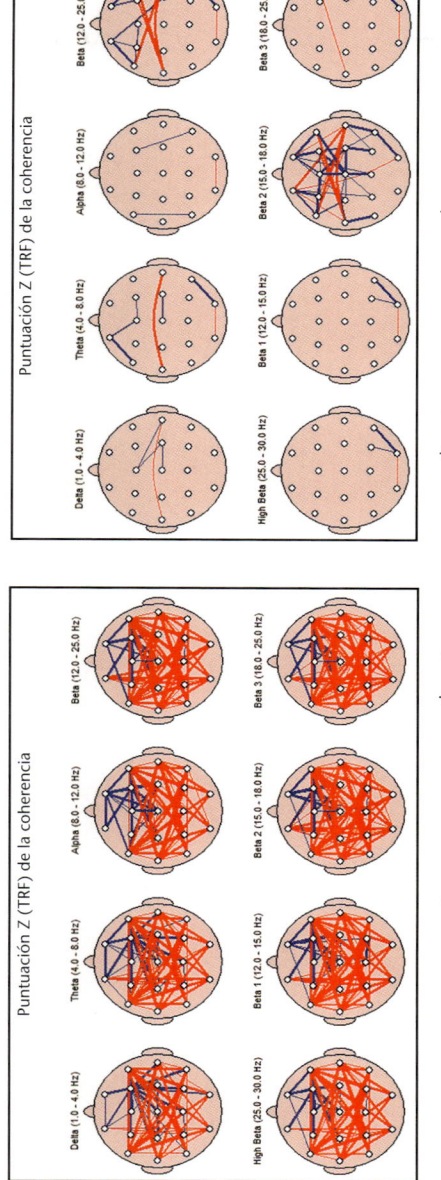

Figura 10.4

CAMBIOS EN EL PÁRKINSON DESPUÉS DE LA MEDITACIÓN

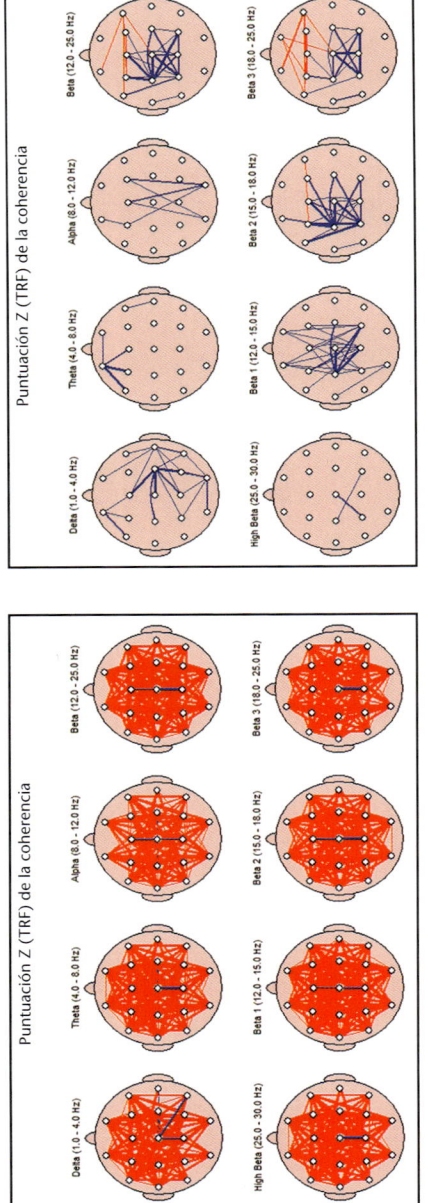

Figura 10.5

CAMBIOS EN EL PÁRKINSON DESPUÉS DE LA MEDITACIÓN

20 de febrero, 2013

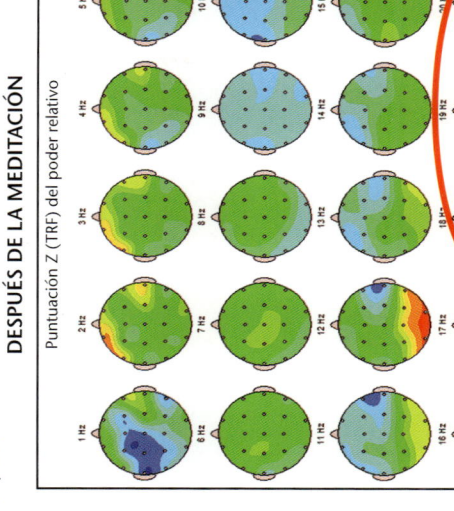
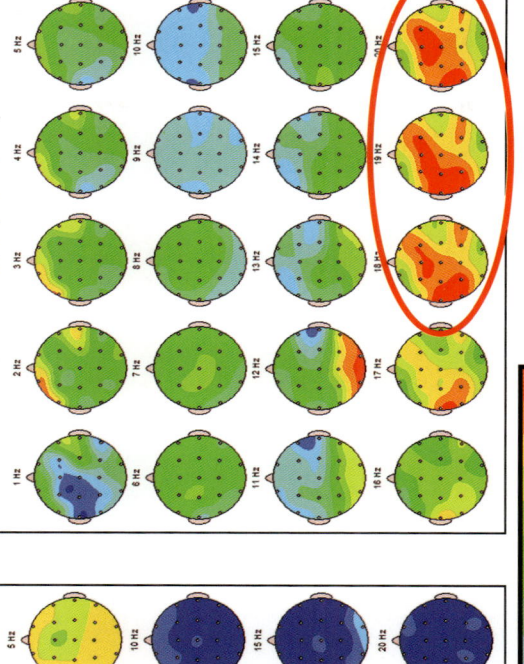

Figura 10.6 A

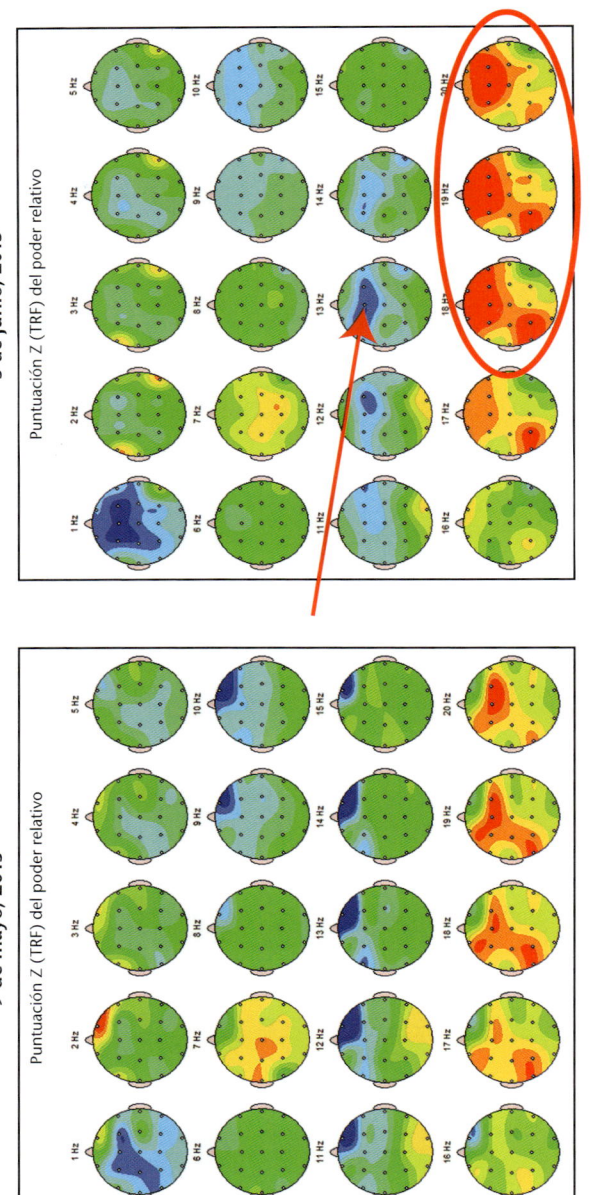

9 de mayo, 2013

Puntuación Z (TRF) del poder relativo

Figura 10.6 B

3 de junio, 2013

Puntuación Z (TRF) del poder relativo

Figura 10.6 C

13 de julio, 2013

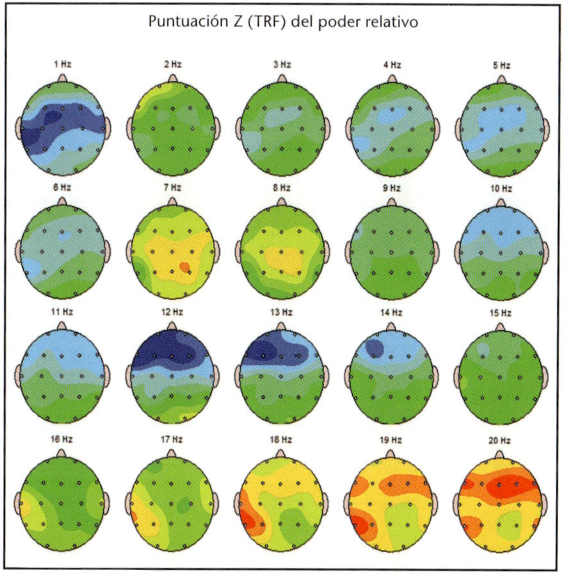

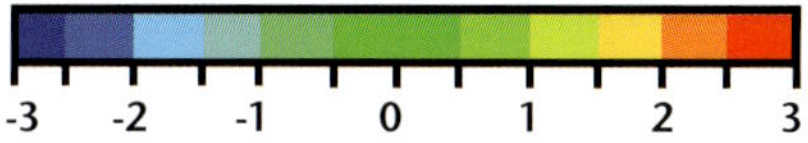

Puntuación Z (TRF) del poder relativo

Figura 10.6 E

27 de junio, 2013

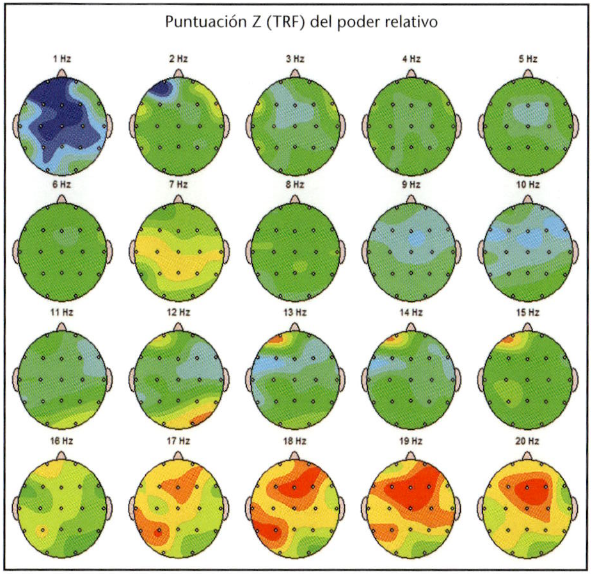

Puntuación Z (TRF) del poder relativo

Figura 10.6 D

CAMBIOS EN UN TRAUMATISMO CEREBRAL DESPUÉS DE LA MEDITACIÓN

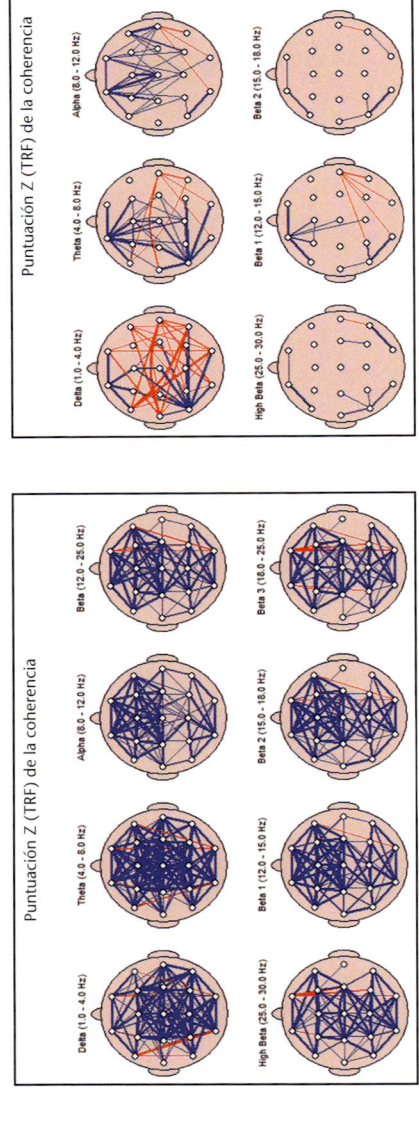

Figura 10.7

CAMBIOS EN UN TRAUMATISMO CEREBRAL DESPUÉS DE LA MEDITACIÓN

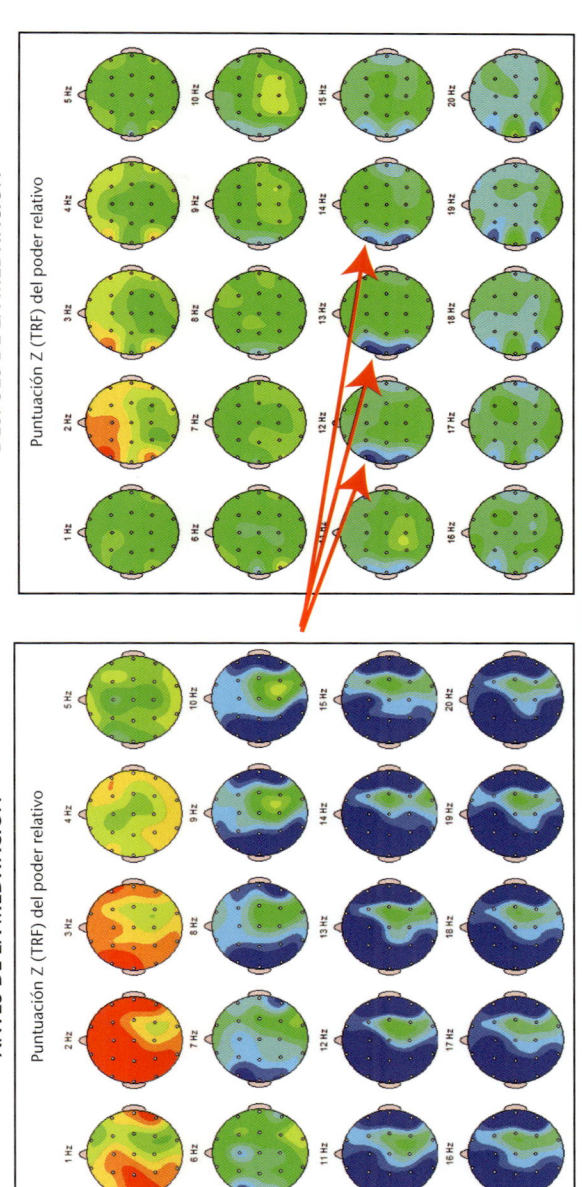

Figura 10.8

CAMBIOS EN LA PROPORCIÓN DELTA/ZETA EN LA MEDITACIÓN

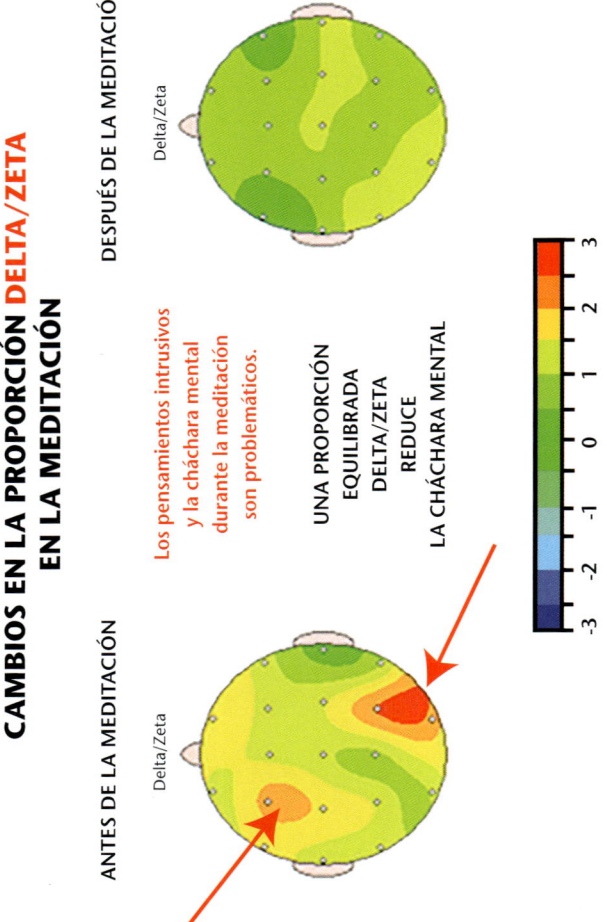

ANTES DE LA MEDITACIÓN

Delta/Zeta

DESPUÉS DE LA MEDITACIÓN

Delta/Zeta

Los pensamientos intrusivos y la cháchara mental durante la meditación son problemáticos.

UNA PROPORCIÓN EQUILIBRADA DELTA/ZETA REDUCE LA CHÁCHARA MENTAL

Figura 10.9

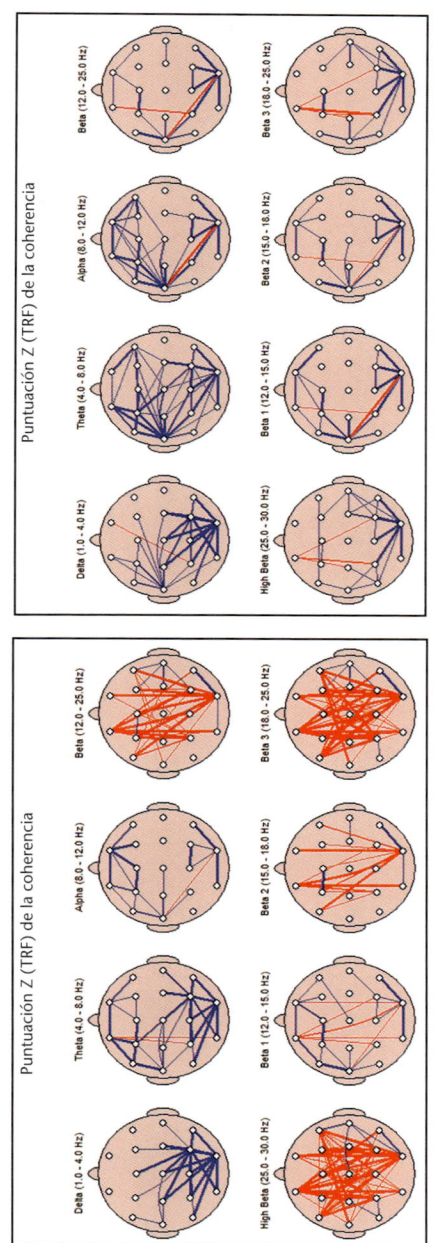

Figura 10.10

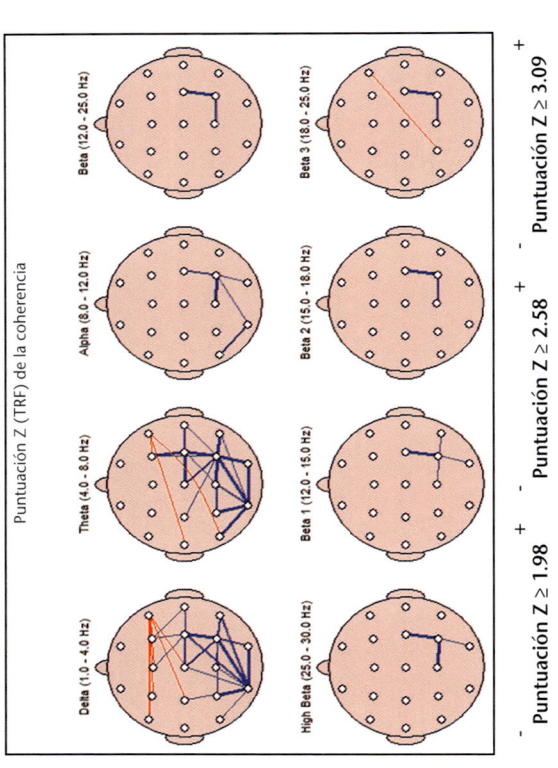

8 de abril, 2013

Puntuación Z (TRF) de la coherencia

Delta (1.0 - 4.0 Hz)   Theta (4.0 - 8.0 Hz)   Alpha (8.0 - 12.0 Hz)   Beta (12.0 - 25.0 Hz)

High Beta (25.0 - 30.0 Hz)   Beta 1 (12.0 - 15.0 Hz)   Beta 2 (15.0 - 18.0 Hz)   Beta 3 (18.0 - 25.0 Hz)

- Puntuación Z ≥ 1.98 +   - Puntuación Z ≥ 2.58 +   - Puntuación Z ≥ 3.09 +

Figura 10.11

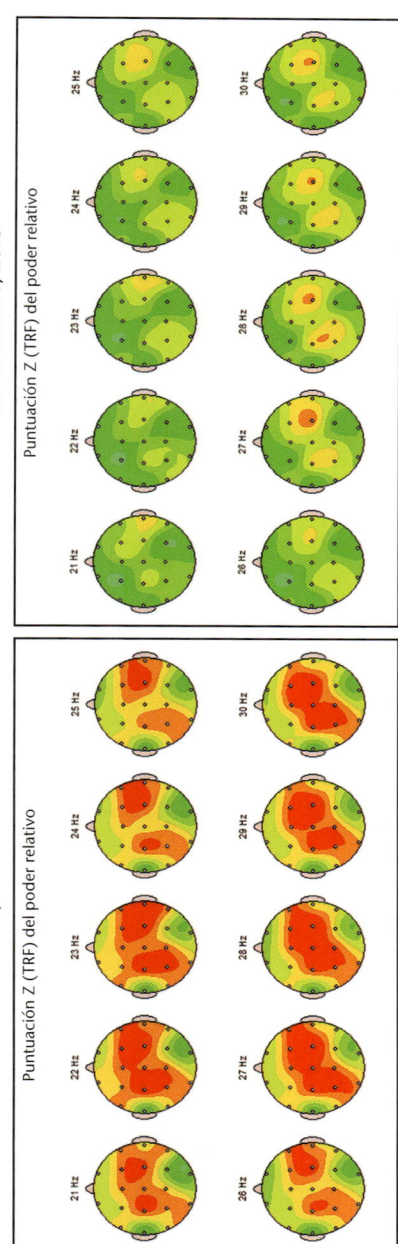

Figura 10.12

8 de abril, 2013

Puntuación Z (TRF) del poder relativo

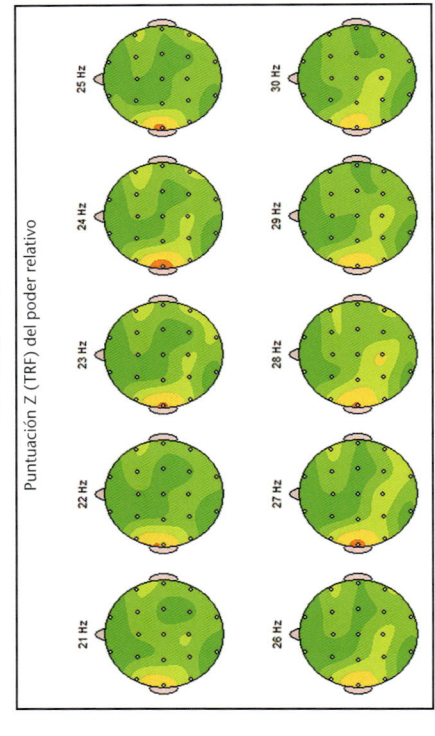

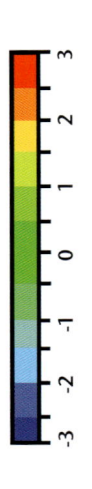

Figura 10.13

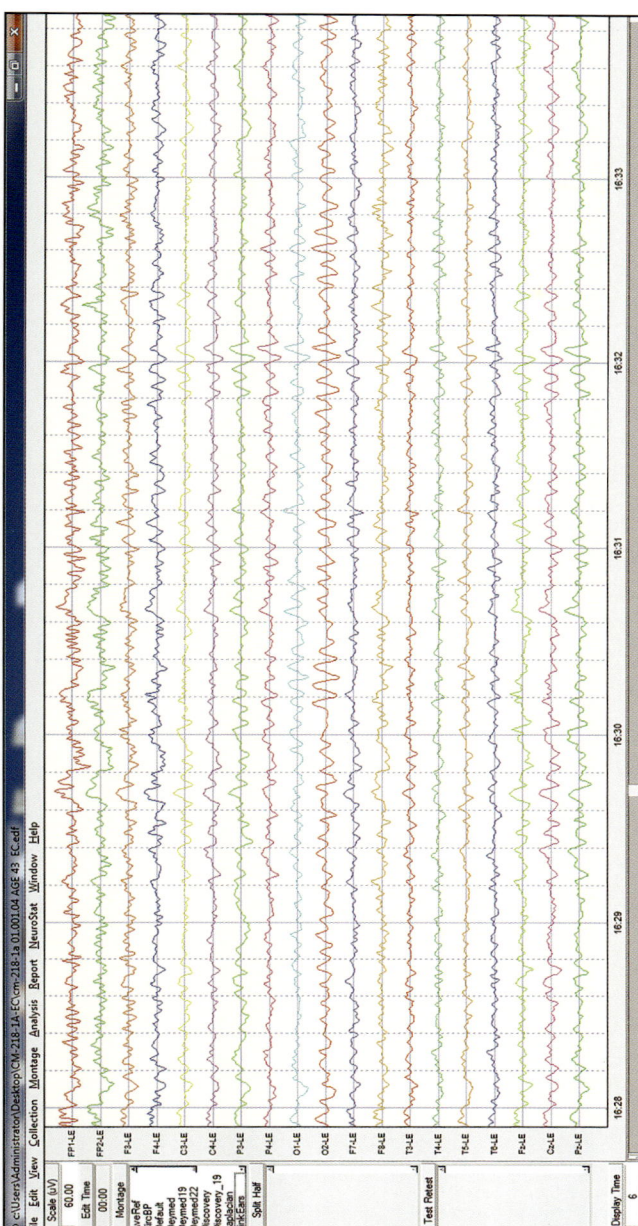

Figura 10.14

AUMENTO EN LA ACTIVIDAD DEL LÓBULO FRONTAL

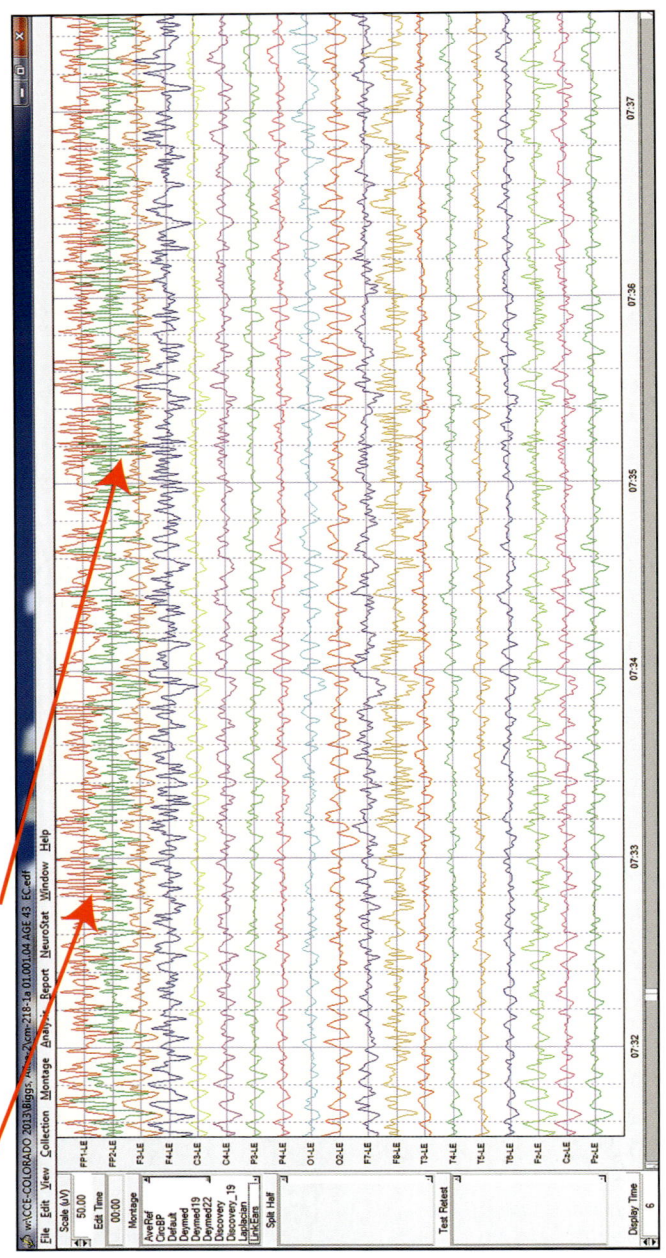

Figura 10.15 A

AUMENTO EN LA ACTIVIDAD DEL LOBULO FRONTAL

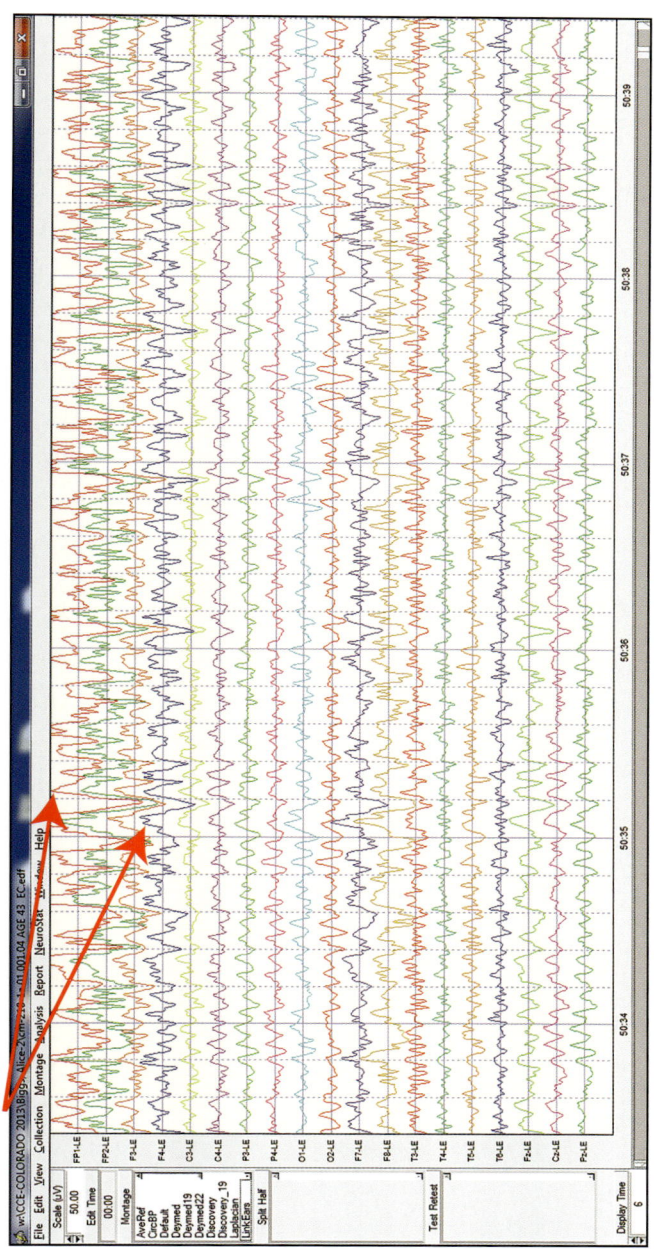

Figura 10.15 B

AUMENTO EN LA ACTIVIDAD DEL LÓBULO FRONTAL

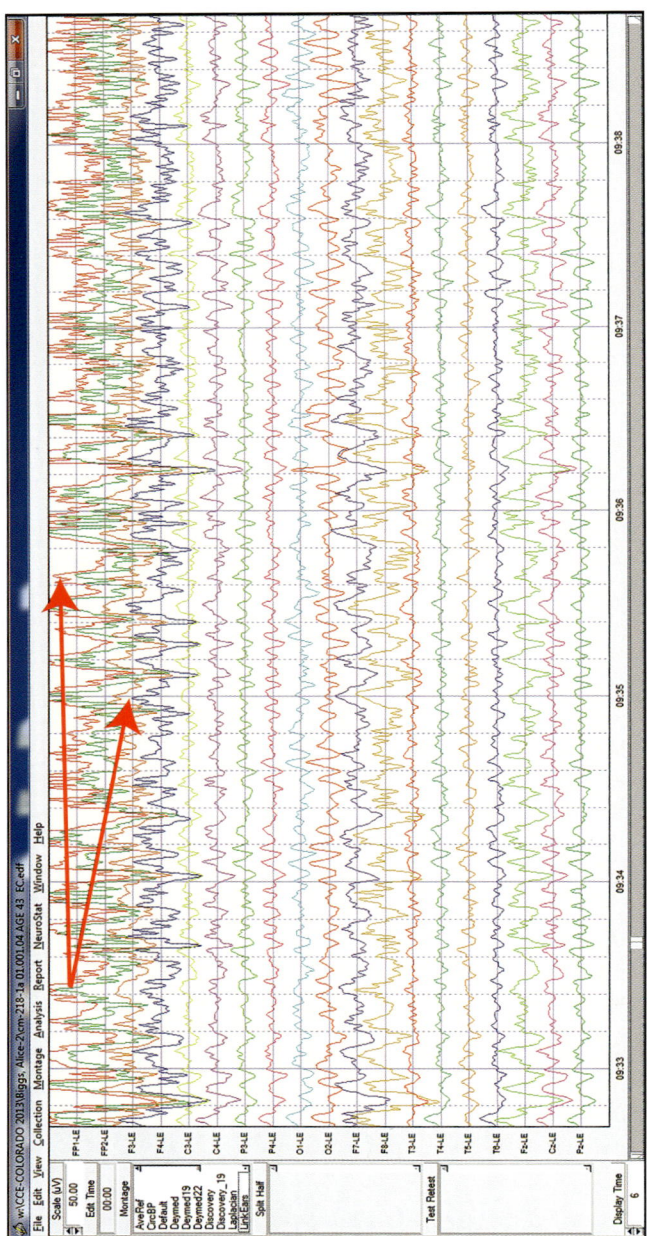

Figura 10.15 C

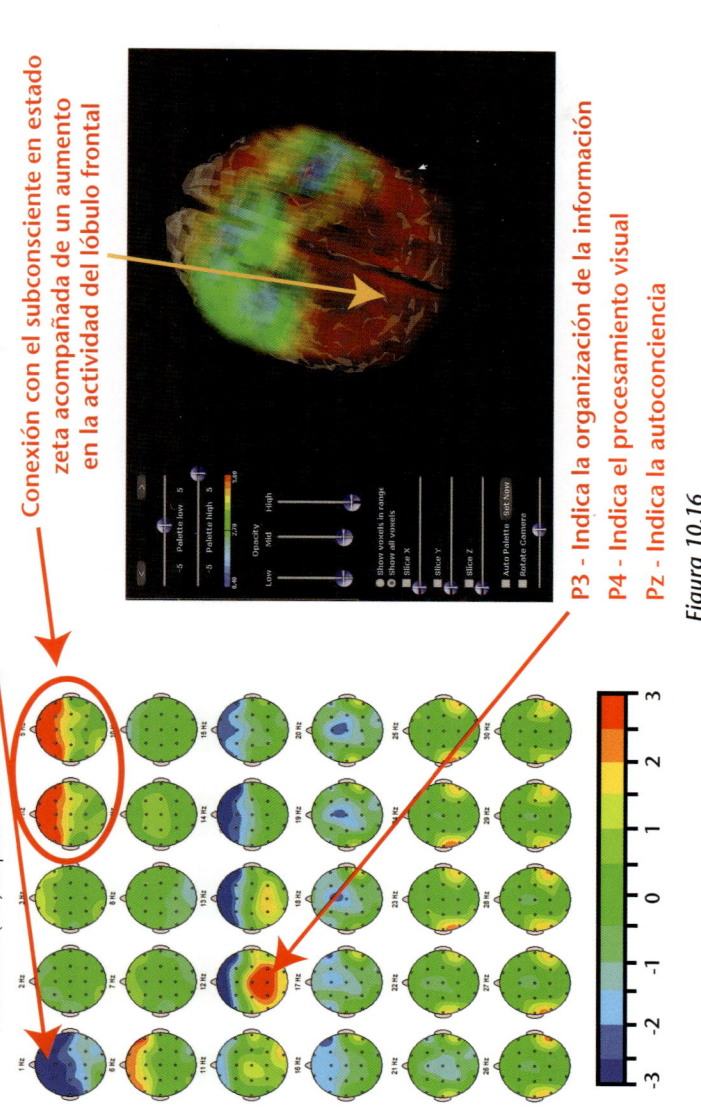

Conexión con el campo cuántico

Conexión con el subconsciente en estado
zeta acompañada de un aumento
en la actividad del lóbulo frontal

P3 - Indica la organización de la información
P4 - Indica el procesamiento visual
Pz - Indica la autoconciencia

Puntuación Z (TRF) del poder relativo

Figura 10.16

EXPERIENCIA **EXTÁTICA** DURANTE LA MEDITACIÓN

ANTES DE LA MEDITACIÓN

Puntuación Z (TRF) del poder relativo

DESPUÉS DE LA MEDITACIÓN

Puntuación Z (TRF) del poder relativo

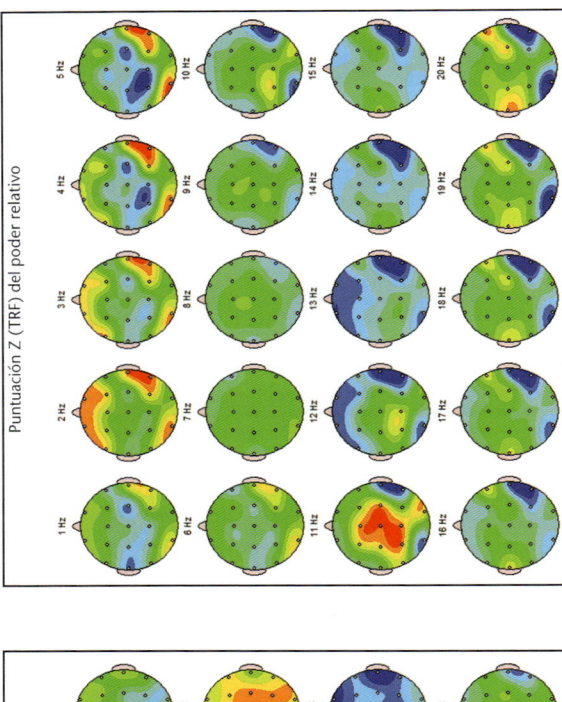

Figura 10.17

EXPERIENCIA DE PLENO ÉXTASIS DURANTE LA MEDITACIÓN

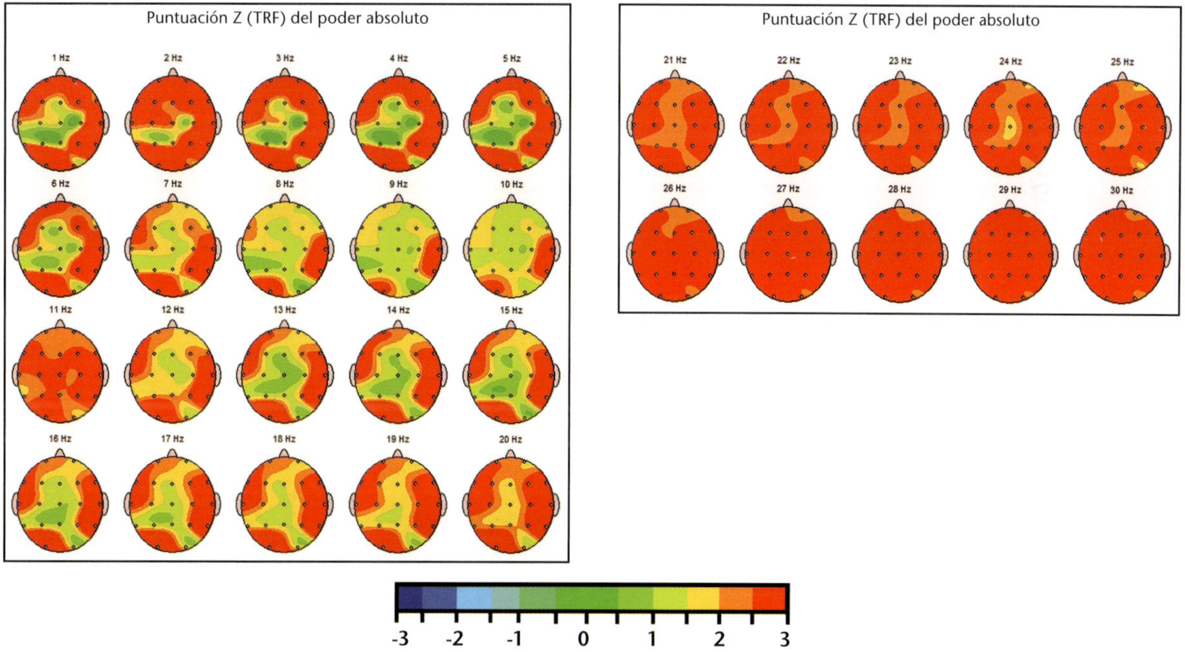

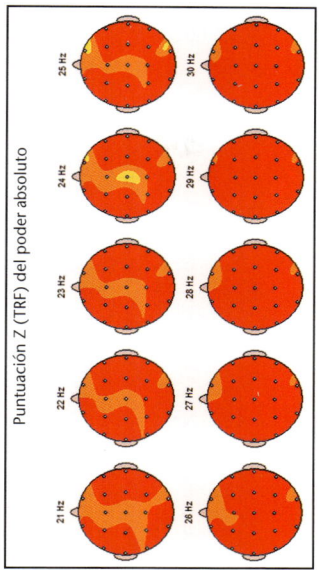

Puntuación Z (TRF) del poder absoluto

Puntuación Z (TRF) del poder absoluto

Figura 10.18

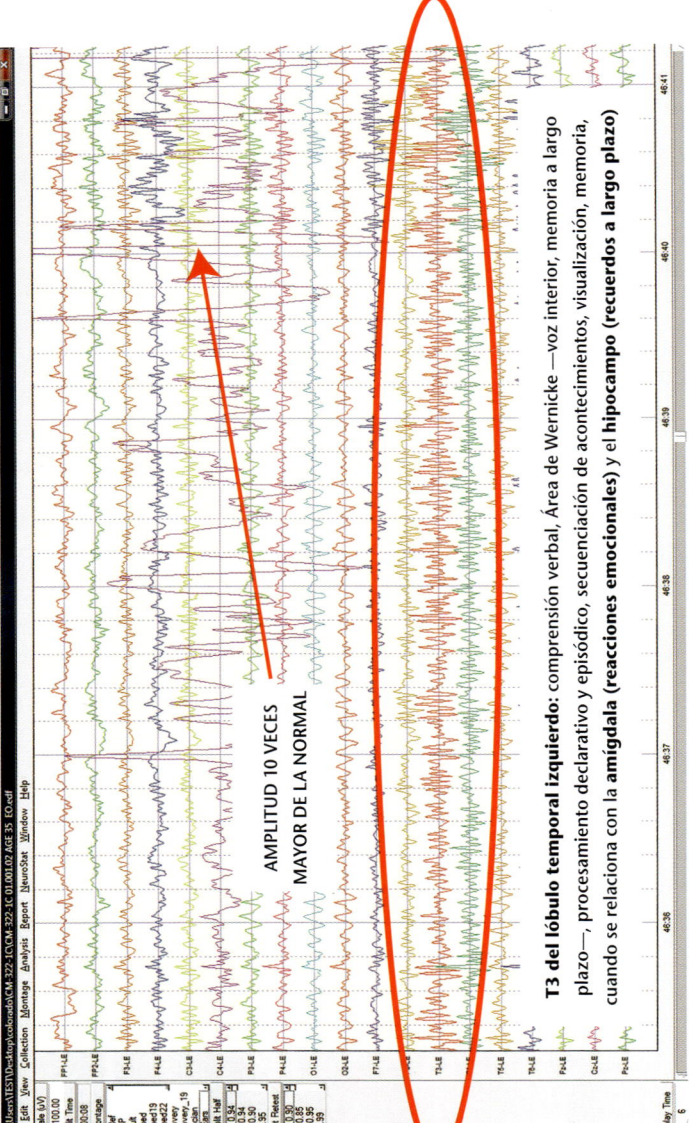

T3 del lóbulo temporal izquierdo: comprensión verbal, Área de Wernicke —voz interior, memoria a largo plazo—, procesamiento declarativo y episódico, secuenciación de acontecimientos, visualización, memoria, cuando se relaciona con la **amígdala (reacciones emocionales)** y el **hipocampo (recuerdos a largo plazo)**

Figura 10.19

20 de febrero, 2013 – Carefree, Arizona

11 de julio, 2013 – Englewood, Colorado

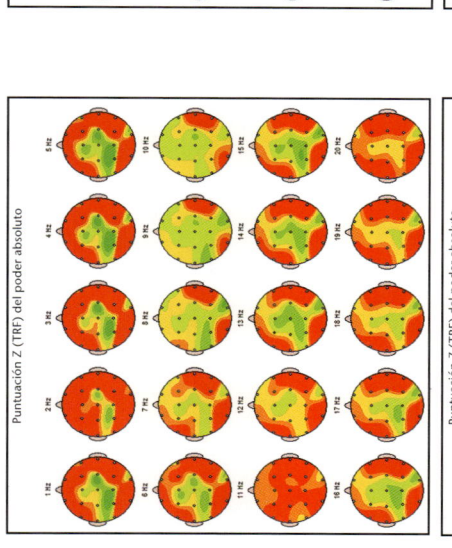

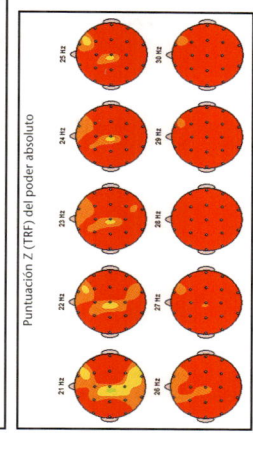

Figura 10.20

ACTIVIDAD NORMAL DE LAS ONDAS CEREBRALES

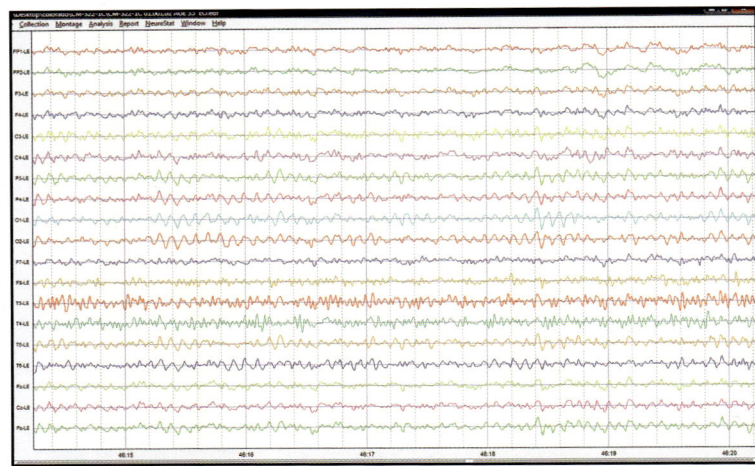

EXPERIENCIA EXTÁTICA DE LA KUNDALINI

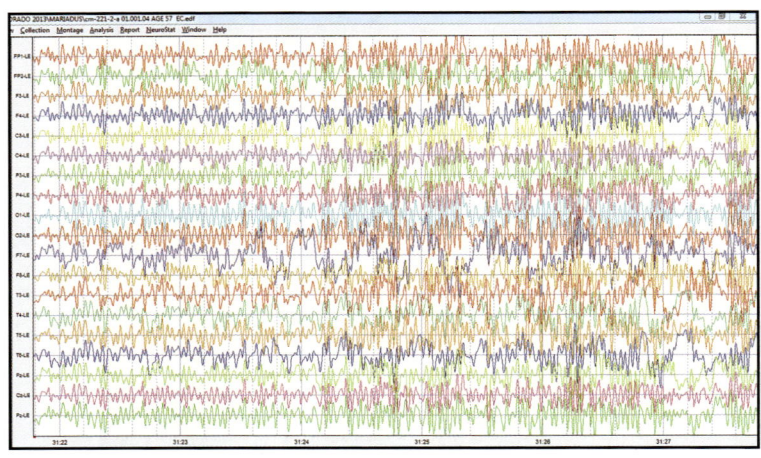

Figura 10.13

Si sientes la emoción de la gratitud *antes* de que la situación real ocurra, tu cuerpo (como mente inconsciente) empezará a creer que el episodio ya ha sucedido o que te está sucediendo en ese momento. Por eso la gratitud es el estado de quien acaba de recibir lo que deseaba. Observa la figura 6.2 para ver la diferencia entre la expresión de las emociones del estado de supervivencia y la expresión de las emociones elevadas.

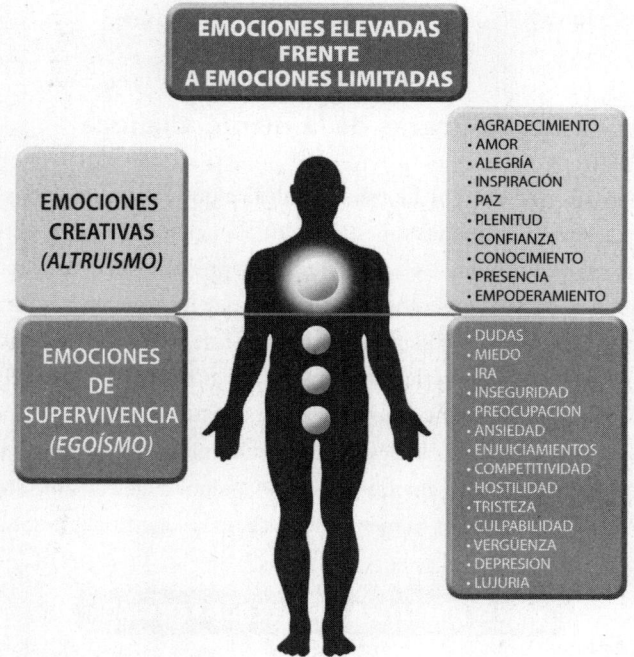

FIGURA 6.2

Las emociones del estado de supervivencia proceden sobre todo de las hormonas del estrés, que suelen fomentar estados mentales y físicos más egoístas y limitados. En cambio, cuando sientes emociones elevadas más creativas, tu energía se eleva a un distinto centro hormonal, tu corazón se empieza a abrir y te sientes más altruista. Es cuando tu cuerpo empieza a responder a una nueva mente.

Si consigues sentir aprecio o agradecimiento y lo combinas con una intención clara, estarás empezando a *expresar* emocionalmente el episodio deseado. Estarás cambiando el cerebro y el cuerpo. En concreto, estarás entrenando químicamente al cuerpo para que conozca lo que tu mente sabe filosóficamente. Se podría decir que estás en un nuevo futuro en el presente. Ya no sigues usando las emociones primitivas habituales que te mantenían anclado en el pasado, ahora usas emociones elevadas para que te lleven a un nuevo futuro.

Las dos caras de la mente analítica

Volvamos a la idea que he tratado antes de que cada uno de nosotros somos más o menos sugestionables, lo cual nos lleva al espectro de la sugestionabilidad. Cada cual tiene su propio nivel de susceptibilidad a los pensamientos, las sugestiones y las órdenes —procedentes tanto de la realidad exterior como interior—, dependiendo de muchas distintas variables. Considera tu nivel de sugestionabilidad como si se relacionara inversamente con tus pensamientos analíticos (como lo ilustra la figura 6.3): cuanto más fuerte es tu mente analítica (cuanto más analizas las cosas), menos sugestionable eres; y cuanto más débil sea tu mente analítica, más sugestionable eres.

FIGURA 6.3

La relación inversa entre la mente analítica y la sugestionabilidad.

La mente analítica (o mente crítica) es esa parte de la mente que usas conscientemente y sabiendo que lo haces. Es una función de la *neocorteza* pensante, la parte del cerebro donde reside tu mente consciente, la que piensa, observa, recuerda las cosas y resuelve los problemas. Analiza, compara, juzga, reconsidera, examina, cuestiona, polariza, inspecciona, razona, racionaliza y reflexiona. Toma lo que ha aprendido de las experiencias pasadas y lo aplica a un resultado futuro o a algo que aún no ha experimentado.

Por ejemplo, en el experimento hipnótico descrito al comienzo del capítulo, siete de los once sujetos que recibieron la sugestión posthipnótica de quitarse la ropa en un restaurante público no la llevaron a cabo hasta el final. Fue la mente analítica la que les devolvió el «sentido común». En cuanto se pusieron a *analizar* la situación —*¿Es correcto? ¿Debería hacerlo? ¿Cómo quedaré si lo hago? ¿Quién me estará mirando? ¿Qué es lo que pensará mi pareja?*— la sugestión perdió su poder y volvieron a adquirir su antiguo estado del ser de siempre. Los participantes que se desnudaron inmediatamente hasta quedarse en ropa interior, en cambio, no se cuestionaron lo que estaban haciendo. Fueron menos analíticos (y por tanto más sugestionables) que el resto.

Como la neocorteza se divide en dos mitades llamadas *hemisferios,* es lógico que analicemos y pasemos mucho tiempo pensando de forma dual: ya sabes, el bien frente al mal, lo correcto frente a lo incorrecto, lo positivo frente a lo negativo, lo masculino frente a lo femenino, lo heterosexual frente a lo homosexual, lo liberal frente a lo conservador, el pasado frente al futuro, la lógica frente a la emoción, lo viejo frente a lo nuevo, la cabeza frente al corazón…, supongo que ya te has hecho una idea de lo que quiero decir. Y cuando vivimos estresados las sustancias químicas que circulan por nuestro organismo tienden a hacer que analicemos las cosas más deprisa. Las analizamos incluso más aún para poder prever resultados futuros y protegernos así de las peores situaciones basándonos en nuestras experiencias pasadas.

Naturalmente utilizar la mente analítica no tiene nada de malo. Nos ha estado sirviendo a lo largo de nuestra vida de vigilia. Es la que nos hace humanos. Su labor es relacionar con sentido y coherencia el mundo exterior (las experiencias combinadas de personas y cosas en distintos momentos y lugares) con nuestro mundo interior (nuestros pensamientos y sentimientos).

Cuando mejor nos funciona la mente analítica es al estar serenos, relajados y centrados. Es cuando trabaja *para nosotros*. Examina simultáneamente muchos aspectos de nuestra vida y nos da respuestas significativas. Nos ayuda a elegir de entre una infinidad de opciones para tomar decisiones, aprender cosas nuevas, examinar si debemos creer en algo, juzgar situaciones sociales basándonos en nuestros principios éticos, saber con claridad cuál es nuestro objetivo en la vida, distinguir con convicción lo que se ajusta a las normas morales y evaluar la información sensorial importante.

La mente analítica, como una prolongación de nuestro ego, también nos protege para que podamos afrontar el mundo exterior y sobrevivir de la mejor forma posible en él. (En realidad, una de las principales labores del ego es protegernos.) Siempre está evaluando las situaciones del exterior y aquilatando el panorama para conseguir los resultados más ventajosos. Cuida del yo y también intenta proteger al cuerpo. Tu ego te avisará cuando haya un posible peligro y te animará a responder a la situación. Por ejemplo, si mientras vas por la calle ves un coche que se dirige hacia ti circulando demasiado pegado al bordillo de la acera por la que pasas, tal vez cruces la calle para protegerte: el ego te lo ha aconsejado.

Pero cuando tu ego ha perdido el equilibrio por un aluvión de hormonas del estrés, tu mente analítica se acelera y sobreestimula. Es cuando en lugar de apoyarte, actúa en tu *contra*. En este caso analizas demasiado las cosas. Y al asegurarse el ego de que tú seas más importante que nadie, porque ese es su trabajo, se vuelve tremendamente egoísta. Piensa y siente como si tuviera que estar al mando para proteger la identidad. Intenta controlar los resultados, prevé lo que es necesario hacer para crear una situación segura, y se aferra a lo habitual sin querer cambiar, así que guarda rencor, siente dolor y sufre, o es incapaz de superar su victimismo. Siempre evita lo desconocido y lo ve como un posible peligro, porque el ego no confía en lo desconocido.

Y hará lo que sea para sentir el subidón de las emociones adictivas. Quiere conseguir lo que desea a toda costa y hará lo que haga falta para salirse con la suya, abriéndose camino a codazos si es necesario para ser el primero de la cola. En su afán de protegerte, puede ser astuto, manipulador, competitivo y engañoso.

Y cuanto más estresante sea la situación, más sentirá tu mente analítica la necesidad de analizar tu vida según la emoción que estés sintiendo en ese momento. Tu mente se aleja entonces más aún del sistema operativo del subconsciente, donde se dan los verdaderos cambios. Te dedicas a analizar tu vida basándote en tu pasado emocional, aunque las respuestas a tu problema no se encuentren en esas emociones, que además hacen que analices más aún las cosas desde ese estado químico limitado al que te has acostumbrado. Piensas como siempre.

Y debido al bucle de pensar y sentir del que he hablado antes, esos pensamientos re-crean las mismas emociones de siempre, con lo que el cerebro y el cuerpo pierden todavía más el equilibrio. Pero las respuestas que buscas las encontrarás con más facilidad cuando seas capaz de ir más allá de esa estresante emoción y veas tu vida desde un estado mental distinto. (Sigue leyendo.)

Cuanto más poderosa se vuelve tu mente analítica, menos te dejas sugestionar por los resultados. ¿Por qué? Porque en una situación de inminente emergencia no es el momento para hacer gala de una mentalidad abierta: considerando nuevas posibilidades y aceptando nuevos resultados. Ni para creer en ideas nuevas y entregarte a ellas abandonando las de antes. Ni para confiar en nada a ciegas, sino que es el momento de proteger al ego evaluando lo que sabes frente a lo que no sabes para elegir las mayores oportunidades de sobrevivir. Es el momento de huir de lo desconocido. Por eso es lógico que cuando la mente analítica está sobreestimulada por las hormonas del estrés, se vuelva estrecha de miras y no tienda a confiar ni a creer en nada nuevo, y que sea menos propensa a dejarse sugestionar creyendo en el poder de los pensamientos o en la posibilidad de conocer lo desconocido. Así que de ti depende que la mente analítica o el ego te apoyen o actúen en tu contra.

Los mecanismos interiores de la mente

Considera la mente analítica como una parte distinta de la mente consciente que la separa del subconsciente. Como la respuesta placebo solo funciona cuando la mente analítica se silencia para que tu conciencia pueda en su lugar interactuar con el subconsciente —el lugar donde ocurren los verdaderos cambios—, la respuesta placebo solo se da cuando vas más allá de tu *yo* y eclipsas la mente consciente con tu sistema nervioso autónomo.

La figura 6.4 lo ilustra de manera simplificada. El círculo de la figura representa toda la mente. La mente consciente solo ocupa un 5 por ciento. Está formada por la lógica, el razonamiento y las aptitudes creativas. Estos aspectos generan el libre albedrío. El 95 por ciento restante se compone de la mente subconsciente, que es el sistema operativo donde todas las habilidades automáticas, hábitos, reacciones emocionales, conductas programadas, respuestas condicionadas, recuerdos asociativos y pensamientos y sentimientos rutinarios crean nuestras actitudes, creencias y percepciones.

La mente consciente es donde almacenamos nuestros *recuerdos explícitos o declarativos*. Los recuerdos declarativos son recuerdos que podemos manifestar. Son los conocimientos aprendidos (denominados *recuerdos semánticos*) y las experiencias vividas a lo largo de la vida *(recuerdos episódicos)*. Tal vez seas una mujer que creció en Tennessee y que montaste a caballo en la infancia hasta que te caíste y te rompiste un brazo. A los 10 años tuviste una tarántula como mascota que se escapó del terrario, por eso tu familia y tú tuvisteis que ir a dormir a un hotel durante dos días. Además ganaste a los 14 años el concurso de ortografía y ahora nunca escribes una palabra con faltas. Estudiaste contabilidad en una universidad de Nebraska y en la actualidad vives en Atlanta para estar cerca de tu hermana (trabaja para una gran compañía), que está estudiando por Internet un máster en finanzas. Los recuerdos declarativos son el yo autobiográfico.

FIGURA 6.4

Resumen de la mente consciente, la mente analítica y el subconsciente.

La otra clase de recuerdos que tenemos son recuerdos *implícitos o no declarativos*, llamados a veces *recuerdos procedimentales*. Este tipo de recuerdos entran en escena cuando has hecho algo tantas veces que ni siquiera te das cuenta de cómo lo realizas. Lo has repetido tan a menudo que ahora tu *cuerpo* sabe hacerlo tan bien como tu cerebro. Como, por ejemplo, montar en bicicleta, pisar el embrague del coche, atarte los zapatos, marcar un número de teléfono o teclear un pin, o incluso leer o hablar. Se trata de los programas automáticos de los que he hablado con detalle en este libro. Se podría decir que ya no necesitas analizar la habilidad o el hábito adquirido, ni pensar en él, porque ahora ya se ha vuelto subconsciente. Es el sistema operativo programado que se ilustra en la figura 6.5.

SISTEMAS DE MEMORIA

- CONOCIMIENTOS
- EXPERIENCIA

RECUERDOS DECLARATIVOS
(EXPLÍCITOS)

MENTE ANALÍTICA

RECUERDOS NO DECLARATIVOS
(IMPLÍCITOS)

- CONDICIONAS AL CUERPO A SER LA MENTE
- ESTADOS SUBCONSCIENTES
- EXPERIENCIAS REPETIDAS
- REACCIONES EMOCIONALES

FIGURA 6.5

Los sistemas de memoria se dividen en dos clases: *recuerdos declarativos* (explícitos) y *recuerdos no declarativos* (implícitos).

Cuando ya dominas algo hasta el punto de habérsete quedado grabado en la mente y de haber condicionado emocionalmente a tu cuerpo, este sabe hacerlo tan bien como la mente consciente. Has memorizado un orden neuroquímico interior que se ha vuelto innato. La razón es sencilla: esta clase de experiencias repetidas enriquecen las redes neuronales del cerebro y se consolidan al entrenar además emocionalmente al cuerpo. En cuanto las expresas neuroquímicamente las suficientes veces al experimentarlas, al acceder simplemente a un pensamiento o sentimiento subconsciente habitual activas el cuerpo y el programa automático correspondiente y entras momentáneamente en un determinado estado del ser y este es el que realiza la conducta automática.

Como los recuerdos implícitos vienen de las emociones producidas por las experiencias, dos posibles situaciones explican cómo se forman: (1) Un *solo episodio con una gran carga emocional* se graba y almacena en el acto en el subconsciente (por ejemplo, el recuerdo de la niñez de haberte perdido en unos grandes almacenes al separarte de tu madre), o (2) las *emociones redundantes procedentes de una experiencia constante* también se van almacenando una y otra vez en él.

Como los recuerdos implícitos forman parte del sistema de memoria subconsciente y se almacenan en él cuando vives una experiencia repetitiva o con una gran carga emocional, al sentir una emoción o un sentimiento estás abriendo la puerta de tu subconsciente. Al ser los pensamientos el lenguaje del cerebro y los sentimientos el lenguaje del cuerpo, en cuanto tienes un sentimiento activas tu cuerpo-mente (porque tu cuerpo se ha convertido en tu mente subconsciente). Entras en el sistema operativo.

Considéralo de este modo: cuando te sientes de una cierta forma habitual, estás accediendo subconscientemente a una serie de pensamientos derivados de esa sensación en concreto. A diario te autosugestionas con pensamientos afines a cómo te sientes. Son los pensamientos que aceptas, crees y por los que te dejas llevar como si fueran ciertos. Eres *más* proclive a dejarte sugestionar por los pensamientos que concuerdan exactamente con el sentimiento que sientes. Por eso los pensamientos que tienes inconscientemente son los que aceptas, crees y sigues una y otra vez.

También se podría decir que eres mucho *menos* propenso a dejarte sugestionar por cualquier pensamiento que *no* equivalga a tus sentimientos memorizados. Cualquier pensamiento nuevo que refleje una posibilidad desconocida te chocará. A diario mantienes un constante diálogo interior (los pensamientos que escuchas cada día en tu cabeza) sin darte cuenta que estimula el sistema nervioso autónomo y los procesos biológicos, reforzando los sentimientos programados de quién crees ser. Recuerda que en el estudio del capítulo 2 los investigadores descubrieron que las personas optimistas respondían de una manera más favorable a las sugestiones positivas y las pesimistas, de una manera más desfavorable a las sugestiones negativas.

De la misma manera, si cambiaras cómo te sientes, ¿podrías volverte más sugestionable por una nueva forma de pensar? ¡Claro que sí! Al sentir una emoción elevada y dejar que cree una serie de pensamientos nuevos, estás aumentando tu grado de sugestionabilidad por lo que acabas de sentir y luego de pensar. Entras en un nuevo estado del ser, y tus nuevos pensamientos serán entonces las autosugestiones equivalentes a esos sentimientos. Y cuando sientes emociones, estás activando tu sistema de memoria implícita y el sistema nervioso autónomo. Puedes simplemente dejar que el sistema nervioso autónomo haga lo que mejor sabe hacer: restablecer el equilibrio, la salud y el orden.

¿No fue esto lo que muchos sujetos hicieron en los estudios sobre los placebos que he citado antes? ¿Acaso no lograron sentir una emoción elevada como esperanza o inspiración, o la alegría de estar sanos? Y en cuanto vieron una nueva posibilidad sin analizarla en ningún momento, esos pensamientos influyeron en su grado de sugestionabilidad. Al sentir esas correspondientes emociones, entraron en el sistema operativo y reprogramaron su sistema nervioso autónomo con nuevas órdenes —a través de los pensamientos—, autosugestionándose con pensamientos afines a ellas.

Abriendo la puerta del subconsciente

Los distintos grados de sugestionabilidad se pueden demostrar visualmente mostrando los distintos grosores de la mente analítica. Cuanto más gruesa sea la barrera entre la mente consciente y el subconsciente, más te costará entrar en el sistema operativo.

Echa un vistazo a las figuras 6.6 y 6.7, que representan dos sujetos con distintas clases de mente.

FIGURA 6.6

Una mente menos analítica (representada en la ilustración por la capa más delgada) es más sugestionable.

La persona representada en la figura 6.6 tiene un fino velo entre la mente consciente y el subconsciente y por eso es muy sugestionable (como le sucedió a Ivan Santiago al inicio del capítulo). Estas personas aceptan y creen de manera natural en un resultado y se entregan a él, porque no lo analizan ni intelectualizan demasiado. Por naturaleza, las personas de esta índole son más proclives a aceptar que un pensamiento pueda convertirse en una posible experiencia y a sentirla emocionalmente para que esta combinación se grabe en el sistema nervioso autónomo y se materialice. Tales personas no pasan demasiado tiempo intentando entender su vida ni le dan demasiadas vueltas a las cosas. Si alguna vez has visto un espectáculo de hipnotismo, los espectadores que acaban saliendo al escenario suelen pertenecer a esta clase de sujetos.

FIGURA 6.7

Una mente más analítica (representada en la ilustración por la capa más gruesa) es menos sugestionable.

Compáralo ahora con la figura 6.7. Si observas la mente analítica más gruesa que separa la mente consciente del subconsciente, verás fácilmente que esta persona es menos propensa a aceptar cualquier sugestión sin dejarse antes guiar hasta cierto punto por su mente intelectual al evaluarla, procesarla, programarla y considerarla. Esta clase de sujetos son sumamente críticos y se aseguran de analizarlo todo antes de confiar en algo y entregarse a ello.

Ten en cuenta que algunas personas tenemos una mente más analítica pese a no vivir constantemente espoleados por nuestras hormonas del estrés. Tal vez hayamos estudiado distintas asignaturas en la universidad o tenido unos padres que reforzaron los mecanismos de una mente racional en nuestra infancia, o a lo mejor somos así por naturaleza. (Aunque puedes tener una mente muy analítica y aprender al mismo tiempo a ir más allá de ella —yo lo he hecho—, o al menos eso espero.)

Como ya he dicho, esta clase de mente no es mejor que la otra. Lo ideal es mantener un sano equilibrio entre ambos extremos. Un sujeto demasiado analítico tenderá menos a confiar en los demás y a fluir en la vida. Y uno demasiado sugestionable será más proclive a una excesiva credulidad y menos práctico. Lo que quiero subrayar es que si estás siempre analizando tu vida, juzgándote y obsesionándote con todo cuanto te rodea, nunca entrarás en el sistema operativo donde residen los programas antiguos ni los reprogramarás. La puerta que separa la mente consciente del subconsciente solo se abre cuando aceptas, crees y sigues una sugestión. Esta información envía luego una señal al sistema nervioso autónomo y —¡presto!—, este toma el mando.

Echa ahora un vistazo a la figura 6.8. La flecha representa el movimiento de la conciencia pasando de la mente consciente al subconsciente, donde la sugestión se graba biológicamente en el sistema de programación.

Existen otros elementos que también pueden silenciar la mente analítica y abrir la puerta del subconsciente para aumentar el grado de sugestionabilidad de uno. Por ejemplo, el cansancio físico o mental aumenta tu sugestionabilidad. Ciertos estudios han revelado que durante el aislamiento sensorial, la escasez de estímulos sociales, físicos y ambientales aumentan la vulnerabilidad. Un hambre extrema, los choques emocionales y los traumas también debilitan nuestras facultades analíticas haciendo que nos dejemos sugestionar más por la información.

FIGURA 6.8

Esta figura representa la relación entre el estado de las ondas cerebrales y el movimiento de la conciencia al pasar de la mente consciente al subconsciente, yendo más allá de la mente analítica durante la práctica de la meditación.

La desmitificación de la meditación

La meditación, como la hipnosis, es otra forma de cruzar la mente analítica y entrar en el sistema de programas subconscientes. El objetivo de la meditación es ir más allá de la mente analítica, para dejar de fijarte en el mundo exterior, el cuerpo y el tiempo, y centrarte en el mundo interior de los pensamientos y los sentimientos.

La palabra *meditación* se ha estigmatizado. A la mayoría de la gente al oír hablar de ella le viene a la cabeza la imagen de un gurú barbudo meditando sentado en perfecta quietud en la cima de una montaña inmune a los elementos, o un monje con una túnica luciendo en el rostro una misteriosa sonrisa de pura alegría, o incluso una hermosa joven en la cubierta de una revista con la piel de porcelana, exhibiendo un estiloso atuendo de yoga y una mirada serena, libre de la esclavitud de las obligaciones cotidianas.

Al venirnos estas imágenes a la cabeza, la meditación tal vez nos parezca a muchos poco práctica y demasiado difícil, como si estuviera más allá de nuestras facultades. O a lo mejor la vemos como una práctica espiritual que no encaja con nuestras creencias religiosas. Y algunos, agobiados por la infinita variedad de meditaciones que están a nuestro alcance, somos incapaces de decidir por dónde empezar. Pero entrar «ahí» no tiene por qué ser tan difícil o desconcertante. La cuestión es que la meditación está concebida para ir más allá de la mente analítica y sumergirnos en unos estados de conciencia más profundos.

En la meditación pasamos de la mente consciente al subconsciente y, al mismo tiempo, del *ego*ísmo al *altru*ismo, de ser alguien y algo a no ser nadie ni nada, de ser unos materialistas a ser unos inmaterialistas, de estar en un *lugar* a no estar en *ninguno*, de vivir en el tiempo a vivir en el sin tiempo, de creer que el mundo exterior es la realidad y definirla con los sentidos a creer que el mundo interior es la realidad y que una vez que estamos en él, entramos en el mundo «sin sentido» de la mente más allá de los sentidos. La meditación nos lleva de la supervivencia a la creación, de la separación a la conexión, del desequilibrio al equilibrio, del estado de emergencia al estado de crecimiento y regeneración, y de las emociones limitadoras del miedo, la ira y la tristeza a las emociones expansivas de la alegría, la libertad y el amor. Básicamente pasamos de aferrarnos a lo conocido a aceptar lo desconocido.

Vamos a analizarlo un poco. Si tu neocorteza es la sede de tu mente consciente y el lugar donde construyes pensamientos, analizas las cosas, ejercitas el intelecto y ejecutas los procesos racionales, en este caso para meditar tu mente deberá ir más allá de la neocorteza (o salir de ella). Tendrá que pasar del cerebro pensante al cerebro límbico y a las regiones subconscientes. Es decir, para silenciar la neocorteza y la actividad neuronal que realiza a diario, tienes que dejar de pensar analíticamente y prescindir de las facultades del razonamiento, la lógica, la intelectualización, la previsión, la conjetura y la racionalización, al menos temporalmente. «Aquietar la mente» significa esto (si es necesario, vuelve a consultar la figura 6.1).

Según el modelo neurocientífico que he explicado a grandes trazos en los capítulos anteriores, aquietar la mente significa que tendrías que declarar un «alto el fuego» en todas las redes neuronales automáticas del cerebro pensante que usas a diario. Es decir, tendrías que dejar de recordarte quién crees ser, con lo que dejarías de reproducir constantemente el mismo nivel mental de siempre.

Ya sé que parece una tarea hercúlea que puede resultarte abrumadora, pero por lo visto existen métodos prácticos demostrados científicamente para acometer esta hazaña y acabar transformándola en una habilidad. En los talleres que imparto por todo el mundo muchas personas han acabado meditando de maravilla tras aprender a hacerlo. En los siguientes capítulos aprenderás estos métodos, pero primero debes aumentar tu intención para que cuando llegues a la parte práctica obtengas mayores recompensas (como los participantes de Quebec del capítulo 2 a los que les dijeron que los ejercicios aeróbicos además de servirles para ponerse en forma, aumentarían su bienestar, para que la actividad tuviera más sentido para ellos, con lo que obtuvieron mejores resultados).

Por qué la meditación puede ser un gran reto

La neocorteza analítica utiliza los cinco sentidos para determinar la realidad. Está muy absorta en el cuerpo, el entorno y el tiempo. Y si estás estresado, aunque sea un poco, te fijarás en estos tres elementos y los aumentarás al invertir tu atención en ellos. Cuando estás presionado por el sistema de emergencia de lucha o huida y activas tu adrenalina, al igual que un animal salvaje que se siente amenazado, centras toda tu atención en cuidar tu cuerpo, en encontrar vías de escape a tu alrededor y en averiguar cuánto tiempo te queda para salvar el pellejo. Te fijas demasiado en los problemas, te obsesionas con tu aspecto, te concentras en tu dolor, piensas en el escaso tiempo que tienes para lo que debes hacer y te apresuras a cumplir con tu apretada agenda. ¿Te suena familiar?

Como cuando vives en un estado de supervivencia te vuelcas tanto en el mundo exterior y en tus problemas, es fácil creer que lo que ves y experimentas es todo lo que hay. Y sin el mundo exterior sientes que no eres *nada*, ni *nadie*, y que no estás en *ningún* lugar. ¡Qué aterrador es esto para un ego que intenta controlar toda su realidad reafirmando constantemente una identidad!

Tal vez te resulte más fácil si te recuerdas a ti mismo que cuando vives en un estado de supervivencia lo que percibes no es más que la punta del iceberg: una serie de elementos limitados que forman tu mundo exterior. Te identificas con las numerosas variaciones y combinaciones de tu mundo exterior que te reflejan quien crees ser, pero no significa que no haya más que eso. En realidad cada vez que aprendes algo nuevo tu forma de ver el mundo cambia. Pero no es el mundo lo que ha cambiado, sino tu percepción de él. (En el siguiente capítulo aprenderás más cosas sobre la percepción.)

Por ahora solo es necesario que tengas en cuenta que si tu objetivo es cambiar algo de tu vida y todavía no lo has conseguido con los recursos de tu mundo exterior, en este caso debes mirar más allá de los límites de lo que ves, sientes y experimentas para encontrar las respuestas. Tienes que recurrir a otros medios que aún no has identificado y que residen en lo desconocido. En este sentido, lo desconocido no es tu enemigo, sino tu amigo. Es el lugar donde encontrarás las respuestas.

Otra razón por la que nos cuesta dejar de centrarnos en las condiciones del mundo exterior para fijarnos en nuestro mundo interior es que la mayoría somos adictos a las hormonas del estrés, a sentir el torrente de sustancias químicas generado por nuestras reacciones conscientes e inconscientes. Esta adicción refuerza nuestra idea de que el mundo exterior es más real que el interior. Y nuestra fisiología está condicionada para sustentarla, porque realmente existen retos, problemas y situaciones en la vida que requieren nuestra atención. Por eso nos volvemos adictos al entorno exterior. Y a través de la memoria asociativa, usamos los problemas y las circunstancias de nuestra vida para reafirmar esta adicción emocional a fin de recordar quiénes creemos ser.

Otra forma de explicarlo es que las hormonas del estrés que liberamos cuando vivimos en un estado de supervivencia le dan al cuerpo unas grandes dosis de energía y hacen que nuestros cinco sentidos —que nos conectan a la realidad exterior— se agudicen. Si estamos constantemente estresados, acabamos definiendo la realidad con nuestros sentidos. Nos volvemos materialistas. Cuando intentamos mirar en nuestro interior y conectar con el mundo del «sin sentido» y de lo inmaterial, nos cuesta dejar nuestros hábitos condicionados y nuestra adicción al subidón químico generado por la realidad exterior. ¡Cómo íbamos entonces a creer que los pensamientos son más poderosos que la realidad física tridimensional! Si es así como lo vemos, cambiar cualquier cosa con los pensamientos se convierte en un gran reto, porque nos hemos vuelto esclavos de nuestro cuerpo y de nuestro entorno.

Tal vez un antídoto para ello sea releer las historias del capítulo 1 y las de mis talleres que narro en los capítulos 9 y 10. Conocer información nueva que te demuestra que lo que veías como imposible es en realidad posible te ayuda a recordarte a ti mismo que la realidad no es solo lo que perciben tus sentidos. Tanto si estás dispuesto a admitirlo como si no, tú eres tu propio placebo.

Viaja con tus ondas cerebrales

Si la meditación consiste en entrar en el sistema autónomo para poder volverte más sugestionable y superar los retos que acabo de mencionar, en este caso necesitas aprender a entrar en este sistema. La forma más rápida son las ondas cerebrales puesto que te llevan a él. El estado cerebral en el que te encuentras condiciona mucho lo sugestionable que puedas ser en ese momento.

En cuanto descubras lo que son estos distintos estados y cómo puedes reconocerlos, aprenderás a pasar de un estado a otro, en ambas direcciones de la escala de las ondas cerebrales. Naturalmente es cuestión de práctica, pero es posible. Veamos pues estos distintos estados para aprender más cosas sobre ellos.

Cuando las neuronas se activan juntas, se intercambian elementos cargados de electricidad que generan campos electromagnéticos, y estos campos son lo que registra un escáner cerebral (como un electroencefalograma o EEG). Los seres humanos emitimos varias frecuencias de ondas cerebrales medibles y cuanto más lentas sean, con más profundidad nos sumergimos en el mundo interior del subconsciente. En un orden que abarca de la frecuencia más lenta a la más rápida, los distintos estados de las ondas cerebrales son *delta* (sueño profundo y reparador, totalmente inconsciente), *zeta* (estado crepuscular entre el sueño profundo y el estado de vigilia), *alfa* (estado creativo e imaginativo), *beta* (pensamientos conscientes) y *gamma* (estados elevados de conciencia).

Beta es nuestro estado de vigilia cotidiano. Cuando nos encontramos en beta el cerebro pensante, o la neocorteza, está procesando la información sensorial que captamos y conectando el mundo exterior con el interior para darle un sentido a la situación. Beta no es el mejor estado para meditar porque cuando emitimos esta frecuencia el mundo exterior nos parece más real que el interior. El espectro de las ondas beta se compone de tres niveles: *beta baja* (una atención relajada e interesada, como cuando leemos un libro), *beta media* (una atención centrada en un estímulo del exterior, como cuando aprendemos algo y luego lo recordamos), y *beta alta* (una atención muy intensa y en un estado de crisis, cuando liberamos las sustancias químicas del estrés). Cuanto más altas sean las ondas beta, más nos costará entrar en el sistema operativo.

La mayoría de los días los vivimos pasando del estado beta al alfa y viceversa. Alfa es nuestro estado de relajación, cuando menos nos fijamos en el mundo exterior y empezamos a centrarnos más en el interior. Significa que nos hallamos en un ligero estado meditativo, también se podría llamar «imaginar» o «soñar despierto». En este estado nuestro mundo interior es más real que el exterior porque estamos absortos en él.

Cuando pasamos de las ondas altas de beta a las ondas más bajas de alfa, un estado en el que podemos prestar atención, concentrarnos y centrarnos de una forma más relajada, activamos automáticamente el lóbulo frontal. Como ya he explicado, el lóbulo frontal baja el volumen en los circuitos cerebrales que procesan el tiempo y el espacio. En ese momento ya no vivimos en un estado de supervivencia, sino en un estado más creativo que nos hace más sugestionables que cuando nos encontramos en beta.

Un reto todavía mayor es aprender a entrar en estado zeta, una especie de estado crepuscular en el que nos hallamos medio despiertos y medio dormidos (se suele describir como «la mente despierta, el cuerpo dormido»). Es el estado idóneo para meditar, ya que es la frecuencia de ondas cerebrales en la que más sugestionables somos. En el estado zeta podemos acceder al subconsciente porque la mente analítica no está activa, nos encontramos sobre todo en nuestro mundo interior.

Considera las ondas zeta como la llave para entrar al reino del subconsciente. Échale primero un vistazo a la figura 6.8. Muestra los distintos estados de ondas cerebrales y cómo se relacionan con la mente consciente y el subconsciente. Y observa luego la figura 6.9, que ilustra las distintas frecuencias de ondas cerebrales.

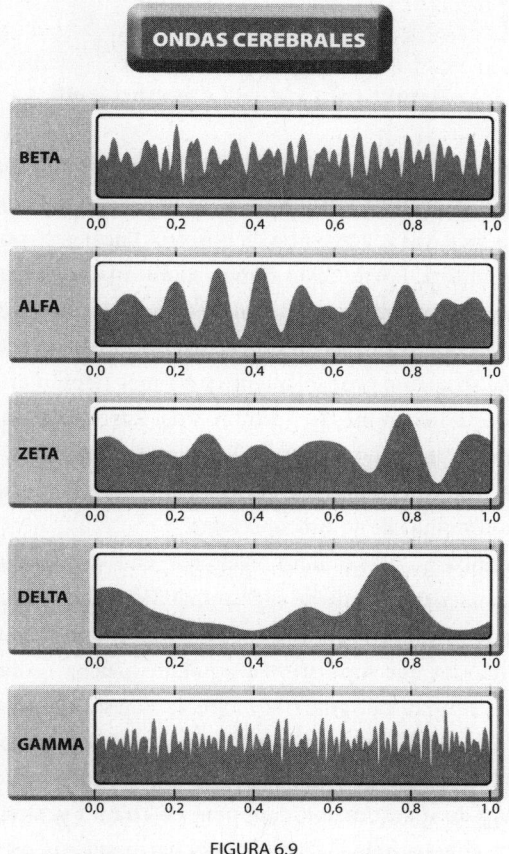

FIGURA 6.9

La ilustración muestra los distintos estados de ondas cerebrales (en el transcurso de un segundo). Se han incluido las ondas cerebrales gamma porque representan un nivel de supraconciencia que refleja un estado de conciencia muy elevado.

Esta breve visita a los patrones de las ondas cerebrales te irá de maravilla cuando aprendas la práctica de la meditación que describo más adelante. Ten en cuenta que aprender a entrar en estado zeta lleva su tiempo, aunque te servirá de ayuda conocer un poco los distintos estados cerebrales y los efectos que producen en lo que estás intentando alcanzar.

Anatomía de un «asesinato»

Volvamos ahora a la historia de Ivan Santiago y de los otros sujetos bajo hipnosis del inicio del capítulo. Es evidente que a ellos les resulta más fácil que a la mayoría de nosotros hacer caso omiso de la mente analítica. Por lo visto tienen tanto una neuroplasticidad como una plasticidad emocional que les permite hacer que su mundo interior sea más real que el exterior. En el estado normal de vigilia, su mente probablemente pasa más tiempo en alfa y en beta, por eso tienen menos hormonas del estrés en el cuerpo que les hagan perder la homeostasis. Su estado sumamente sugestionable hace que les resulte más fácil controlar con la mente las funciones autónomas de su subconsciente.

Sin embargo, este estudio reveló que no todos los participantes tenían el mismo grado de sugestionabilidad. Los 16 sujetos que pasaron la primera evaluación eran sugestionables, aunque no tanto como los que superaron la siguiente prueba de desnudarse en medio de un restaurante tras recibir la sugestión posthipnótica, yendo en contra de las arraigadas normas sociales. Los cuatro que pasaron la prueba lograron ir más allá de su entorno social por su alto grado de sugestionabilidad, pero en cuanto se tuvieron que meter en el agua helada, tres de los cuatro sujetos no lograron trascender su entorno físico.

Solo Santiago, que lo superó al dominar su cuerpo en condiciones extremas durante un prolongado espacio de tiempo, demostró el grado más alto de sugestionabilidad. Además de aguantar la gélida temperatura del agua de la bañera, fue más allá de su entorno moral al aceptar la sugestión posthipnótica de disparar a un «dignatario extranjero», pese a que su personalidad no era ni por asomo la de un asesino despiadado.

Para que se dé el efecto placebo, también es necesario un grado parecido de sugestionabilidad que te permita ir más allá del cuerpo y del entorno durante un determinado espacio de tiempo, es decir, para aceptar, creer y seguir la idea de que tu mundo interior es más real que el exterior. Pero tras leer unos pocos capítulos más, no solo aprenderás a cambiar tus creencias y a volverte más sugestionable, sino también a usar ese estado para programar tu subconsciente, aunque afortunadamente no sea con la intención de disparar con un revólver de aire comprimido a un doble, sino para superar cualquier problema físico, trauma emocional o asunto personal de otra índole con el que estés lidiando.

7

Actitudes, creencias
y percepciones

Un chico indonesio de 12 años, con la mirada perdida, abre la boca y acepta gustoso los pedazos de vidrio que le dan algunas personas de la multitud reunida en un parque de Jakarta para ver la «kuda lumping», una danza javanesa tradicional realizada en estado de trance. El chico mastica el vidrio y se lo traga como si fuera un puñado de palomitas o de galletas sin sufrir daño alguno. Este joven de la tercera generación de los *kuda lumper,* lleva desde los 9 años ingiriendo vidrio en otros espectáculos místicos pareci-dos. Él y otros 19 miembros de este grupo de danza tradicional re-citan un hechizo javanés antes de cada espectáculo, convocando a los espíritus de los difuntos para que residan en uno de ellos du-rante la danza de ese día y los proteja del dolor.[1]

El chico y sus compañeros del grupo de danza son, en ciertos aspectos, como los predicadores manipuladores de serpientes de la región de los Apalaches descritos en el primer capítulo y que al re-cibir la unción del espíritu se ponen a bailar con entusiasmo alre-dedor del púlpito con serpientes venenosas enroscadas a los brazos y los hombros. Acercándoselas peligrosamente a la cara, son por lo visto inmunes al veneno de sus mordeduras. Los bailarines tam-bién se parecen a los miembros de la tribu sawau de Fiji, en la isla de Beqa, que caminan durante horas sin inmutarse sobre piedras blancas ardientes calentadas previamente en una gran pira de leña y brasas, facultad que según dicen un antepasado de la tribu recibió de un dios y la transmitió más tarde a sus descendientes.

El chico que come cristales, los predicadores que manejan serpientes y los fiyianos que caminan sobre fuego no se paran a pensar ni siquiera por un instante: *¿Me funcionará esta vez?* Ninguno siente una pizca de vacilación. La decisión de masticar vidrio, coger víboras cobrizas o caminar sobre piedras ardientes trasciende su cuerpo, el entorno y el tiempo, por lo que su biología cambia para permitirles hacer lo imposible. Su fe a toda prueba en la protección de sus dioses les impide dudar.

El efecto placebo se le parece porque las creencias arraigadas también son un componente esencial y, sin embargo, este elemento no se ha analizado demasiado, ya que por el momento en las investigaciones sobre la conexión mente-cuerpo la mayoría de los estudios científicos solo han analizado los efectos de los placebos en lugar de la causa. Tanto si el cambio en nuestro estado interior se debe a la fe en la curación, al condicionamiento, a la liberación de emociones reprimidas, a la creencia en los símbolos o a una determinada práctica espiritual, la pregunta sigue sin responder: ¿qué ha sucedido para crear alteraciones tan profundas en el cuerpo? Y si descubrimos a qué se deben, ¿podemos cultivarlas?

De dónde vienen nuestras creencias

Nuestras creencias no son siempre tan conscientes como pensamos. Tal vez nos dé la impresión de aceptar una idea, pero si en el fondo no creemos que sea posible, nuestra aceptación no será más que un proceso intelectual. Como para que se dé el efecto placebo tienes que cambiar lo que crees de ti mismo y lo que es posible en cuanto a tu cuerpo y tu salud, debes comprender qué son las creencias y de dónde vienen.

Supongamos que una persona aquejada de ciertos síntomas va a ver al médico y este le diagnostica una enfermedad basándose en sus conclusiones objetivas. El médico le hace el diagnóstico y el pronóstico, y le da opciones en cuanto al tratamiento basándose en los resultados habituales. Tan pronto como el paciente oye al médico decir «diabetes», «cáncer», «hipotiroidismo» o «síndrome de fatiga crónica», le vienen a la cabeza una serie de pensamientos, imágenes y emociones basadas en sus experiencias pasadas. Como, por ejemplo, tal vez sus padres padecieron la enfermedad, vio una película en la tele en la que uno de los personajes se moría a causa de ella, o incluso leyó algo en Internet que hizo que el diagnóstico le asustara.

En cuanto el paciente ve al médico y oye su opinión profesional, acepta automáticamente la enfermedad, cree lo que ese médico tan seguro de sí mismo le dice, y luego se entrega al tratamiento y a los resultados, y además lo hace sin analizarlo en absoluto. El paciente se deja sugestionar (y es vulnerable) por lo que le dice el médico. Si acepta entonces las emociones del miedo, la preocupación y la ansiedad, y también la tristeza, los únicos pensamientos posibles que tendrá (o autosugestiones) serán los que equivalen a cómo se siente.

Aunque el paciente *intente* tener pensamientos positivos sobre que se acabará curando, su cuerpo se seguirá sintiendo mal porque ha recibido el placebo inadecuado, lo cual le ha producido un estado del ser inadecuado, la señalización de los mismos genes y la incapacidad de ver o percibir cualquier posibilidad nueva. Estará a merced de sus creencias (y de las del médico) sobre el diagnóstico.

Cuando personas como las que aparecen en los siguientes capítulos se curaron a sí mismas con el efecto placebo, ¿qué hicieron diferente? En primer lugar no *aceptaron* la irrevocabilidad del diagnóstico, pronóstico o tratamiento. Ni *creyeron* en el resultado más probable o en el destino futuro que el médico les resumió de manera autoritaria. Ni tampoco *siguieron* el diagnóstico, el pronóstico ni el tratamiento sugerido. Al tener una actitud distinta a la de los que sí aceptaron, creyeron y siguieron lo que les dijo el médico, experimentaron un distinto estado del ser.

No se dejaron sugestionar por el consejo ni las opiniones del médico, porque no se sentían aterrados, victimizados ni tristes. En su lugar se mostraron optimistas y entusiastas, y estas emociones les produjeron una nueva serie de pensamientos que a su vez les permitió ver nuevas posibilidades. Como tenían distintas ideas y creencias sobre lo que era posible, no *condicionaron* al cuerpo a sufrir la peor situación imaginada, ni *esperaron* el *mismo resultado previsible* que las personas que habían recibido el mismo diagnóstico, ni le *asignaron el mismo significado* a diferencia del resto que tenía la misma enfermedad. Y al asignarle un distinto significado a su futuro, tuvieron una distinta intención. Comprendieron la función de la epigenética y la neuroplasticidad, de ahí que en lugar de verse pasivamente como víctimas de la enfermedad, usaran esos conocimientos para volverse proactivos, estimulados por lo que aprendían en mis talleres y cursos. Por eso cosecharon unos resultados distintos y mejores que los de otros pacientes con el mismo diagnóstico, al igual que las limpiadoras del hotel obtuvieron mejores resultados después de que los investigadores les dieran más información.

Piensa ahora en una persona común y corriente que recibe un diagnóstico y anuncia de inmediato: «¡Esa enfermedad no podrá conmigo!» Alguien puede no aceptar la enfermedad y el resultado que el médico le comunica, pero la diferencia está en que la mayoría de la gente no ha cambiado realmente su creencia sobre no estar enfermo. Para cambiar una creencia es necesario cambiar el programa subconsciente, ya que una creencia, como pronto aprenderás, es un estado del ser subconsciente.

Las personas que intentan cambiar algo de su vida solo con la mente consciente nunca salen de su estado habitual para reprogramar sus genes, porque no saben cómo hacerlo. Por eso no se curan. Son incapaces de entregarse a la posibilidad, ya que les resulta imposible dejarse sugestionar por cualquier otra cosa que no sea lo que les dice el médico.

¿Es posible que una persona no responda al tratamiento o siga enferma por vivir a diario en el mismo estado emocional, aceptando, creyendo y siguiendo el modelo médico sin analizarlo, basándose en la actitud de millones de personas que hacen exactamente lo mismo? ¿Acaso el diagnóstico médico de nuestros tiempos modernos no equivale en realidad a un maleficio vudú?

Me gustaría ahora analizar un poco más las creencias, pero antes quiero señalar que cuando tienes una serie de pensamientos y sentimientos hasta que se vuelven habituales o automáticos, estás creando una *actitud. Y* como lo que piensas y sientes produce un estado del ser, las actitudes no son más que estados del ser más cortos. Pueden variar de un momento a otro a medida que tus pensamientos y sentimientos cambian. Cualquier actitud puede durar minutos, horas, días o incluso una o dos semanas.

Por ejemplo, si tienes una serie de buenos pensamientos afines a una serie de buenos sentimientos, puedes decir: «Hoy tengo una buena actitud». Y si tienes una serie de pensamientos negativos afines a una serie de sentimientos negativos, puedes decir: «Hoy tengo una mala actitud». Si tienes la misma actitud las suficientes veces, se vuelve automática.

Si repites o mantienes ciertas actitudes el tiempo suficiente y las unes, acaban generando una *creencia*. Una creencia no es más que un estado del ser más duradero, básicamente las creencias son pensamientos y sentimientos (actitudes) que no cesas de tener y sentir una y otra vez hasta que se graban en tu cerebro y luego condicionan emocionalmente a tu cuerpo. Se podría decir que te has vuelto adicto a ellas, por eso te cuesta tanto cambiarlas y sientes un vacío en el estómago cuando las ves peligrar. Como las experiencias se han grabado neurológicamente en tu cerebro (generando tus pensamientos) y se han expresado químicamente como emociones (generando tus sentimientos), la mayoría de tus creencias se basan en tus recuerdos del pasado.

Cuando tienes los mismos pensamientos una y otra vez al pensar y analizar lo que recuerdas del pasado, esos pensamientos activan y refuerzan los programas inconscientes automáticos. Y si tienes los mismos sentimientos basados en experiencias pasadas y sientes lo mismo que sentiste cuando te ocurrieron, estás condicionando al cuerpo a ser subconscientemente la mente de esa emoción, y estará viviendo inconscientemente en el pasado.

Y si la repetición de lo que piensas y sientes con el tiempo condiciona a tu cuerpo a convertirse en mente, y acabas programándolo subconscientemente, en este caso las creencias son estados del ser subconscientes e inconscientes procedentes del pasado. Y también son más duraderas que las actitudes, pueden durar meses o incluso años. Y como duran más, se programan con más fuerza en ti.

En mi infancia me ocurrió algo que se me quedó grabado y que ilustra esta cuestión de maravilla. Crecí en el seno de una familia italiana y cuando hacía cuarto de primaria, nos mudamos a otra ciudad con gente tanto de origen italiano como judío. Ese año, en mi primer día de clase, el profesor me dijo que me sentara en un grupo de seis pupitres junto con tres niñas judías. Fue el día en que me dieron la noticia de que Jesús no era italiano. Fue uno de los días más memorables de mi vida.

Cuando volví a casa por la tarde, mi bajita madre italiana no cesó de preguntarme cómo me había ido mi primer día de escuela, pero me negué a responderle. Después de ignorarla una y otra vez, agarrándome del brazo me insistió en que le dijera qué me pasaba.

—¡Creía que Jesús era italiano! —exclamé enojado.

—Pero ¿qué estás diciendo? —repuso—. ¡Jesús es judío!

—¿Judío? —le solté—. ¡No puede ser! ¡Si en todas esas fotos parece italiano! Y además la abuela le está hablando en italiano todo el día. ¿Y qué hay del Imperio Romano? ¿Es que Roma no está en Italia?

La creencia que tenía —que Jesús era italiano— estaba basada en mis experiencias pasadas y lo que pensaba y sentía sobre Jesús se había convertido en un estado del ser automático. Me llevó tiempo abandonar esta creencia, porque no es fácil cambiarlas cuando están tan arraigadas. Aunque huelga decir que lo conseguí.

Sigamos analizando ahora el concepto un poco más. Si combinas una serie de creencias relacionadas, forman tu *percepción*. O sea que tu percepción de la realidad la sustenta un estado del ser basado en las creencias, actitudes, pensamientos y sentimientos que has tenido durante mucho tiempo. Y como tus creencias se convierten en estados del ser subconscientes e inconscientes (es decir, ni siquiera sabes por qué crees ciertas cosas, o no adviertes tus creencias hasta que las analizas), la mayor parte de tus percepciones —tu forma de ver las cosas *subjetivamente*— se convierten en la visión subconsciente e inconsciente de tu realidad del pasado.

De hecho, según han revelado ciertos experimentos científicos tú no ves la realidad tal como es, sino que la llenas sin darte cuenta con tus recuerdos del pasado, que es lo que se ha grabado neurológicamente en tu cerebro.[2] Cuando las percepciones se convierten en implícitas o no declarativas (como he señalado en el capítulo anterior), se vuelven automáticas o subconscientes, o sea que de manera automática estás siempre alterando la realidad subjetivamente.

Por ejemplo, sabes que tu coche es el tuyo porque lo has conducido muchas veces. Tienes la misma experiencia de él a diario porque apenas cambia. Piensas y sientes lo mismo sobre él cada día. Tu actitud sobre tu coche ha creado una creencia acerca de él que a su vez te hace percibir tu vehículo de una determinada forma, como por ejemplo, que es un buen coche porque casi nunca se estropea. Y aunque aceptes automáticamente esta percepción, en realidad es una percepción subjetiva, ya que otra persona puede tener un coche de la misma marca y modelo que, sin embargo, se estropee siempre, por lo que tendrá creencias y percepciones distintas a las tuyas sobre el mismo vehículo, basadas en su experiencia personal.

De hecho, si eres como la mayoría de las personas, probablemente no te fijes en varios aspectos de tu coche hasta que alguno falle. Esperas que te funcione como el día anterior y que en el futuro lo siga haciendo como lo ha hecho en el pasado, el día anterior y los que le precedieron, esta es tu percepción. Pero cuando no te funciona bien, no te queda más remedio que prestarle más atención (como escuchar el sonido del motor con más detenimiento) y ser consciente de la percepción inconsciente que tienes de tu coche.

En cuanto la percepción de tu coche cambia porque ya no funciona como antes, lo percibes de distinta manera. Lo mismo sucede con las relaciones que mantienes con tu pareja y tus compañeros de trabajo, con tu cultura y tu raza, e incluso con tu cuerpo y tu dolor. De hecho es el modo en que funcionan la mayoría de las percepciones sobre la realidad.

Por tanto, si quieres cambiar una percepción implícita o subconsciente, debes volverte más consciente y menos *in*consciente. Prestarle más atención a todos los aspectos relacionados contigo y con tu vida en los que no te fijas demasiado. Mejor aún, debes tomar conciencia, estar más atento y advertir aquello de lo que no te dabas cuenta.

Pero no es fácil hacerlo, porque si vives la misma realidad una y otra vez, tu forma de pensar y sentir relacionada con tu mundo actual seguirá creando las mismas actitudes, y estas a su vez inspirarán las mismas creencias, que generarán las mismas percepciones (como se ilustra en la figura 7.1).

CÓMO SE FORMAN LAS CREENCIAS Y PERCEPCIONES

RECUERDOS DEL PASADO

ESTADO DEL SER

PENSAMIENTOS + SENTIMIENTOS

ACTITUDES

PENSAMIENTOS + PENSAMIENTOS + PENSAMIENTOS
SENTIMIENTOS + SENTIMIENTOS + SENTIMIENTOS

CREENCIAS

ACTITUDES + ACTITUDES + ACTITUDES

PERCEPCIONES

CREENCIAS + CREENCIAS + CREENCIAS

AÑOS / DÉCADAS / LA VIDA ENTERA

FIGURA 7.1

Tus pensamientos y sentimientos proceden de los recuerdos del pasado. Cuando piensas y sientes de una determinada forma, empiezas a crear una actitud. Una actitud es un ciclo de pensamientos y sentimientos de corta duración experimentados una y otra vez. Las actitudes son estados del ser cortos. Si combinas una serie de actitudes, creas una creencia. Las creencias son estados del ser más duraderos y tienden a volverse subconscientes. Cuando unes varias creencias, generas una percepción. Tus percepciones tienen que ver con las decisiones que tomas, las conductas que manifiestas, las relaciones que eliges y las realidades que creas.

Cuando tu percepción se vuelve tan natural y automática que no te fijas en cómo es la realidad (porque esperas automáticamente que todo siga como siempre), estás aceptando y admitiendo de manera inconsciente esa realidad, que es lo que le ocurre a la mayoría de la gente que acepta y admite sin darse cuenta lo que el modelo médico convencional les dice sobre un diagnóstico.

La única forma de cambiar tus creencias y percepciones para crear una respuesta placebo es cambiar tu estado del ser. Tienes que ver por fin tus antiguas y limitadas creencias como lo que son —grabaciones del pasado—, y estar dispuesto a abandonarlas para aceptar otras nuevas sobre ti que te ayudarán a crear un nuevo futuro.

Cambia tus creencias

Pregúntate a ti mismo: «¿Qué creencias y percepciones sobre mí y mi vida he estado aceptando sin darme cuenta para poder cambiar y crear este nuevo estado del ser?» Es una pregunta en la que necesitas reflexionar detenidamente porque, como ya he señalado, ni siquiera somos conscientes de muchas creencias que damos por ciertas.

A menudo aceptamos cierta información del entorno que nos «bombea» para aceptar determinadas creencias que pueden o no ser ciertas. De cualquier modo, en cuanto las aceptamos, afectan no solo a nuestro rendimiento, sino también a las decisiones que tomamos.

¿Recuerdas el estudio del capítulo 2 sobre las jóvenes que antes de hacer una prueba de matemáticas leyeron unos informes científicos falsos acerca de que los hombres eran mejores en matemáticas que las mujeres? Las que leyeron que la ventaja se debía a la genética, sacaron una puntuación más baja que las que leyeron que se debía a los estereotipos. Aunque ambos informes eran falsos —los hombres no son mejores en matemáticas que las mujeres—, las jóvenes del grupo que leyeron que tenían una desventaja genética, se lo creyeron y luego sacaron una menor puntuación en la prueba. Lo mismo les sucedió a los estudiantes blancos a los que les dijeron antes de hacer la prueba que los asiáticos sacaban notas algo mejores en matemáticas que los blancos. En ambos casos, cuando a los estudiantes los «bombearon» para que creyeran inconscientemente que no obtendrían una buena puntuación en matemáticas, les acabó sucediendo, aunque lo que les habían dicho fuera totalmente falso.

Teniendo esto en cuenta, échale un vistazo a la siguiente lista de algunas creencias limitadoras comunes y advierte cuáles puedes albergar sin que te hayas percatado de ello:

Soy una nulidad en matemáticas. Soy tímido. Tengo mal genio. No soy listo ni creativo. Me parezco mucho a mis padres. Los hombres no lloran ni son vulnerables. Nunca tendré pareja. Las mujeres son inferiores a los hombres. Mi raza o cultura es superior a las otras. La vida es un tema muy serio. La vida es muy difícil y todo el mundo va a la suya. Nunca voy a triunfar. Para triunfar en la vida tengo que trabajar duro. Nunca me pasa nada bueno. No tengo buena suerte. Las cosas nunca me salen como yo quisiera. Siempre voy corto de tiempo. Mi felicidad depende de los demás. Cuando consiga lo que quiero seré feliz. Es difícil cambiar la realidad. La realidad es un proceso lineal. Los gérmenes me hacen enfermar. Engordo fácilmente. Necesito dormir ocho horas. Mi dolor se ha vuelto crónico y ya nunca desaparecerá. Se me está pasando el arroz. Existe un canon de belleza y punto. Divertirse es una frivolidad. Dios está en el exterior. Como soy una mala persona, Dios no me quiere...

Podría seguir y seguir citando frases, pero ahora ya sabes a lo que me refiero.

Como las creencias y percepciones se basan en experiencias del pasado, cualquiera de esas creencias que albergas sobre ti viene de tu pasado. Así que ¿son reales o te las has imaginado? *Aunque en un momento dado de tu vida fueran reales,* no tienen por qué seguir siéndolo *ahora*.

Pero no las vemos de este modo porque somos adictos a nuestras creencias, a las emociones del pasado. Las vemos como verdades y no como ideas que podemos cambiar. Si tenemos creencias sólidas sobre algo, aunque tuviéramos delante de las narices la prueba de que son falsas, no lo veríamos, porque lo que percibimos es totalmente distinto. En realidad nos hemos condicionado a creer en toda clase de cosas que no siempre son verdad, y muchas tienen un efecto negativo en nuestra salud y en nuestra felicidad.

Ciertas creencias culturales son un buen ejemplo de ello. ¿Recuerdas la historia del maleficio vudú del capítulo 1? El paciente estaba convencido de que se iba a morir por la maldición de un sacerdote vudú. El hechizo funcionaba solo porque él (y las otras personas de su misma cultura) creían en el vudú, pero lo que en realidad le había echado la maldición no era el *vudú,* sino su propia creencia.

Otras creencias culturales pueden causar muertes prematuras. Por ejemplo, los estadounidenses de origen chino que han nacido en un año que en la astrología y la medicina chinas se considera que trae mala suerte, cuando tienen una enfermedad mueren cinco años antes, según los investigadores de la Universidad de California en San Diego, que estudiaron los informes de fallecimientos de casi treinta mil estadounidenses de origen chino.[3] El efecto era más fuerte en los más apegados a las tradiciones y creencias chinas y los resultados también se aprecian en prácticamente todas las causas importantes de muertes estudiadas. Por ejemplo, los chino-estadounidenses nacidos en los años vinculados con la tendencia a enfermar por bultos y tumores, murieron de cáncer linfático a una edad en la que eran cuatro años más jóvenes que los chino-estadounidenses nacidos en otros años o que los estadounidenses con cánceres similares.

Todos estos ejemplos demuestran que somos sugestionables solo por lo que creemos que es verdad de manera consciente o inconsciente. Un esquimal que no crea en la astrología china está tan poco predispuesto a dejarse sugestionar por la idea de que es vulnerable a cierta enfermedad por haber nacido en el año del tigre o del dragón, como lo estaría un episcopaliano a la idea de que el maleficio de un sacerdote vudú podría matarle.

Pero en cuanto *cualquiera de nosotros* acepta y cree en un resultado y se entrega a él sin darse cuenta o sin analizarlo, se deja sugestionar por esa realidad en particular. En la mayoría de la gente este tipo de creencias, implantadas en el sistema subconsciente más allá de la mente consciente, es lo que les provoca la enfermedad. Así es que ahora te haré otra pregunta: ¿cuántas creencias personales basadas en experiencias culturales tienes que tal vez sean falsas?

Cambiar de creencias quizá cueste, pero no es algo imposible, solo piensa en lo que sucedería si te cuestionaras tus creencias inconscientes. ¿Y si en lugar de pensar y sentir *Nunca tengo bastante tiempo para hacer todo lo que debo hacer,* pensaras y sintieras *Vivo en el sin tiempo y puedo hacer todo cuanto debo hacer*? ¿Y si en lugar de creer *El universo se ha confabulado en mi contra,* creyeras *El universo me apoya y actúa a mi favor*? ¡Qué gran creencia! ¿Cómo pensarías, vivirías y andarías por la calle si creyeras que el universo te apoya? ¿Qué crees que sería lo que esto cambiaría en tu vida?

Cuando cambies una creencia, empieza a hacerlo aceptando que es posible, cambia luego tu nivel de energía con la emoción elevada de la que he hablado antes y, por último, deja que tu biología se reorganice. No hace falta que pienses cómo o cuándo ocurrirá esta reorganización biológica, ya que entonces activarías la mente analítica, con lo que entrarías en el estado beta en el que eres menos sugestionable. En su lugar, toma simplemente una decisión con firmeza. Y en cuanto la amplitud o energía de esta decisión sea más potente que los programas grabados en tu cerebro y que la adicción emocional de tu cuerpo, habrás ido más allá del pasado, tu cuerpo responderá a la nueva mente y podrás crear un verdadero cambio.

Tú ya sabes cómo hacerlo. Piensa en alguna ocasión en la que decidiste cambiar algo de ti o de tu vida. Seguro que hubo un momento en el que te dijiste: *¡No me importa cómo me sienta* [cuerpo]*! ¡Ni lo que está pasando en mi vida* [entorno]*! Y ¡me da igual cuánto tarde en conseguirlo* [tiempo]*! ¡Lo voy a lograr!*

Al instante se te puso la carne de gallina porque entraste en un estado alterado del ser. En cuanto sentiste esta energía, empezaste a enviarle a tu cuerpo una nueva información. Te sentiste inspirado y saliste de tu estado del ser habitual, porque a través de los pensamientos tu cuerpo pasó de vivir en el mismo pasado de siempre a vivir en un nuevo futuro. En realidad tu cuerpo dejó de ser la mente y *tú* te convertiste en ella. Cambiaste una creencia.

Los efectos de la percepción

Al igual que las creencias, nuestras percepciones de las experiencias pasadas —ya sean positivas o negativas— afectan directamente nuestro estado del ser subconsciente y nuestra salud. En 1984, Gretchen van Boemel, en aquel tiempo directora adjunta de electrofisiología clínica en el Instituto Doheny Eye de Los Ángeles, reveló un ejemplo asombroso de ello al advertir una inquietante tendencia en las mujeres camboyanas que le enviaban como pacientes. Aquellas mujeres, todas tenían de 40 a 60 años, vivían cerca de Long Beach, en California (lugar conocido como Pequeño Phnom Penh por sus cerca de cincuenta mil residentes camboyanos), estaban teniendo serios problemas visuales, como ceguera, en una proporción anormalmente elevada.

Físicamente, los ojos de las mujeres estaban sanos. La doctora Van Boemel les hizo tomografías cerebrales para evaluar hasta qué punto les funcionaba el sistema visual y comparó los resultados con su capacidad visual. Descubrió que todas tenían una agudeza visual normal, a menudo de 20/20 o 20/40, pero cuando intentaban leer una tabla optométrica, su visión era nula. Algunas de las mujeres no podían captar la luz y ni siquiera cualquier sombra, *aunque físicamente sus ojos estuvieran perfectamente.*

Cuando la doctora Van Boemel decidió trabajar con Patricia Rozée de la Universidad Estatal de California de Long Beach para investigar a esas mujeres, descubrieron que las que tenían peor visión habían estado la mayor parte de su vida viviendo en la época de los jemeres rojos o en campos de refugiados cuando el dictador comunista Pol Pot estaba en el poder.[4] El genocidio perpetrado por los jemeres rojos fue el responsable de la muerte de al menos 1,5 millones de camboyanos entre 1975 y 1979.

De entre las mujeres estudiadas, el 90 por ciento habían perdido durante aquel tiempo a miembros de su familia (algunas de ellas hasta diez), y al 70 por ciento las habían obligado a ver a sus seres queridos —a veces incluso a toda la familia— siendo brutalmente asesinados. «Aquellas mujeres vieron cosas que su mente no podía aceptar», dijo Rozée en *Los Angeles Times*.[5] Su mente simplemente se cerró y se negaron a ver cualquier otra cosa: cualquier otra muerte, tortura, violación y estado de inanición más.

A una mujer la obligaron a mirar cómo mataban a su marido y a sus cuatro hijos y se quedó ciega al instante. Otra tuvo que presenciar a un soldado jemer rojo golpeando brutalmente a su hermano y a sus tres sobrinos hasta matarlos, incluyendo uno de tres meses al que estamparon contra un árbol varias veces hasta acabar con él. Después de ver todas estas atrocidades empezó a perder la visión.[6] Esas mujeres también sufrieron maltratos físicos, hambre, humillaciones indecibles, abusos sexuales, torturas y jornadas de veinte horas de trabajos forzados. Aunque ahora estaban a salvo, muchas de ellas dijeron a los investigadores que preferían quedarse en casa, donde no podían evitar revivir los recuerdos de las atrocidades una y otra vez en sus pesadillas recurrentes y en los horribles pensamientos que les venían a la cabeza.

Tras documentar un total de 150 casos de ceguera psicosomática en las mujeres camboyanas de Long Beach —el mayor grupo conocido de esta clase de víctimas en todo el mundo—, Van Boemel y Rozée presentaron su investigación en el encuentro anual de la Asociación Psicológica Americana en Washington, D. C. El público se quedó fascinado.

Las mujeres de este estudio no se volvieron ciegas o casi ciegas por alguna enfermedad ocular o problema físico, sino porque las escenas vividas les impactaron hasta tal punto emocionalmente, que literalmente «lloraron hasta no poder ver nada más».[7] El gran impacto emocional de ser obligadas a presenciar lo inaguantable hizo que no quisieran ver el mundo nunca más. Las traumáticas escenas les produjeron cambios físicos en su biología —no en sus ojos, sino lo más probable es que fuera en su cerebro—, con lo que su percepción de la realidad cambió para el resto de su vida. Y como no podían dejar de revivirlas en su mente una y otra vez, su visión nunca mejoraba.

Aunque sea un ejemplo extremo, lo más probable es que nuestras experiencias traumáticas del pasado también nos produzcan efectos parecidos. Si tienes problemas de visión, ¿qué es lo que has decidido quizá no ver por las dolorosas o aterradoras vivencias que tuviste en el pasado? Y si tienes problemas auditivos, ¿qué es lo que no estás dispuesto a oír en tu vida?

La figura 7.2 ilustra cómo llega a suceder. La línea de la tabla refleja una medición relativa del estado del ser de una persona. Se inicia más o menos a un nivel normal o básico, antes de que ocurra el incidente. Cuando la línea sube de golpe, indica una fuerte reacción emocional a un episodio, como cuando esas mujeres vivieron las atrocidades de los soldados jemeres rojos. La horrible experiencia quedó grabada neurológicamente en su cerebro y cambió químicamente su cuerpo, y también su estado del ser: sus pensamientos, sus sentimientos, sus actitudes, sus creencias y, por último, sus percepciones. Como esas mujeres decidieron no ver el mundo nunca más, su biología lo reflejó creando nuevas redes neurológicas y enviando nuevas señales químicas.

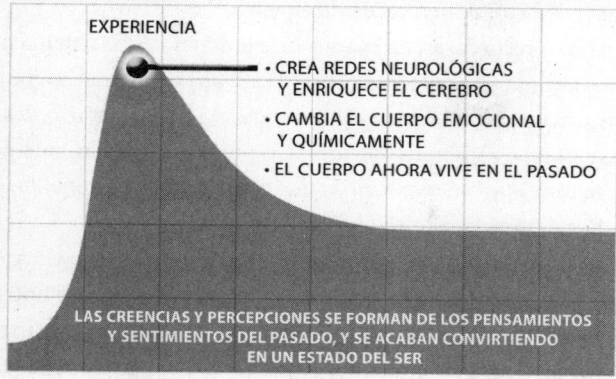

EXPERIENCIA

- CREA REDES NEUROLÓGICAS Y ENRIQUECE EL CEREBRO
- CAMBIA EL CUERPO EMOCIONAL Y QUÍMICAMENTE
- EL CUERPO AHORA VIVE EN EL PASADO

LAS CREENCIAS Y PERCEPCIONES SE FORMAN DE LOS PENSAMIENTOS Y SENTIMIENTOS DEL PASADO, Y SE ACABAN CONVIRTIENDO EN UN ESTADO DEL SER

FIGURA 7.2

Una experiencia con una gran carga emocional vivida en la realidad exterior se graba en las redes del cerebro y marca emocionalmente al cuerpo. Por eso el cerebro y el cuerpo viven a partir de entonces en el pasado y el incidente altera nuestro estado del ser y nuestra percepción de la realidad. Ya no tenemos la misma personalidad.

Aunque la línea del gráfico acabe descendiendo y estabilizándose, no recupera el mismo nivel desde el que empezó a ascender, lo cual indica que la experiencia le ha cambiado a esa persona química y neurológicamente. En ese punto, las mujeres camboyanas empezaron a vivir en el pasado, porque seguían condicionadas por la marca neurológica y química que la experiencia les dejó. Ya no eran las mismas mujeres, el incidente les había cambiado su estado del ser.

El poder del entorno

No basta con cambiar tus creencias y percepciones. También debes reforzar el cambio una y otra vez. Para ver por qué es así, hablaré de nuevo de los pacientes con párkinson cuyas facultades motoras mejoraron tras recibir una inyección salina creyendo que se trataba de un poderoso medicamento.

Como recordarás, en cuanto su salud mejoró, su sistema nervioso autónomo empezó a reflejar este nuevo estado liberando dopamina en sus cerebros. No les ocurrió por esperar o desear que su cuerpo elaborara dopamina ni por rezar por ello, sino porque se *convirtieron* en personas que producían dopamina.

Por desgracia, el efecto no se da en todo el mundo. En realidad, a algunos el efecto placebo solo les dura un cierto tiempo y luego vuelven a ser los mismos de siempre, recuperan su antiguo estado del ser. En el caso de los pacientes con párkinson, cuando regresaron a casa y vieron a sus cuidadores, a sus parejas, durmieron en la misma cama, tomaron la misma comida, se sentaron en la misma sala de estar y tal vez jugaron al ajedrez con los mismos amigos que se quejaban de sus achaques, su entorno de siempre les recordó su antigua personalidad y estado del ser. Como todas estas condiciones de su vida familiar les recordaron quiénes eran antes, volvieron a adquirir esas identidades y sus diversos problemas motores reaparecieron.[8] Se *volvieron a identificar* con su entorno. Como puedes ver el entorno es poderosísimo.

Lo mismo les ocurre a los drogadictos que llevan muchos años sin consumir droga. Si los vuelves a poner en el mismo ambiente en el que se drogaban, aunque no consuman ninguna droga solo de estar en ese entorno ya se activan en sus células los mismos sitios receptores que activaban las drogas, y ello crea cambios fisiológicos en sus cuerpos como si se drogaran y aumenta su deseo de consumirlas.[9] Su mente no lo puede controlar. Es algo automático.

Vamos a analizar este concepto un poco más. Has aprendido que el proceso de condicionamiento crea unos intensos recuerdos asociativos. También has aprendido que los recuerdos asociativos estimulan funciones fisiológicas subconscientes y automáticas al activar el sistema nervioso autónomo. Piensa de nuevo en los perros de Pavlov. En cuanto los condicionó para que asociaran el sonido de la campanilla con la comida, su cuerpo cambiaba fisiológicamente enseguida sin que la mente consciente lo pudiera controlar. El estímulo del entorno era lo que (por medio del recuerdo asociativo) cambiaba de forma automática, autónoma, subconsciente y fisiológica el estado interno de los perros. Se ponían a salivar y liberaban jugos gástricos al estar esperando la recompensa. Su mente consciente no era la que lo hacía, sino el estímulo del entorno que activaba el recuerdo asociativo procedente de la respuesta condicionada.

Volvamos ahora a los pacientes con párkinson y a los drogadictos. Se puede decir que en cuanto una de esas personas regresaba a su ambiente habitual, su cuerpo adquiría el antiguo estado del ser de manera automática y fisiológica sin que la mente consciente lo pudiera controlar. En realidad, el antiguo estado del ser que ha estado años y años pensando y sintiendo de la misma forma ha condicionado al cuerpo a convertirse en mente. Es decir, el cuerpo es la mente que responde al entorno. Por eso a cualquiera que se encuentre en esta clase de situación le cuesta tanto cambiar.

Y cuanto mayor sea la adicción a la emoción, mayor será la respuesta condicionada al estímulo del entorno. Por ejemplo, pongamos que eres adicto al café y quieres dejar de serlo. Si te pasaras por mi casa y yo estuviera preparándome un café, al oír el ruido de la cafetera, oler el aroma que despedía y ver cómo me lo tomaba, te pasaría lo siguiente: en cuanto tus sentidos captaran esos estímulos del entorno, tu cuerpo, como mente, respondería de manera subconsciente y automática sin que tu mente consciente pudiera evitarlo porque habrías condicionado a tu cuerpo a reaccionar así. Tu cuerpo-mente ansiando recibir su recompensa fisiológica lucharía contra tu mente para convencerte de que te tomaras un sorbo o dos de café.

Pero si realmente hubieras superado tu adicción al café y yo me prepararara una taza delante de ti, podrías decidir tomarlo o no sin ningún problema, porque no experimentarías la respuesta fisiológica que acabo de describir. Ya no estarías condicionado (tu cuerpo habría dejado de ser la mente), y el recuerdo asociativo de tu entorno ya no te produciría el mismo efecto.

Lo mismo sucede con las adicciones emocionales. Por ejemplo, si has memorizado una sensación de culpabilidad procedente de tus experiencias pasadas y ahora vives a diario con esa sensación sin darte cuenta, como les ocurre a la mayoría de las personas, usarás a alguien o algo de tu entorno exterior para reafirmar tu adicción al sentimiento de culpa. Por más que intentes superarlo, en cuanto veas a tu madre (que solía hacerte sentir culpable) en la casa donde creciste, tu cuerpo volverá de manera automática, química y fisiológica al mismo estado de culpabilidad del pasado en ese preciso instante sin que tú te des cuenta. Tu cuerpo, en el que subconscientemente ha quedado programada una sensación de culpabilidad, está en ese momento viviendo en el pasado. De ahí que lo más natural es que te sientas culpable cuando estás con tu madre en lugar de sentir cualquier otra emoción. Y al igual que le ocurre a un drogadicto, la respuesta condicionada ha alterado tu estado interior por la asociación que has hecho con tu realidad exterior presente-pasada. Pero si superas tu adicción a la culpabilidad al cambiar tu programación subconsciente, aunque estés en las mismas condiciones esa realidad del pasado ya no tendrá lugar en el presente.

Investigadores de la Universidad Victoria de Wellington, en Nueva Zelanda, examinaron el efecto del entorno en un grupo de 148 estudiantes universitarios a los que invitaron a participar en un estudio realizado en un ambiente parecido al de un bar.[10] Los investigadores dijeron a una mitad del grupo que les darían vodka con tónica, y a la otra que les darían solo tónica. En realidad, los camareros no les sirvieron ni una sola gota de vodka; todos los estudiantes recibieron solo tónica. Los investigadores reprodujeron el ambiente de un bar con tanto realismo que hasta volvieron a precintar ingeniosamente las botellas de vodka después de llenarlas con tónica. Los camareros decoraron el borde de las copas con lima macerada en vodka para que el combinado fuera más realista antes de prepararlo y servirlo como si fuera vodka con tónica.

Los estudiantes se achisparon y se comportaron como si estuvieran bebidos, algunos incluso mostraron signos de intoxicación etílica. Pero no se emborracharon por beber alcohol, sino porque el ambiente del bar, por medio del recuerdo asociativo, hizo que su cerebro y su cuerpo respondieran de la forma habitual en estos casos.

Cuando los investigadores les contaron al final la verdad, los estudiantes, atónitos, insistieron en que realmente se habían sentido borrachos. Creyeron estar tomando alcohol y esta creencia se tradujo en sustancias neuroquímicas que alteraron su estado del ser.

Es decir, esta creencia bastó para producir un cambio químico en su cuerpo que equivalía al de una borrachera. Les ocurrió porque los estudiantes se habían condicionado a sí mismos las veces suficientes a asociar el alcohol con un cambio en su estado químico interior. Como esperaban o preveían experimentar este cambio basándose en sus recuerdos asociativos con el hecho de beber, los estímulos del ambiente del bar les hicieron cambiar fisiológicamente, como les ocurrió a los perros de Pavlov.

Aunque la otra cara de la moneda es que el entorno también puede favorecer la curación. Pacientes de un hospital de Pensilvania que se recuperaban de una cirugía en una habitación desde la que se veía la arboleda de un paraje natural de las afueras, necesitaron tomar una medicación menos potente para el dolor y les dieron de alta de siete a nueve días antes que a los pacientes que estaban en habitaciones desde las que no se veía más que un muro de ladrillos marrones.[11] El estado mental que el entorno nos crea puede ayudar sin duda al cerebro y al cuerpo a curarse.

Para entrar, por tanto, en un nuevo estado del ser ¿necesitas recurrir a pastillas de azúcar, inyecciones salinas, operaciones falsas o ventanas panorámicas, *algo, alguien* o *algún lugar* de tu entorno exterior? ¿O puedes hacerlo simplemente al cambiar lo que piensas y sientes? ¿Eres capaz de creer en la nueva posibilidad de curarte sin depender de ningún estímulo exterior y hacer que este pensamiento en tu cerebro cree una experiencia emocional tan intensa que llegue a cambiar tu cuerpo hasta tal punto que trasciendas el condicionamiento de tu entorno exterior?

Si es así, lo que acabas de leer sugiere que este método sería una buena idea para cambiar tu estado interior a diario, antes de levantarte por la mañana y enfrentarte a tu mismo ambiente de siempre para que no te haga volver a tu antiguo estado del ser, como les pasó a los pacientes con párkinson. ¿Te acuerdas de Janis Schonfeld, la mujer del capítulo 1, cuyo cerebro cambió físicamente al creer ella que estaba tomando un antidepresivo? El placebo le funcionó en parte tan bien porque las pastillas inertes que tomaba le *recordaban a diario* que debía cambiar su estado del ser (al asociar el tomar las pastillas con pensamientos optimistas y sentimientos de mejorar, como les sucede a más del 80 por ciento de los pacientes que toman un antidepresivo placebo).

Si por medio de la meditación logras adquirir un nuevo estado del ser al combinar una clara intención con sentir el estado emocional elevado que he citado antes, y a diario te alegras y entusiasmas por lo que estás creando, al final saldrás de tu estado del ser habitual. Adquirirás otro nuevo que comporta otras actitudes, creencias y percepciones, ya no reaccionarás igual que antes, porque ahora tu entorno ya no controlará lo que piensas ni sientes. Como tomarás nuevas decisiones y te comportarás de distinta manera, tendrás nuevas experiencias y emociones. Por eso adquirirás una personalidad nueva y distinta que no sufrirá dolor artrítico, ni problemas motores debidos al párkinson, ni infertilidad, ni cualquier otra afección de la que quieras curarte.

Me gustaría señalar que no todas las enfermedades y dolencias se originan en nuestra mente. Sin duda hay niños que nacen con enfermedades congénitas y trastornos genéticos, o sea que en ese caso no han sido sus pensamientos, sentimientos, actitudes y creencias los que los han activado. Y en la vida también suceden traumas y accidentes. Además, la exposición a un ambiente contaminado puede causar estragos en el cuerpo humano. No me refiero a que cuando nos suceda algo tengamos que ser nosotros siempre los responsables, aunque es cierto que nuestro cuerpo puede debilitarse por las hormonas del estrés y volverse más vulnerable a las enfermedades cuando el sistema inmunológico está bajo. Lo que quiero decir es que sea cual sea la causa de nuestras dolencias, tenemos la posibilidad de curarnos.

Cambia tu energía

Ahora puedes ver que si deseas cambiar tus creencias y crear un efecto placebo para que tu salud y tu vida mejoren, debes realizar exactamente lo contrario de lo que las mujeres camboyanas hicieron. Tras generar una intención clara y firme y aumentar tu energía emocional, debes crear una experiencia *interior* en tu mente y tu cuerpo que sea más potente que la experiencia *exterior* pasada. En otras palabras, cuando decidas adoptar una nueva creencia, la amplitud o energía de esta decisión debe ser lo bastante intensa como para superar los programas grabados en tu cerebro y el condicionamiento emocional de tu cuerpo.

Para ver lo que sucede cuando lo haces, echa un vistazo a la figura 7.3 de la página siguiente. En la ilustración, la energía de decidir vivir esta nueva experiencia es *mayor* que la del trauma de la experiencia pasada (como lo ilustra la figura 7.2), por eso el pico en este gráfico alcanza un punto *más alto* que el del gráfico anterior. De ahí que los efectos de esta nueva experiencia *anulen* los residuos de la programación neuronal y el condicionamiento emocional procedente de la experiencia del pasado.

Si lo haces bien, este proceso acaba cambiando tus estructuras cerebrales y tu biología. La nueva experiencia reorganiza la programación antigua, y al hacerlo *elimina* la evidencia neurológica de aquella experiencia pasada. (Considéralo como una ola más grande rompiendo en la playa que se lleva todas las conchas, algas, espuma o huellas de la orilla.) Las experiencias emocionales intensas crean recuerdos a largo plazo, pero la nueva experiencia interior los anula al crear otros nuevos, por eso tu decisión de cambiar se convierte en una experiencia inolvidable. Las huellas del pasado desaparecen de tu cerebro y tu cuerpo, y la señal nueva vuelve a crear un programa neurológico y a hacer cambios genéticos en tu cuerpo.

Observa ahora la figura 7.3 de nuevo y advierte cómo la inclinación de la línea en el gráfico llega hasta abajo (en cambio la de la figura 7.2 desciende, pero sin llegar a bajar hasta el nivel desde el que empezó a ascender). Muestra que en este nuevo estado del ser ya no queda ninguna huella de la experiencia del pasado.

Estas nuevas señales además de reorganizar tus neurocircuitos también empiezan a cambiar el condicionamiento del cuerpo al liberarte de tu adicción emocional al pasado. El cuerpo está viviendo ahora plenamente en el presente, ya no está atrapado en el pasado. Percibe esta energía más intensa y la traduce como una emoción *nueva* (que no es sino otra forma de decir «energía en movimiento» o «e-moción») tanto si esta emoción consiste en sentirte invencible, valiente, poderoso, compasivo, inspirado o sea lo que sea. Y es la *energía* y no la química lo que cambia tu biología, tus neurocircuitos y tu expresión genética.

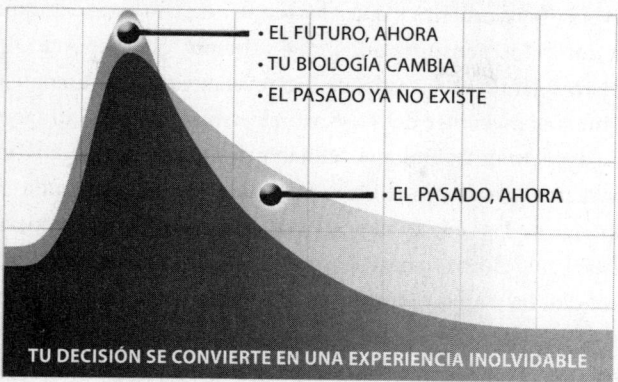

LA DECISIÓN TOMADA SE CONVIERTE EN LA EXPERIENCIA

LA DECISIÓN TOMADA COMBINADA CON UNA EMOCIÓN/ENERGÍA

- EL FUTURO, AHORA
- TU BIOLOGÍA CAMBIA
- EL PASADO YA NO EXISTE

- EL PASADO, AHORA

TU DECISIÓN SE CONVIERTE EN UNA EXPERIENCIA INOLVIDABLE

FIGURA 7.3

Para cambiar una creencia o percepción sobre ti y tu vida, debes tomar una decisión con una intención tan firme que produzca una energía más poderosa que la de los programas grabados en el cerebro y la de la adicción emocional del cuerpo, y el cuerpo a su vez debe responder a una nueva mente. Cuando la decisión tomada crea una nueva experiencia interior más intensa que la experiencia exterior del pasado, los circuitos de tu cerebro se reorganizan y le envían emocionalmente nuevas señales a tu cuerpo. Como las experiencias crean recuerdos a largo plazo, cuando tu decisión tomada se convierte en una experiencia inolvidable, ya no eres el mismo. Biológicamente, el pasado deja de existir. Se podría decir que en ese momento presente tu cuerpo está viviendo en un nuevo futuro.

A los que caminan sobre brasas, mastican vidrio o manejan serpientes también les ocurre un proceso parecido. Tienen claro que su cuerpo y su mente entrarán en un estado distinto. Y cuando adquieren la firme intención de hacer este cambio, la energía de esta decisión les crea cambios internos en su cerebro y su cuerpo que los hace inmunes a las condiciones externas del ambiente durante un determinado espacio de tiempo. Ahora su energía les protege de una forma que, en ese momento, trasciende su biología.

241

Nuestra neuroquímica no es por lo visto lo único que responde a estados más intensos de energía. Los sitios receptores del exterior de las células del cuerpo son cien veces más sensibles a la energía y las frecuencias que a las señales de las sustancias químicas, como los neuropéptidos, que sabemos que penetran en el ADN celular.[12] Las investigaciones revelan sistemáticamente que las fuerzas invisibles del espectro electromagnético influyen en cada aspecto de la biología celular y de la regulación genética.[13] Los receptores de las células son sensibles a determinadas frecuencias de las señales energéticas recibidas. Entre las energías del espectro electromagnético se encuentran las ondas de los microondas, las ondas radiofónicas, las ondas de los aparatos de rayos X, las ondas de baja frecuencia, las frecuencias armónicas sónicas, los rayos ultravioleta e incluso las ondas infrarrojas. Unas frecuencias de energía electromagnética en concreto pueden influir en la conducta del ADN, el ARN y la síntesis proteica; alterar la forma y la función de las proteínas; controlar la regulación y la expresión genética; estimular el crecimiento de las células nerviosas, influir en la división y la diferenciación celular, y también ordenar a determinadas células que se organicen en tejidos y órganos. Todas estas actividades celulares influidas por la energía forman parte de la expresión de la vida.

Y si esto es cierto, debe serlo por alguna razón. ¿Recuerdas el 98,5 por ciento de nuestro ADN al que los científicos llaman «ADN basura» por servir al parecer apenas para nada? Es evidente que la madre naturaleza no pondría toda esta información codificada en nuestras células, esperando a ser leída, sin darnos la capacidad de crear alguna clase de señal para descodificarla; después de todo la naturaleza no desperdicia nada.

¿Podría ser que tu propia energía y conciencia fueran las que crean la clase adecuada de señal fuera de las células que te permite aprovechar esta inmensa «lista» de potenciales? En el caso de que fuera cierto, si cambiaras tu energía como ya he explicado en este capítulo, ¿podría ello ayudarte a usar tu capacidad de curar de verdad tu cuerpo? Cuando cambias tu energía, cambias tu estado del ser. Y los nuevos circuitos del cerebro y las nuevas emociones químicas del cuerpo activan cambios epigenéticos, y el resultado es que te conviertes literalmente en *una nueva persona*. La persona que eras ya es historia, una parte de ella ha desaparecido junto con los neurocircuitos, las adicciones emocionales-químicas y la expresión genética que sustentaba tu antiguo estado del ser.

8

La mente cuántica

La realidad puede ser un blanco en movimiento en sentido literal. Estamos acostumbrados a verla como algo fijo y seguro, pero como descubrirás dentro de poco en este capítulo, la realidad no es como siempre nos la han enseñado a ver. Y si deseas aprender a ser tu propio placebo usando tu mente para alterar la materia, es esencial que entiendas la naturaleza verdadera de la realidad, la relación entre mente y materia y cómo la realidad puede cambiar, porque si no sabes cómo y por qué ocurren estos cambios, no podrás dirigir con tu intención ningún resultado.

Antes de adentrarnos en el universo cuántico me gustaría analizar de dónde vienen nuestras ideas sobre la realidad y adónde nos han llevado. Gracias a René Descartes y a Isaac Newton, durante siglos el estudio del universo se dividió en dos clases: *materia* y *mente*. El estudio de la materia (el mundo material) fue declarado el reino de la ciencia, porque en su mayor parte las leyes del universo que rigen el mundo exterior objetivo se podían calcular y, por tanto, predecir. En cambio, el reino interior de la mente al considerarse demasiado imprevisible y complicado se dejó bajo los auspicios de la religión. Y con el paso del tiempo mente y materia se convirtieron en distintas entidades y surgió el dualismo.

La *física newtoniana* (conocida también como *física clásica*) estudia la mecánica del funcionamiento de los cuerpos en el espacio y el tiempo, como las interactuaciones entre cada uno en el mundo material y físico. Gracias a las leyes de Newton podemos medir y prever la ruta de los planetas alrededor del Sol, la aceleración de la velocidad de una manzana al caer de un árbol y el tiempo que tardaremos en ir de Seattle a Nueva York en avión. La física newtoniana trata sobre lo previsible. Aborda el universo como si funcionara a modo de una máquina gigantesca o de un enorme reloj.

Pero la física clásica tiene sus limitaciones en cuanto al estudio de la energía, las acciones del mundo inmaterial más allá del tiempo y del espacio y la conducta de los átomos (el componente básico de todo cuanto existe en el universo físico). Este reino pertenece a la física cuántica. Y por lo visto este mundo subatómico de electrones y fotones no se comporta ni por asomo como el mundo macroscópico de los planetas, las manzanas y los aviones con el que estamos familiarizados.

Cuando los físicos cuánticos empezaron a estudiar el más pequeño de los más pequeños aspectos de un átomo, como los elementos de los que se compone el núcleo, cuanto más atentamente lo observaban, menos definido y claro se volvía el átomo, hasta acabar desapareciendo por completo. Se ve que los átomos se componen en un 99,999999999999 por ciento de espacio vacío.[1] Pero este espacio no está en realidad vacío, sino lleno de energía. En concreto, se compone de una enorme gama de frecuencias energéticas que forman una especie de campo de información invisible e interconectado. Si cada átomo se compone de un 99,999999999999 por ciento de energía o de información, significa que el universo que conocemos y cada *elemento* que hay en él —por más sólida que nos parezca la materia de la que está formado— básicamente no es más que energía e información. Es un hecho científico.

Los átomos contienen un vestigio de materia, pero cuando los físicos cuánticos intentaron estudiarla descubrieron algo muy extraño: la materia subatómica del mundo cuántico no se comporta como la que estamos acostumbrados a tratar. En lugar de seguir las leyes físicas newtonianas, parece de algún modo caótica e imprevisible, totalmente ajena a los límites del tiempo y el espacio. En realidad, a nivel cuántico subatómico, la materia es un fenómeno momentáneo. Surge y desaparece de un momento a otro. Existe solo como una tendencia, una probabilidad o una posibilidad. En el universo cuántico, no existe un solo elemento físico que lo sea de forma absoluta.

Pero no fue este el único hallazgo extraño que los físicos hicieron sobre el universo cuántico. También descubrieron que al observar partículas de materia subatómica, podían afectar o cambiar su conducta. La razón por la que están aquí y desaparecen (y luego vuelven a estar aquí y a desaparecer sin cesar) es porque estas partículas existen simultáneamente en una cantidad infinita de posibilidades o probabilidades en el invisible e infinito campo cuántico de energía. Los electrones solo aparecen en un lugar cuando el observador fija la atención en él. Si aparta la vista, la materia subatómica desaparece transformándose en energía.

Según este «efecto observador», la materia física no existe o se manifiesta hasta que es observada, hasta que la advertimos y le prestamos atención. Y cuando dejamos de prestarle atención se desvanece y vuelve al lugar de donde vino. La materia se está constantemente transformando y pasando de manifestarse en materia a desaparecer en energía (de hecho, unas 7,8 veces por segundo). Y como la mente humana (como observadora) está íntimamente conectada a la conducta y al aspecto de la materia, se podría decir que el poder de la mente sobre la materia es una realidad cuántica. Otra forma de verlo sería que en el universo cuántico subatómico, la mente subjetiva afecta la realidad objetiva. Tu mente puede convertirse en materia, es decir, puedes *hacer que tu mente importe*.

Dado que todo cuanto podemos ver, tocar y experimentar en nuestro mundo macroscópico se compone de materia subatómica, en cierto modo nosotros —junto con todo cuanto existe en el universo— estamos también apareciendo y desapareciendo todo el tiempo. Y si las partículas subatómicas existen en una cantidad infinita de posibles lugares simultáneamente, en este caso a nosotros de algún modo también nos ocurre lo mismo. Y al igual que estas partículas que pasan de existir en todas partes al mismo tiempo (onda o energía) a existir en el lugar donde el observador las contempla en cuanto les presta atención (partícula o materia), nosotros también somos en potencia capaces de colapsar una cantidad infinita de posibles realidades en la existencia física.

Es decir, si te imaginas una situación futura que desees vivir en tu vida, esta realidad ya existe como una posibilidad en algún lugar del campo cuántico —más allá del tiempo y el espacio— esperando a que la observes. Si tu mente (por medio de tus pensamientos y sentimientos) puede afectar cuándo y dónde aparece un electrón de la nada, en teoría también debería poder influir en la aparición de *cualquier* cantidad de posibilidades que puedas imaginarte.

Desde una perspectiva cuántica, si te «observas» viviendo un determinado nuevo futuro distinto de tu pasado, esperas que esa realidad te ocurra y aceptas emocionalmente el resultado, estarás —por un momento— viviendo en esa realidad futura, y condicionarás tu cuerpo a creer que la está experimentando en el presente. El modelo cuántico, que afirma que en este momento existen todas las posibilidades, nos permite elegir un nuevo futuro y observarlo materializarse. Y como todo el universo está hecho de átomos, y estos se componen en un 99 por ciento de energía o probabilidades, significa que hay un *montón* de posibilidades que quizá tú y yo nos estemos perdiendo.

Aunque esto también significa que tú creas por defecto, ya que si tú, como observador cuántico, ves tu vida desde el mismo nivel mental a diario, según el modelo cuántico de la realidad, estás haciendo que infinitas posibilidades colapsen en las mismas pautas de información a diario. Estas pautas, a las que llamas tu vida, nunca cambian, por eso nunca te permiten *realizar ningún cambio*.

El repaso mental del que he hablado antes no consiste por tanto en vanas fantasías o ilusiones, sino que es en un sentido muy real la forma de manifestar intencionadamente la realidad deseada, como una vida sin dolor o enfermedades. Al centrarte más en lo que quieres y menos en lo que no quieres, puedes materializar lo que desees *y* al mismo tiempo «hacer desaparecer» lo que no quieres al dejar de prestarle atención. Allí donde pones la atención pones tu energía. En cuanto pones tu atención, o tu conciencia, o tu mente en una posibilidad, también le estás poniendo tu energía. Por eso estás afectando la materia con tu atención u observación. El efecto placebo no es una fantasía, sino una realidad cuántica.

La energía a nivel cuántico

Todos los átomos del mundo elemental emiten distintas energías electromagnéticas. Por ejemplo, un átomo puede irradiar campos invisibles de energía a distintas frecuencias como rayos X, rayos gamma, rayos ultravioleta y rayos infrarrojos, y también rayos luminosos visibles. Y al igual que las ondas radiofónicas invisibles de una determinada frecuencia acarrean una información en concreto codificada (ya sea de 98,6 o 107,5 hercios), cada frecuencia distinta acarrea también una información diversa en concreto, como se muestra en la figura 8.1. Por ejemplo, los rayos X transportan una información muy distinta de la de los rayos infrarrojos, porque vibran a distintas frecuencias. Todos estos campos están constituidos por distintos patrones energéticos que transmiten siempre información a nivel atómico.

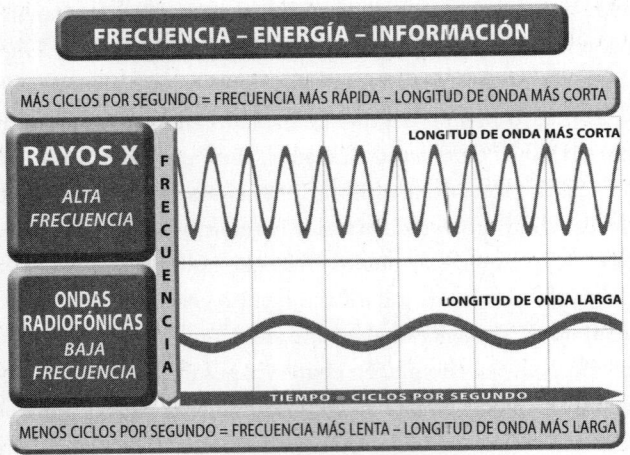

FIGURA 8.1

Esta tabla muestra dos frecuencias distintas que acarrean distinta información, de ahí que tengan distintas cualidades. Los rayos X no se comportan igual que las ondas radiofónicas y por eso tienen por naturaleza distintas características.

Considera los átomos como campos vibratorios de energía o pequeños vórtices que están girando constantemente. Para entender mejor cómo funcionan, los compararé a un ventilador. Al igual que un ventilador genera viento (un vórtice de aire) al girar, los átomos, mientras dan vueltas, irradian también un campo de energía. Y a modo de un ventilador que puede girar a distintas velocidades, creando un vientecillo más fuerte o más débil, también vibran a distintas frecuencias que pueden generar campos más fuertes o más débiles. Cuanto más rápido vibre un átomo, mayor será la energía y la frecuencia que emitirá. Y cuanto más lenta sea la velocidad a la que vibre o gire un átomo, menos energía producirá.

Cuanto menor sea la velocidad a la que giren las hélices de un ventilador, menos viento (o energía) producirán y más fácil será verlas como objetos materiales en la realidad física. Y a cuanta más velocidad giren, más energía crearán y menos se podrán ver, parecerán ser inmateriales. De tu observación depende dónde pueden aparecer las hélices del ventilador (como las partículas subatómicas que los científicos cuánticos intentaban observar que no cesaban de aparecer y desaparecer de su vista), según dónde y cómo las observes. Y con los átomos ocurre lo mismo. Ahondemos ahora un poco más en ello.

En la física cuántica la materia se define como una *partícula sólida,* y el inmaterial campo energético de información se puede definir como *onda.* Al estudiar las propiedades físicas de los átomos, como masa, los átomos se parecen a la materia física. A cuanta menor frecuencia vibre un átomo, más tiempo estará en la realidad física y más aparecerá como una partícula que se ve como materia sólida. La materia nos parece sólida, aunque se componga principalmente de energía, porque todos los átomos vibran a la misma velocidad a la que nosotros vibramos.

Pero los átomos también manifiestan muchas propiedades relacionadas con la energía o las ondas (como luz, longitud de ondas y frecuencia). A cuanta más velocidad vibre un átomo y cuanta más energía genere, menos tiempo pasará en la realidad física. Aparecerá y desaparecerá demasiado deprisa como para que lo veamos, porque estará vibrando mucho más deprisa que nosotros. Pero aunque no podamos ver la energía, a veces podemos ver la evidencia de ciertas frecuencias energéticas, ya que el campo de fuerza de los átomos crea propiedades físicas, como la forma en que las ondas infrarrojas calientan las cosas.

Si comparas la figura 8.2 A con la figura 8.2 B verás cómo las frecuencias más lentas pasan más tiempo en el mundo material y por eso aparecen como materia.

El universo físico pese a parecer componerse solo de materia, comparte un campo de información (el campo cuántico) que unifica hasta tal punto la materia y la energía que es imposible considerarlas como entidades distintas. Ya que todas las partículas están conectadas en un campo inmaterial e invisible de información que se halla más allá del tiempo y el espacio, y este campo se compone de conciencia (pensamiento) y energía (frecuencia, la velocidad a la que vibran las cosas).

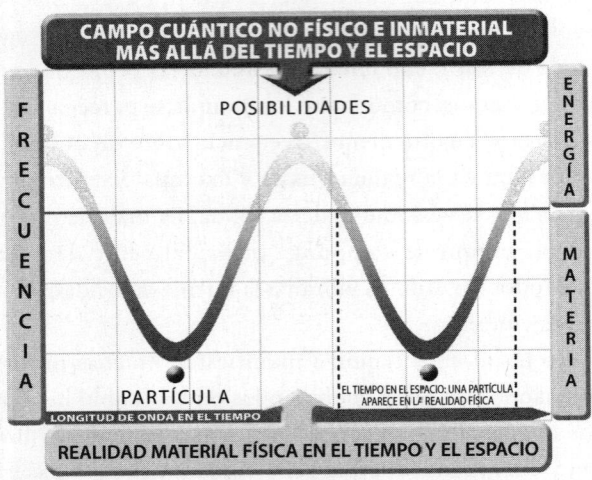

CUANTO MÁS LENTA ES LA FRECUENCIA, MÁS LENTA ES LA VIBRACIÓN Y MÁS LARGA
ES LA LONGITUD DE ONDA = MÁS TIEMPO PASA EN LA REALIDAD FÍSICA MATERIAL

FIGURA 8.2 A

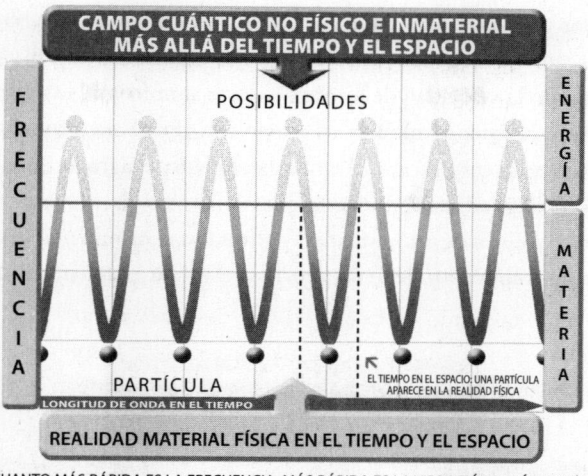

CUANTO MÁS RÁPIDA ES LA FRECUENCIA, MÁS RÁPIDA ES LA VIBRACIÓN Y MÁS CORTA ES LA LONGITUD DE ONDA = MENOS TIEMPO PASA EN LA REALIDAD MATERIAL FÍSICA

FIGURA 8.2 B

Cuando la energía vibra con más lentitud, las partículas se manifiestan en la realidad física durante más tiempo y aparecen como materia sólida. La figura 8.2 A muestra cómo la materia se manifiesta de una frecuencia más lenta con una longitud de onda más larga. La figura 8.2 B ilustra las partículas pasando menos tiempo en la realidad física, de ahí que sean más energía y menos materia, ya que tienen una longitud de onda más corta y una frecuencia y una vibración más rápidas.

Como cada átomo tiene su determinado campo de energía o su impronta energética, cuando los átomos se reúnen para formar moléculas, comparten sus campos de información e irradian sus únicos patrones combinados de energía. Si todo lo material que existe en el universo irradia una determinada impronta energética que es única porque todo está hecho de átomos, tú y yo también irradiamos nuestras propias y determinadas improntas energéticas. Ambos estamos transmitiendo información como energía electromagnética, basada en nuestros estados del ser.

Cuando cambias tu energía para modificar una creencia o percepción sobre ti o tu vida, estás aumentando la frecuencia de los átomos y las moléculas de tu cuerpo físico de modo que incrementas tu campo energético (como se muestra en la figura 8.3). Estás aumentando la velocidad de los ventiladores atómicos de los que está hecho tu cuerpo. Al adoptar un estado emocional creativo más elevado como la inspiración, el empoderamiento, el agradecimiento o la invencibilidad, estás haciendo que tus átomos giren más deprisa, como las hélices de un ventilador, y difundes un campo más potente de energía alrededor de tu cuerpo, lo cual afecta a tu materia física.

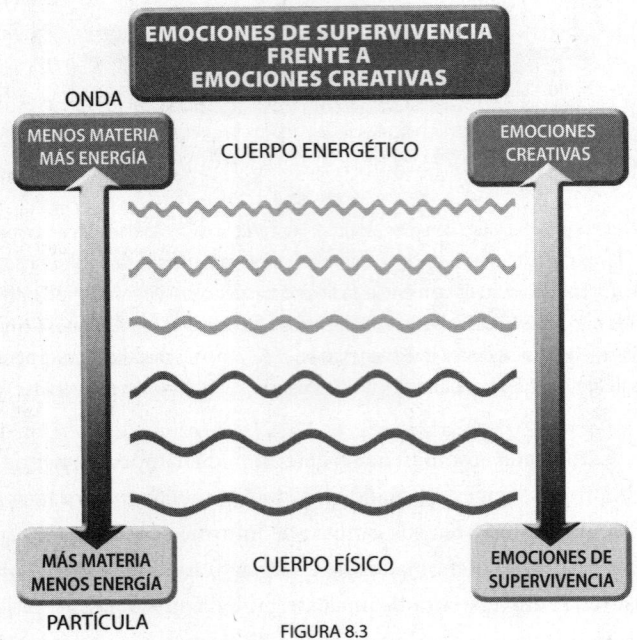

FIGURA 8.3

Cuando cambias tu energía, las partículas físicas de tu cuerpo responden elevándose a la nueva mente y vibran a una frecuencia más rápida. Te vuelves más energía y menos materia, más onda y menos partícula. Cuanto más elevada sea la emoción o más alto sea el estado creativo de tu mente, más energía tendrás para renovar los programas de tu cuerpo. Por eso tu cuerpo responderá a una nueva mente.

Las partículas físicas de las que se compone tu cuerpo responden entonces a una energía elevada. Te vuelves más energía y menos materia. Eres más onda y menos partícula. Usando tu conciencia, estás creando más energía para que la materia vibre a una frecuencia más alta y tu cuerpo responda a una nueva mente.

La recepción de la señal energética adecuada

¿Cómo se elevan las partículas físicas de tu cuerpo a una nueva mente? Piensa en el predicador que entra en un estado religioso de éxtasis e ingiere estricnina sin sufrir ningún efecto biológico. ¿Cómo ha podido inmunizarse a las propiedades químicas de un veneno que normalmente envenenaría a cualquiera? El nivel de su energía le permitió trascender los efectos de la materia. Tomó una decisión con una intención tan firme que esta decisión produjo una energía intensísima que trascendió las leyes de su entorno, los efectos en el cuerpo y el tiempo lineal. Al ser él en ese momento más energía y menos materia, la nueva energía renovó los circuitos de su cerebro, la química de su cuerpo y su expresión genética. En ese momento él no era su identidad de siempre asociada a su entorno habitual, ni su cuerpo físico, ni tampoco estaba viviendo en un tiempo lineal. La elevación de su conciencia y su energía fue el epifenómeno de la materia. Es decir, son la información y la frecuencia las que crean los planos de la materia. Y cuando manifestamos una conciencia y energía muy intensas, estos elementos son los que influyen en la materia, ya que la reducción de la frecuencia y la información es lo que la crea.

Es muy probable que los sitios receptores de las células del predicador no se abrieran de manera selectiva a la estricnina, que las puertas de sus células estuvieran cerradas al veneno, de ahí que no sufriera sus efectos. Al encontrarse en un estado espiritual elevado —es decir, una energía elevada—, reactivó al instante las células de su cuerpo relacionadas con la inmunidad y re-silenció las que tenían que ver con el veneno. Lo mismo les ocurre a los que caminan sobre brasas, en cuanto cambian su estado del ser los receptores de sus células ya no siguen abiertos a los efectos del calor. Eso fue también lo que les permitió a las chicas adolescentes del capítulo 1 levantar un tractor de casi 1.500 kilos para liberar a su padre. Cuando lo vieron atrapado debajo a punto de morir, el estado elevado de energía de esas chicas desactivó los receptores de las células que normalmente les hubieran dicho a su cuerpo que el tractor era demasiado pesado para levantarlo, y activaron los receptores de las células musculares para soportar ese mayor peso, de modo que sus músculos respondieran al intentar levantarlo y pudieran liberar a su padre. No fue la materia (el cuerpo) lo que levantó la materia (tractor), sino la energía influyendo en la materia.

No me podrás negar que el cuerpo se compone de una inmensa cantidad de átomos y moléculas, y que estos átomos y moléculas forman sustancias químicas. Las sustancias químicas se organizan en células, las cuales forman a su vez tejidos y se organizan en órganos, y estos crean distintos sistemas en el cuerpo. Por ejemplo, una célula muscular se compone de distintas sustancias químicas (proteínas, iones, citoquinas, factores del crecimiento), las cuales proceden de diferentes interacciones de moléculas, procedentes a su vez de distintas uniones atómicas, y esos átomos comparten un campo de información invisible para formar moléculas.

Las sustancias químicas de las que se compone una célula también comparten un campo de información. Este campo invisible de información es el que orquesta los cientos de miles de funciones que la célula realiza a cada segundo. Los científicos están empezando a comprender que existe un campo de información que se ocupa de los miles de funciones celulares que existen más allá de los límites de la materia.

Este campo invisible de conciencia es el que orquesta las funciones de las células, los tejidos, los órganos y los sistemas del cuerpo. ¿Cómo saben ciertas sustancias químicas y moléculas de tus células qué deben hacer? ¿Qué es lo que les permite interactuar con tanta precisión? La célula está rodeada de un campo energético que es la suma de energía de los átomos, de las moléculas y de las sustancias químicas trabajando al unísono en equilibrio para engendrar la materia, y es de este vital campo de información de donde surge la materia.

Por ejemplo, las células musculares del ejemplo anterior pueden organizarse y especializarse en «tejidos musculares». Pongamos que el tejido muscular de este ejemplo es un «músculo cardíaco». Esta clase de tejido forma el órgano llamado «corazón». Los tejidos, que se componen de células, comparten un campo de información que le permite al corazón funcionar coherentemente. El corazón forma parte del sistema cardiovascular del cuerpo. Al compartir este campo de información, organiza la materia para que funcione de manera armoniosa y holística. El campo energético que engendra la materia es, por tanto, el que la *controla*. Cuanto mayor sea el campo, con más rapidez vibrarán los átomos o más deprisa girarán las hélices de tu ventilador subatómico.

El modelo newtoniano de biología se basa en eventos lineales en los que las reacciones químicas se dan en una secuencia de pasos. Pero en realidad la biología no funciona así, ya que no se puede explicar algo incluso tan simple como la curación de una herida sin entender las rutas interconectadas de información coherente que acabo de describir. Las células comparten la intercomunicación de información de una forma no lineal. El universo y todos los sistemas biológicos que contiene comparten una integración de campos energéticos independientes y entretejidos que, a su vez, están compartiendo a cada instante información más allá del tiempo y el espacio.

Las investigaciones confirman que la mayoría de las interacciones celulares se dan a una velocidad mayor que la de la luz[2] y, como el límite de esta realidad física es la velocidad lumínica, significa que las células se comunican por medio del campo cuántico. Las interacciones entre los átomos y las moléculas forman una intercomunicación que unifica el mundo físico y material con los campos de energía que forman el todo. En el mundo cuántico, las características lineales y previsibles del mundo newtoniano no existen. Los elementos interactúan de una forma holística y cooperadora.

Según el modelo cuántico de la realidad, se podría decir que cualquier enfermedad es un descenso de la frecuencia a la que uno vibra. Observa por ejemplo las hormonas del estrés. Cuando tu sistema nervioso está en un estado de lucha o huida, las sustancias químicas de supervivencia que desencadena hacen que seas más materia y menos energía. Te vuelves más materialista porque estás definiendo la realidad con tus sentidos. Al prepararte para una emergencia estás usando en exceso la energía vital que rodea las células, y vuelcas toda tu atención en el mundo exterior del entorno, el cuerpo y el tiempo. Y si mantienes esta respuesta de estrés durante mucho tiempo, los efectos a largo plazo hacen que tu cuerpo vibre a una frecuencia más baja cada vez, hasta que se vuelve más y más partícula y menos y menos onda, con lo que los átomos, las moléculas y las sustancias químicas disponen de menos conciencia, energía e información para compartir, te conviertes en materia intentando en vano cambiar la materia, tu cuerpo intenta inútilmente cambiar al cuerpo.

Todos los ventiladores subatómicos de los que se compone tu cuerpo, además de ponerse a girar con más lentitud, lo hacen desincronizados los unos de los otros, lo cual crea una incoherencia entre los átomos y las moléculas del cuerpo, y esto produce a su vez señales de comunicación tan débiles que el cuerpo empieza a funcionar mal. Cuanta más materia y menos energía sea tu cuerpo, más a merced estarás de la segunda ley de la termodinámica —la *ley de la entropía*— en la que las cosas materiales del universo tienden a dirigirse hacia el desorden y el desmoronamiento.

Piensa en lo que sucedería si en una habitación enorme hubiera cientos de ventiladores girando en armonía y zumbando al unísono. Este zumbido coherente sería un regalo para los oídos al ser rítmico y constante. Esto es lo que ocurre en nuestro cuerpo cuando las señales entre nuestros átomos, moléculas y células son potentes y coherentes.

Piensa ahora en lo distinto que sería si los ventiladores giraran a diferentes velocidades o frecuencias por no recibir suficiente electricidad (energía). La habitación se llenaría de una cacofonía de tintineos, bamboleos, paradas y puestas en marcha incoherentes. Lo mismo ocurre cuando las señales entre los átomos, las moléculas y las células de nuestro cuerpo son más débiles e incoherentes.

Cuando cambias tu energía porque has tomado una decisión con una firme intención, aumentas la frecuencia de tu estructura atómica y creas una impronta electromagnética más intencionada y coherente (como se muestra en la figura 8.4). Ahora estás afectando la materia física de tu cuerpo. Al aumentar tu energía, aumentas la electricidad que reciben tus ventiladores atómicos. La frecuencia elevada empieza a arrastrar o a organizar las células de tu cuerpo para que se vuelvan menos partícula (materia) y más onda (energía). O en otras palabras, toda tu materia tiene más energía: o más información. Considera la *coherencia* como ritmo u orden, y la *incoherencia* como falta de ritmo, de orden o de sincronía.

Imagínate un grupo de cien tamborileros repiqueteando sus tambores sin ir al mismo ritmo. Esto es la incoherencia. Imagínate ahora que aparecen en distintos puntos cinco tamborileros profesionales en medio de la banda de aspirantes a tamborileros y empiezan a crear con el repiqueteo de sus baquetas un ritmo perfecto. Al final los cinco acabarán arrastrando a los otros cien tamborileros hasta que toquen los tambores con un ritmo, orden y sincronía perfectos.

Esto es exactamente lo que ocurre cuando tu cuerpo responde a una nueva mente y se te eriza el vello de la nuca al sentir que eres más energía y menos materia. En ese momento estás elevando la materia a una nueva mente. Estás arrastrando la enfermedad que existe como una frecuencia más baja para elevársela. Al mismo tiempo, también haces que la información incoherente que había entre los átomos y las moléculas, las sustancias químicas y las células, los tejidos y los órganos, y los sistemas del cuerpo funcionen desde un campo de información más organizada.

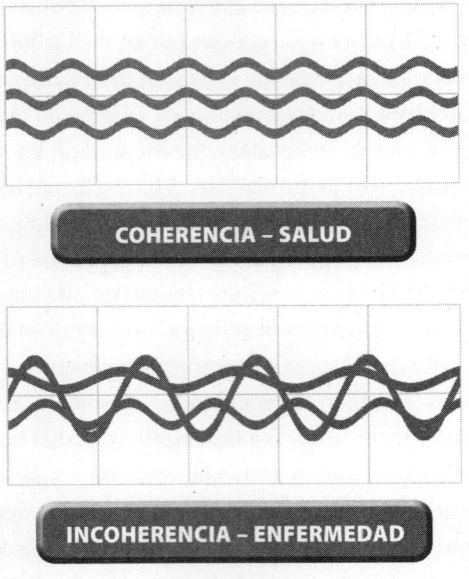

FIGURA 8.4

Desde una perspectiva cuántica, una frecuencia más alta y coherente se llama salud, y una más lenta e incoherente se llama enfermedad. Todas las enfermedades constituyen una bajada de frecuencia y también la expresión de una información incoherente.

Es como estar escuchando música en una radio llena de interferencias y captar de pronto una señal clara, las interferencias desaparecen y puedes oír bien la música. A tu cerebro y tu sistema nervioso les ocurre lo mismo al vibrar a frecuencias más altas y coherentes. En ese caso ya no estás a merced de la ley de la entropía. Experimentas lo *contrario a la entropía* y la impronta coherente del campo de energía que te rodea hace que seas inmune a las típicas leyes de la realidad física. Ahora todos los ventiladores atómicos giran a una frecuencia más rápida y coherente y las moléculas físicas, las sustancias químicas y las células de tu cuerpo reciben una nueva información, por lo que tu energía le produce a tu cuerpo unos efectos positivos.

Las figuras 8.5 A, 8.5 B y 8.5 C ilustran cómo una frecuencia de energía más alta y coherente arrastra a una frecuencia de la materia más lenta e incoherente, elevándola a una nueva mente.

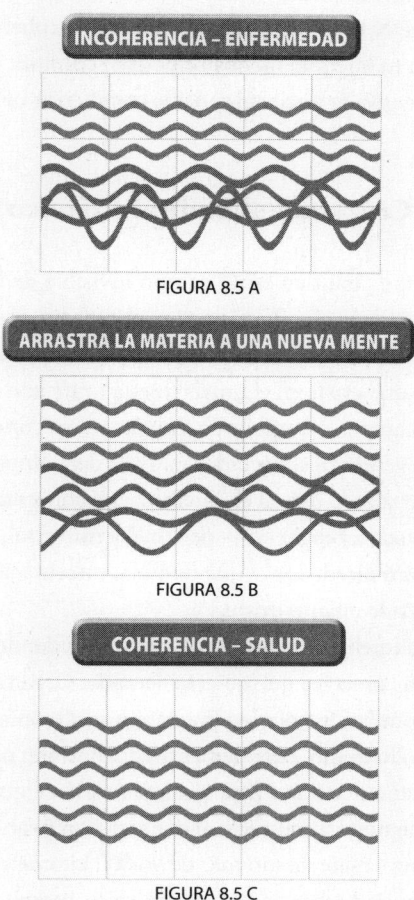

INCOHERENCIA – ENFERMEDAD

FIGURA 8.5 A

ARRASTRA LA MATERIA A UNA NUEVA MENTE

FIGURA 8.5 B

COHERENCIA – SALUD

FIGURA 8.5 C

Cuando una energía más elevada y coherente interactúa con otra más lenta e incoherente, arrastra la materia a un estado más organizado.

Cuanto más organizada y coherente sea tu energía, más arrastrarás la materia a adquirir una frecuencia organizada, y cuanto más rápida sea esta frecuencia, más potentes y claras serán las señales electromagnéticas que recibirán las células. (Recuerda, tal como has aprendido en el capítulo anterior, que las células son cien veces más sensibles a las señales electromagnéticas —energía— que a las señales químicas, y esas señales son las que cambian la expresión del ADN.) Por otro lado, cuanto más incoherente y desincronizada sea tu energía, menos se podrán comunicar tus células entre ellas. Dentro de poco aprenderás cómo crear coherencia.

Cruzando el umbral cuántico

Como el campo cuántico es un campo invisible de información, una frecuencia más allá del tiempo y el espacio de donde surge todo lo material y, además, se compone de conciencia y energía, todo lo físico que existe en el universo está unificado e interconectado en este campo. Y como todo lo material se compone de átomos, que a su vez están conectados más allá del tiempo y el espacio, tú y yo, y todo cuanto hay en el universo, está conectado por medio de este campo de inteligencia —personal y universal, tanto dentro como a nuestro alrededor— que da vida, información, energía y conciencia a todo cuanto existe.

Esta es la inteligencia universal que te está dando vida en este momento, sea como sea que quieras llamarla. Organiza y orquesta los cientos de miles de notas en la armoniosa sinfonía de la fisiología del cuerpo humano, esos elementos que forman parte de tu sistema nervioso autónomo. Esta inteligencia hace que tu corazón lata más de ciento una mil veces al día para bombear más de 7,5 litros por minuto, recorriendo más de 96.000 kilómetros cada veinticuatro horas. Al acabar de leer esta frase, tu cuerpo habrá creado 25 billones de células. Y cada una de los 70 billones de células de tu cuerpo realiza de algún modo de 100.000 a 6 billones de funciones por segundo. Hoy inhalarás 2 millones de litros de oxígeno y cada vez que lo inhalas, se distribuye a cada célula de tu cuerpo en cuestión de segundos.

¿Eres consciente de todo esto? ¿O algo con una mente superior a la tuya, y con una voluntad mucho mayor, lo hace por ti? ¡Esto es amor! En realidad esta inteligencia te quiere tanto que su amor te da vida. Es la misma mente universal que anima cada aspecto del universo material. Este campo invisible de inteligencia existe más allá del tiempo y el espacio y es de donde surge todo lo material.

Esta inteligencia es la que hace que las supernovas nazcan en galaxias lejanas y las rosas florezcan en Versalles. Que los planetas orbiten alrededor del Sol y la marea suba y baje en Malibú. Como existe por doquier y en todos los tiempos, y se encuentra dentro de ti y a tu alrededor, es tanto personal como universal. De modo que existe una conciencia subjetiva con libre albedrío (la conciencia individual) llamada «tú», y una conciencia objetiva (la conciencia universal) responsable de todo lo que tiene vida.

Si cerraras los ojos y dejaras de fijarte en tu cuerpo y en las personas, las cosas y las situaciones que suceden en distintos momentos y lugares de tu mundo exterior, olvidándote del tiempo por un momento, tú, como observador cuántico, dejarías de poner tu energía en tu vida habitual y la estarías dirigiendo al campo desconocido de posibilidades. Como allí donde pones la atención pones la energía, si sigues centrándote en tu vida cotidiana, estás invirtiendo tu energía en ella. Pero si pones tu energía en el campo desconocido de posibilidades más allá del tiempo y el espacio, y en su lugar te conviertes en conciencia (un pensamiento en el potencial cuántico), estarás atrayendo una experiencia nueva. A medida que entras en un estado meditativo, tu conciencia subjetiva dotada de libre albedrío se funde con la conciencia universal objetiva y empiezas a sembrar una semilla en un campo infinito de posibilidades.

El sistema nervioso autónomo que lo organiza todo por sí solo es tu conexión con la inteligencia innata que ejecuta todas estas funciones automáticas por ti. Las funciones que he citado no las realiza la neocorteza, sino que son los centros inferiores del cerebro, situados debajo de ella, los que las llevan a cabo a nivel subconsciente. Tú te fundes con esta bondadosa inteligencia cuando al meditar te despojas del ego, pasas del egoísmo al altruismo y te conviertes en pura conciencia. Dejas de ser un cuerpo en el espacio o en el tiempo lineal, y en su lugar entras en un estado de sin *cuerpo,* sin *yo,* sin *materia,* sin *lugar* y sin *tiempo.* Es cuando te conviertes en una conciencia en un campo infinito de posibilidades.

En ese estado te encuentras en lo desconocido. Y es de lo desconocido donde todo se crea. Te encuentras en el campo cuántico. Y tú y yo ya tenemos todos los mecanismos biológicos necesarios para acometer la hazaña de volvernos pura conciencia.

9

Tres historias de transformación personal

En este capítulo conocerás a algunas personas que vuelcan la energía de su conciencia en el mundo inmaterial más allá de los sentidos, y aceptan una y otra vez una posibilidad, hasta que se materializa en su vida.

Historia de Laurie

A los 19 años a Laurie le diagnosticaron *displasia fibrosa poliostótica,* una rara enfermedad degenerativa ósea. Esta debilitante dolencia se caracteriza porque el cuerpo sustituye el hueso normal por tejido fibroso de menor calidad y la proteína que sostiene la estructura del esqueleto se vuelve anormalmente delgada e irregular. El proceso atípico de crecimiento asociado al síndrome hace que los huesos se ensanchen, debiliten y rompan. La displasia fibrosa puede darse en cualquier parte del esqueleto, y en el cuerpo de Laurie se manifestó en el fémur derecho, el acetábulo de la cadera derecha, la tibia derecha y en algunos de los huesos del pie derecho. Los médicos le dijeron que esta enfermedad era incurable.

La displasia fibrosa es una enfermedad genética que no suele manifestarse hasta la adolescencia. En el caso de Laurie, se pasó un año cojeando dolorosamente por el campus de la universidad sin saber que la padecía, hasta que le diagnosticaron una fractura femoral. Al enterarse de que tenía un hueso roto se quedó desconcertada, porque no se había dado ningún golpe. Aparte de tener anatómicamente un pie más grande que el otro, hasta entonces no había visto ninguna evidencia de su dolencia. Había llevado una juventud relativamente activa llena de actividades como correr, bailar y jugar al tenis. Cuando empezó a cojear incluso se estaba empezando a entrenar para participar como culturista en una competición.

Tras el diagnóstico, la vida de Laurie cambió de la noche a la mañana. Su traumatólogo le advirtió que su cuerpo era frágil y extremadamente vulnerable. Insistió en que caminara solo con ayuda de muletas hasta que le fijara la fecha de la intervención quirúrgica: primero le realizaría un injerto óseo y luego le insertaría en él un clavo femoral de Russell-Taylor. Tras oír las noticias, Laurie y su madre se pasaron una hora llorando a lágrima viva en la cafetería del hospital. Era como si estuvieran viviendo una pesadilla. Laurie se sentía como si su vida se hubiera terminado de pronto.

Su percepción de sus limitaciones —tanto reales como imaginadas— empezó a dominar su vida. Para evitar más fracturas siguió las órdenes del traumatólogo y usó diligentemente las muletas. Tuvo que dejar su reciente trabajo como becaria de mercadotecnia en una gran compañía fabricante de productos de Manhattan y en su lugar empezó a llenar sus días con citas médicas. Como su padre le insistió en que fuera a ver al mayor número de traumatólogos posible, su llorosa madre se dedicó a llevarla de una consulta médica a otra durante las semanas siguientes.

Cada vez que Laurie veía a un nuevo médico, esperaba pacientemente escuchar una distinta opinión médica, pero volvía a recibir las mismas malas noticias de siempre. En solo varios meses diez traumatólogos habían sopesado su dolencia. El último que fue a ver tuvo sin embargo una distinta opinión: le dijo que la cirugía que los otros médicos le aconsejaban no la ayudaría en absoluto, porque el clavo insertado solo reforzaría el hueso afectado en el lugar más débil, causando más fracturas en las zonas más vulnerables de encima y debajo del clavo. Le aconsejó que se olvidara de la cirugía y que siguiera desplazándose con muletas o en silla de ruedas, o que simplemente fuera sedentaria el resto de su vida.

A partir de entonces Laurie estuvo metida en casa la mayor parte del tiempo por miedo a fracturarse un hueso. Se sentía impotente, inútil y frágil, llena de ansiedad y autocompasión. Al cabo de un mes volvió a la universidad, pero se pasaba la mayor parte del tiempo encerrada en un piso que compartía con cinco chicas más. Cultivó la impresionante capacidad de desarrollar una seria depresión clínica que iba empeorando día a día.

El temor a su padre

El padre de Laurie había sido un hombre violento desde que ella tenía uso de razón. Incluso cuando los hijos eran ya adultos, cualquier miembro de la familia debía estar preparado para la ira de los veloces puños de aquel hombre en los momentos más inesperados. En ese hogar todo el mundo vivía a todas horas en un estado de alerta, preguntándose cuándo estallaría el siguiente ataque de cólera. Aunque Laurie no se dio cuenta en aquella época, la conducta de su padre estaba estrechamente vinculada a su dolencia.

Los recién nacidos pasan la mayor parte del tiempo en estado delta. Durante los doce primeros años, los niños van pasando poco a poco al estado zeta y luego al alfa, antes de alcanzar el beta, en el que seguirán la mayor parte de su vida adulta. Como ya he señalado antes, cuando te encuentras en zeta y alfa eres sumamente sugestionable. Como los niños pequeños no disponen todavía de una mente analítica para corregir lo que les ocurre o para darle sentido a una situación, toda la información que absorben de sus experiencias se almacena directamente en el subconsciente. Y como a esa edad son más sugestionables, en cuanto una vivencia les afecta emocionalmente, se fijan en quién o en qué la ha causado y acaban formando recuerdos asociativos relacionados con esa emoción. Si la ha causado el padre o la madre, con el paso del tiempo la vinculan a esas personas y creen que las emociones que sienten de la experiencia son normales porque aún no tienen la capacidad para analizar la situación. Así es como las vivencias de la niñez temprana se convierten en estados del ser subconscientes.

Si bien Laurie no sabía esto cuando le diagnosticaron su enfermedad, los episodios con una gran carga emocional que vivió de pequeña con su padre se grabaron en su sistema de memoria implícita, más allá de su mente consciente, y acabaron programando su biología. Como su reacción a la cólera paterna —sentirse débil, indefensa, vulnerable, estresada y aterrada a diario— se convirtió en parte de su sistema nervioso autónomo, memorizó químicamente aquellas emociones y el entorno envió a los genes relacionados con su enfermedad las señales para que se activaran. Al ser una respuesta automática, mientras siguiera atrapada en su cuerpo emocional Laurie no podría cambiar. Solo podría analizar su estado del ser que reflejaba las emociones de su pasado, aunque las respuestas que necesitara se encontraran más allá de esas emociones.

En cuanto a Laurie le diagnosticaron la displasia fibrosa, su madre proclamó a toda la familia que la medicina moderna había declarado oficialmente que su hija era «frágil», o sea que estaba a salvo de la violencia física paterna. Aunque su padre siguió maltratándola emocional y verbalmente durante quince años hasta el día en que él murió, la enfermedad de Laurie curiosamente la protegió de los maltratos físicos.

Laurie se identifica con su enfermedad

La sensación malsana de seguridad que Laurie adquirió se convirtió en un medio para sobrevivir. Por eso empezó a aprovecharse del trato especial que recibía (que casi siempre necesitaba). Como cuando le cedían un asiento en el autobús o en el metro lleno de gente, o sus amigas hacían cola para asistir a un espectáculo mientras ella las esperaba sentada en un banco cercano, o le ofrecían una mesa en un restaurante abarrotado en cuanto entraba en él. Laurie descubrió que su enfermedad le *iba de maravilla*. Empezó a depender de su dolencia para conseguir lo que quería. Ahora se las manejaba mejor en un mundo que siempre le había parecido inseguro. El beneficio emocional de manipular su realidad de esta forma para conseguir lo que quería acabó gustándole y además Laurie recibía mucho más de lo que necesitaba para no estresar su cuerpo y evitar así lesionarse. Al poco tiempo, acabó identificándose con su enfermedad.

Más tarde empezó a exhibir una actitud rebelde propia de la última etapa de la adolescencia en contra de la vida que creía que los médicos, sus padres y el destino le habían obligado a llevar. A los seis meses de recibir el diagnóstico, le dio por negar su enfermedad. Decidió ser la primera culturista «tarada» y volvió a dedicarse al deporte con absoluta devoción. Obcecadamente obsesiva, mientras sudaba tinta y se obligaba a tener una actitud positiva, se las ingenió para levantar pesas de manera que no se lesionara los miembros.

Creía que al luchar con el dolor su salud mejoraría, pero sus esfuerzos le salieron mal, porque la mayor parte del tiempo se sentía fatal y su dolor aumentó. Como ocurre a veces con los pacientes con displasia fibrosa poliostótica, Laurie también desarrolló una escoliosis y la espalda le dolía horrores a diario. A llegar a la veintena empezó a tener artritis en la columna y por todo el cuerpo.

Después de terminar la carrera, pese a estar viajando constantemente entre su nueva casa y su nuevo trabajo, Laurie se volvió muy sedentaria y se sintió incluso más aislada todavía de la vida. El miedo, la ansiedad y la depresión no la abandonaron. Envidiaba a la mayoría de las personas de su edad y perdió amistades e intereses románticos por vivir más como sus padres mayores que como una chica joven.

A finales de la veintena usaba ya un bastón a todas horas para desplazarse, incluso cuando todavía no tenía ninguna de las 12 serias fracturas que acabó teniendo. Como si todo esto no bastara, también desarrolló peligrosas microfracturas. Sus huesos eran tan frágiles que bajo las fisuras microscópicas le aparecieron otras fracturas por estrés más grandes que se conectaron con las de otras zonas de huesos debilitados, creando fracturas incluso mayores que aparecían en las radiografías.

Sobre los 30 años Laurie tenía más problemas de espalda que su padre de 72 años y había envejecido prematuramente. Se quedaba en cama durante días y faltó tantas semanas al trabajo que se vio obligada a dejarlo. Decidió no empezar de momento los estudios de posgrado porque el ascensor de la facultad que la había aceptado como alumna no funcionaba. Tuvo que olvidarse de las fiestas, los museos, las compras, los viajes, los conciertos y otras actividades que conllevaban estar mucho tiempo de pie o andando. Se quedó atrapada en el bucle de pensar y sentir del que antes he hablado: pensando por dentro lo limitada y lo frágil que era mientras su cuerpo manifestaba por fuera esta limitación y fragilidad. Cuanto más vulnerable y débil se sentía, más vulnerable y débil se volvía mientras seguía teniendo fracturas que sustentaban su creencia de ser frágil, y más se identificaba con su enfermedad y validaba su estado del ser.

Además de tomar medicamentos para fortalecer los huesos, decidió hacer una dieta especial y tomar distintas vitaminas y suplementos alimenticios, pero nada parecía detener las fracturas.

Se podía romper un hueso solo por subir un tramo de escaleras o bajar del bordillo. Era como esperar en cualquier momento la siguiente serie de pesadillas.

Curiosamente, cuando Laurie no usaba muletas ni cojeaba parecía estar totalmente sana. La mayoría de las personas suponían que su bastón era una especie de accesorio excéntrico y muchas no creían que tuviera una enfermedad debilitante, lo cual hacía que a veces le costara recibir el tratamiento especial que necesitaba, llenándola de frustración. Intentar convencer a los demás de su enfermedad afianzó su identidad de persona enferma, aumentó su intención de demostrar que tenía una incapacidad y reforzó su idea de estar discapacitada. Mientras los demás hacían todo lo posible por ocultar sus propias debilidades y vulnerabilidades a todo el mundo, Laurie descubrió que ella en cambio estaba proclamando las suyas a los cuatro vientos constantemente.

Invertía mucha energía en intentar controlar lo máximo posible su entorno. Se fijaba en todo lo que comía y bebía, evaluando todo cuanto ingería. Calibraba hasta el milímetro cualquier paseo que diera por el vecindario. Incluso calculó el peso máximo que podía llevar del supermercado: 5 kilos, que era también el límite de peso que podía ganar antes de que sus huesos empezaran a empeorar.

Por más agotador que fuera, era lo único que Laurie sabía hacer. Su abanico de opciones se fue reduciendo cada vez más mientras limitaba las cosas que podía realizar físicamente para intentar evitar cualquier fractura. A medida que su estilo de vida se fue limitando, su mente también se fue estrechando. Sus miedos aumentaron, su depresión empeoró y, pese a sus esfuerzos, al final no pudo evitar tener que dejar de trabajar.

La mujer que en el pasado había corrido, bailado y participado en competiciones de culturismo ahora no podía practicar más que yoga para mantenerse en forma, y a finales de la treintena ya ni siquiera podía hacer hatha yoga. Durante años el único ejercicio que estuvo realizando fue respirar vigorosamente sentada en una silla (aunque a principios de la cuarentena su médico le permitió por fin nadar un poco).

Intentó varias veces curarse por medio de terapeutas, médicos holísticos, terapia energética, sonidoterapia y homeopatía, buscando siempre soluciones en el exterior. Unas pocas veces se había sentido mejor después de una sesión de terapia energética y había ido directa al traumatólogo para pedirle que le hiciera nuevas radiografías, pero al ver que todo seguía como siempre volvía a deprimirse. Se decía: *Igual no me queda más remedio que resignarme.* Cada mañana se despertaba abrumada, aterrada y convencida de que no podría soportar lo que la vida le tenía reservado.

Laurie aprende lo que es posible

Laurie y yo nos conocimos en el 2009 después de que ella vio la película documental *¿¡Y tú qué sabes!?* El concepto de que una persona podía probablemente crear una vida totalmente nueva le fascinó. La conocí mientras yo cenaba antes de seguir con el taller que impartía en un centro de retiro a las afueras de Nueva York. Charlamos de mis cursos sobre el cambio personal y aquel agosto se inscribió enseguida a mi siguiente clase.

Cuando Laurie asistió por primera vez a mi taller, oyó que era posible cambiar su cerebro, sus pensamientos, su cuerpo, su estado emocional y su expresión genética. Hablé en él de los cambios físicos, pero Laurie tenía creencias muy arraigadas sobre su enfermedad y su cuerpo, y además se había quedado anclada emocionalmente en el pasado. No tenía ninguna intención de curarse, ni siquiera creía que fuera posible. Había acudido a mi taller simplemente porque deseaba sentirse mejor consigo misma.

Laurie aplicó los principios que yo enseñaba lo mejor posible, pese a no creer poder sentirse diferente. En cuanto terminó su primer taller de fin de semana, lo primero que hizo fue dejar de compartir su diagnóstico con todo el mundo. Aunque no pudiera controlar sus emociones, concluyó que al menos podía controlar lo que decía en voz alta. Así que a no ser que necesitara pedir una silla en una fiesta o explicarle al chico con el que se había citado por qué no podían ir a dar un paseo, dejó de mencionar su enfermedad. Eligió centrarse en el objetivo de sentirse bien por dentro, mantener una profunda conexión con una fuente divina desconocida, conseguir un maravilloso trabajo en el que sobresaliera, encontrar a su alma gemela y mantener relaciones estrechas y sanas con sus amigos y familiares.

Laurie se concentró luego en cambiar algunas formas de comportarse. Se dedicó a observar sus pensamientos y palabras y se recordaba una y otra vez que debía dejar sus viejos hábitos repetitivos y destructivos. Siguió meditando y participando en mis cursos. Para darle un significado a lo que estaba haciendo, releía religiosamente las notas que tomaba en clase y se mantuvo en contacto con el máximo número de alumnos posible. Con el paso del tiempo Laurie empezó a sentirse mejor y más útil y fuerte durante un pequeño aunque perceptible porcentaje del día. Se decía a sí misma «cambia» veinte veces diarias, en cuanto advertía que su mente regresaba al pasado. Aunque los pensamientos negativos volvieran a acosarla de pronto un centenar de veces al día, poco a poco fue adquiriendo algunos pensamientos nuevos, los anotaba en un papel e intentaba creer en ellos con toda su alma.

Se dedicó a esta tarea con fervor, pero le llevó casi dos años *sentir* realmente esos nuevos pensamientos. En lugar de ser presa de la frustración, se recordaba a sí misma que si le había llevado tantos años *crear* la enfermedad procedente de su estado emocional, también tardaría lo suyo en *descrearla*. Al mismo tiempo, se decía que antes de que surgiera su nuevo yo, su yo antiguo debía morir en el sentido biológico, neurológico, químico y genético.

Las circunstancias de su mundo exterior empeoraron antes de que ella mejorara. Una inundación destrozó su hogar y otras situaciones del piso donde vivía le crearon nuevos problemas de salud. Laurie me contó que cada vez que se sentaba a meditar y repasaba la que sería su vida ideal, se sentía como si se estuviera diciendo una mentira, y luego al abrir los ojos y encontrarse de nuevo con sus circunstancias de siempre, le sentaba como un bofetón en la cara. La animé a dejar de definir la realidad con los sentidos y a seguir intentando cruzar el río del Cambio.

Laurie siguió asistiendo cojeando a mis talleres, algunas veces malhumorada y otras, agradecida, persistiendo en su esfuerzo. También reunió al mayor número posible de alumnos de su ciudad para meditar juntos. Como apenas había alguna situación en su vida que fuera agradable, pensaba: *¡Qué diablos! Al menos mientras estoy con los ojos cerrados viviré durante una hora al día una realidad distinta en la que el cuerpo no me duele, estoy en una casa segura y tranquila, y mantengo una relación plena y afectuosa con el mundo exterior y con mis amigos y familiares.*

A principios del 2012, durante uno de mis talleres progresivos, Laurie experimentó un gran avance en su experiencia meditativa. Todo su ser se estremeció en el sentido literal y figurado. Fue como si físicamente sintiera una agitación tremenda y luego una gran liberación. Se puso a temblar, el rostro se le contrajo y sus brazos se agitaron convulsivamente mientras hacía todo lo posible por seguir pegada a la silla. Sintió una alegría inexplicable. Lloró y rió, y de su boca salieron unos sonidos que no pudo explicar. Había liberado todo el miedo y el control que había usado para no venirse abajo. Por primera vez en su vida sintió una presencia divina y supo que no estaba sola en la vida.

Laurie me dijo: «Percibí algo, alguien, una presencia divina, y esta conciencia conocía mi existencia y se preocupaba por mi bienestar, pese a no creer yo que pudiera existir algo así. Esta conciencia me había estado prestando atención y además sabía que para mí ese cambio era una tarea hercúlea». Por fin se había conseguido relajar y calmar, y sintió que toda la energía que había estado volcando al intentar controlar sus movimientos físicos y su vida se empezaba a liberar.

Cuando acudió a mi siguiente curso, advertí que Laurie andaba sin cojear y sin el bastón. Se veía feliz y risueña, y se reía de sí misma en lugar de estar irritada, enfurruñada y con el rostro desencajado por el dolor. Estaba transmutando el miedo en valentía, la frustración en paciencia, el dolor en alegría, la debilidad en fuerza interior. Estaba empezando a cambiar por dentro y por fuera. Su cuerpo, liberado de la adicción a esas emociones limitadoras, vivía ahora menos en el pasado y se estaba dirigiendo hacia un nuevo futuro.

A principios de la primavera del 2012 el traumatólogo le dijo durante una revisión de rutina que dos tercios de la fractura que tenía en el fémur desde los 19 años (fractura que aparecía en todas sus ciento y pico radiografías) había desaparecido. No supo cómo explicar este fenómeno, pero le sugirió que empezara a hacer ejercicio con una bicicleta estática en el gimnasio durante diez minutos, dos veces a la semana. El mensaje le sonó a música celestial y ella así lo hizo.

Éxitos y reveses

Todos los esfuerzos de Laurie por cruzar el río del Cambio empezaban ahora a fructificar. Por fin veía que estaba haciendo alguna clase de progreso físico. Cada día, mientras iba más allá de su cuerpo, su entorno y el tiempo, también trascendía su personalidad vinculada con su realidad exterior presente y pasada, yendo más allá de su cuerpo habituado y adicto emocionalmente, y del futuro previsible que siempre había esperado basándose en sus recuerdos del pasado. Gracias a sus esfuerzos para superar su mente analítica, reemplazar sus ondas cerebrales por otras que fomentaran un estado más sugestionable, vivir en el presente y entrar en el sistema de programación donde se había grabado el trauma emocional de su niñez, por fin estaba empezando a cambiar.

Laurie empezó a creer de verdad que estaba curando su cuerpo por medio de sus pensamientos. Y que la antigua fractura relacionada con su yo antiguo se estaba curando al convertirse literalmente ella en otra persona. Ya no activaba ni reforzaba los circuitos de su cerebro vinculados con su antigua personalidad, porque ya no pensaba ni actuaba como antes. Dejó de revivir su pasado con las mismas emociones y de condicionar su cuerpo a la misma mente. Estaba «desmemorizando» su yo antiguo y recordando su yo nuevo, es decir, activando y reforzando nuevos pensamientos y acciones en su cerebro al cambiar su mente y enseñar emocionalmente a su cuerpo a ponerse en la piel de su yo futuro.

Durante su meditación diaria Laurie estaba enviando nuevas señales a nuevos genes al cambiar simplemente su estado del ser. Y esos genes estaban fabricando nuevas proteínas que curaban las proteínas responsables de las fracturas relacionadas con su «malestar». Basándose en lo que había aprendido en los talleres, concluyó que sus células óseas necesitaban recibir la señal adecuada de su mente para desactivar el gen de la displasia fibrosa y activar el de la producción de matriz ósea normal.

Laurie me dijo:

Sabía que a lo largo de los años todas esas fracturas se habían manifestado estructuralmente de la expresión poco sana de las proteínas de mis células óseas, porque había estado viviendo con las emociones de supervivencia del miedo, el victimismo y el dolor, y me sentía frágil. Mi mente había sido lo bastante poderosa como para manifestar a la perfección esta fragilidad en mi cuerpo. Al memorizar subconscientemente esas emociones en él, había programado la activación de los genes. Y mi cuerpo, como mente, siempre estaba viviendo en el pasado.

Concluí que si mis huesos estaban hechos de colágeno —que es una proteína—, y que si quería que mis células óseas fabricaran colágeno sano, debía entrar en el sistema nervioso autónomo, ir más allá de la mente analítica, acceder al subconsciente, reprogramar una y otra vez mi cuerpo con información nueva y dejar que recibiera nuevas órdenes a diario. Cuando me comunicaron la buena noticia, me sentí como si ya hubiera cruzado la mitad del río del Cambio.

Laurie siguió meditando y asistiendo a mis talleres. De vez en cuando el cuerpo le volvía a doler, pero la frecuencia, la intensidad y la duración del dolor disminuyeron considerablemente. Hizo el máximo de cambios posibles en su vida. Cambió de gimnasio para cambiar de ambiente. Se aplicaba el desodorante empezando por la derecha en lugar de por la izquierda. Cuando se acordaba de ello, cruzaba los brazos poniendo el izquierdo encima del derecho en lugar de hacerlo más cómodamente a la inversa. Se sentaba en una silla distinta en casa. Dormía en el lado opuesto al que dormía antes en la cama, aunque tuviera que ir al otro extremo de la habitación al acostarse por la noche y levantarse por la mañana.

Laurie me dijo: «Por ridículo que parezca, estaba intentando darle a mi cuerpo la mayor cantidad posible de señales distintas y como no podía permitirme mudarme a una mansión en los Hamptons, tendría que conformarme con esos pequeños cambios».

Incluso pegó notas por todas partes para acordarse de ser consciente y tener pensamientos y sentimientos sobre su futuro. Escribió en las notas: «Siento agradecimiento», «¡Pensamientos elevados!» y «¡Amor!», y luego las pegó detrás de varias puertas. También pegó una en el salpicadero de su coche en la que ponía: «Tus pensamientos son poderosísimos. Elígelos con sabiduría». Esta clase de alentadoras notas y afirmaciones no era algo nuevo para Laurie, pero antes no creía en ellas porque no sabía cómo cambiar sus creencias.

A finales de enero del 2013, cuando fue a ver de nuevo al traumatólogo, este le dijo por primera vez en veintiocho años que *no* se apreciaba ninguna fractura en las radiografías, ni una sola. Sus huesos estaban perfectamente, sin lesiones. Laurie me escribió: «No puedo expresar con palabras la alegría que me ha producido esta noticia. Ahora me siento fuerte y animada. Sé que ya he cruzado *más* de la mitad del río del Cambio».

Sus células óseas estaban ahora programadas para fabricar proteínas nuevas y sanas. Su sistema nervioso autónomo estaba restableciendo el equilibrio físico, químico y emocional de su cuerpo. Una inteligencia superior la estaba curando y Laurie sabía que ahora podía confiar en ella y ponerse más en sus manos. Su cuerpo seguía respondiendo a una nueva mente.

Al cabo de un mes de la cita con el traumatólogo, Laurie voló a Arizona para asistir a uno de mis talleres avanzados. Cuando hacía una hora que había llegado, recibió una llamada de la ayudante del médico para decirle que los resultados de la prueba de sangre y orina que acababan de recibir indicaban que su enfermedad seguía en estado activo. Su médico le aconsejaba volver a someterse a una terapia intravenosa a base de bisfosfonatos por primera vez en muchos años.

A Laurie se le cayó el alma a los pies. Las radiografías del traumatólogo le habían dejado con la impresión de volver a estar sana, pero las pruebas del laboratorio indicaban lo contrario. En cuestión de segundos había perdido la perspectiva y estaba segura de haber fracasado. Cuando me comunicó la noticia, la tranquilicé diciendo que su cuerpo seguía viviendo en el pasado y que solo necesitaba un poco más de tiempo para ponerse al día con su mente. Le sugerí que siguiera trabajando en ello durante varios meses más y que luego se volviera a hacer los análisis de orina.

Inspirada por algunos de los participantes de nuestros talleres que se habían curado, Laurie regresó a casa e hizo sus prácticas con fervor, sintiendo en sus meditaciones con más viveza e intensidad que nunca la vida que podía tener. Dejó de imaginarse con los huesos curados y simplemente se imaginó como una mujer vital, resplandeciente, fuerte, joven, saludable y llena de energía. Repasó mentalmente y aceptó emocionalmente todo cuanto quería, que no era otra cosa que un cuerpo que funcionara bien, que le permitiera caminar sin ningún problema. Se dijo que la anciana que había sido de los 19 a los 47 años ya formaba parte del pasado.

Una mente nueva, un cuerpo nuevo

Durante los meses siguientes Laurie empezó a sentirse más feliz, contenta, libre y sana. Empezó a pensar con más claridad en su futuro. Raras veces le dolía el cuerpo y andaba sin la ayuda del bastón.

Al llegar el mes de mayo del 2013, esperaba con temor la cita para hacerse los análisis. La aplazó para junio. Después habló de sus dudas y su angustia con un estudiante experimentado en los talleres, y este le aconsejó que pensara en algunas cosas positivas que se le ocurrieran relacionadas con ir al hospital y hacerse las pruebas. En ese momento Laurie se dio cuenta de que disponía de muchos recursos emocionales positivos y revitalizadores, como lo limpio que estaba el hospital, lo servicial que siempre se mostraba el personal y lo agradable que era ese lugar donde cuidaban de uno. Era exactamente el cambio de enfoque que necesitaba.

El día de la cita, mientras conducía camino del hospital, dio las gracias por el día soleado, por la fluidez del tráfico, por su coche, por la pierna que le ayudaba a conducir, por su visión perfecta, por el espacio libre que encontró enseguida en el aparcamiento y por otras cosas parecidas. Más tarde me contó: «Entré al hospital, les di mi nombre, cerré los ojos y medité en la sala de espera hasta que me tocó el turno. Oriné en un recipiente, se lo entregué a la enfermera y me fui, dando las gracias por el simple acto de andar. Y dejé de aferrarme a la situación, totalmente. En lo más hondo de mí aceptaba el resultado, fuera cual fuese. Esta actitud me permitió olvidarme de él por completo, porque no esperaba nada. Me sentí contenta, de hecho me sentí obsesivamente agradecida. Dejé de analizar las cosas y confié en la vida».

Se acordó de que yo le había dicho que en cuanto empezara a analizar cómo o cuándo se curaría estaría volviendo a su viejo yo de siempre, porque el yo nuevo nunca pensaría con tanta inseguridad. Laurie prosiguió: «Y de repente me sentí agradecida en el presente porque sí, *adelantándome* a la experiencia. No esperaba que los resultados me hicieran sentir feliz o agradecida, sino que me encontraba en un estado de auténtica gratitud y amor hacia la vida, como si ya hubiera ocurrido lo que deseaba. Y no necesitaba algo del exterior para ser feliz. Ya me sentía llena y feliz, porque ahora *dentro de mí* había una mayor plenitud y satisfacción».

En el mundo exterior no tenía prácticamente nada a «gran escala» con lo que medir el éxito, la satisfacción y la seguridad: como un sueldo, una casa, una pareja, un negocio, un hijo o ni siquiera un trabajo de voluntariado reciente del que se sintiera especialmente orgullosa. Pero Laurie gozaba del amor de sus amigos y de los miembros de su familia con los que conectaba. Y además ahora sentía un nuevo amor hacia sí misma. Había descubierto que antes nunca se había querido, solo se había interesado por ella misma. Más tarde me contó que era un matiz que no habría captado en el pasado cuando su mente era tan estrecha. Se sentía muy satisfecha consigo misma y con su vida. Me dijo: «Y por primera vez desde que emprendí este viaje ya no me importaba el resultado de la prueba. Me sentía feliz conmigo misma».

Dos venturosas semanas más tarde llegaron los resultados de la prueba. La ayudante del médico le anunció: «Los resultados de las pruebas son totalmente normales. Tus valores son de 40. Y eso que hace solo cinco meses sacaste 68, unos niveles demasiado elevados».

Laurie había cruzado el río del Cambio y ahora se encontraba en la orilla de una nueva vida. En su cuerpo ya no quedaba ningún rastro de su pasado. Era libre, había vuelto a nacer.

Más tarde me dijo:

De pronto se me ocurrió que mi identidad como «paciente» y «persona enferma» se había vuelto más poderosa que cualquier otro papel que yo desempeñara en la vida. Había fingido ser esa persona, pero sabía que en el fondo no lo era. Invertía toda mi atención y energía en ser una paciente en lugar de en ser una mujer, una novia, una hija, una empleada o incluso una persona feliz y plena. Ahora sé que no me quedaba energía para ser cualquier otra cosa hasta que dejé de volcarme en mi personalidad y mi yo antiguos y puse toda mi atención y energía en un yo nuevo. ¡Qué agradecida me siento de ser ahora realmente yo!

Laurie no lamenta nada ni guarda ningún rencor en especial, ni tampoco cree haber malgastado su vida en el pasado. Tal como ella lo expresa: «No quise juzgarme, machacarme ni deprimirme por mi pasado porque esta decisión me habría arrebatado mi sensación de plenitud. Al contrario, veo mi pasado como una bendición, porque he superado mis limitaciones y ahora me encanta ser quien soy. Me siento en paz. He cambiado realmente a nivel biológico y celular. Me siento orgullosa del mensaje de que la mente puede curar al cuerpo, y créeme, *yo* soy a quien más le ha sorprendido».

Historia de Candace

Candace apenas llevaba un año saliendo con su pareja y la relación ya estaba haciendo aguas. Tras vivir los primeros meses juntos, ella y su novio se pasaban todo el día peleándose, acusándose por nada, desconfiando el uno del otro constantemente y echándose la culpa sin cesar. Como ambos se sentían celosos e inseguros, su comunicación era frustrante, por decirlo de manera suave. Los dos se sentían acosados por expectativas que el otro no podía satisfacer ni por asomo. Presa de una rabia inusitada, Candace se descubrió peleándose con su novio a grito pelado y teniendo berrinches incontrolables. Esas trifulcas le hacían sentir más inútil, victimizada e insegura aún. Esta forma de comportarse era nueva para ella, antes nunca se había sentido tan enojada, frustrada o disgustada, y en sus 28 años de vida jamás había tenido una sola rabieta.

Pese a intuir que no era bueno para ella seguir en esa situación, Candace estaba enganchada emocionalmente a su relación malsana. Y con el paso del tiempo su adicción a esas estresantes emociones se convirtió en su nueva identidad. Su realidad personal estaba creando esa nueva personalidad. El ambiente que la rodeaba controlaba cómo pensaba, actuaba y se sentía. Se había convertido en una víctima atrapada en su propia vida.

Inundada por la poderosa energía de las emociones de supervivencia, empezó a actuar como una adicta, necesitando el subidón emocional de esos sentimientos y creyendo que había algo *a su alrededor* que le hacía sentir, pensar y reaccionar de una determinada manera. No podía pensar ni actuar más allá de cómo se sentía. Prisionera de ese estado emocional, no hacía más que volver constantemente a los mismos pensamientos, decisiones, conductas y experiencias de siempre una y otra vez.

Candace estaba en realidad usando a su novio y todas las condiciones de su mundo exterior para reafirmar quien creía ser. Su necesidad de sentir enojo, frustración, inseguridad, falta de valía, miedo y victimismo estaba vinculada con aquella relación. Aunque la situación no le sirviera para alcanzar su mayor ideal, le daba demasiado miedo cambiar para atajarla. A decir verdad, se llegó a apegar mucho a esas emociones porque reforzaban su identidad, prefería sentir esos sentimientos tóxicos constantemente antes que dejar la relación y aceptar algo nuevo para pasar de lo conocido a lo desconocido. Candace al empezar a creer que ella *era* sus emociones, memorizó una personalidad basada en el pasado que había creado.

Tres meses más tarde las cosas empezaron a ir de mal en peor. Su cuerpo no pudo soportar el estrés de aquel intenso estado emocional y perdió casi una tercera parte del cabello al caérsele a mechones en cuestión de semanas. También comenzó a sufrir fuertes migrañas, fatiga crónica, problemas gastrointestinales, falta de concentración, insomnio, aumento de peso, dolor constante y un millar de otros síntomas debilitantes que la estaban destruyendo silenciosamente.

Candace era una joven muy intuitiva y dedujo que este «malestar» se lo había creado ella misma con sus problemas emocionales. Solo de *pensar* en su relación, ya perdía el equilibrio fisiológico al prepararse para otra pelea, activando las hormonas del estrés y el sistema nervioso autónomo con sus pensamientos negativos. Y cuando pensaba en su pareja o hablaba o se quejaba de su relación con su familia y sus amistades, estaba condicionando su cuerpo a ser la mente de esas emociones. Experimentaba la conexión mente-cuerpo al máximo, y al no poder desactivar la respuesta de estrés, empezó a re-silenciar sus genes. Sus pensamientos la hicieron enfermar literalmente.

A los seis meses de vivir juntos, la relación de Candace con su pareja no podía ir peor, le producía muchísimo estrés. Pese a estar segura de que los síntomas de su cuerpo eran una señal de advertencia, subconscientemente siguió eligiendo la misma realidad de siempre, que ahora se había convertido en su estado del ser habitual. Bombardeando su cuerpo con emociones negativas del estado de supervivencia, le estaba enviando a los genes inadecuados señales inadecuadas. Se sentía como si se estuviera muriendo por dentro y sabía que debía recuperar las riendas de su vida, pero no tenía idea de cómo hacerlo. Siguió con su novio un año más al no reunir el valor para dejarlo, viviendo a todas horas llena de rabia y resentimiento. Tanto si tenía o no derecho a sentir estas emociones, Candace veía cómo su cuerpo lo estaba pagando muy caro.

Candace paga las consecuencias

En noviembre del 2010 cuando por fin fue a ver a un médico, le diagnosticaron la enfermedad de Hashimoto (también conocida como *tiroiditis de Hashimoto* o *tiroiditis linfocítica crónica*), una enfermedad autoinmune que se caracteriza porque el sistema inmunológico ataca la glándula tiroides, produciendo un hipotiroidismo (tiroide hipoactiva) con brotes ocasionales de hipertiroidismo (tiroide hiperactiva). Los síntomas de la enfermedad de Hashimoto son aumento de peso, depresión, manía, intolerancia al calor y al frío, embotamiento, fatiga crónica, ataques de pánico, ritmo cardíaco anormal, hipercolesterolemia, bajo nivel de azúcar en la sangre, estreñimiento, migrañas, debilidad muscular, rigidez articular, calambres, pérdida de memoria, problemas visuales, infertilidad y pérdida de cabello, muchos de los cuales los sufría Candace.

Durante la consulta, el endocrinólogo le dijo que su enfermedad era genética y que no había nada que hacer. Padecería la enfermedad de Hashimoto el resto de su vida y debería tomar medicación para la tiroides indefinidamente, porque el conteo de sus anticuerpos nunca cambiaría. Pese a descubrir más tarde que no tenía antecedentes familiares en cuanto a esta enfermedad, la suerte parecía estar echada.

Recibir un diagnóstico le dio a Candace el inesperado regalo de tomar conciencia de la realidad. Saltaba a la vista que necesitaba una llamada de atención y ahí la tenía. El deterioro físico de su cuerpo la había hecho reflexionar en el pasado y ver la verdad de quién había estado siendo. Comprendió que ella había creado la enfermedad autoinmune que la estaba destruyendo lentamente a nivel físico, emocional y mental. Había vivido en un estado constante de emergencia, volcando toda su energía en mantenerse a salvo en el mundo exterior sin reservar ni una pizca para mantener su mundo interior. Y su sistema inmunológico ya no podía aguantarlo más.

Pese al miedo cerval que le daba cambiar y también lo desconocido, al cabo de cinco meses decidió cortar con su pareja. Vio que esta malsana relación no le hacía ningún bien. Candace se preguntó: *¿Qué es mejor? ¿Seguir con esta relación tan disfuncional y hundirme más aún en un pozo sin fondo? ¿O elegir la libertad y nuevas posibilidades? Esta es mi oportunidad para llevar una vida nueva y distinta.*

La adversidad de Candace se convirtió en la génesis de su evolución personal, introspección y expansión. Se descubrió al borde del precipicio, deseando lanzarse a lo desconocido. Su decisión de saltar al vacío y de cambiar se transformó en una experiencia apasionante. Así que saltó a esa infinidad de posibilidades y potenciales, movida por su deseo de dejar de hacer lo que no le convencía, para reprogramar su código biológico.

Fue un momento decisivo en su vida. Como había leído mis dos libros anteriores y había asistido a uno de mis primeros talleres, sabía que si aceptaba su diagnóstico y las emociones del miedo, la preocupación, la ansiedad y la tristeza que le causaba, se autosugestionaría y creería solo en los pensamientos afines a esos sentimientos. Podía intentar pensar de manera positiva, pero como su cuerpo se sentía mal, sabía que esto no le iba a funcionar. Hacerlo habría sido elegir el placebo equivocado, el estado del ser equivocado.

Candace decidió no aceptar su enfermedad. Declinó respetuosamente el diagnóstico del médico, recordándose a sí misma que la mente que crea la enfermedad es la misma que crea la salud. Sabía que debía cambiar sus creencias sobre la enfermedad que la comunidad médica le había atribuido. Eligió no dejarse sugestionar por los consejos ni las opiniones del médico, porque no se sentía aterrada, victimizada ni triste.

A decir verdad, se sentía optimista y entusiasmada, y estas emociones generaron una nueva serie de pensamientos que le permitieron ver una posibilidad nueva. No *aceptó* el diagnóstico, el pronóstico ni el tratamiento que el médico le propuso; ni *creyó* apresuradamente en los resultados y el destino más probables; ni se *entregó* permanentemente al diagnóstico o al plan de tratamiento. No *condicionó* a su cuerpo a la peor situación posible, ni *esperó* el mismo resultado previsible que los demás, ni le *dio el mismo significado* que le dieron otros pacientes con la misma enfermedad. Al tener una distinta actitud, su estado del ser también era ahora distinto.

Candace se pone manos a la obra

Si bien Candace no aceptó su enfermedad, le quedaba un largo trecho por recorrer. Sabía que debía cambiar su creencia sobre su dolencia y tomar una decisión que conllevara una energía más poderosa que la de los programas grabados en su cerebro y la de las adicciones emocionales de su cuerpo, para que este pudiera responder a una mente nueva. Solo entonces su energía cambiaría hasta el punto de reprogramar sus programas subconscientes y eliminar su pasado neurológica y genéticamente, lo cual fue exactamente lo que empezó a ocurrir.

A pesar de haberme oído decir todo esto antes y de conocer esta información intelectualmente, nunca lo había aplicado a su propia vida. En el primer taller al que asistió tras recibir el diagnóstico, se veía agotada y estuvo todo el rato adormilada en la silla. Yo sabía que Candace estaba luchando.

Cuando acudió al siguiente taller, llevaba poco más de un mes tomando la medicación para la tiroides que regulaba el desequilibrio de su estado químico, y se veía más atenta e interesada. Las historias que conté durante el fin de semana le resultaron sumamente inspiradoras. Al oír que algunas personas se negaban a ser víctimas de las circunstancias de su mundo exterior y que se daban esas curaciones tan extraordinarias, decidió ser su propio proyecto científico.

De modo que emprendió el viaje. Sabía, por los conocimientos de epigenética y neuroplasticidad adquiridos en mis talleres, que ya no era una víctima de la enfermedad y usó sus conocimientos para ser proactiva. Al darle un distinto significado a su futuro, lo encaró con un distinto propósito. Cada día se despertaba a las cuatro y media de la madrugada para meditar y empezar a condicionar su cuerpo a una mente nueva. Procuró vivir el presente, ya que vio que no lo había estado haciendo.

Como quería ser feliz y estar sana, se esforzó al máximo para recuperar su vida. Aun así, al principio no le resultó fácil hacerlo y se sintió muy frustrada al ver que no conseguía sentarse a meditar durante un determinado espacio de tiempo. Había condicionado el cuerpo a ser la mente llena de frustración, ira, impaciencia y victimismo, y era lógico que este se rebelara. Candace debía obligarlo a vivir el presente como si estuviera adiestrando a un animal indisciplinado. Cada vez que lo hacía, lo estaba condicionando a una nueva mente al tiempo que se liberaba un poco más de las cadenas de su adicción emocional.

Cada día procuraba en sus meditaciones ir más allá de su cuerpo, el entorno y el tiempo. Se negaba a levantarse siendo la misma persona que la que se había sentado a meditar, porque la antigua Candace era la que se había convertido en una persona enojada, frustrada y adicta químicamente a sus circunstancias exteriores. Y ya no quería ser esa persona nunca más. Se escuchaba en sus meditaciones, esforzándose en cambiar su estado del ser, y no descansó hasta llegar a amar la vida porque sí, en un estado de puro agradecimiento.

Aplicó todos los conocimientos adquiridos de mis talleres, CD y libros (se los leyó más de una vez), y de las notas que había tomado en mis cursos. Estaba grabando una información nueva en su cerebro a fin de prepararse para una nueva experiencia curativa. Descubrió que cada vez era más capaz de evitar activar y reforzar las antiguas conexiones neurológicas de la ira, la frustración, el resentimiento, la arrogancia y la desconfianza, y de activar y reforzar las nuevas conexiones neuronales del amor, la alegría, la compasión y la bondad. Sabía que estaba reduciendo las conexiones antiguas y creando otras nuevas. Y cuantas más veces procuraba conseguir un estado de fortaleza interior, más se transformaba.

Con el correr del tiempo se fue sintiendo muy agradecida por estar viva, y vio que allí donde había armonía, la incoherencia no tenía cabida. Se decía a sí misma: *Ya no soy la Candace de antes, ni sigo reafirmando más esa existencia*. Perseveró en ello durante meses y meses. Y cuando se descubría volviendo a ese nivel más bajo en el que se sentía enojada o frustrada por las condiciones de su mundo exterior, o enferma o infeliz, procuraba enseguida cambiar de chip. Al cambiar rápidamente su estado del ser, iba acortando los periodos en que esas emociones se apoderaban de ella, volviendo cada vez menos a su cambiante y temperamental personalidad de antes.

Algunos días se sentía tan mal que no quería levantarse de la cama, pero lo hacía de todos modos y meditaba. Se decía que cada vez que transmutaba esas emociones inferiores en emociones elevadas, se estaba liberando biológicamente de su pasado y «bombeando» su cerebro y su cuerpo para vivir un nuevo futuro. Empezó a ver que merecía la pena seguir con su trabajo interior y al poco tiempo en lugar de costarle hacerlo, ya le salía sin más.

Gracias a su tenacidad diaria, advirtió al cabo de poco un gran cambio y se empezó a sentir mejor. En cuanto dejó de ver el mundo con una mente llena de miedo y frustración y lo contempló con una mente compasiva, afectuosa y agradecida, empezó a comunicarse con los demás de otra manera. Ahora gozaba de más energía y podía pensar con mayor claridad.

Se dio cuenta de que ya no reaccionaba de la misma forma a las circunstancias habituales de su vida, porque sus antiguas emociones basadas en el miedo ya no seguían grabadas en su cuerpo. Estaba superando sus reacciones viscerales, ahora veía que antes le irritaban ciertas personas y situaciones por culpa de sus propias emociones negativas. Se estaba liberando de ellas.

Parte de su proceso de cambiar consistió en advertir los pensamientos que le venían a la cabeza durante el día sin que se diera cuenta. En sus meditaciones decidió que nunca más le pasarían desapercibidos. Decidió no volver jamás a las conductas y hábitos de su antiguo yo bajo ninguna circunstancia. Hizo borrón y cuenta nueva en el sentido biológico, neurológico y genético, reservándose un tiempo para crear un yo nuevo, y su cuerpo empezó a liberar energía. Es decir, estaba pasando de ser partícula a ser onda al liberar las emociones reprimidas como energía en su cuerpo. Su cuerpo había dejado de vivir en el pasado.

La energía liberada le permitió ver el panorama de un nuevo futuro. Candace se preguntó: *¿Cómo me quiero comportar? ¿Cómo me quiero sentir? ¿Cómo quiero pensar?* Al levantarse por la mañana durante meses y meses sintiéndose muy agradecida, estaba enseñando emocionalmente a su cuerpo que su nuevo futuro ya había llegado, por lo que enviaba señales nuevas a genes nuevos, y su cuerpo recuperó la homeostasis. Candace descubrió que la compasión era la otra cara de su ira, que la paciencia y la gratitud eran la otra cara de su frustración, y que en la otra cara de su victimismo le aguardaba una creadora deseando crear alegría y bienestar. Era la misma intensa energía en ambas caras, pero ahora ella podía liberarla mientras pasaba de ser partícula a ser onda, del estado de supervivencia al de creación.

Delicioso, delicioso éxito

Cuando Candace volvió a ver a su médico varios meses después del diagnóstico, él se quedó anonadado por el cambio de su paciente. Las analíticas habían salido perfectas. En la primera serie de pruebas de febrero del 2011, los niveles de la hormona estimulante de la tiroides (TSH, del inglés thyroid-stimulating hormone) fueron de 3,61 (eran elevados) y el conteo de anticuerpos de 638 (revelaba un gran desequilibrio). Pero en septiembre del 2011 sus niveles de TSH se habían normalizado a 1,15 y el conteo de sus anticuerpos fue de 450, un nivel saludable, aunque ya no siguiera tomando ninguna medicación. Se había curado a sí misma en menos de un año.

El médico quiso saber qué había estado haciendo para obtener unos resultados tan asombrosos. Parecía demasiado bueno para ser verdad. Candace le explicó que al ver que había sido ella la que había creado su enfermedad, decidió hacer un experimento consigo misma para *descrearla*. Le contó que al meditar a diario y tener emociones elevadas, había estado enviando epigenéticamente señales nuevas a genes nuevos en lugar de dejar que las emociones poco sanas siguieran enviando señales a los antiguos genes. Le explicó que había estado imaginándose a diario en quién quería convertirse y que había dejado de reaccionar a todas las situaciones de su entorno exterior como un animal en el estado de supervivencia: luchando, huyendo, pateando o gritando. Su entorno seguía siendo básicamente el mismo, pero ahora ella respondía siendo más afectuosa consigo misma.

El médico exclamó de lo más sorprendido: «¡Ojalá todos mis pacientes fueran como tú, Candace! ¡Tu historia es increíble!»

Candace no *sabe* exactamente cómo se ha curado. Ni tampoco le importa. Lo único que sabe es que ahora es otra persona.

Al cabo de un tiempo cené con Candace, cuando hacía meses que había dejado de medicarse y ya no tenía ningún síntoma. Gozaba de una salud envidiable, el cabello le había vuelto a crecer y se sentía de maravilla consigo misma. Me dijo una y otra vez que ahora le encantaba la vida que llevaba.

Yo le respondí riendo: «Te has enamorado de la vida y ella te devuelve con creces tu amor. Y haces bien en *sentirte* así, porque ¡eres *tú* la que has estado creando esta situación a diario durante meses!»

Cadace me contó que confiaba en la existencia de un campo infinito de potenciales y sabía que había algo más allá de ella que le había ayudado a curarse. Lo único que había hecho era trascenderse a sí misma, entrar en el sistema nervioso autónomo y sembrar las semillas para una nueva vida. Y sin saber cómo, había ocurrido sin más, y a partir de entonces se había sentido mejor que nunca.

Ahora lleva una vida totalmente distinta a la de cuando le diagnosticaron la enfermedad de Hashimoto. Es socia empresarial de un curso de desarrollo personal sobre superación personal y autoestima, y también trabaja en una compañía. Mantiene una afectuosa relación de pareja, ha hecho nuevas amistades y goza de nuevas oportunidades en el mundo de los negocios. Una personalidad nueva acaba creando una realidad personal nueva.

Un estado del ser es una fuerza magnética que atrae situaciones afines a él, de ahí que cuando Candace se enamoró de sí misma, también atrajo una pareja cariñosa. Como se sentía valiosa y llena de respeto hacia sí misma y por la vida en sí, empezaron a surgirle oportunidades que le permitieron contribuir con su granito de arena, ser respetada y crear un mundo mejor. Y cuando adquirió su nueva personalidad, la antigua era como si perteneciera a otra vida. Su nueva fisiología empezó a crear unos mayores niveles de alegría e inspiración y entonces su enfermedad quedó atrás, en el pasado, junto con su antigua personalidad. Candace se había convertido en otra persona.

Aunque esto no significa que ahora sea adicta a la alegría, sino que ha dejado de serlo a la infelicidad. Cuando empezó a sentirse más feliz, descubrió que en la vida siempre podemos sentir *más* dicha, alegría y amor, porque cada experiencia produce una distinta mezcla de emociones. Empezó a desear realmente los retos de su vida para averiguar hasta qué punto podía convertir esa información en transformación.

La última lección que extrajo fue que su enfermedad y sus retos no eran de nadie más, sino de ella. En su antiguo estado del ser había estado convencida de ser víctima de su relación, de las circunstancias exteriores y de lo que *le* pasaba en la vida. Percatarse de su error, responsabilizarse de sí misma y de su vida —y comprender que lo que le había sucedido no tenía nada que ver con el exterior— fue tremendamente inspirador y al mismo tiempo uno de los mejores regalos que podía haber pedido.

Historia de Joann

Joann había estado viviendo la mayor parte de su vida a un ritmo trepidante. Esta mujer de 59 años, madre de cinco hijos, era también una esposa entregada a su familia, una empresaria de éxito y una emprendedora que hacía malabarismos para compatibilizar los quehaceres domésticos, la dinámica familiar, una carrera prometedora y un próspero negocio. Si bien su objetivo era mantenerse cuerda, sana y equilibrada, no podía imaginar otra clase de vida que la existencia intensa, arrolladora y ocupada que llevaba. Estaba viviendo a tope, demostrando a todos lo activa y aguda que era su mente. Joann se desvivía a todas horas por hacer el máximo de tareas posible, ejecutándolas al mismo tiempo a un nivel excepcional. Era una líder admirada a la que muchos recurrían a diario para pedirle consejo. Sus coetáneos la llamaban «superwoman» y así era, o al menos eso era lo que ella creía.

Pero todo acabó abruptamente en enero del 2008, cuando, tras salir del ascensor, Joann se derrumbó a 15 metros de distancia de la puerta de su piso. Aquel día no se encontraba bien y había ido a un centro médico a hacerse un chequeo. En cuestión de segundos su mundo dio un giro de 360 grados y se descubrió aferrándose a la vida.

Después de ocho meses de someterse a pruebas, los médicos le diagnosticaron *esclerosis múltiple secundaria progresiva* (EMSP), una enfermedad crónica que se caracteriza porque el sistema inmunitario ataca el sistema nervioso central. Los síntomas varían mucho dependiendo de cada uno, pero pueden empezar creando entumecimiento en una pierna o un brazo y acabar derivando en parálisis e incluso en ceguera. Los síntomas no solo pueden ser físicos, sino también conllevar problemas cognitivos y psiquiátricos.

En los últimos catorce años los síntomas de Joann habían sido tan vagos y esporádicos que no les había dado importancia, creía que se debían al frenético estilo de vida que llevaba. Pero ahora su trastorno tenía una etiqueta y le sentó como una sentencia a cadena perpetua sin ninguna posibilidad de recibir la libertad condicional. Se descubrió arrojada en las profundidades del mundo médico occidental, acosada por sus fuertes creencias de que la esclerosis múltiple era una enfermedad incurable.

Varios años antes del diagnóstico, Joann había dejado aparcado el negocio familiar en Calgary para cambiar de vida y mudarse a Vancouver, en la costa oeste de Canadá, algo que su familia llevaba años deseando hacer. Después de la mudanza Joann se enfrentó a un reto tras otro mientras la situación económica y los recursos familiares se iban reduciendo, hasta que se quedaron en una situación muy precaria. La autoestima, la confianza en sí misma y la salud de

Joann se resintieron mucho. Su estado mental y físico empezó a declinar en cuanto descubrió que era incapaz de superar su entorno. La situación económica fue empeorando día a día, a la vez que los factores estresantes aumentaban. Al poco tiempo la familia ni siquiera podía cubrir sus necesidades básicas de comida y un techo bajo el que cobijarse. A principios del 2007 Joann, a la que todo el mundo tenía por una superwoman, tocó fondo y antes de acabar el año la familia regresó a Calgary.

La esclerosis múltiple es una enfermedad inflamatoria en la que las vainas de mielina protectoras de las células nerviosas del cerebro y de la médula espinal se deterioran, junto con las fibras nerviosas, por lo que el sistema nervioso no puede comunicarse con distintas partes del cuerpo ni transmitir señales adecuadamente. El tipo de esclerosis múltiple que Joann desarrolló era progresiva, avanza con el tiempo y suele acabar causando problemas neurológicos permanentes, sobre todo en la etapa avanzada. Los médicos le dijeron que la enfermedad era incurable.

Al principio Joann estaba decidida a no dejar que la esclerosis múltiple la definiera. Sin embargo su discapacidad física empeoró rápidamente, junto con un declive cognitivo. A medida que sus limitaciones aumentaban, tuvo que depender de los demás para los cuidados básicos. Debido a sus problemas sensoriales y motores, se vio obligada a usar muletas, un andador y una silla de ruedas. Al final tuvo que desplazarse con un escúter para minusválidos.

Cuando su vida se derrumbó era lógico que Joann se viniera abajo. Su cuerpo le hizo al fin el favor que se había estado negando a sí misma, es decir, la obligó a pararse en seco y exclamar «¡Basta!» Se había exigido demasiado. Si bien en los primeros años de su carrera había triunfado, creía ser una fracasada la mayor parte del tiempo al estar constantemente juzgándose a sí misma y pensando que podía hacer mejor su trabajo. Nunca estaba satisfecha consigo misma. Por más cosas que hiciera, *nunca le bastaban*.

Y lo más importante era que no quería dejar de llevar ese frenético ritmo de vida, porque lo usaba para evadirse de su sensación de fracaso. Estaba siempre volcada en el mundo exterior —en sus distintas experiencias con personas y cosas en distintos momentos y lugares de su vida—, para no tener que fijarse en su mundo interior de los pensamientos y sentimientos.

Joann se había pasado la mayor parte de su vida apoyando a los demás —celebrando sus éxitos y animándoles—, pero nunca dejaba que nadie viera lo que iba mal en su vida. Ocultaba su dolor a todo el mundo. Se pasaba el día dando energía, pero nunca la recibía de los demás, no se lo *permitía* a sí misma, por eso había estado toda la vida negándose su propia evolución personal al no expresar nunca lo que sentía. Es lógico que cuando Joann intentó cambiar su mundo interior usando las condiciones de su mundo exterior, manifestara inevitablemente solo fracasos.

Cuando al final se vino abajo, se sentía tan débil y abatida que apenas le quedaban fuerzas para luchar por sobrevivir. Todo aquel tiempo que había estado viviendo en un estado de emergencia, reaccionando constantemente a las condiciones de su mundo exterior, la había dejado sin vitalidad, consumiéndole toda la energía de su mundo interior, el lugar donde se produce la regeneración y la curación. Se había quedado vacía.

Joann cambia su mente

Pero lo que Joann sabía con certeza era que las lesiones cerebrales y medulares que aparecían en las IRM (imagen por resonancia magnética) no habían sucedido de la noche a la mañana. Su cuerpo se había ido consumiendo poco a poco desde el mismo núcleo: el sistema nervioso central. Después de estar ignorando los síntomas durante todos esos años, ahora había llegado al punto de «perder los nervios» porque le daba miedo mirar en su interior. Aquellas sustancias químicas diarias habían estado llamando sin cesar a las puertas de sus células y al final los genes vinculados a las enfermedades habían respondido a la llamada activándose.

Postrada en cama, se fijó la primera meta de ir deteniendo la progresión de la esclerosis múltiple. Había leído mi primer libro y sabía que su cerebro no distinguía entre lo que ella podía crear con sus pensamientos y una experiencia real externa, y que la práctica mental le permitiría cambiar su cerebro y su cuerpo. Empezó a imaginarse haciendo yoga, y a las pocas semanas de practicarlo a diario logró adoptar varias posturas físicas —incluso algunas de pie—. Estos resultados la motivaron enormemente a seguir con ello.

Cada día Joann «bombeaba» su cerebro y su cuerpo con sus pensamientos. Al igual que los sujetos del capítulo 5 que al repasar mentalmente los ejercicios de piano crearon los mismos circuitos neurológicos que los que los practicaron físicamente, estaba instalando los circuitos en su cerebro como si ya estuviera caminando y moviéndose con su cuerpo. ¿Recuerdas los sujetos de varios estudios sobre levantamiento de pesas que aumentaron su fuerza muscular levantando pesas y flexionando los bíceps mentalmente? Joann, al igual que ellos, sabía que podía hacer que su cuerpo sintiera que ya se estaba empezando a curar al cambiar literalmente su mente.

Al cabo de poco ya fue capaz de levantarse durante unos instantes y más tarde consiguió andar con la ayuda de un bastón. Le temblaban las piernas al hacerlo y seguía desplazándose con un escúter, pero al menos ya no estaba postrada en cama autocompadeciéndose. Había logrado dar un giro a su vida.

Cuando empezó a meditar a diario para silenciar la cháchara de su mente, advirtió lo triste y enojada que estaba. Las puertas de la presa se abrieron de golpe. Descubrió que se sentía débil, aislada, rechazada e inútil la mayor parte del tiempo. Desequilibrada, desorientada y desconectada, le daba la impresión de haber perdido una parte esencial de sí misma. Observó cómo hacía lo imposible por complacer a los demás, olvidándose de sí misma, y su incapacidad de vivir sin culpabilizarse. Admitió que siempre estaba intentando controlar el caos en el que parecía estar envuelta sin lograrlo nunca. En el fondo siempre lo había sabido, pero había decidido ignorarlo, siguiendo adelante a toda costa fingiendo que todo le iba bien en la vida.

Por más doloroso que fuera, Joann se dedicó a observar cómo había creado su propia enfermedad. Decidió advertir todos los pensamientos, acciones y emociones subconscientes que la definían como la personalidad que había creado esa realidad personal. Sabía que en cuanto observara quién estaba siendo, podría cambiar esos aspectos suyos. Cuanto más se percataba de su yo inconsciente y de su estado del ser, más cosas descubría de sí misma.

A principios del 2010 Joann advirtió que la progresión de la esclerosis múltiple se había ralentizado y decidió fijarse el objetivo de frenarla. En mayo, cuando le mencionó esta idea a un neurólogo que le preguntó cuáles eran sus metas en cuanto a su enfermedad, él dio por terminada la cita bruscamente. Pero este incidente en lugar de desanimarla hizo que se propusiera alcanzar su objetivo con más fuerza aún.

Joann lleva su curación a un nuevo nivel

Cuando asistió a mi taller en Vancouver, no podía andar sin ayuda. Durante el fin de semana les pedí a los participantes que generaran una firme intención en su mente y la combinaran con una emoción elevada en su cuerpo. El objetivo era volver a condicionar al cuerpo a una mente nueva, en lugar de seguirlo condicionando con las emociones del estado de supervivencia. Quería que abrieran su corazón y le enseñaran a su cuerpo emocionalmente cómo sería vivir en el futuro deseado. Era el ingrediente que le faltaba a Joann en su práctica mental diaria. Aceptar la idea de llegar a andar de 6 a 8 metros solo con la ayuda del bastón le entusiasmó. Ahora estaba añadiendo el segundo elemento del efecto placebo a la ecuación: esperar con entusiasmo el resultado deseado.

Esta combinación —convencer a su cuerpo emocionalmente de que ya estaba experimentando en el presente la curación futura— la llevaría al siguiente nivel. Su cuerpo, como mente inconsciente, tenía que creérselo para que le funcionara. Si conseguía sentir la dicha de estar sana y agradecerlo *antes* de curarse, su cuerpo saborearía una muestra de su futuro en el presente.

Le sugerí que prestara mucha atención a sus pensamientos, ya que eran los responsables de su enfermedad. Le insistí en que fuera más allá de la personalidad asociada con su dolencia para crear tanto una personalidad como una realidad personal nuevas. Ahora podía darle un significado y una intención a lo que estaba haciendo.

Tras asistir a ese taller, Joann al cabo de dos meses participó en otro más avanzado en Seattle. Como el día antes de ir se le había estropeado el escúter usó su silla de ruedas motorizada para desplazarse. A pesar de que al principio se sintió más vulnerable por esta razón, en el taller advirtió al poco tiempo que se movía mejor. Su recuerdo asociativo relacionado con la experiencia positiva del último evento y la esperanza de obtener mejores resultados incluso en ese taller fue lo que inició ese proceso. Si el 29 por ciento de los pacientes sienten náuseas antes de recibir los tratamientos de quimioterapia (como has visto en el capítulo 1), entonces quizá era posible que algunos participantes del taller experimentaran una sensación de bienestar anticipatorio al volver a ese tipo de ambiente. Fuera cual fuese el detonante, Joann vio una nueva posibilidad y empezó con entusiasmo a aceptar emocionalmente ese futuro en el presente.

Durante la última meditación realizada en el taller Joann vivió un momento mágico, sintió un tremendo cambio interior y algo que la emocionó profundamente. En cuanto accedió a su sistema nervioso autónomo, y este recibió las instrucciones y se ocupó de todo, notó que su cuerpo cambiaba de pronto. Se sintió animada, feliz y libre. Después de meditar se levantó de la silla siendo una mujer distinta, ya no era la misma que se había sentado en ella, se encontraba en un nuevo estado del ser. Se encaminó a la parte frontal, sin usar ni siquiera el bastón, y cruzó la sala ufana, con los ojos abiertos de asombro y riendo como una niña. Pese a haber estado inactivas durante años, ahora podía sentir y mover las piernas.

Lo había conseguido y ¡estaba exultante! Para mi sorpresa, Joann había enviado señales nuevas a nuevos genes durante esa meditación. ¡Había cambiado su estado físico en una hora!

Cuando fue más allá de su identidad de padecer esclerosis múltiple, se convirtió en una persona distinta y en ese momento fue cuando dejó de intentar frenar, detener o revertir su enfermedad. Dejó de intentar demostrarse nada a sí misma, y de demostrárselo a su familia, a los médicos o a cualquier otra persona. Entendió y sintió por primera vez que su verdadero viaje había tenido que ver con la plenitud, que es en lo que consiste siempre una curación verificable. Se olvidó de tener una enfermedad oficialmente confirmada y la desvinculó de esa identidad por un momento. La libertad que esto le produjo y la amplitud de la emoción elevada fueron lo bastante poderosas como para activar un nuevo gen. Joann sabía que la esclerosis múltiple no era más que una etiqueta, como la de «madre», «esposa» o «jefa». Había cambiado esa etiqueta desprendiéndose simplemente de su pasado.

Más milagros

Cuando Joann al terminar el segundo taller llegó a su casa tres días más tarde, se asombró al constatar que los milagros seguían manifestándose. Mientras hacía yoga, ahora ya lo practicaba con el cuerpo —y no solo mentalmente—, advirtió que podía levantar un pie del suelo. Intentó levantar el otro… ¡y lo consiguió! Luego notó que podía doblar el pie por primera vez en años. Y mover los dedos del pie, algo que no había conseguido desde hacía mucho tiempo.

Atónita e impresionada, se echó a llorar de pura alegría. En ese instante supo que todo era posible, no gracias a alguna medicación o procedimiento externo, sino a los cambios internos que había hecho. Sabía que podía ser su propio placebo.

En muy poco tiempo Joann aprendió por sí sola a volver a caminar. Al cabo de dos años, sigue andando sin ayuda y ahora se muestra más jovial y llena de vida. Su cuerpo se ha vuelto más fuerte y puede hacer muchas cosas que había creído no poder realizar nunca más. Y lo más importante es que se siente viva y llena de una infinita alegría. Se siente completa, y como ahora es capaz de *recibir*, sigue recibiendo curación.

Hace poco me dijo: «Mi vida es mágica, está llena de increíbles sinergias, abundancia y regalos inesperados de toda índole. Borbotea, brilla y vibra con este nuevo reflejo de mí misma mucho más claro. ¡Esta soy yo, la *verdadera* mujer que he estado intentando controlar y ocultar la mayor parte de mi vida!»

Joann vive ahora la mayor parte del día sintiéndose agradecida. Todavía dedica un rato a advertir sus pensamientos y sentimientos, es decir, cultiva su estado del ser a diario, fijándose en lo que se dice a sí misma y también en lo que piensa de los demás. En sus meditaciones se observa y advierte cómo actúa. Es consciente de sus pensamientos y es muy raro que se inmiscuya alguno que no quiera tener.

Su neuróloga actual está de acuerdo con las decisiones que Joann ha tomado y se ha quedado atónita por sus progresos. Al final ha aceptado el poder de la mente, Joann se lo ha demostrado con sus analíticas y sus informes médicos en los que no aparece la menor traza de esclerosis múltiple.

Laurie, Candace y Joann alcanzaron sus espectaculares remisiones espontáneas sin recurrir a ningún medio exterior. Se curaron al trabajar su interior, sin usar medicamentos, cirugías, terapias o cualquier otra cosa salvo su propia mente. Se convirtieron en su placebo.

Echemos ahora un vistazo científico a los cerebros de algunos otros participantes de mis talleres que cosecharon unos cambios igual de espectaculares, para ver exactamente qué es lo que ocurre durante estas asombrosas transformaciones.

10

Información para la transformación: la prueba de que el placebo *eres* tú

El objetivo de este libro es hacer que tu mente importe. Ahora entiendes que el placebo funciona porque aceptas y crees en un remedio *conocido* —pastillas, inyecciones o procedimientos falsos que sustituyen a los reales— y luego te abandonas al resultado sin analizar demasiado cómo sucederá. Se podría decir que asocias la experiencia futura de una determinada persona *conocida* (por ejemplo, un médico) o un elemento (una medicación o un procedimiento) en un momento y lugar en concreto del mundo exterior con un cambio en tu mundo interior y, al hacerlo, alteras tu estado del ser. Y después de varias experiencias constantes, esperas que tu futuro sea exactamente como tu pasado. En cuanto se crea este vínculo, el proceso se vuelve muy eficaz. No es más que un estímulo *conocido* produciendo automáticamente una respuesta *conocida*.

Lo esencial es lo siguiente: en el efecto placebo clásico, nuestra creencia reside en algo fuera de nosotros. Invertimos nuestro poder en el mundo material, donde nuestros sentidos definen la realidad. Pero ¿puede el placebo funcionar también si creamos esa posibilidad desconocida del mundo *inmaterial* de los pensamientos y la materializamos en una nueva realidad? Este sería un uso más prudente del modelo cuántico.

Las tres participantes de mi taller del capítulo anterior lograron esta hazaña. Decidieron creer en *sí mismas* más que en ninguna otra cosa. Cambiaron *desde dentro* y adquirieron el mismo estado del ser de alguien que hubiera tomado un placebo, sin ningún elemento material que causara el fenómeno. Es lo que muchos de mis alumnos siguen haciendo para mejorar. En cuanto saben cómo funciona realmente el placebo, aunque prescindan de las pastillas, las inyecciones o los procedimientos médicos, obtienen el mismo resultado.

Gracias a las investigaciones en las que se basan estos talleres y a los constantes testimonios que he escuchado de personas de todas partes del mundo, ahora sé que *el placebo eres tú*. Mis alumnos me han demostrado que en lugar de creer en lo conocido, pueden creer en lo *desconocido* y hacer que se transforme en *conocido*.

Piensa en ello por un momento. La idea de una curación verificable existe como una realidad potencial desconocida en el campo cuántico, hasta que es observada y conocida, y se materializa. Existe como una posibilidad en un campo infinito de información definido como *nada* físico, aunque sea todas las posibilidades materiales combinadas. El posible futuro de experimentar la remisión espontánea de una enfermedad existe por tanto como una posibilidad desconocida *más allá del tiempo y el espacio,* hasta que la experimentas personalmente y la conoces en *este tiempo y espacio.* En cuanto lo desconocido *más allá* de los sentidos se convierte en una experiencia conocida *con* tus sentidos, estás en camino de evolucionar.

Si logras experimentar la curación una y otra vez en el mundo interior de los pensamientos y sentimientos, con el paso del tiempo esta curación acabará manifestándose como una experiencia exterior. Y si consigues que un pensamiento sea tan real como la experiencia del mundo exterior, ¿acaso no se reflejará esto en tu cuerpo y en tu cerebro tarde o temprano? Es decir, si repasas mentalmente ese futuro desconocido con una intención clara y una emoción elevada, y lo haces una y otra vez, en este caso según lo que has aprendido, deberías experimentar cambios neuroplásticos en tu cerebro y cambios epigenéticos en tu cuerpo.

Y si sigues entrando en el nuevo estado del ser a diario recordándoselo a tu cerebro y condicionando a tu cuerpo a esa misma mente, deberías acabar experimentando los mismos cambios estructurales y funcionales que obtendrías si hubieras tomado un placebo. La figura 10.1 te muestra este proceso esquematizado.

FIGURA 10.1

La mayoría de los cambios se inician con el simple proceso de algo fuera de ti cambiando algo dentro de ti. Si emprendes el viaje interior y empiezas a cambiar tu mundo interior de los pensamientos y sentimientos, esto te acabará creando un mayor bienestar. Y si sigues repitiendo el proceso en la meditación, con el paso del tiempo los cambios epigenéticos interiores se acabarán manifestando en una experiencia exterior y tú te convertirás en el placebo.

Así que, en lugar de poner tu fe (yo la defino como creer en un pensamiento más que en ninguna otra cosa) en algo conocido y creer en ello, ¿acaso no puedes poner tu atención en una posibilidad desconocida y, por tanto, según los principios de este libro, acabar conociendo esa realidad desconocida? Al aceptar emocionalmente la experiencia en tu mente las suficientes veces, pasas de lo inmaterial a lo material, del pensamiento a la realidad.

A estas alturas espero que entiendas que para curarte no necesitas pastillas falsas, altares sagrados, símbolos antiguos, hechiceros (tanto si se trata de los modernos como de los tradicionales), cirugías ficticias o parajes sagrados. Este capítulo te presenta las pruebas científicas mostrándote cómo nuestros alumnos lo consiguieron. Cambiaron su biología con sus pensamientos. Y no fue solo una experiencia mental, sino que se reflejó en su cerebro.

Todas las pruebas de este capítulo que lo respaldan son para inspirarte a ver, de primera mano, el poder de la meditación. Espero que en cuanto veas la prueba de lo que es posible, apliques los mismos principios a tu propia transformación personal y coseches los beneficios en todos los aspectos de tu vida. Después de leer estas historias, cuando llegues a la segunda parte del libro tu intención de emprender este viaje interior será más fuerte, porque le darás más importancia a lo que estás haciendo y, por tanto, obtendrás mejores resultados.

Del conocimiento a la experiencia

Al enseñar estos principios he aprendido algo muy importante: me he dado cuenta de que en el fondo todos creemos en nuestra propia grandeza. Cuando lo consigues, a algún nivel —tanto si eres el director ejecutivo de una empresa, el conserje de un colegio de primaria, una madre soltera con tres hijos o el recluso de una prisión—, crees en ti de manera natural.

Todos creemos en las posibilidades. Nos imaginamos un futuro mejor que la realidad que estamos viviendo. Por esta razón creí que si podía ofrecerles a las personas sinceras información científica fundamental y luego las instrucciones necesarias para aplicarla, vivirían una transformación personal en mayor o menor grado. Después de todo, la ciencia no es más que el lenguaje contemporáneo del misticismo. Trasciende la religión, la cultura y la tradición. Desmitifica lo místico y unifica a la comunidad. Lo he visto con mis propios ojos una y otra vez en los seminarios que he dado por todo el mundo.

En mis talleres avanzados donde mis colegas y yo evaluamos los cambios biológicos y epigenéticos de los alumnos, a nivel individual y grupal, uso varios principios descritos en este libro (y también muchos otros) para enseñarles el modelo científico de la transformación. Este modelo sigue progresando a medida que las habilidades de nuestros alumnos aumentan. A mí siempre me gusta incluir en mis talleres más material de física cuántica para ayudarles a entender las posibilidades. Y luego lo combino con la información más puntera de la neurociencia, la neuroendocrinología, la epigenética, la biología celular, la ciencia de las ondas cerebrales, la psicología energética y la psiconeuroinmunología. Vemos que al conocer información nueva se manifiestan posibilidades nuevas.

En cuanto nuestros alumnos conocen y aceptan esta información, pueden darle más significado a sus meditaciones y a sus prácticas contemplativas. Pero no basta con entender la información de manera intelectual o conceptual. También deben ser capaces de repetir lo aprendido. En cuanto entienden esta información que no cesa de progresar, este modelo científico que sigue evolucionando se grabará con más firmeza en su cerebro y entonces podrán instalar el hardware neurológico. Y al repetir lo que han aprendido las veces suficientes, crearán un programa de software en ellos. Aplicar esta información nueva correctamente les permitirá tener nuevas experiencias.

Es decir, en cuanto alinean su mente y su cuerpo, adquieren sabiduría de la experiencia novedosa al aceptar la nueva emoción que produce. Ahora empiezan a *expresar* la información adquirida porque le están enseñando químicamente a su cuerpo a entender emocionalmente lo que su mente entiende a nivel intelectual. En este punto empiezan a creer y conocer la verdad. Pero lo que yo deseo es que en lugar de experimentarla una sola vez, mis alumnos repitan la experiencia una y otra vez hasta que se convierta en una habilidad, un hábito o un estado del ser nuevos.

En cuanto logremos hacerlo con regularidad, estará a punto de surgir un paradigma científico nuevo, porque cualquier cosa que sea repetible *es* ciencia. Cuando tú y yo alcanzamos un nivel de competencia en el que podemos cambiar nuestro estado interior con los pensamientos y repetimos, observamos, evaluamos y documentamos esta experiencia, estamos a punto de crear una nueva ley científica. Significa que podemos aportar nuestros nuevos conocimientos sobre la naturaleza de la realidad al modelo científico actual para concienciar a más gente. Esta ha sido mi ambición durante años.

He hecho todo lo posible para enseñar a los participantes de mis talleres los detalles de cómo las prácticas interiores cambian biológicamente el cerebro y el cuerpo para que entiendan con claridad lo que están haciendo. Cuando dejamos atrás las conjeturas, los dogmas o las suposiciones, somos más sugestionables por las posibilidades cuánticas. Y los grandes progresos vienen de grandes esfuerzos. Sin embargo, los resultados dependen de las capacidades de uno.

En mis talleres los alumnos se aíslan de su vida durante tres, cuatro o cinco días para que les ayude a no seguir definiéndose por su realidad personal presente-pasada. Aprenden a cambiar su estado del ser con soltura. Al dejar de reafirmar los aspectos de su antigua personalidad que no corresponden a su futuro y hacer como si fueran otra persona —o al reinventarse una nueva personalidad—, se convierten en la persona nueva que se imaginan ser, con lo que acaban creando cambios epigenéticos como los de los ancianos del capítulo 4 que fingían ser veintidós años más jóvenes.

Deseo que los participantes de los retiros vayan en sus meditaciones más allá de sí mismos —y de sus identidades— para que experimenten el estado de *sin cuerpo, sin yo, sin materia, sin espacio* y *sin tiempo,* y se conviertan en pura conciencia. En cuanto esto les ocurre, he visto cómo les cambia el cerebro y el cuerpo, adelantándose a su entorno (su vida familiar) para que al volver a su vida cotidiana una vez finalizado el retiro, ya no sigan siendo víctimas de los condicionamientos inconscientes del mundo exterior. Esta es la esfera donde sucede lo inusual y lo milagroso.

Como quiero ofrecer a mis alumnos las instrucciones adecuadas y la oportunidad de aplicar toda la información nueva que están aprendiendo para que experimenten alguna clase de transformación personal, en el 2013 creé un nuevo tipo de taller. Si lo recuerdas, en el prefacio hablo de cómo fui dando cuerpo a esta idea. En este nuevo taller (impartido en febrero de ese mismo año en Carefree, Arizona, y más tarde en julio en Englewood, Colorado), quería evaluar la transformación de mis alumnos en tiempo real.

Mi intención era que una vez que obtuviera esos registros, los datos se convirtiesen en más información que podría usar para enseñar a los participantes más cosas sobre la transformación que acababan de vivir. Y con *esa información* podrían experimentar *otra* transformación que también se podría registrar, y así sucesivamente, hasta empezar a cerrar la brecha entre los dos mundos del conocimiento y la experiencia. Llamé a esos talleres «Información para la transformación», el tema que más me apasiona.

El registro de los cambios

Cuando empecé el viaje, tuve la suerte de conocer a Jeffrey Fannin, un brillante y talentoso neurocientífico que me ayudó desinteresadamente a registrar la actividad cerebral de los alumnos de los talleres. El doctor Fannin, fundador y director ejecutivo del Centro para la Potenciación Cognitiva en Glendale, Arizona, lleva trabajando en el campo de la neurociencia más de quince años y tiene una gran experiencia en el entrenamiento del cerebro para alcanzar un rendimiento óptimo. Se especializa en traumatismos craneales, embolias, dolor crónico, el trastorno por déficit de atención (TDA) y el trastorno por déficit de atención e hiperactividad (TDAH), los trastornos por ansiedad, la depresión y la recuperación de traumas, y también en el entrenamiento de alto rendimiento, como los mapas mentales del deportista, la potenciación de las habilidades de liderazgo mediante el arrastre de las ondas cerebrales, la potenciación de la función cerebral, la potenciación de la destreza mental y emocional, y la transformación personal.

A lo largo de los años ha participado en investigaciones punteras usando la tecnología de la electroencefalografía (que registra la actividad eléctrica de las neuronas) para evaluar con precisión el grado de equilibrio energético de las ondas cerebrales, un registro que él llama *el estado cerebral de conjunto* de una persona. Sus investigaciones se centran en los patrones de las creencias subconscientes y en fusionar el éxito personal con un rendimiento cerebral equilibrado.

El doctor Fannin ha formado parte de un equipo de investigadores de la Universidad Estatal de Arizona que estudiaron la neurociencia y el liderazgo con los datos recabados en la Academia Militar Estadounidense de West Point. Esta investigación le permitió codesarrollar y coenseñar «La neurociencia del liderazgo», un curso único impartido en la Universidad Estatal de Arizona. También ejerció como profesor en la facultad de la Universidad de

Walden, cerca de Phoenix, enseñando neurociencia cognitiva a nivel de máster y doctorado.

Invité al doctor Fannin y a su equipo a esos dos talleres, en los que registramos cualidades cerebrales en concreto y elementos como la coherencia frente a la incoherencia (el orden o el desorden de las ondas cerebrales, hablo de ello con más detalle en el siguiente capítulo), la amplitud (la energía de las ondas cerebrales), la organización de las fases (el grado en que las distintas partes del cerebro funcionan armoniosamente al unísono), el tiempo relativo que uno tarda en entrar en un estado de meditación profunda (cuánto se tarda en cambiar de ondas cerebrales y en entrar en un estado más sugestionable), la proporción zeta/alfa (el grado en que el cerebro funciona holísticamente y cómo los distintos compartimentos del cerebro se comunican entre ellos en todas las regiones: la parte frontal con la occipital, y la parte izquierda con la derecha), la proporción delta/zeta (la capacidad de regular y controlar la cháchara mental y los pensamientos intrusivos), y la sostenibilidad (la capacidad del cerebro de mantener constantemente un estado de meditación a lo largo del tiempo).

También creamos cuatro puestos equipados con electroencefalógrafos para registrar la actividad bioeléctrica del cerebro de los alumnos tanto antes como después del taller, lo cual nos permitía observar cómo cambiaban los patrones de sus ondas cerebrales. Escaneamos a más de cien participantes en cada uno de los dos talleres. También seleccioné al azar a cuatro participantes para escanear sus cerebros en tiempo real durante cada una de las tres sesiones de meditación diarias. En los dos talleres del 2013 reunimos en total 402 electroencefalogramas. La electroencefalografía es una técnica segura y no invasiva en la que se registran 20 puntos del cerebro mediante electrodos aplicados en el cuero cabelludo. Estos registros de las ondas cerebrales proporcionan un gran volumen de información relacionada con la capacidad en ese momento de rendimiento del cerebro.

Los electroencefalogramas se convirtieron luego en electroencefalogramas cuantitativos (EEGC), es decir, en análisis matemáticos y estadísticos de la actividad del EEG representada como un gráfico del mapeo cerebral. Este gráfico presenta una gradación de colores que indica la actividad cerebral registrada en el EEG comparada con la actividad cerebral normal. Los distintos colores y patrones representados a distintas frecuencias ofrecen una mayor información sobre cómo los patrones de ondas cerebrales afectan nuestros pensamientos, sentimientos, emociones y conductas.

En cuanto a los principiantes, los datos que obtuvimos demostraron que al 91 por ciento de los alumnos escaneados les había mejorado la función cerebral. Al final de las sesiones de meditación transformacional la mayoría había pasado de un estado cerebral menos coherente (o menos ordenado) a uno más coherente. Además, más del 82 por ciento de los mapeos cerebrales de los EEG cuantitativos registrados en ambos talleres revelaron que la actividad cerebral de los alumnos era normal y sana.

Aprendí que cuando nuestro *cerebro* funciona adecuadamente, *nosotros* funcionamos adecuadamente. Cuando el cerebro es más coherente, somos más coherentes. Cuando el cerebro goza de mayor plenitud y equilibrio, nos sentimos más llenos y equilibrados. Cuando regulamos nuestros pensamientos negativos e intrusivos a diario, somos menos negativos e intrusivos. Y eso es exactamente lo que presenciamos en los alumnos de esos talleres.

El promedio nacional del tiempo que uno tarda en entrar en un estado meditativo y en mantenerlo es poco más de un minuto y medio.[1] Es decir, la mayoría de los sujetos tarda ese tiempo en cambiar de ondas cerebrales y entrar en un estado meditativo. En cambio *nuestros* alumnos tardaron solo cincuenta y nueve segundos en hacerlo en los 402 casos registrados. Menos de un minuto. Algunos incluso cambiaron sus ondas cerebrales (y su estado del ser) en solo cuatro, cinco y nueve segundos.

Quiero señalar que no me interesa convertirlo en una competición (ya que esto iría en contra de nuestro propósito). Sin embargo, estos datos ilustran dos puntos importantes. El primero es que ir más allá de la mente analítica de las ondas beta y entrar en un estado más sugestionable es una habilidad que se puede mejorar a base de práctica. Y el segundo, que los alumnos usan los métodos que enseñamos mis colegas y yo para ir más allá de su cerebro pensante y entrar en el sistema operativo del subconsciente con relativa facilidad.

Curiosamente, nuestras investigaciones también revelan un patrón perceptible y sistemático de cómo el cerebro de nuestros alumnos funciona holísticamente, ya que cuando una persona medita se aprecia una importante alternancia de los patrones de ondas alfa/zeta (cómo los distintos compartimentos del cerebro se comunican entre ellos) en los lóbulos frontales. Significa que los dos hemisferios del cerebro se comunican de un modo más equilibrado y unificado. La proporción de patrones de ondas alfa/zeta en los lóbulos frontales que observamos reiteradamente en nuestros alumnos por lo visto refleja la experiencia de un profundo agradecimiento y gratitud que aparece gráficamente una y otra vez como una rítmica oleada. Cuando los alumnos se encuentran en este intenso estado de gratitud durante el repaso mental, el registro sugiere que su experiencia interior es tan real que creen estar viviendo la situación deseada en tiempo real o que ya se ha materializado en su vida. Se sienten agradecidos porque así es como nos sentimos cuando nuestros deseos se cumplen.

En los meditadores experimentados también se apreció un aumento en la proporción de ondas zeta y alfa baja, lo cual significa que pueden mantener un estado alterado de conciencia durante un tiempo considerable. La mayor regulación de ondas lentas fue especialmente significativa, mientras se encontraban en estado zeta esos alumnos presentaron una coherencia o un orden de las ondas cerebrales más alto de lo normal entre la actividad de la parte frontal del cerebro y las regiones posteriores del mismo. Vimos cómo la región frontal izquierda, asociada a las emociones positivas, se activaba repetidamente, lo cual concuerda con un estado de gozo meditativo.

Es decir, cuando esos alumnos entran en meditación emiten ondas cerebrales más lentas y coherentes, lo cual sugiere que están en un profundo estado de relajación y de plena conciencia. Además, la unificación entre el hemisferio izquierdo y el derecho del cerebro indica que se sienten más felices y llenos.

Se me enciende la lucecita

Por fin, mientras observaba el mapeo cerebral en tiempo real de una alumna durante una meditación en el primer taller, entendí algo muy sorprendente. Al observar el escáner de su cerebro, vi que ella hacía un gran esfuerzo y que su cerebro iba abandonando cada vez más el equilibrio y los estados meditativos más profundos de alfa y zeta. Vi cómo se analizaba y juzgaba a sí misma y su vida, y la emoción que sentía en ese momento, como evidenciaban las ondas cerebrales más altas e incoherentes asociadas a un estado beta alto (indicando un alto grado de estrés, ansiedad, excitación y emergencia, así como un desequilibrio general).

Presencié cómo intentaba en vano usar su cerebro para cambiar el cerebro. Sabía que también estaba intentando cambiar su ego con el ego, sin que tampoco le funcionara. Al usar un programa para intentar cambiar otro, solo lo estaba respaldando en lugar de reprogramarlo. Como intentaba cambiar su subconsciente desde su mente consciente, no se encontraba en el sistema operativo, donde se dan los verdaderos cambios. Más tarde me acerqué a ella y cuando hablamos unos minutos admitió que las había pasado canutas durante la meditación. En ese momento se me encendió la lucecita y supe exactamente lo que tenía que enseñarles a mis alumnos a continuación.

Ella tenía que desapegarse e ir más allá de su cuerpo para cambiar el cuerpo, ir más allá del ego para cambiar el ego, ir más allá del programa para cambiar el programa, y trascender la mente consciente para cambiar el subconsciente. Debía convertirse en lo desconocido para crear lo desconocido. Convertirse en un pensamiento nuevo e inmaterial, en *sin materia,* para crear una nueva experiencia material. Ir más allá del tiempo y el espacio para cambiar el tiempo y el espacio.

Esa alumna tenía que convertirse en pura conciencia, ir más allá de sus asociaciones con una identidad ligada a su entorno conocido (su hogar, su trabajo, su pareja, sus hijos, sus problemas), más allá de su cuerpo (su cara, su sexo, su edad, su peso y su aspecto), y más allá del tiempo (el hábito previsible de vivir en el pasado o el futuro, perdiéndose siempre el momento presente). Tenía que ir más allá de su yo actual para crear un yo nuevo. Salir de su cotidianeidad para que le sucediera algo más importante.

Cuando somos materia intentando cambiar la materia, nunca nos funcionará. Cuando somos partícula intentando cambiar la partícula, no sucederá nada, porque al estar vibrando a la misma velocidad que la materia no podemos alterarla. Lo que la influye es nuestra conciencia (o pensamiento intencionado) y nuestra energía (o emoción elevada). Solo podemos cambiar nuestro cerebro, nuestro cuerpo y nuestra vida, y crear un nuevo futuro en el presente, cuando somos conscientes.

Y como la conciencia es lo que le da la forma a todas las cosas y lo que usa el cerebro y el cuerpo para producir distintos niveles mentales, en cuanto entras en el estado de ser pura conciencia, eres libre. Por eso empecé a dejar que mis alumnos pasaran más tiempo en meditación y entraran en el estado de *sin yo, sin cuerpo, sin materia, sin espacio* y *sin tiempo,* hasta que se sintieran cómodos en el campo infinito de posibilidades.

Quería que la conciencia subjetiva de mis alumnos se fusionara con la conciencia objetiva del campo durante unos espacios de tiempo más dilatados. Tenían que encontrar el delicioso instante del presente y volcar su energía y su atención en una vacuidad que no era en realidad un espacio vacío, sino lleno de una infinidad de posibilidades, hasta que se sintieran cómodos en lo desconocido. Solo podrían empezar a crear cuando estuvieran realmente presentes en ese poderoso lugar más allá del espacio y el tiempo, el lugar de donde surge todo lo material. Fue entonces cuando empezaron a ocurrir en el taller los verdaderos cambios.

Un rápido vistazo a los escáneres cerebrales

Me gustaría presentarte dos formas de interpretar los escáneres cerebrales para que veas y entiendas los cambios que estoy a punto de mostrarte. Los simplificaré. La primera clase de exploración que usamos registra los niveles de actividad entre las regiones cerebrales (véase la figura 10.2 que aparece con las otras de este capítulo en las páginas a todo color insertadas). Los escáneres muestran dos clases relativas de esta actividad. La *hiperactividad* (o sobrerregulación) está representada con líneas rojas que conectan distintos lugares del cerebro. Imagínate unas líneas telefónicas conectando un lugar con otro para que ambas áreas se puedan comunicar. Un exceso de líneas rojas indica demasiada actividad cerebral. La *hipoactividad* (o falta de regulación) está representada con líneas azules que indican que hay un mínimo intercambio de información entre las distintas regiones cerebrales.

El grosor de las líneas representa la *desviación estándar* o el grado de *desregulación* (o regulación anormal) existente entre los dos lugares conectados por la línea. Por ejemplo, las líneas rojas finas indican que el nivel de actividad entre esos lugares presenta 1,96 desviaciones estándares (DE) por encima de lo normal. Las líneas azules finas indican que el nivel de actividad entre esos lugares presenta 1,96 DE por debajo de lo normal. Las líneas de un grosor mediano reflejan 2,58 DE por encima (rojas) o por debajo (azules) de lo normal. Cuando en un escáner se aprecia un montón de líneas rojas gruesas, significa que el cerebro está trabajando demasiado. Y cuando aparecen un montón de líneas azules gruesas, sugiere que hay poca comunicación entre las distintas áreas del cerebro y que está por tanto hipoactivo. Considéralo de la siguiente manera: cuanto más gruesa es la línea roja, más elevada es la cantidad de información que el cerebro está procesando, y cuanto más gruesa es la línea azul, más baja es la cantidad de información que procesa.

La segunda clase de escáner que usamos procede del análisis de los EEG cuantitativos y se llama *informe de la puntuación-Z*. La *puntuación-Z* es una medida estadística que además de indicar si una puntuación está por encima o por debajo de la media, muestra lo alejada que se encuentra de la medida normal. La escala de este informe abarca de –3 a +3 DE. El azul más oscuro representa 3 o más DE por debajo de lo normal y el azul más claro de 2,5 a 1 DE por debajo de lo normal. El verde azulado representa de 0 a 1 DE por debajo de lo normal y el verde lo normal. El verde claro indica el límite de lo normal, pero de 0 a 1 DE se considera por encima de lo normal. El color amarillo y el naranja claro representan de 1 a 2 DE por encima de lo normal, el naranja más oscuro de 2 a 2,5 DE por encima de lo normal, y el rojo, de 3 o más DE por encima de lo normal. (Véase la figura 10.3.)

El informe de la puntuación-Z que usaremos se llama *poder relativo* y muestra la cantidad de energía que hay en el cerebro a distintas frecuencias. Como el color verde, según he explicado, indica lo normal, cuanto más color verde haya en un escáner, más está confirmando esa persona que la actividad de sus ondas cerebrales es normal. Cada círculo coloreado (se parece a una cabeza vista desde arriba) representa lo que el cerebro de esa persona está haciendo a cada frecuencia de ondas cerebrales. El círculo en la parte superior izquierda de cada escáner muestra la frecuencia más baja de ondas cerebrales (estado delta), y cada uno de los círculos que le siguen representa un estado de ondas cerebrales más alto, yendo progresivamente hasta las ondas cerebrales beta más altas en la parte inferior derecha. Un hercio, o Hz, equivale a un ciclo por segundo en la frecuencia de ondas cerebrales. Va progresando, de izquierda a derecha y de arriba abajo, de 1 a 4 ciclos por segundo (delta), de 4 a 8 ciclos por segundo (zeta), de 8 a 13 ciclos por segundo (alfa), y de 13 a 30 o más ciclos por segundo (beta media baja y beta alta). La actividad beta se puede dividir en distintas bandas de frecuencia, como de 12 a 15 hercios, de 15 a 18 hercios, de 18 a 25 hercios y de 25 a 30 hercios.

Los colores relativos de cada área muestran lo que sucede en cada uno de los distintos estados de ondas cerebrales. Por ejemplo, un montón de color azul en la mayor parte de un cerebro funcionando a 1 ciclo por segundo en delta sugiere que hay poca actividad en esta clase de ondas. Y si en el lóbulo frontal se aprecia un montón de color rojo a 14 hercios alfa, significa que en esta región del cerebro hay una elevada actividad alfa.

Ten en cuenta que estas medidas también se pueden interpretar de distinta forma, según lo que el sujeto esté haciendo durante la exploración cerebral. Por ejemplo, si 1 hercio delta aparece en azul, sugiere que la energía del cerebro a esta frecuencia es 3 DE por debajo de lo normal. En términos clínicos, se podría interpretar como anormalmente baja. Pero como se registró cuando el sujeto estaba meditando, esta exploración sugeriría en realidad que el 1 hercio delta ha abierto la puerta a una conexión más fuerte con el campo de energía consciente colectivo, es decir, al bajar la energía en la neocorteza, uno puede entrar más fácilmente al sistema nervioso autónomo. Dentro de poco verás varios ejemplos que te lo muestran con claridad. Por ahora echa de nuevo un vistazo a la figura 10.3. Te dará una visión general de lo que acabo de explicar.

La coherencia frente a la incoherencia

Observa ahora la figura 10.4. La imagen de la izquierda (etiquetada «antes de la meditación») representa un cerebro con un montón de cháchara interior. Está funcionando a un alto nivel de excitación (beta alta) y es bastante incoherente. El grosor de las líneas rojas muestra que funciona a 3 DE por encima de lo normal (cuanto más gruesa es la línea roja, más acelerado y desequilibrado está el cerebro). Al observar las líneas rojas se puede ver la excesiva actividad incoherente de todo el cerebro. La parte azul de delante del cerebro representa una hipoactividad (de 2 a 3 DE por debajo de lo normal) en los lóbulos frontales, revelando que están desactivados o apagados, por lo que no están frenando la hiperactividad del resto del cerebro.

Se trata de un cerebro con problemas de atención, está tan sobrecargado que no tiene un jefe que controle la cháchara interior. Es como una televisión por satélite con 50 canales a todo volumen cambiando a cada segundo. Como ocurren demasiados cambios rápidos de atención de un pensamiento a otro, el cerebro está demasiado vigilante, excitado, sobrecargado e hiperregulado. Nosotros lo llamamos un patrón cerebral incoherente porque las distintas partes del cerebro no funcionan al unísono.

Echemos un vistazo a la segunda imagen (etiquetada «después de la meditación»). No es necesario ser un neurocientífico para ver la diferencia entre la primera imagen y esta. Aquí apenas se ve ninguna línea roja o azul, lo cual demuestra una actividad cerebral normal con muy poca hiperactividad o hipoactividad. El parloteo interior ha cesado y el cerebro funciona de una manera más holística. Como el cerebro de esta persona está ahora equilibrado, se puede decir que muestra un patrón más coherente. (La actividad restante en azul y rojo, tal como indica la flecha, representa la actividad sensorial-motora, es decir, significa probablemente que la persona se mueve o parpadea, y se encuentra en un estado de movimiento ocular rápido, o MOR [también llamado REM], que suele darse en el sueño muy ligero.) Este cambio se apreció en uno de los alumnos del taller después de realizar *una* sola meditación.

Vamos a analizar ahora otros estudios procedentes de alumnos de los talleres. Te contaré un poco el pasado de cada uno para que te hagas una idea del estado en el que estaban cuando empezaron el taller, y luego describiré lo que revelaron los escáneres cerebrales y el nuevo estado del ser que cada uno creó.

Se cura del párkinson sin ningún placebo ni medicamento

La Michelle de antes: a esta mujer sexagenaria le diagnosticaron la enfermedad de Párkinson en el 2011, después de haber notado ella unos temblores progresivos e involuntarios en el brazo, la mano y el pie izquierdos. En noviembre del 2012 se convirtió en paciente del Instituto Neurológico Barrow de Phoenix. Su médico le dijo que probablemente ya hacía de diez a quince años que la padecía y que debía acostumbrarse a los síntomas, porque nunca desaparecerían. Michelle se mentalizó para sobrellevar las progresivas limitaciones físicas que iría sufriendo a medida que envejeciera. Empezó a tomar Azilect (rasagilina mesilato), una medicación para el párkinson que inhibe la respuesta de la dopamina en los sitios receptores para que se descomponga en el cuerpo con más lentitud. Pero el fármaco apenas le produjo cambios perceptibles.

Michelle decidió asistir a mis talleres en noviembre del 2012. El mes de diciembre fue extraordinario para ella. Su rutina diaria de meditación le dio una sensación de paz y gozo que empezó a reducir sus síntomas de manera perceptible. Estaba segura de que su forma de actuar la ayudaría a superar el párkinson.

Siguió experimentando sesiones de meditación increíbles hasta inicios de febrero del 2013. Pero a mediados de ese mes su madre ingresó en la unidad de cuidados intensivos en Sarasota, Florida, y Michelle tuvo que volar a aquel lugar para estar a su lado. El día en que regresó en avión a Arizona para asistir a nuestro taller de febrero del 2013, su madre acababa de ingresar en un centro de cuidados paliativos. El avión de Michelle aterrizó en Phoenix una hora y media antes de realizarle su primer escáner cerebral. Huelga decir que cuando se lo hicimos estaba agotada física y emocionalmente, y la exploración reveló el gran estrés que sufría.

Sin embargo, hacia el final del taller su estado del ser se había vuelto más sereno y positivo, y los síntomas del párkinson apenas se le notaban. Al concluir el taller, volvió a Florida para estar de nuevo con su madre. Aunque ella y su madre habían tenido siempre una relación difícil, gracias al trabajo interior que llevó a cabo en el taller, Michelle reunió la suficiente fuerza para apoyar y mimar a su madre, liberándose de cualquier rencor que pudiera haber interferido en el amor que sentía por ella.

Sin embargo, debido a la enfermedad y a la muerte de su madre, y también al infarto cerebral masivo que sufrió su hermana de Texas, se vio obligada a ir y venir en avión de Florida a Texas para ocuparse de sus problemas familiares. Su rutina se resintió mucho por ello y en junio Michelle dejó de practicar sus meditaciones. Los obstáculos se habían interpuesto en su camino y tenía demasiadas responsabilidades. Dejar sus meditaciones fue como dejar de tomar el placebo. Cuando advirtió que sus síntomas volvían, empezó a meditar de nuevo y realizó grandes progresos.

Los escáneres de Michelle: como vive cerca de la clínica del doctor Fannin en Arizona, pudimos seguir sus progresos durante más de cinco meses al realizarle una serie de seis escáneres cerebrales periódicos. Me gustaría explicar la evolución que experimentó durante aquel tiempo.

Observa la parte de «antes de la meditación» de la figura 10.5. Es el escáner realizado en el taller de febrero del 2013 después de llegar Michelle de Florida, estresada y agotada por la enfermedad de su madre. Las líneas rojas gruesas indican que su cerebro estaba funcionando en todas las áreas a 3 DE por encima de lo normal. Refleja una hiperactividad, hiperincoherencia y sobrerregulación cerebral. En la enfermedad de Parkinson esto es muy común. La falta de neurotransmisores adecuados (en concreto de dopamina) hace que las neuronas manifiesten un sistema de comunicación errático entre cada región cerebral en el que las redes neuronales se activan descontroladamente. Esta clase de activación neuronal espástica o hiperactiva afecta al cerebro y al cuerpo, por lo que las funciones motoras involuntarias impiden que uno se mueva con normalidad.

Échale ahora un vistazo a la parte de «después de la meditación» de la misma figura. Este es el cerebro de Michelle después de estar cambiando su estado del ser a lo largo de cuatro días durante la meditación. Es un cerebro casi normal, con muy poca hiperactividad, incoherencia o sobrerregulación. Al final del retiro los temblores involuntarios, los tics nerviosos o los problemas motores de Michelle habían desaparecido y su escáner cerebral confirma este cambio.

Volvamos ahora a la interpretación del EEGC de la figura 10.6 A, etiquetado «antes de la meditación». Si lo observas desde la mitad de la segunda hilera hasta la última —las imágenes azules—, verás que el cerebro de Michelle no está funcionando en estado alfa o beta. Recuerda que el color azul significa una baja actividad cerebral. En la enfermedad de Parkinson se suele representar por una reducida actividad cognitiva, una dificultad de aprendizaje y falta de implicación. En este escáner cerebral se aprecia que Michelle no puede consolidar ninguna información nueva. Le resulta imposible retener una imagen interior porque no está produciendo ondas alfa. Sus patrones de ondas beta muy bajas también muestran que tiene problemas para mantenerse atenta. Como toda su energía cerebral está volcada en afrontar su hiperincoherencia, es como una bombilla de 50 vatios emitiendo una luz de 10 vatios. Su energía cerebral es más baja de lo normal.

Si observas ahora la parte de «después de la meditación» del gráfico, verás un cerebro más coherente y equilibrado. Las zonas verdes de la mayoría de las imágenes señaladas con flechas representan una actividad cerebral normal y equilibrada. Ahora su cerebro puede funcionar en alfa y Michelle es capaz de entrar en estados interiores con más facilidad, manejar mejor el estrés y acceder al sistema operativo subconsciente para influir en las funciones autónomas. Incluso se ha normalizado su actividad beta (en verde), indicando que está más consciente, vigilante y atenta. Su actividad cerebral más equilibrada hace que ahora tenga muy pocos problemas motores.

Las zonas rojas rodeadas con un círculo de la parte interior funcionando en ondas beta altas indican ansiedad. Es la actitud que Michelle intenta dominar y cambiar a través de su trabajo interior. Casualmente, la ansiedad era lo que aumentaba sus síntomas parkinsonianos en el pasado. A medida que su ansiedad va disminuyendo, los síntomas del párkinson también se reducen. Ahora Michelle sabe que cuando tiene temblores significa que ha perdido el equilibrio en la vida. Y al regular sus estados interiores, es capaz de cambiar su realidad exterior.

Tres meses más tarde el doctor Fannin le hizo otro escáner cerebral en su consulta. El escáner del 9 de mayo del 2013 de la figura 10.6 B muestra que el cerebro de Michelle sigue mejorando, lo cual es exactamente lo que ella nos dijo. Michelle sigue progresando a pesar de las distintas situaciones estresantes de su vida. Al meditar a diario (considéralo como si se tomara un placebo cada día), está cambiando continuamente su cerebro y su cuerpo para trascender las condiciones de su entorno. El escáner revela que casi ha superado otra desviación estándar que aparecía en el escáner anterior en la parte inferior del gráfico. Se ve claramente que su ansiedad está disminuyendo, por lo que su enfermedad también ha mejorado. Estar menos ansiosa significa tener menos temblores. Ahora puede mantener y memorizar ese estado del ser durante más tiempo y su cerebro revela los cambios que esto le produce.

En el escáner cerebral de Michelle del 3 de junio del 2013, de la figura 10.6 C, se aprecia un ligero retroceso en su progreso, aunque sigue estando mejor que cuando empezó. En esa época había dejado de meditar (y por tanto de tomar el placebo), por eso su cerebro volvió a lo que estaba acostumbrado, empeorando un poco. El cerebro con la flecha en la zona azul de 13 hercios indica una hipoactividad en el área sensoriomotora, por lo que a Michelle le costaba más controlar sus temblores involuntarios. En este patrón de ondas cerebrales ella tiene menos energía para controlar su cuerpo. Las áreas rojas rodeadas con un círculo de la parte inferior del escáner indican su cerebro volviendo a funcionar en ondas beta más altas, lo cual refleja su ansiedad.

El escáner del 27 de junio del 2013 de la figura 10.6 D revela que Michelle ha vuelto a meditar a principios de ese mes, por eso se aprecia una gran mejoría en el funcionamiento de su cerebro. Tiene menos ansiedad en general, como lo demuestra en rojo la hilera de la parte inferior de 17 a 20 hercios. Compara ahora este escáner con el siguiente del 13 de julio del 2013, después de asistir ella a nuestro taller, de la figura 10.6 E. La parte roja ha disminuido incluso más aún y la azul del estado alfa que aparecía en su primer escáner de febrero (indica una hipoactividad) ha desaparecido por completo. Michelle sigue mejorando y sus cambios se están volviendo más sistemáticos.

La nueva Michelle: en la actualidad ya no experimenta prácticamente ninguno de los síntomas motores involuntarios de la enfermedad de Parkinson. Cuando a veces se estresa o se cansa demasiado, no sufre más que algún pequeño tic nervioso, y la mayor parte del tiempo su cerebro funciona de manera óptima y normal. Cuando Michelle se siente equilibrada y contenta, y medita a diario, tanto ella como su cerebro funcionan bien. Según lo que afirma Michelle —y los escáneres cerebrales que le seguimos realizando lo confirman—, sigue *mejorando cada día más*. Continúa meditando porque comprende que ella ha de ser su propio placebo *a diario*.

John mejora su traumatismo cerebral y su lesión medular por medio de sus pensamientos

El John de antes: en noviembre del 2006 se rompió el cuello por la séptima vértebra cervical y la primera vértebra torácica cuando el coche en el que viajaba como pasajero se salió de la carretera a toda velocidad y dio varias vueltas de campana. Debido al impacto también sufrió un grave traumatismo craneal. Los médicos le dieron enseguida el pronóstico: se quedaría tetrapléjico el resto de su vida. Nunca más volvería a caminar y a duras penas podría usar los brazos y las manos. Al habérsele dislocado la columna vertebral en un cien por cien, la médula espinal se había lesionado. Pero fue durante la operación cuando los médicos vieron el alcance de sus lesiones. Dos días más tarde los neurólogos le comunicaron a la esposa de John que pese a que la médula de su marido estaba de algún modo «intacta», esta clase de lesiones podía producir los mismos efectos que los de una médula espinal gravemente dañada. No les quedaba otra que esperar a ver cómo iría todo, como sucede con las lesiones medulares.

Cuando te encuentras atrapado en la realidad diaria de vivir en una unidad de cuidados intensivos y más tarde en un centro de rehabilitación, es muy difícil no dejarse llevar por los pensamientos negativos. Cuando John y su familia preguntaron si había alguna posibilidad de recuperación, los médicos respondieron que dada la naturaleza de la lesión, ya no volvería nunca más a ser el mismo de antes y que debían aceptar lo inevitable: John sería un discapacitado físico el resto de su vida. Los médicos les recalcaron este mensaje una y otra vez como parte necesaria del proceso de «seguir adelante». Pero de algún modo tanto John como su mujer se negaron a aceptarlo.

Conocí a John en el 2009, cuando iba en silla de ruedas, junto con su esposa, su familia y un asombroso fisioterapeuta experto en neuroplasticidad. Son una de las personas más llenas de energía y optimistas que he conocido en mi vida y empezamos con entusiasmo nuestro viaje juntos.

Los escáneres de John: échale un vistazo al escáner cerebral de John de «antes de la meditación» de la figura 10.7. Esta primera imagen refleja una considerable hipoactividad. Su cerebro funcionaba a más de 3 DE por debajo de lo normal. El registro de la coherencia cerebral de John, en el que aparecen estas significativas líneas gruesas azules, es lo opuesto de nuestro estudio de la enfermedad de Parkinson de Michelle, en el que aparecían unas gruesas líneas rojas. Este escáner revela en distintas regiones cerebrales una disminuida capacidad para funcionar adecuadamente al unísono. Su cerebro está inactivo, carece de energía y tiene una capacidad limitada para responder a algo sea cual sea el tiempo del que disponga. John no podía estar atento y su conciencia era limitada. Debido a su traumática lesión, su cerebro mostraba una estimulación bajísima y un nivel elevado de incoherencia.

Observa ahora su escáner cerebral después de cuatro días de meditación. En la primera imagen, en el margen de la parte superior izquierda, a 1 hercio delta, el color rojo indica una mayor actividad. En este caso es un buen signo porque en ambos hemisferios del cerebro se está dando una mayor coherencia en estado delta. John está empezando a mostrar un proceso cerebral dual más equilibrado. Como su traumatismo cerebral es más visible en delta y zeta, la hiperactividad en delta sugiere que su cerebro se está despertando. El resto de su cerebro funcionando en alfa y beta revela una actividad más equilibrada y una mejor función cognitiva. Esto indica que controla mejor su mente y su cuerpo.

Echa ahora un vistazo a la figura 10.8. El color azul que aparece en la mitad de la segunda hilera y que llega hasta el final de la hilera inferior, indica una ausencia de ondas alfa y beta. El color azul repartido por los campos alfa y beta en los hemisferios izquierdo y derecho sugiere que está vegetando y funcionando con recursos limitados. El color azul muestra una menor capacidad cognitiva y un reducido control físico. La mente de John está en otra parte.

Después de cuatro días de meditación, el 90 por ciento del cerebro de John vuelve a funcionar con normalidad, como indica la parte verde. ¡Es un gran avance! Todavía se aprecia una cierta hipoactividad en el hemisferio izquierdo, donde apuntan las flechas, indicando algunos problemas con las habilidades verbales y de autoexpresión, pero este escáner es pese a todo mucho mejor que el primero. John sigue haciendo sus meditaciones y la energía, el equilibrio y la coherencia de su cerebro continúan aumentando. John ha reactivado sus antiguas redes neuronales latentes. Su cerebro se despertó, se acordó de cómo funcionaba y ahora dispone de la energía para funcionar mejor.

El nuevo John: al final de nuestro taller de febrero del 2013 consiguió ponerse de pie. Y además recuperó el control de los intestinos y la vejiga. Ahora puede permanecer de pie en una postura más normal e integrada, y se mueve con una mayor coordinación. La frecuencia, la intensidad y la duración de sus temblores espásticos han disminuido considerablemente. Incluso realiza a diario una sesión de gimnasia gracias a la ayuda de su asombroso terapeuta, B. Jill Runnion (director del Centro-Sinapsis para la Neurorreactivación en Driggs, Idaho), que también estudia mi labor y tiene la prodigiosa habilidad y unos recursos mentales ilimitados para retar a John a superar las secuelas del traumatismo y establecer las condiciones adecuadas en su vida. Las sentadillas sin ayuda que John ejecuta han progresado de un ángulo de 10 grados a uno de 45.

Ahora es capaz de flexionar el cuerpo hasta adoptar la postura de sentado y de hacer un ejercicio de rehabilitación que consiste en tensar los músculos de las piernas y el torso para empujar un trineo con pesas. Además ha conseguido ponerse a gatas por sí solo estando tumbado boca abajo en el suelo y ahora está empezando a gatear.

Pocos meses después de participar en el taller, la función cognitiva de John mejoró notablemente, dejando sorprendido a su equipo médico. Sus progresos han superado los que cualquiera de sus especialistas presenció jamás en un paciente con lesiones medulares. Era como si John se estuviera por fin despertando y sus escáneres muestran que ahora puede acceder más a su cuerpo y a su cerebro. Al tener John en la actualidad una mayor capacidad para regular su organismo, sigue teniendo un mayor control sobre las zonas inactivas de su cerebro y su cuerpo.

Sus habilidades de coordinación motriz y de integración han mejorado considerablemente, y ahora es capaz de sentarse a la mesa sin ayuda, con los pies apoyados en el suelo. Su motricidad fina también ha mejorado hasta el punto de poder sostener un bolígrafo para firmar su nombre, usar un teléfono inteligente para enviar mensajes de texto, coger el volante para conducir y sostener un cepillo de dientes. Sus cambios cognitivos le han hecho tener más confianza en sí mismo y sentirse más contento. Su sentido del humor también ha aumentado y ahora es más consciente que nunca.

Durante el verano del 2013 John fue capaz de hacer *rafting* con un grupo de amigos, de estar agarrado a la balsa sin ayuda durante seis horas diarias y de dormir en una tienda en el suelo. Logró vivir en Idaho en medio de la naturaleza, lejos del contacto con el mundo exterior, durante siete días y seis noches. Un año antes le habría resultado imposible hacerlo. Cada vez que John y yo charlamos, él siempre me dice lo mismo: «Doctor Joe, no tengo idea de lo que me está pasando».

Y yo siempre le respondo: «En cuanto lo sepas, John, ya habrá pasado todo. Lo desconocido está más allá de nuestra comprensión. Bienvenido sea».

Me gustaría añadir una cosa más sobre el caso de John. Todo el mundo sabe que una lesión medular no se cura con métodos convencionales. Estoy seguro de que no fue la *materia* lo que le cambió la *materia*. Es decir, la lesión medular de John no mejoró por haber cambiado las sustancias químicas o las moléculas de su cuerpo. Desde una perspectiva cuántica, para poder alterar las partículas de la materia debía irradiar la frecuencia coherente de una intensa energía que elevara o arrastrara la materia sistemáticamente a una nueva mente. Debía irradiar una energía elevada u ondas que vibraran a una frecuencia más rápida que la de la materia, y combinarlo con una intención clara. Su *energía* es por tanto el epifenómeno de la materia, lo que está reprogramando el programa genético y curándole la médula espinal.

Supera su mente analítica y encuentra la felicidad

La Kathy de antes: esta mujer dirige una gran compañía y además de ser abogada, es una esposa y madre entregada. Le enseñaron a ser sumamente analítica y racional. Usa su cerebro a diario para prever resultados y estar preparada para cualquier eventualidad basándose en su experiencia. Empezó a meditar a raíz de leer mis libros. Al principio se percató de hasta qué punto lo analizaba todo en su vida. Tenía una lista enorme de tareas diarias y me dijo que su cerebro siempre estaba funcionando a tope. Me confesó en privado que nunca vivía el presente.

Los escáneres de Kathy: echa un vistazo al escáner cerebral de Kathy de «antes de la meditación» de la figura 10.9. Los registros de la proporción entre las ondas delta y zeta representan su capacidad de mantenerse centrada y concentrada para procesar y manejar los pensamientos intrusivos y triviales. La primera flecha en la parte posterior derecha de su cerebro, donde aparece la zona roja más grande, muestra que está viendo una imagen en su mente. La segunda flecha, cerca de la zona roja más pequeña de la parte izquierda, indica que Kathy está hablando en su interior consigo misma sobre esas imágenes. Su cháchara interior y las imágenes hacen que su cerebro se haya quedado atrapado en un bucle.

En el escáner de «después de la meditación», realizado al final del taller, puedes ver con claridad que el cerebro de Kathy se encuentra en un estado más equilibrado, pleno y normal. Su cerebro ya no mantiene una cháchara interior porque está integrando y procesando la información con más eficiencia. Ella se halla en un estado de coherencia. Y este cambio en el estado de su cerebro va acompañado de mucha más alegría, claridad y amor.

Echemos ahora un vistazo a los registros sobre la coherencia cerebral de la figura 10.10. Al principio del taller, el cerebro de Kathy emitía ondas beta altas, lo cual revela un estado de gran excitación, análisis y emergencia. Las líneas rojas gruesas en alfa y beta muestran que funciona a 3 DE por encima de lo normal. Su cerebro está hiperactivo y desequilibrado, y es sumamente incoherente, y además Khaty es incapaz de controlar su ansiedad.

Observa ahora el escáner de «después de la meditación», realizado el último día del taller de febrero. Supongo que a estas alturas ya sabrás reconocer un cerebro más equilibrado y normal, en el que se aprecian muchas menos ondas beta altas y una coherencia mucho mayor.

Como a Kathy todavía le quedaba trabajo por hacer, después del taller decidimos realizar un experimento porque ella vive en Phoenix y podía ir a la clínica del doctor Fannin. Él le mostró el escáner de un EEGC (de color verde) con la imagen de un cerebro sano, equilibrado y normal, y le dijo que ese era el objetivo en el que debía centrarse. Le sugirió que cuando en su meditación entrara a diario en un nuevo estado del ser, se fijara la meta de alcanzar este posible resultado durante los veintinueve días siguientes. Como a partir de entonces pudo darle más significado al placebo, aumentó su intención de alcanzarlo.

Y el experimento funcionó. Si observas la figura 10.11 del escáner del 8 de abril del 2013, unas seis semanas más tarde, verás un cerebro más normal aún sin ninguna traza de ansiedad (esta aparece en rojo). Echa además un vistazo a la figura 10.12. ¿Puedes ver el progreso que hay entre el escáner de Kathy del 20 de febrero del 2013, en el que su cerebro aparece en rojo al emitir ondas cerebrales de frecuencias más altas (de 21 a 30 hercios), y el final del taller de febrero, donde el escáner de su cerebro aparece ahora en verde en la segunda imagen (por lo que es mucho más normal)? Las zonas rojas revelan un alto nivel de ansiedad (ondas beta altas) y un excesivo análisis porque sus ondas cerebrales de frecuencias más altas (de 21 a 30 hercios) son hiperactivas, su cerebro estaba trabajando demasiado. En cambio, a principios de abril (aparece en la figura 10.13), el coherente cerebro de Kathy está equilibrado y mucho más sincronizado. En la actualidad ella tiene un cerebro totalmente distinto y afirma sentirse como si fuera otra persona.

La nueva Kathy: afirma haber visto numerosos cambios positivos en su carrera, en su vida cotidiana y en sus relaciones. Medita a diario y el día que cree no tener tiempo para meditar es cuando sobre todo se asegura de *encontrar* un hueco para hacerlo. Entiende que la actitud que desequilibró su mente y su cerebro tuvo que ver con el tiempo y las condiciones de su entorno exterior. Ahora Kathy dice que las respuestas a sus preguntas le llegan con más facilidad sin esforzarse tanto como antes. Escucha a su corazón más a menudo y cuando su mente está a punto de entrar en uno de esos bucles, se da cuenta enseguida. Raras veces cae en ellos y se comporta de una forma más amable y paciente. Al ser más feliz por dentro, también se le nota por fuera.

Se cura de unos fibromas al cambiar de energía

La Bonnie de antes: en el 2010 Bonnie empezó a tener menstruaciones muy dolorosas con excesivas pérdidas de sangre. Le diagnosticaron una producción demasiado elevada de estrógenos y le aconsejaron empezar a tomar hormonas bioidénticas. Pero a sus 40 años esta solución le pareció demasiado drástica.

Bonnie se acordó de que su madre había sufrido los mismos síntomas a su edad. Tras tomar esta clase de hormonas había acabado muriendo de cáncer de vejiga. Aunque no hubiera ninguna conexión entre la terapia hormonal y el cáncer de vejiga, Bonnie se dio cuenta de que tenía los mismos síntomas físicos que su madre y no quería desarrollar el mismo resultado.

Como sus pérdidas de sangre vaginales se empezaron a alargar (a veces le duraban hasta dos semanas), acabó volviéndose anémica y apática, y además engordó casi 10 kilos. Perdía cerca de 2 litros de sangre al mes durante el periodo menstrual. Tras realizarle un sonograma pélvico, le confirmaron que tenía fibromas. Le hicieron una gran cantidad de pruebas de sangre y le dijeron que estaba perimenopáusica y que lo más probable es que tuviera quistes en los ovarios. El especialista que le aconsejó la terapia hormonal le aseguró que los tumores fibroides no desaparecerían y que seguiría teniendo abundantes pérdidas de sangre el resto de su vida.

Elegí al azar a Bonnie para uno de mis mapeos cerebrales adicionales durante un taller que impartí en Englewood, Colorado, en julio del 2013. Cuando la señalé con el dedo para indicarle que la había elegido para hacerle un escáner, le dio mucha vergüenza. Bonnie había empezado a menstruar la noche anterior al taller y tenía que ponerse como de costumbre compresas muy gruesas para absorber la gran cantidad de sangre que perdía durante el periodo. Cuando después de varias meditaciones les pedí a los alumnos que se tumbaran, a Bonnie le daba miedo manchar el suelo de sangre.

Incluso le resultaba incómodo sentarse por lo dolorosas que eran sus menstruaciones. Aun así, decidió seguir practicando las técnicas de meditación para aquietar su mente. Durante la primera meditación en la que se sometió a un mapeo cerebral, Bonnie tuvo una experiencia que describió como mística. Sintió que su corazón se abría y expandía. Echando la cabeza atrás de manera involuntaria, notó que la respiración le cambiaba. Bonnie vio una luz inundándole el cuerpo y sintió una tremenda paz. También oyó las palabras: «Me aman, me han bendecido y no se han olvidado de mí». Durante la meditación rompió a llorar y el escáner de su cerebro reveló que se encontraba en un estado de gozo.

Los escáneres de Bonnie: echa un vistazo al escáner del EEG de Bonnie de la figura 10.14. Fuimos lo bastante afortunados como para registrar toda la experiencia en tiempo real. El primer gráfico muestra una actividad normal de las ondas cerebrales. Todo está equilibrado y tranquilo. Si observas los tres escáneres de la figura 10.15 que reflejan lo que le estaba ocurriendo durante tres momentos distintos de la meditación, verás la energía elevada y la amplitud de la misma en sus lóbulos frontales, que representa que está procesando una información y una emoción muy potentes. Se encuentra en un estado expandido de conciencia, viviendo momentos cumbre a distintos intervalos. La mayor parte de su actividad sucede en ondas zeta, significa que ha accedido al subconsciente. En ese momento su experiencia interior es muy real para ella. Está tan concentrada en el pensamiento que se convierte en la experiencia. El cociente emocional está representado por la cantidad de energía (amplitud) que el cerebro está procesando. Echa un vistazo a la altura de las líneas a las que las flechas apuntan. Es una energía muy coherente, Bonnie se encuentra en un estado elevado de conciencia.

Observa ahora la figura 10.16. En el escáner del EEGC de Bonnie realizado en tiempo real aparece una flecha señalando las ondas delta de 1 hercio que ilustra su conexión con el campo cuántico (representadas en azul). En el lóbulo frontal de su cerebro también aparece una intensa energía en forma de ondas zeta (representadas en rojo) que reflejan exactamente lo que está sucediendo en el escáner de su EEG. Observa el círculo rojo que destaca los lóbulos frontales y la flecha que apunta a una vista desde arriba del lóbulo frontal justo debajo. La imagen que estás viendo es la instantánea de una película de la actividad cerebral de Bonnie durante toda su meditación. Como una de las funciones del lóbulo frontal es hacer que los pensamientos sean reales, lo que está experimentando en zeta con los ojos cerrados es algo muy real para ella. Se podría decir que la experiencia interior de Bonnie fue como un sueño lúcido muy vívido. La flecha roja que señala las ondas alfa de 12 hercios —que aísla la zona roja del centro del cerebro—, refleja los intentos de Bonnie para darle sentido a su experiencia interior y cómo procesa luego lo que está viendo con el ojo de su mente. El resto de su cerebro está sano y equilibrado (aparece en verde).

La nueva Bonnie: la experiencia de ese día la cambió en sentido positivo. La amplitud energética de su experiencia interior fue mayor que la de cualquier experiencia pasada de su entorno exterior, por eso la huella de su pasado desapareció biológicamente. La energía del momento cumbre de su meditación sustituyó los programas grabados en su cerebro y el condicionamiento emocional de su cuerpo, y este respondió al instante a la mente nueva, a la conciencia nueva. Bonnie había cambiado su estado del ser. En menos de veinticuatro horas dejó de sangrar por completo. Los síntomas del dolor desaparecieron y supo instintivamente que se había curado. Durante los meses siguientes a su experiencia, la menstruación de Bonnie se normalizó y desde aquel taller no ha vuelto a sufrir pérdidas de sangre excesivas ni dolor.

Una experiencia extática

La Genevieve de antes: esta artista y músico de 45 años vive en Holanda y viaja con frecuencia debido a su vocación. Durante el taller de febrero estuvimos observando el doctor Fannin y yo el escáner del cerebro de Genevieve mientras ella meditaba. En la mitad de su viaje interior empezamos a advertir algunos cambios importantes en su energía. Al ver los dos al mismo tiempo unos determinados registros en el escáner de Genevieve, nos miramos el uno al otro sabiendo que algo estaba a punto de suceder. Al cabo de unos instantes, al girarnos para mirarla vimos que ella lloraba de alegría. Se hallaba en un gozoso estado de éxtasis y su cuerpo estaba respondiendo a él. Nunca habíamos presenciado nada igual.

Los escáneres de Genevieve: la figura 10.17 muestra un escáner relativamente normal antes de que ella empezara la meditación. Las zonas verdes extendiéndose por el cerebro significan una mujer sana y equilibrada con un cerebro equilibrado. Las zonas azules adonde apuntan las flechas indican una menor actividad sensoriomotora en alfa de una frecuencia de 13 a 14 hercios, antes de empezar a meditar, y probablemente un estado provocado por el desfase horario, ya que ese día acababa de llegar de Europa. Pero si observas su cerebro durante la meditación, verás un aumento general del equilibrio. Lo que sucede a continuación es algo asombroso. Cuando la vimos alcanzar ese momento cumbre al final de la meditación, supimos al contemplar sus escáneres que en su cerebro había un montón de energía.

Echa ahora un vistazo a la figura 10.18. Esta clase de actividad roja, que revela grandes cantidades de energía procedentes de ondas cerebrales de toda la variedad de frecuencias, sugiere que Genevieve se encuentra en un intensísismo estado alterado de conciencia. Alguien que no supiera que ella estaba meditando diría al ver el escáner que reflejaba un grado altísimo de ansiedad o un estado psicótico. Pero como ella nos dijo que experimentó un profundo estado de éxtasis, sabemos que las zonas rojas representan un montón de energía en su cerebro. Este se halla a 3 DE por encima de lo normal. Se trata de energía, en forma de emoción almacenada en su cuerpo como mente, que, al ser liberada, se dirige de vuelta al cerebro.

La figura 10.19 muestra la lectura de su EEG y valida esta opinión. Si observas de nuevo las líneas violetas donde aparece la flecha, verás que esta parte del cerebro está procesando cantidades de energía diez veces mayor de lo normal. El área delimitada en rojo nos indica que la experiencia es tan profunda emocionalmente que se está almacenando en la memoria a largo plazo de Genevieve. Al mismo tiempo, ella también está intentando interpretarla verbalmente y darle un sentido a lo que le está sucediendo en ese momento. Tal vez se esté diciendo a sí misma: *¡Oh, Dios mío! Es asombroso. ¡Me siento de maravilla! ¿Qué es este sentimiento?* Su experiencia interior es tan real como cualquier episodio exterior y ella no está intentando que ocurra, le sucede sin más. Y tampoco está visualizando nada, sino viviendo simplemente un momento muy intenso.

Curiosamente, en el taller de Colorado de julio le hicimos de nuevo un escáner y Genevieve volvió a manifestar los mismos cambios energéticos. Cuando le pasamos el micrófono durante ambos talleres para que nos contara su experiencia, lo único que logró decir es que amaba la vida con tanta pasión que el corazón se le había abierto de golpe y se había sentido conectada a algo más grande que ella misma. Sumida en un estado de beatitud, añadió que se sentía tan bien que quería vivir el presente. Si observas la figura 10.20, verás que en el taller de julio su cerebro muestra los mismos patrones y efectos que los del taller de febrero. Varios meses después seguía experimentando lo mismo. Su transformación personal la había cambiado verdaderamente.

La nueva Genevieve: tras finalizar el taller de julio volví a hablar con ella varias semanas más tarde. Me contó que ya no era la misma persona de cuando empezó el año. Ahora tiene una mente más profunda, está más presente y es mucho más creativa. Siente un gran amor por todo y lo más importante es que se siente tan bien que ya no cree necesitar ni querer nada. Se siente llena.

Beatitud: la mente abandona el cuerpo

La Maria de antes: Maria es una persona sumamente práctica con una actividad cerebral normal. Durante la primera meditación del día, de cuarenta y cinco minutos de duración, experimentó al cabo de unos instantes cambios importantes en sus ondas cerebrales.

Los escáneres de Maria: echa un vistazo a la figura 10.21 y advierte la diferencia entre las ondas cerebrales normales de Maria y su estado de éxtasis. La observé mientras entraba en un intenso estado de creciente energía, parecía que estuviera experimentando un orgasmo en su cerebro. Su escáner muestra un cerebro totalmente activo teniendo una experiencia kundalini completa (la kundalini es la energía latente almacenada en el cuerpo que al despertar produce en el cerebro unos estados más elevados de conciencia y energía). Si observas los escáneres de Maria, verás que *todas* las zonas de su cerebro están experimentando una energía intensísima. La energía kundalini al despertar sube de la base de la columna hasta llegar a la cúspide del cerebro, y en ese momento produce una experiencia mística sumamente profunda. Muchos alumnos de los talleres han tenido esos orgasmos cerebrales. En el escáner de Maria todas las regiones de su cerebro están llenas de energía y sus ondas cerebrales muestran una amplitud tres o cuatro veces mayor que la normal. Su cerebro es coherente y está muy sincronizado. Si observas los escáneres verás que el estado de éxtasis llega a oleadas, como un orgasmo. Maria no está intentando provocarlo, sino que le sucede sin más. Todo su cerebro participa en él, de ahí que se sienta inundada por un torrente de energía.

La nueva Maria: en la actualidad sigue teniendo experiencias místicas parecidas. Cada vez que le suceden afirma sentirse más relajada, consciente, atenta y llena. Le da la bienvenida al siguiente momento desconocido que está a punto de llegar.

Ahora te toca a ti

Estos pocos ejemplos (seleccionados de entre muchos otros documentados) demuestran que es posible *enseñar* el efecto placebo. Ahora que has recibido toda esta información, las historias y pruebas de lo que es posible, es hora de que aprendas a «ponerlo en práctica» para vivir tu propia transformación. Los dos capítulos siguientes describen los pasos para empezar tu proceso de meditación personal. Espero que apliques todos los conocimientos que has aprendido hasta el momento para que notes la verdad de tus esfuerzos. En cuanto recibas las herramientas necesarias para cruzar el río del Cambio, espero verte en la otra orilla.

Segunda parte

TRANSFORMACIÓN

11

Preparativos para la meditación

Ahora que has leído y asimilado la información de la primera parte, estás listo para pasar a la segunda, que trata de la transformación. En este capítulo hablaré de lo que necesitas saber para aprender a meditar, así cuando llegues al siguiente estarás preparado para llevarlo a cabo. Todos los participantes de este libro que cambiaron algo de sí mismos tuvieron antes que adentrarse en su interior y cambiar su estado del ser. Considera tu práctica de la meditación como una forma de tomar un placebo a diario. La única diferencia es que en lugar de tomarte una pastilla, te adentrarás en tu interior. Y con el paso del tiempo tu meditación se parecerá a tu creencia en los medicamentos.

Cuándo meditar

Los dos momentos del día más indicados para meditar son justo antes de acostarte por la noche y justo después de levantarte por la mañana, porque cuando te duermes pasas por todo el espectro de las ondas cerebrales: vas del estado beta de vigilia al estado más lento de alfa, cuando cierras los ojos; luego te sumerges en zeta, un estado de ondas cerebrales más lentas en el que estás medio despierto, medio dormido, y por último entras en el estado delta de sueño profundo. Y al despertar por la mañana vuelves a hacer el mismo ciclo, pero a la inversa: del estado delta pasas al zeta, al alfa y finalmente al beta, en el que estás ya totalmente despierto y consciente.

Si meditas antes de acostarte o cuando te acabas de despertar, te resultará más fácil sumirte en las ondas cerebrales alfa o zeta, estarás más «bombeado» para adquirir un estado alterado, porque es la dirección de la que acabas de venir o a la que estás a punto de ir. Se podría decir que en estos dos momentos del día la puerta del subconsciente está abierta. Personalmente prefiero meditar por la mañana, pero cualquiera de estos dos momentos es adecuado. Elige el que te vaya mejor y mantenlo. Si consigues meditar a diario, acabará convirtiéndose en un buen hábito y será algo que estarás deseando hacer cada día.

Dónde meditar

En cuanto al lugar donde meditar, lo más importante es elegir uno en el que no te distraigas. Como te estarás desconectando del mundo físico exterior, elige un sitio tranquilo donde puedas estar solo sin que te interrumpan (otras personas o mascotas), un lugar al que puedas ir cada día y usar con regularidad como tu espacio sagrado de meditación.

No te aconsejo que medites en la cama, ya que la asocias con el sueño. (Por la misma razón, tampoco te aconsejo meditar tumbado o en un sillón abatible.) Medita sentado en una silla o en el suelo durante una hora, en una habitación sin corrientes de aire y con una temperatura agradable.

Si prefieres meditar con música, elige una suave y relajante, con instrumentos que induzcan un estado de trance o con mantras. (Si no estás en un lugar silencioso, poner una música relajante te ayudará a amortiguar el ruido de fondo.) Pero no pongas una música que te traiga recuerdos del pasado o que te distraiga en cualquier sentido. Apaga el ordenador y desconecta el teléfono si estos aparatos se encuentran en la habitación. E intenta evitar el aroma de café o el de comida cocinándose. Si lo deseas, ponte un antifaz o tapones de oídos para aislarte más todavía del exterior, ya que el objetivo de tus preparativos es eliminar la mayor cantidad posible de estímulos exteriores.

Siéntete cómodo

Ponte una ropa cómoda y holgada y quítate el reloj de pulsera o cualquier joya que pueda distraerte. Si llevas gafas, sácatelas. Toma un poco de agua antes de sentarte a meditar y deja un vaso a tu alcance por si necesitas tomar más. Ve al lavabo antes de empezar la sesión e intenta ocuparte de cualquier otra necesidad fisiológica parecida para que no te distraiga durante la meditación.

Tanto si decides meditar sentado en una silla o con las piernas cruzadas en el suelo, mantén la espalda derecha. Relaja el cuerpo, aunque no hasta el punto de adormilarte, ya que tu mente debe estar atenta. Si durante la meditación te pones a cabecear, significa que estás entrando en un estado de ondas cerebrales más lentas, o sea que no te preocupes demasiado. A base de práctica tu cuerpo se acabará acostumbrando y ya no deseará adormilarse.

Cuando empieces a meditar, cierra los ojos y respira profunda y lentamente varias veces. Al cabo de poco dejarás el estado beta para entrar en el alfa. Este estado más relajante, pero atento, en el que se te activa el lóbulo frontal, como cuando lees, baja el volumen de los circuitos de tu cerebro que procesan el tiempo y el espacio. Aunque al principio te cueste un poco entrar en zeta —las siguientes ondas cerebrales más lentas—, a base de práctica conseguirás reducir tu frecuencia cerebral más aún. El estado zeta es cuando tu cuerpo está dormido y tu mente despierta, y al entrar en él podrás cambiar con más facilidad los programas automáticos de tu cuerpo.

Duración de la meditación

Aunque tu sesión de meditación dure de cuarenta y cinco minutos a una hora, si es posible resérvate un poco más de tiempo para que tu mente se calme antes de empezar. Si tienes que terminar a una hora en concreto, activa la alarma del despertador para que suene diez minutos antes de finalizar la meditación, así no concluirás la sesión abruptamente. No dejes que el tiempo te distraiga. Recuerda que además de aislarte de los estímulos sensoriales, también estás intentando perder la noción del tiempo, y si no dejas de preocuparte por él no conseguirás hacerlo. Si necesitas algunos minutos más al día para meditar sin distraerte, plantéate levantarte más temprano o acostarte más tarde.

La forja del autodominio

Ten cuidado con un obstáculo muy común con el que se topan los meditadores noveles. Cada vez que empieces a cambiar algo de tu vida, tu cuerpo —como mente— le enviará señales a tu cerebro para que recupere el control. Y antes de darte cuenta ya estarás escuchando voces negativas en tu cabeza como: *¿Por qué no empiezas a meditar mañana? ¡Te pareces demasiado a tu madre! Pero ¿qué te pasa? Nunca cambiarás. Esto no me acaba de convencer.* Es el cuerpo intentando derribarte de la montura para volver a ser él la mente. Tal vez inconscientemente lo hayas condicionado a sentirse impaciente, frustrado, infeliz, victimizado o pesimista, para poner algunos ejemplos. Así es como desea comportarse subconscientemente.

En cuanto respondes a esas voces interiores como si lo que te estuvieran diciendo fuera verdad, vuelves a dejarte llevar por los programas automáticos y a pensar, actuar y sentir lo mismo de siempre, pese a seguir esperando que algo cambie en tu vida. Si usas tus sentimientos y emociones como un barómetro para cambiar, nunca lo conseguirás. Pero si en su lugar liberas al cuerpo de las cadenas de estas emociones, podrás relajarte en el presente (en este capítulo hablo de ello más adelante con mayor profundidad) y aprovechar la energía reprimida que has liberado en tu cuerpo —pasando de ser partícula a onda— para crear un nuevo destino. Para lograrlo y enseñar a tu cuerpo una nueva forma de ser, tienes que obligarlo a sentarse a meditar y mostrarle quién es el que manda.

Tenemos un rancho con 18 caballos y cultivar el autodominio para meditar con atención me recuerda cuando me monto en mi semental preferido después de llevar una temporada sin hacerlo. Al subirme a la silla, él pasa olímpicamente de mí. Olfatea a las yeguas que hay al otro extremo de la propiedad y entonces es cuando se distrae. Es como si me estuviera diciendo: «¿Dónde has estado los últimos ocho meses? Durante tu ausencia he adquirido algunos malos hábitos, las chicas están allí y como me da igual lo que quieras hacer, te haré salir despedido de la montura. Soy yo el que manda». Se irrita, se vuelve temperamental y controlador, e intenta derribarme de la silla pegándose a la valla de la pista. Pero yo le presto atención y cuando veo que empieza a girar la cabeza hacia las yeguas, lo controlo.

En cuanto lo hace, lentamente pero con firmeza tiro de las riendas y espero. Al poco tiempo el semental se detiene y lanza un fuerte resoplido, y yo le acaricio diciéndole: «Muy bien». Y damos dos pasos más, y cuando veo que empieza a girar un poco la cabeza hacia las yeguas, vuelvo a detenerlo y espero. Y él lanza otro potente resoplido, sabiendo que soy yo el que lleva las riendas, y luego avanzamos de nuevo. Sigo aplicando este sistema hasta que al final me hace caso.

Esta manera suave aunque firme de reconducir su atención cuando se distrae es el mismo método que usamos con el cuerpo cuando nos sentamos a meditar. Considera tu cuerpo como el animal que tú, como conciencia, estás adiestrando. Cada vez que adviertas que te distraes, vuelves a centrarte de nuevo de esta forma, condicionando a tu cuerpo a una nueva mente. Estás dominándote a ti y dominando tu pasado.

Pongamos, por ejemplo, que al despertarte por la mañana te espera una lista de personas a las que llamar, una lista de tareas que hacer, y 35 mensajes de texto que responder, y sus 35 correos electrónicos correspondientes. Si lo primero que haces cada mañana es empezar a pensar en todas estas tareas, tu cuerpo ya estará viviendo en el futuro. Cuando te sientas a meditar, es normal que tu mente quiera ir hacia esa dirección. Y si tú se lo permites, tu cerebro y tu cuerpo se encontrarán en ese futuro previsible porque estás esperando el resultado basándote en la misma experiencia de ayer.

Así que en cuanto empieces a notar que tu mente se distrae hacia esa dirección, tira de las riendas, calma a tu cuerpo y hazlo volver al presente, como cuando yo monto en mi semental. Y si luego te pones a pensar: *Sí, pero he de hacer esto, me he olvidado de eso otro y debo ocuparme de lo que no me dio tiempo de hacer ayer,* vuelve a llevar tu mente al presente. Y si te sigue pasando y esta situación te produce frustración, impaciencia, preocupación y otras emociones parecidas, recuerda que sea cual sea la emoción que estés sintiendo, forma parte del pasado. Te limitas a advertirla, tomas conciencia de ella: ¡Ah!, *mi cuerpo-mente quiere ir al pasado. De acuerdo. Lo centraré y relajaré para que vuelva al presente.*

Al igual que tu mente, tu cuerpo también quiere distraerte. Desea sentir náuseas, crearte dolor o hacer que te pique un lugar en medio de la espalda, pero si te ocurre, recuerda que no es más que el cuerpo intentando ser la mente. Cuando lo dominas, lo estás trascendiendo. Si logras dominarlo cada vez que medites, cuando regreses a tu vida cotidiana estarás más presente, atento y consciente, te pasarán menos cosas inadvertidas.

Y tarde o temprano, al igual que mi semental que acaba por hacerme caso y obedecer mis órdenes sin dejar que las yeguas ni ninguna otra cosa le distraigan, tu cuerpo seguirá a tu mente durante la meditación sin dejarse llevar por ningún pensamiento que te venga a la cabeza. Y cuando caballo y jinete son uno, cuando la mente y el cuerpo actúan al unísono, no hay mejor sensación que esta, es un nuevo estado del ser. Algo que te da una fuerza tremenda.

Un estado alterado de conciencia

La meditación que te presentaré en el siguiente capítulo empieza con una técnica budista llamada *enfoque abierto*. Es muy útil para entrar en el estado alterado de conciencia que estamos intentando alcanzar, ya que al vivir a diario en un estado de supervivencia, inmersos en las hormonas del estrés, nuestro foco de atención es muy limitado. Solo nos fijamos en las cosas, las personas y los problemas (centrándonos en la partícula o materia y no en la onda o energía), y definimos la realidad con nuestros sentidos. Esta clase de atención está *focalizada en los objetos*.[1]

Al poner toda nuestra atención en el mundo exterior —que en este estado nos parece más real que el interior—, nuestro cerebro funciona en ondas beta del rango más alto, el patrón más reactivo, inestable y volátil de todos. El gran estado de alerta en el que vivimos nos impide crear, imaginar, resolver problemas, aprender cosas nuevas o curarnos. Y este estado tampoco favorece para nada la meditación. La actividad eléctrica del cerebro aumenta, así como el ritmo cardíaco y el respiratorio debido a la respuesta de lucha o huida. Nuestro cuerpo no dispone entonces de demasiados recursos, o de ninguno, para el crecimiento y una salud óptima, porque siempre está a la defensiva, intentando protegernos y hacer que consigamos afrontar un día más.

En estas condiciones tan poco favorables nuestro cerebro tiende a compartimentarse, es decir, ciertas regiones cerebrales empiezan a funcionar sin tener en cuenta a las otras en lugar de ir al unísono, y algunas incluso funcionan en contra de las demás, como si pisáramos el freno y el acelerador al mismo tiempo. Es un hogar dividido que va en contra suyo.

Las distintas partes del cerebro además de no comunicarse adecuadamente entre ellas, dejan de comunicarse con el cuerpo con eficiencia y orden. Y como el cerebro y el sistema nervioso central controlan y coordinan los otros sistemas de nuestro cuerpo —como los latidos del corazón, la respiración pulmonar, la digestión, la eliminación de residuos, el control del metabolismo, la regulación del sistema inmunitario, el equilibrio hormonal y otras muchas funciones—, perdemos el equilibrio. Nuestro cerebro envía mensajes desordenados y señales «desintegradas» desde la médula espinal al resto del cuerpo, por lo que ningún sistema recibe un mensaje claro, los mensajes se vuelven muy incoherentes.

Imagínate el sistema inmunitario respondiendo: «No sé cómo crear linfocitos de estas instrucciones». Y luego el sistema digestivo diciendo: «No sé si secretar primero los ácidos gástricos en el estómago o en el intestino delgado. No entiendo las órdenes que me das».

Al mismo tiempo, el sistema cardiovascular exclama quejándose: «¡No sé si mi corazón ha de latir rítmicamente o no, porque las señales que estoy recibiendo son muy arrítmicas! ¿Es que hay otro león acechando en la esquina?»

Este estado de desequilibrio nos impide mantener la homeostasis o equilibrio, y es fácil ver cómo fomenta las enfermedades, produciendo arritmias o hipertensión (sistema cardiovascular desequilibrado); indigestión y reflujos gástricos (sistema digestivo desequilibrado); y la tendencia a sufrir resfriados, alergias, cáncer, artritis reumatoide y otras dolencias (la función inmune ha perdido el equilibrio), para citar algunos pocos ejemplos.

Este estado —en el que nuestras ondas cerebrales se vuelven confusas y se llenan de interferencias— es a lo que en el capítulo anterior he llamado un estado de incoherencia. No hay ningún ritmo u orden en las ondas cerebrales ni en los mensajes que el cerebro le envía al cuerpo, se da una absoluta algarabía.

En la meditación del enfoque abierto, en cambio, cerramos los ojos, dejamos de fijarnos en el mundo exterior y en sus estímulos, y en su lugar dirigimos nuestra atención al espacio que nos rodea (en la onda en lugar de la partícula). Esta técnica funciona porque cuando *estamos percibiendo* este espacio, no nos fijamos en nada material ni estamos *pensando*. Los patrones de nuestras ondas cerebrales cambian a un estado alfa más tranquilo y creativo (y luego a las ondas zeta). En este estado nuestro mundo interior se vuelve más real para nosotros que el exterior, es decir, es mucho más favorable para hacer los cambios que deseamos.

Las investigaciones desvelan que cuando usamos la técnica del enfoque abierto adecuadamente, el cerebro se empieza a volver más organizado y sincronizado, y sus distintos compartimentos funcionan al unísono con un mayor orden. Y aquello que está sincronizado, está unido. Este grado de coherencia le permite al cerebro enviar señales más coherentes desde el sistema nervioso al resto del cuerpo, y entonces todo empieza a funcionar al mismo ritmo, actuando al unísono. En lugar de producir una algarabía, nuestro cerebro y nuestro cuerpo interpretan ahora una hermosa sinfonía, por lo que nos sentimos más llenos, integrados y equilibrados. En nuestros talleres mis colegas y yo estamos viendo siempre esta clase de cambios cerebrales en la mayoría de los alumnos escaneados, por eso *sabemos* que esta técnica funciona.

El delicioso instante del presente

Cuando domines la técnica del enfoque abierto, la meditación que harás te llevará a descubrir el presente. Este estado de presencia hace que puedas acceder a las posibilidades a nivel cuántico a las que antes no tenías acceso. ¿Recuerdas que he dicho que en el campo cuántico las partículas subatómicas existen simultáneamente en una infinidad de posibilidades? Para que esto sea cierto, el universo cuántico debe tener una cantidad *infinita* de líneas de tiempo conteniendo simultáneamente todas esas posibilidades y no una sola línea de tiempo. En realidad, cada experiencia —pasada, presente y futura— de todo cuanto existe, desde el microorganismo más minúsculo hasta la cultura más avanzada del universo, está presente en el campo de información ilimitada llamado el «campo cuántico». Aunque haya dicho que en el mundo cuántico el tiempo no existe, en realidad contiene todo el tiempo simultáneamente, lo único que no es la clase de tiempo *lineal* que nosotros conocemos.

Como dice el modelo cuántico de la realidad, en el momento presente existen todas las posibilidades. Pero si al despertar cada mañana haces la misma serie de cosas de siempre —tomas las mismas decisiones que te llevan a las mismas conductas que crean las experiencias que producen los mismos resultados emocionales—, significa que no estás abierto a ninguna de esas otras posibilidades y que no te diriges a ningún lugar nuevo.

Observa la figura 11.1. El círculo te representa a ti en el presente en una determinada línea de tiempo. La línea de la izquierda representa tu pasado, y la de la derecha tu futuro. Pongamos que cada día al despertar vas al lavabo, te lavas los dientes, sacas al perro a pasear, tomas café o té, desayunas lo mismo, te vistes de la misma forma, sigues la misma ruta al conducir... Cada uno de estos episodios está representado por un punto en la línea de tiempo de tu futuro inmediato.

FIGURA 11.1

Cada punto de la línea de tiempo representa el mismo pensamiento, decisión, conducta, experiencia y emoción a lo largo de los últimos días, semanas, meses e incluso años. Por eso el pasado se convierte en el futuro. Como un hábito es una serie de pensamientos, acciones y sentimientos automáticos y redundantes adquiridos al repetirlos con frecuencia, es decir, cuando el cuerpo se convierte en mente, significa que está programado para vivir en el mismo futuro previsible de siempre basado en tu estado del ser del pasado. Y si memorizas las emociones que te mantienen anclado en el pasado, y esos sentimientos crean tus pensamientos, significa que tu cuerpo está viviendo literalmente en el pasado. Por lo que raras veces vives el presente.

Pongamos que llevas diez años siguiendo la misma rutina de siempre. Tu cuerpo está programado por la costumbre de vivir en el futuro, basado en tu pasado, porque a medida que empiezas emocionalmente a esperar que ocurra cada uno de estos episodios en tu línea de tiempo, tu cuerpo (como mente inconsciente) cree que es la misma realidad previsible de siempre. Y la misma emoción envía las mismas señales a los mismos genes, y ahora vives en esa previsible línea de tiempo futura. De hecho, podrías tomar esa línea de tiempo del pasado, levantarla y ponerla en el futuro, porque en ese escenario tu pasado *es* tu futuro. Eres como aquellas personas que crearon redes neuronales en su cerebro al imaginarse que tocaban en el piano la misma serie de notas, y como las que cambiaron su cuerpo al imaginar que ejercitaban sus dedos, estás «bombeando» a tu cerebro y condicionando a tu cuerpo a vivir el mismo futuro de siempre mientras repasas mentalmente el mismo escenario previsible de ayer.

Al vivir así nunca puedes encontrar el presente porque tu cerebro y tu cuerpo ya están viviendo en una realidad futura conocida basada en el pasado. Observa ahora todos esos puntos de tu línea de tiempo que representan las decisiones, hábitos, acciones y experiencias que crean las mismas emociones de siempre para recordarte tus sentimientos. No hay espacio para que surja en tu vida algo nuevo o desconocido, o poco común o milagroso, porque estos puntos están muy juntos. Sería demasiado molesto y además tu rutina se iría al traste. ¡Qué incómodo sería que surgiera algo nuevo en la vida de una persona que está previendo su futuro basándose en el pasado!

Ten en cuenta que cuando empiezas una práctica de meditación, si la añades como si fuera otra cosa más en tu línea de tiempo, la estarás viendo como una tarea más de tu lista y al abordarla de este modo no conseguirás encontrar el presente. Para alcanzar lo que deseas, curándote y creando cambios duraderos en tu vida, debes vivir plenamente el presente en lugar de pensar en la siguiente situación previsible que ocurrirá en tu línea de tiempo.

Es así porque allí donde pones la atención, pones la energía. O sea que aunque solo le prestes un poco de atención a las cosas, las personas, los lugares o los episodios de tu entorno exterior, estarás reafirmando esa realidad. Y si tienes la costumbre de obsesionarte con el tiempo, pensando en el pasado (lo conocido) o en el futuro, basado en tu pasado (de modo que también es lo conocido), te estarás perdiendo el presente, donde existen todas las posibilidades. Cuando te centras en lo conocido, tú, como observador cuántico, solo obtendrás eso. Estarás haciendo que todas las posibilidades del campo cuántico colapsen en los mismos patrones de información que constituyen tu vida.

Para acceder al potencial ilimitado que te está esperando en el campo cuántico, debes olvidarte de lo conocido (tu cuerpo, tu rostro, tu sexo, tu raza, tu profesión e incluso tu concepto de lo que has de hacer hoy) y sumirte un rato en lo *desconocido:* en el sin *cuerpo,* sin *yo,* sin *materia,* sin *espacio* y sin *tiempo.* Debes convertirte en pura conciencia (en nada más que un pensamiento o una conciencia en un vacío de potenciales) para que tu cerebro cambie.

Y cuando el cuerpo intente distraerte, pero tú sigas dominándolo y obligándolo a volver al presente una y otra vez hasta que te haga caso, tal como te he explicado antes, esa línea que va hacia el futuro dejará de existir, porque tu cuerpo ya no seguirá viviendo en ese destino previsible. Te habrás desconectado de él o habrás dejado de activar los circuitos energéticos relacionados con él.

Del mismo modo, si tu cuerpo está condicionado y enganchado a las emociones memorizadas que te mantienen ligado al pasado, pero logras dominarlo y centrarlo cada vez que te sientas enojado o frustrado hasta que se entregue al presente, esa línea que va al pasado también dejará de existir. Te habrás desconectado de ella. Y cuando las dos líneas, la de tu pasado y la de tu futuro desaparezcan, tu previsible destino genético también se desvanecerá.

En ese momento ya no existirá ningún pasado que te lleve al futuro, ni ningún futuro previsible basado en el pasado. Vivirás solo en el presente, donde puedes acceder a todos esos potenciales y posibilidades. Y cuanto más tiempo inviertas en lo desconocido al desconectar de esas líneas de tiempo y permanecer en esas posibilidades, más energía liberarás de tu cuerpo y de más dispondrás para crear algo nuevo. La figura 11.2 demuestra cómo el pasado y el futuro dejan de existir cuando el cerebro y el cuerpo viven totalmente en el presente. Al dejar de existir la realidad previsible de lo conocido, te encuentras en el reino desconocido de las posibilidades.

FIGURA 11.2

Cuando encuentras el delicioso instante del presente y te olvidas de ti como la misma personalidad de siempre, puedes acceder a otras posibilidades que ya existen en el campo cuántico, porque dejas de estar conectado al mismo cuerpo-mente, a la misma identificación con el entorno, y a la misma línea de tiempo previsible. Ya no existen literalmente el mismo pasado y el mismo futuro de siempre, y te conviertes en pura conciencia, en solo pensamiento. Es el momento en que puedes cambiar tu cuerpo, cambiar algo de tu entorno y crear una línea de tiempo nueva.

La meditación descrita en el siguiente capítulo incluye un espacio de tiempo para permanecer en la poderosa esfera de lo desconocido, en la vacuidad de posibilidades, e invertir tu energía en el vacío de potenciales que existe en el presente. Recuerda que aunque parezca que no haya nada en él, no es solo vacuidad, sino el campo cuántico repleto de energía y posibilidades.

Cuando mis colegas y yo examinamos a nuestros alumnos de los talleres avanzados que fueron capaces de convertirse en pura conciencia —un pensamiento desligado de esta realidad conocida— vimos los grandes avances que hicieron en cuanto a su capacidad para cambiar su cerebro, su cuerpo y su vida. Si el placebo consiste en cambiar el cuerpo por medio de los pensamientos, en ese caso un paso muy importante es convertirte en un pensamiento y nada más.

Lo ve todo sin ojos

El siguiente ejemplo, uno de mis favoritos, ilustra lo que puede suceder cuando nos centramos en lo desconocido durante la meditación. No hace mucho impartí un taller en Sídney, Australia, y mientras dirigía una meditación les pedí a los participantes que entraran en el estado de *sin cuerpo, sin yo, sin materia, sin espacio* y *sin tiempo* para que se convirtieran en pura conciencia y permanecieran en lo desconocido (como harás en el siguiente capítulo).

Mientras observaba al grupo meditando, advertí a una mujer llamada Sophia meditando sentada con los ojos cerrados como los demás en la tercera hilera. Y de pronto vi que su energía cambiaba. Algo en mí me dijo que la saludara con la mano, y así lo hice, y ella me respondió agitando la mano ¡sin abrir los ojos! Les hice una seña a dos de mis instructores que estaban en el otro extremo de la sala para que vinieran. Cuando llegaron les señalé con el dedo a Sophia y ella volvió a saludarme con la mano sin abrir los ojos en ningún momento.

—¿Cómo es posible? —me susurraron los instructores.

—Lo está viendo todo sin usar los ojos —les respondí.

Como ya he dicho, cuando nos centramos en lo desconocido, nos pasan cosas desconocidas. Al finalizar el taller de Sídney, dimos otro más avanzado en Melbourne una semana más tarde y Sophia también participó en él.

«¡Eh, te vi a ti y a tus instructores!», me dijo, y a continuación me describió todo lo que había sucedido en la sala durante la meditación mientras ella estaba con los ojos cerrados. Fue sumamente precisa en todo. Después del taller Sophia decidió presentarse para formar parte de mi equipo de instructores y yo la elegí por su extraña facultad. Varios meses más tarde acudió al curso de formación de instructores.

En esta clase de cursos, al final de cada día siempre les pido a los nuevos instructores que cierren los ojos mientras repaso durante treinta minutos las lecciones del día para reactivar los nuevos circuitos en su memoria a largo plazo. Mientras lo hacía, Sophia estaba sentada con los ojos cerrados, pero de pronto los abrió, sacudió la cabeza, los volvió a cerrar y se giró para mirar a sus espaldas, y luego se me quedó mirando con expresión de sorpresa. Después de hacer lo mismo varias veces, le indiqué con un gesto que siguiera meditando y que ya hablaríamos más tarde.

Sophia no solo veía lo que tenía enfrente con los ojos cerrados mientras meditaba, sino que me dijo que ahora tenía un campo de visión de 360 grados. Veía lo que estaba enfrente, detrás y a su alrededor al mismo tiempo. Como había adquirido el hábito de ver las cosas con los ojos abiertos toda la vida, no paraba de abrirlos y cerrarlos mientras meditaba para comprobar lo que ya había visto.

El doctor Fannin también estaba en aquel curso de formación. Nos dedicamos a escanear el cerebro de algunos de los instructores para saber qué patrones de ondas cerebrales íbamos a registrar en los alumnos de nuestro primer taller avanzado en Arizona. Cuando le tocó el turno a Sophia, no le conté nada sobre ella al doctor Fannin. Él la conectó al electroencefalógrafo y mientras ella nos daba la espalda, nos pusimos a mirar su escáner en la pantalla. De pronto vimos que se activaba la parte posterior del cerebro de Sophie, donde se encuentra la corteza visual.

—¡Oh, mira! —me susurró el doctor Fannin—. ¡Está visualizando!

—No —le respondí en voz baja sacudiendo la cabeza—. No está visualizando.

—¿A qué te refieres? —me dijo moviendo solo los labios para que ella no le oyera.

—Está viendo imágenes —musité.

—¿Qué quieres decir? —repitió confundido.

La saludé con la mano para que él lo viera por sí mismo. Y Sophia, que estaba de espaldas a mí, alzó la mano, volvió la palma hacia mí y me devolvió el saludo. Fue asombroso. La prueba estaba en el escáner: ella lo estaba viendo todo sin usar los ojos. Su corteza visual estaba procesando la información como si estuviera viendo, pero era su *cerebro* el que lo hacía y no sus ojos.

Como ya he dicho, si centras la atención en lo desconocido, te pasan cosas desconocidas. ¿Estás preparado para comprobarlo por ti mismo?

12

Meditación para cambiar las creencias y percepciones

En este capítulo te presentaré una meditación guiada concebida para ayudarte a cambiar algunas de las creencias o percepciones que tienes sobre ti o tu vida. Te aconsejo que reflexiones mientras escuchas la grabación de esta meditación (te ayuda a cambiar dos creencias o percepciones tuyas y dura una hora), o la de una versión más corta (te ayuda a cambiar una creencia o percepción y dura cuarenta y cinco minutos). Ambas meditaciones las puedes adquirir en CD o en MP3 en mi web (www.drjoedispenza.com). La versión de la meditación de una hora se titula: *El placebo eres tú: cambia dos creencias y percepciones,* y la de cuarenta y cinco minutos: *El placebo eres tú: cambia una creencia y percepción.* O si lo prefieres puedes grabarla tú mismo leyendo el texto de cualquiera de las dos versiones de la meditación (las encontrarás en el Apéndice).

Recuerda que estas creencias y percepciones son estados del ser subconsciente. Empiezan siendo pensamientos y sentimientos que experimentas una y otra vez, hasta que al final se convierten en habituaciones o automatismos, y en ese punto forman una actitud. Las actitudes se unen y se convierten en creencias, y las creencias se unen y se convierten en percepciones. Con el paso del tiempo esta redundancia te crea una visión del mundo y de ti que es en su mayor parte subconsciente. Afecta tus relaciones, tus conductas y todo cuanto hay en tu vida.

Si quieres cambiar una creencia o percepción, debes antes cambiar tu estado del ser. Y cambiar tu estado del ser significa cambiar tu energía, porque para poder afectar la materia, debes convertirte más en energía y menos en materia, más en onda y menos en partícula. Y para ello debes combinar una clara intención con una emoción elevada, estos son los dos ingredientes.

Como ya has visto, este proceso implica tomar una decisión que acarree una energía lo bastante poderosa como para que tu pensamiento sobre la nueva creencia se convierta en una experiencia que te deje una potente impronta emocional, la cual te cambiará a algún nivel en ese momento. Así es como cambias tu biología, te conviertes en tu propio placebo y haces que tu mente importe. Todos hemos tenido experiencias que han afectado nuestra biología en mayor o menor grado. ¿Recuerdas las mujeres camboyanas del capítulo 7 que desarrollaron problemas de visión debido a los horrores que las obligaron a presenciar cuando los jemeres rojos estaban en el poder? Aunque se trate de un ejemplo extremo, puedes usar el mismo principio para crear cambios *positivos*.

Para conseguirlo, la nueva experiencia debe ser más intensa que la del pasado. Es decir, la experiencia interior que experimentas al meditar debe tener una mayor amplitud —una energía más potente— que la de la experiencia exterior del pasado que creó la creencia y la percepción que quieres cambiar. *El cuerpo debe responder a una nueva mente.* Debes sentir esa emoción elevada con todo tu corazón, se te tiene que poner la carne de gallina. Tienes que sentirte entusiasmado, inspirado, invencible y fuerte.

En esta meditación te daré la oportunidad de cambiar dos creencias y percepciones sobre ti. Antes de empezar, decide cuáles son las dos que deseas cambiar. Puedes elegir una de las creencias limitadoras más comunes enumeradas en el capítulo 7, o la que tú quieras, como: *Siempre tendré este dolor o esta enfermedad, La vida es demasiado dura, La gente es poco amistosa, El éxito exige mucho trabajo* o *Nunca cambiaré.*

En cuanto las hayas elegido, traza una línea vertical en medio de una hoja de papel. En la parte izquierda escribe las dos creencias y percepciones que quieres cambiar, una encima de la otra.

A continuación pregúntate durante un minuto: *Si ya no quiero creer en esas cosas ni percibirlas, ¿qué es lo que deseo creer y percibir sobre* mí *y mi vida? Y si creyera y percibiera esas cosas nuevas, ¿cómo me sentiría?* Escribe las nuevas creencias y percepciones que quieres tener en la parte derecha de la hoja.

Como pronto verás, esta meditación se compone de tres partes.

—La **primera** parte es la de la inducción, en ella aplicas la técnica del enfoque abierto descrita en el capítulo anterior para entrar en unos estados más coherentes de ondas alfa o zeta en los que eres más sugestionable. Es fundamental hacerlo, porque solo puedes influir realmente en tu salud y convertirte en el placebo cuando aumenta tu grado de sugestionabilidad.

—En la **segunda** parte descubres el presente y te sumes en la vacuidad cuántica, donde existen todas las posibilidades.

—Y en la **tercera** cambias tus creencias y percepciones. Para describirte lo que harás cuando te sientes a meditar, te daré algunas instrucciones al principio de cada parte y luego aparecerá en cursiva el texto de la meditación.

Si eres un meditador experimentado haz si lo prefieres la meditación entera la primera vez. Y si eres un novel, practica si lo deseas la primera parte durante una semana, añade luego la segunda a la siguiente semana y la tercera a la otra semana. De cualquier manera, sigue haciendo la misma meditación a diario hasta que veas que ocurren algunos cambios en tu vida.

Si ya estás practicando la meditación que describo en *Deja de ser tú,* ten en cuenta que la meditación de este libro es totalmente distinta, aunque encuentres algunas similitudes en la forma en que ambas meditaciones empiezan (la fase de la inducción). Si solo puedes hacer una sesión de meditación diaria, te aconsejo que pruebes esta meditación nueva durante varios meses para cosechar todos los beneficios. Y luego decide la meditación que desees seguir haciendo, o también puedes ir intercalando las dos.

Inducción: crea con el enfoque abierto coherencia cerebral y ondas cerebrales más lentas

Cuando hagas la meditación del enfoque abierto pasarás de ser partícula a onda, del estrecho foco de atención que pones en la gente, los lugares y las cosas del mundo exterior, a un foco de atención más amplio en el que te concentras en el espacio en lugar de en lo *material.* Al fin y al cabo, si un átomo se compone aproximadamente de un 99,9 por ciento de energía y siempre nos estamos fijando en la partícula, tal vez sea hora de que nos fijemos en la onda, porque nuestra conciencia y nuestra energía están muy conectadas y prestar atención a nuestra energía es lo que la amplifica.

Cuando usas esta técnica el cerebro cambia de manera natural, porque para realizarla correctamente tienes que olvidarte de tu mente analítica (que como identidad está muy ocupada pensando en ondas beta altas). Esta identidad con la que te identificas está vinculada al entorno exterior, a tus adicciones emocionales y hábitos, y al tiempo. En cuanto vas más allá de estos elementos, no eres más que pura conciencia y como ya has visto, los distintos compartimentos de tu cerebro empiezan a comunicarse mejor y tus ondas cerebrales se vuelven muy ordenadas: empiezan a enviar señales coherentes al resto del cuerpo, como las de los participantes de los talleres.

Mantente presente durante esta meditación, no intentes imaginarte ni visualizar nada. Simplemente percibe y siente. Si logras sentir el lugar que ocupa en el espacio tu tobillo izquierdo, así como tu nariz, y el espacio que hay entre tu esternón y tu pecho, estarás poniendo tu conciencia, tu mente y tu atención en estos lugares. Tal vez te venga a la cabeza una figura o una imagen (por ejemplo, de tu pecho o de tu corazón), pero no intentes buscarla, limítate a ser consciente del espacio que hay dentro de ti y a tu alrededor en el espacio.

Esta primera parte de la meditación debe durar de 10 a 15 minutos.

Meditación: primera parte

Ahora… sé consciente… del espacio… que hay entre tus ojos… en el espacio.

Siente… la energía del espacio… que hay entre tus ojos… en el espacio.

Y ahora… advierte… el espacio… que hay entre tus sienes… en el espacio.

Percibe… la cantidad de espacio… que hay entre tus sienes… en el espacio.

Y ahora… percibe… el espacio… que tus orificios nasales… ocupan en el espacio.

Siente… la cantidad de espacio… que hay en el interior de tus orificios nasales… en el espacio.

Percibe… el espacio… que hay entre tu lengua y el fondo de tu garganta… en el espacio.

Y ahora fíjate… en la cantidad de espacio… que el fondo de tu garganta ocupa… en el espacio.

Nota… la energía del espacio… alrededor de tus orejas… en el espacio.

Advierte… la energía del espacio… más allá de tus orejas… en el espacio.

Y ahora observa… el espacio… que hay debajo de tu mentón… en el espacio.

Percibe… la cantidad de espacio… que hay alrededor de tu cuello… en el espacio.

Nota… el espacio… que hay más allá de tu pecho… en el espacio.

Y ahora percibe… la energía del espacio… que hay alrededor de tu pecho… en el espacio.

Advierte… la cantidad de espacio… que hay más allá de tus hombros… en el espacio.

Siente… la energía del espacio… que hay alrededor de tus hombros… en el espacio.

Fíjate… en el espacio… que hay detrás de tu espalda… en el espacio.

Percibe… la energía del espacio… que hay más allá de tu columna… en el espacio.

Y ahora nota… el espacio… que hay entre tus muslos… en el espacio.

Fíjate… en la energía del espacio… que conecta tus rodillas… en el espacio.

Sé consciente… de la cantidad de espacio… que hay alrededor de tus pies… en el espacio.

Advierte… la energía del espacio… que hay más allá de tus pies… en el espacio.

Sé consciente… del espacio… que hay alrededor de tu cuerpo… en el espacio.

Percibe… la energía del espacio… que hay más allá de tu cuerpo… en el espacio.

Y ahora… sé consciente… del espacio que hay entre tu cuerpo y las paredes de la habitación… en el espacio.

Siente… la cantidad de espacio… que ocupa toda la habitación… en el espacio.

Sé consciente… del espacio… que ocupa todo el espacio… en el espacio.

Y ahora percibe… la cantidad de espacio… que ese espacio toma… en el espacio.

Conviértelo en posibilidad:
encuentra el presente y permanece en la vacuidad

En la siguiente parte de la meditación descubrirás el delicioso instante del presente, donde todo es posible. Para lograrlo debes despojarte de tu identidad y desconectarte del cuerpo, el entorno y el tiempo, porque cuanto más tiempo permanezcas en lo desconocido, más lo atraerás hacia ti. Y como las células nerviosas que no se activan juntas, no se conectan juntas, estarás silenciando los circuitos de tu cerebro relacionados con el yo antiguo. Como has visto, estos circuitos mantienen un programa subconsciente grabado, o sea que si logras desconectarte de ellos, también te estarás desconectando del programa. Ya no estarás enviando emocionalmente las mismas señales a los mismos genes. Y a medida que tu cuerpo vaya adquiriendo un estado más equilibrado y armonioso, te descubrirás en el delicioso instante del presente y ahí es donde existen todas las posibilidades.

Si ves que tu mente se distrae pensando en personas que conoces, en tus problemas, en situaciones del pasado o del futuro, en tu cuerpo, tu peso, tu dolor, tu gran apetito o incluso en el tiempo que dura esta meditación, advierte estos pensamientos y vuelve a centrarte en la vacuidad o en el vacío cuántico de posibilidades. Y luego entrégate de nuevo a la nada.

La segunda parte de la meditación debe durar de 10 a 15 minutos aproximadamente.

Meditación: segunda parte

Y ahora… es el momento… de entrar en el estado de sin cuerpo… sin yo… sin materia… sin espacio… sin tiempo… para convertirte en pura conciencia… en una conciencia en el campo infinito de potenciales… y de invertir tu energía en lo desconocido…Y cuanto más permanezcas en lo desconocido… más atraerás una vida nueva… Conviértete simplemente en un pensamiento en el vacío de lo infinito… y pon tu atención en el estado de sin materia… sin cuerpo… sin tiempo…

Y si tú… como observador cuántico… descubres que tu mente vuelve a lo conocido… a lo habitual… a la gente… a las cosas… o a los lugares de la realidad a la que estás acostumbrado… a tu cuerpo… a tu identidad, a tus emociones… al tiempo… al pasado… o al futuro previsible… advierte simplemente que estás pensando en lo conocido… haz que tu conciencia vuelva al vacío de posibilidades… y entra en el estado de sin yo… sin cuerpo… sin materia… sin espacio… sin tiempo… Adéntrate en la esfera inmaterial de los potenciales cuánticos… Cuanto más consciente eres de las posibilidades… más posibilidades y oportunidades estás creando en tu vida… Mantente presente…

[Permanece en este estado de 10 a 15 minutos.]

Cambia tus creencias y percepciones sobre ti y tu vida

En la última parte de la meditación reflexionarás en esa primera creencia o percepción de tu vida que quieres cambiar. Te preguntaré si quieres seguir conservando esa creencia y percepción. Si me respondes que no, te invitaré a decidir cambiarla con una intención tan firme que la amplitud de la energía generada por esta decisión sea mayor que la de los programas grabados en tu cerebro y la de las adicciones emocionales de tu cuerpo. Tu cuerpo responderá entonces a una mente nueva, a una conciencia nueva.

A continuación te preguntaré: «¿Qué quieres creer y percibir sobre ti y tu vida, y cómo te sentirás cuando lo hagas?» Tu tarea será entrar en un nuevo estado del ser. Tendrás que cambiar tu energía al combinar una intención clara con una emoción elevada, y elevar la materia a una mente nueva. Deberás levantarte sintiéndote distinto de cuando te sentaste a meditar. Si es así, significará que has cambiado biológicamente.

En este punto, el pasado habrá dejado de existir porque esta experiencia de mayor amplitud anulará el programa de la antigua experiencia. Por eso la decisión que tomas se convierte en una experiencia inolvidable, porque ahora estará almacenada en la memoria a largo plazo. Harás que una posibilidad desconocida se vuelva conocida, lo cual te permitirá dejar atrás el pasado y vivir en el futuro, donde la situación que deseas ya ha sucedido. Recuerda que no debes intentar averiguar cuándo, dónde o cómo ocurrirá, solo debes entrar en un nuevo estado del ser y ver luego el futuro que estás creando.

A continuación te guiaré para que cambies tu segunda creencia o percepción, y volverás a repetir el mismo proceso.

La última parte de la meditación dura de 20 a 30 minutos aproximadamente.

Meditación: tercera parte

¿Cuál era la primera creencia... o percepción... sobre ti y tu vida que querías cambiar?

¿Quieres seguir creyéndolo y percibiéndolo de esa forma?

Si no es así... quiero que tomes una decisión... con una intención tan firme... que la amplitud generada por esa decisión... cree una energía más poderosa que la de los programas grabados en tu cerebro... y la de las adicciones emocionales de tu cuerpo... y deja que tu cuerpo responda a una mente nueva...

Deja que esta decisión se convierta en una experiencia inolvidable... y que la experiencia... te produzca una emoción con una energía tan potente... que reescriba los programas... y cambie tu biología... Sal del estado en el que te has acomodado y cambia tu energía... para poder cambiar con ella tu biología...

Ahora es el momento de entregar tu pasado a la posibilidad... y de dejar que el campo infinito de posibilidades lo resuelva de la forma más adecuada para ti... Déjalo ir.

Ahora... ¿qué es lo que quieres creer y percibir sobre ti y tu vida... y cómo te hará sentir?

Venga... es hora de entrar en un nuevo estado del ser... y de dejar que tu cuerpo responda a una mente nueva... cambia tu energía combinando una intención clara con una emoción elevada para que la materia se eleve a una mente nueva...

Deja que la decisión... acarree una amplitud de energía... más poderosa que la de cualquier experiencia del pasado... y que tu cuerpo sea alterado por tu conciencia, por tu energía... adquiere un estado del ser nuevo... haz que este momento te defina... y deja que este pensamiento intencional se convierta en una experiencia interior tan poderosa... que acarree una intensa energía emocional que se convierta en un recuerdo inolvidable... reemplazando el recuerdo del pasado con un recuerdo nuevo en tu cerebro y tu cuerpo... ¡Venga! Llénate de fuerza... De inspiración... Toma una decisión inolvidable...

Ahora… deja que tu cuerpo saboree el futuro que deseas mostrándole cómo se sentirá al creer en él… y que responda a una mente nueva…

¿Y cómo vivirás en este estado del ser?… ¿Qué decisiones tomarás?… ¿Cómo te comportarás?… ¿Qué experiencias habrá en tu futuro?… ¿Qué clase de vida llevarás?… ¿Cómo te sentirás?… ¿Cómo amarás?… Deja que las ondas infinitas de posibilidades colapsen en la experiencia que deseas en tu vida…

Enseña a tu cuerpo emocionalmente lo que sería vivir este nuevo futuro… Venga… abre tu corazón…. Y cree en la posibilidad… Elévate… enamórate del momento… y experimenta ese futuro ahora…

Entrega ahora tu creación a una mente superior… ya que lo que piensas y experimentas en esta esfera llena de posibilidades… cuando lo sientes de verdad… acaba manifestándose en el futuro… yendo de las ondas de las posibilidades a las partículas en la realidad… de lo inmaterial a lo material… del pensamiento, a la energía en la materia…

Entrega… ahora tu nueva creencia al campo de conciencia que ya sabe cómo organizar el resultado de una forma que sea perfecta para ti… sembrando una semilla en posibilidad…

¿Cuál era la segunda creencia o percepción que querías cambiar sobre ti y tu vida?… ¿Y te sirve de algo seguir creyéndolo o percibiéndolo… de esta forma?

Si no es así, es hora de tomar una decisión con una inten-
ción tan firme… que la amplitud de esa decisión… acarree
una energía tan poderosa que haga que tu cuerpo responda
a una mente nueva… que la decisión que tomes sea decisi-
va… y se convierta en una experiencia inolvidable… Sal
del estado en el que te has acomodado y cambia tu energía
para que esa materia se eleve a una mente nueva… ¡Venga!
Llénate de fuerza… Deja que tu energía te inspire…

Deja que la energía de la decisión… reescriba neurológica-
mente los programas subconscientes de tu cerebro… y que
haga también lo mismo a nivel emocional y genético en tu
cuerpo… haz que la decisión acarree una energía más po-
derosa que la del pasado… y deja que tu energía cambie tu
biología… llénate de inspiración…

Y ahora… entrega esa creencia a una inteligencia supe-
rior… déjala ir… y ofrécela… al campo de posibilidades…
para que vuelva a convertirse en energía…

¿Qué quieres ahora creer y percibir sobre ti y tu vida?… ¿Y
cómo te hará sentir?

Venga, entra en un nuevo estado del ser… deja que tu cuerpo
se eleve a una mente nueva… y que la energía de esta deci-
sión… reescriba los circuitos de tu cerebro… y los genes de tu
cuerpo… y que este se libere en un futuro nuevo… Debes
sentir la energía nueva… para ir más allá del cuerpo, el en-
torno y el tiempo… y dominar estos tres elementos… Con-
viértete en un pensamiento que afecta la materia.

Enseña a tu cuerpo emocionalmente… cómo sería creer de
este modo… llenarte de fuerza… emocionarte por tu propia

grandeza… tener valor… ser invencible… amar la vida con pasión… sentirte ilimitado… vivir como si tus plegarias se hubieran cumplido… Venga, deja que tu cuerpo, como mente inconsciente, saboree tu futuro… al enviar señales nuevas a genes nuevos… Tu energía es el epifenómeno de la materia… cambia tu energía y tu cuerpo… Venga, haz que tu mente importe…

¿Cómo vivirías en este estado del ser? Y si creyeras en ello, ¿qué decisiones tomarías?… ¿Cómo te comportarías?… ¿Y qué experiencias te crearía este estado del ser?… ¿Y cómo sería… curarte, ser libre, creer en ti y en las posibilidades?… Déjate ir…

Bendice este futuro con tu energía… Así te conectarás a un nuevo destino… ya que allí donde pones la atención, pones la energía… Invierte en tu futuro… y deja que sea el que te defina en lugar de tu pasado… Abre tu corazón y deja que tu cuerpo sienta la profunda emoción producida por tu experiencia interior… y recuerda que sea lo que sea lo que experimentes en el mundo de lo desconocido… y lo que aceptes emocionalmente… acabará reduciendo su frecuencia como energía… y manifestándose en las tres dimensiones como materia…

Y ahora olvídate de ello y no intentes perseguir un resultado… deja que una inteligencia superior se ocupe de manifestar lo que es más adecuado para ti…

Pon tu mano izquierda sobre tu corazón… quiero que bendigas tu cuerpo… para que se eleve a una mente nueva… que bendigas tu vida… para que sea una prolongación de tu mente… que bendigas tu futuro… para que no vuelva a ser nunca más tu pasado… que bendigas tu pasado… para que se convierta en sabiduría… que bendigas las adversidades de tu vida… para que te permitan conocer tu grandeza… y veas el significado que se oculta detrás de todas las cosas… que bendigas tu alma… para que te despierte de este sueño… y que bendigas lo divino que habita en ti… para advertir su presencia en tu interior… y cómo se expresa a través de ti… y de todo cuanto te rodea… para que te muestre la razón de tu existencia…

Y por último… quiero que agradezcas la nueva vida antes de que se manifieste… para que tu cuerpo, como mente inconsciente, empiece a experimentar ese futuro ahora… Porque la impronta emocional del agradecimiento significa que el acontecimiento ya ha ocurrido… Ya que la gratitud… es el estado por excelencia del que recibe…

Memoriza ahora simplemente este sentimiento… y sé consciente de tu cuerpo nuevo… tu entorno nuevo… y tu tiempo nuevo… y cuando sientas que estás preparado, abre los ojos.

Epílogo

Conviértete en sobrenatural

Algunos críticos tal vez califiquen el contenido de este libro de una apología de la curación por la fe, pero a estas alturas de mi vida esta acusación no me importa, porque ¿acaso la fe no es creer en un pensamiento más que en ninguna otra cosa? ¿Acaso no significa aceptar un pensamiento —al margen de las condiciones de nuestro entorno— y entregarnos al resultado hasta tal punto que vivimos como si nuestras plegarias ya se hubieran cumplido? Se parece a una fórmula para el efecto placebo. Siempre hemos estado siendo nuestro propio placebo.

Tal vez lo más importante no sea rezar rigurosamente a diario para que se cumplan nuestros deseos, sino levantarnos de nuestra meditación como si nuestras oraciones *ya* se hubieran cumplido. Si lo hacemos cada día alcanzaremos un nivel mental en el que viviremos en lo desconocido y esperaremos lo inesperado. Y entonces es cuando lo misterioso llamará a nuestra puerta.

La respuesta placebo consiste en curarnos por medio de los pensamientos. Al fin y al cabo, un pensamiento no es más que una emoción sin manifestar. En cuanto aceptamos este pensamiento emocionalmente, empieza a volverse real, es decir, se convierte en realidad. Un pensamiento sin una impronta emocional carece de experiencia y por tanto está latente, aguardando en lo desconocido para ser conocido. Al tener un pensamiento para convertirlo en experiencia y luego en sabiduría, estamos evolucionando como seres humanos.

Al mirarte al espejo ves tu reflejo y sabes que estás viendo tu aspecto físico. Pero ¿cómo se ven a sí mismos el yo verdadero, el ego y el alma? Tu vida es la imagen reflejada de tu mente, de tu conciencia, y de quien realmente eres.

Los miembros de las escuelas espirituales de sabiduría antigua no están meditando en la cima de una montaña del Himalaya esperando a iniciarnos para que nos convirtamos en místicos y santos, sino que la *vida* que llevamos es nuestra propia iniciación en la grandeza. Tal vez tú y yo debamos ver la vida como una oportunidad para irnos perfeccionando día a día y superar nuestras limitaciones con una conciencia más expandida. Así es como una persona pragmática, en vez de una victimizada, lo ve.

Al principio nos cuesta abandonar nuestra forma habitual de ver la vida para aceptar nuevos paradigmas. Es algo que nos resulta difícil e incómodo. ¿Por qué? Porque cuando cambiamos, ya no nos sentimos los mismos. Por eso mi definición de *genio* es sentirse incómodo y al mismo tiempo aceptar esta incomodidad.

La historia está llena de personajes admirables que lucharon contra las creencias obsoletas de su tiempo, viviendo fuera de sus zonas de comodidad, que fueron tachados de herejes y locos para acabar siendo considerados unos auténticos genios, santos o maestros. Con el paso del tiempo se convirtieron en sobrenaturales.

Pero ¿cómo tú y yo podemos convertirnos en sobrenaturales? Para empezar debemos hacer aquello que más nos cuesta, es decir, *ser generosos* en medio de las épocas de crisis, cuando todo el mundo se siente rodeado de carencias y pobreza; *amar* cuando toda la gente está enojada y juzgando a los demás; *demostrar valentía y serenidad* cuando el resto está aterrado; *ser bondadosos* cuando los demás son hostiles y agresivos; *entregarnos a las posibilidades* cuando el resto del mundo se abre camino a codazos para ser los primeros, intentando controlar los resultados, compitiendo con ferocidad compulsivamente para llegar a lo más alto; *sonreír de manera cómplice* ante la adversidad y *cultivar una sensación de plenitud* cuando nos diagnostican una enfermedad.

En semejantes situaciones no parece normal tomar esta clase de decisiones, pero si conseguimos hacerlo una y otra vez, acabaremos trascendiendo lo normal, y tú también te convertirás en sobrenatural. Y lo más importante es que al ser sobrenatural les estarás dando a los *demás* el permiso para hacer lo mismo. Las neuronas espejo se activan cuando observamos a otra persona realizando una acción. Nuestras neuronas reflejan las suyas, como si estuviéramos haciendo lo mismo que ella. Por ejemplo, cuando un bailarín profesional baila salsa, *tú* bailarás salsa mejor que antes. Si observas a Serena Williams lanzar una pelota, *tú* también la lanzarás mejor que antes. Si contemplas a alguien dirigiendo una comunidad con amor y compasión, tú también te conducirás en tu vida del mismo modo. Y si ves a una persona curarse a sí misma de una enfermedad al cambiar su forma de pensar, también tenderás a hacer lo mismo.

Espero que después de leer este libro veas que la creencia fundamental es creer en ti y en el campo de posibilidades infinitas, y cuando fusionas tu creencia en ti como conciencia subjetiva con tu creencia en una conciencia objetiva, estás equilibrando la intención y la entrega. Aunque no es una tarea fácil, porque si te excedes en tu intención (estarás «intentando» perseguir el resultado que deseas) y te convertirás en tu mayor obstáculo, por lo que no lograrás materializar tu visión. Y si te entregas demasiado al resultado, te volverás vago, apático y poco creativo. Pero si combinas una intención clara con tu firme creencia en las posibilidades, te adentrarás en lo desconocido y en ese instante empezará a manifestarse lo sobrenatural. Creo que nuestro mejor momento es cuando tú y yo nos encontramos en ese estado del ser.

Cuando estos dos estados se funden, en ese instante bebemos de un manantial más profundo. Y en cuanto la plenitud, la satisfacción y el autoamor te salen de dentro porque te has aventurado más allá de lo que creías posible y has superado las limitaciones que te habías impuesto, es cuando ocurre lo inusual. Sentirte feliz contigo mismo en el presente mientras cobijas un sueño sobre tu futuro es una gran receta para que se manifieste.

Cuando te sientes tan lleno que ya no te importa si «eso» te ocurrirá, es cuando se materializan en tu vida cosas increíbles ante tus propios ojos. Yo he aprendido que sentirte lleno es el estado perfecto para crear. Lo he visto una y otra vez al presenciar auténticas curaciones en personas de todas las partes del mundo. Se sienten tan llenas que ya no quieren nada, ni sienten que les falte nada, ni intentan alcanzar nada. Se desprenden de todo y, para su sorpresa, les responde algo más grande que ellos mismos y entonces se echan a reír por lo sencillo que ha sido el proceso.

Espero que este libro y mis investigaciones sean un comienzo y no un final. Yo seré sin duda el primero en alzar la mano para confesar que no lo sé todo. Aunque mi mayor alegría es cuando contribuyo al crecimiento personal de alguien en cierto modo. He visto la transformación en muchos rostros y puedo afirmar que sea cual sea nuestra cultura, raza o sexo, todos ponemos la misma cara al liberarnos de las cadenas de nuestras creencias limitadoras.

En el mundo de la biología hay un principio que me apasiona llamado *surgimiento*. ¿Has visto alguna vez un banco de peces girando en la misma dirección al mismo tiempo? ¿O una bandada de cientos de aves volando al unísono como una sola conciencia, una sola mente? Cuando observas este fenómeno tal vez pienses que todos los miembros del grupo siguen al líder que les guía. Parece que los movimientos sincronizados de cientos o incluso de miles de organismos haciendo lo mismo a la vez sea un fenómeno de «arriba para abajo». Pero en realidad no es esto lo que ocurre.

Por lo visto este grado de unidad es un fenómeno de «abajo para arriba». En realidad el grupo no tiene un líder sino que todos lo lideran. Forman parte de la misma conciencia colectiva y hacen lo mismo a la vez. Es como si estuvieran conectados como un todo a un campo de información más allá del espacio y el tiempo. Es una comunidad con una sola mente. Un organismo creado de la unidad que forman sus integrantes. Las cantidades son poderosísimas.

Nos han programado y condicionado para que creamos subconscientemente que si lideramos con demasiada pasión y cambiamos el mundo, nos acabarán asesinando. La mayoría de los grandes líderes que cambiaron el curso de la historia con un profundo mensaje acabaron «pagándolo» con su propia vida. Tanto si se trata de Martin Luther King, Jr., Mahatma Gandhi, John Lennon, Juana de Arco, William Wallace, Jesús el Nazareno o de Abraham Lincoln, existe un estigma inconsciente que sugiere que todos los líderes visionarios deben dar su vida por la verdad. Pero tal vez hayamos llegado por fin a un momento de la historia en el que es más importante *vivir* por la verdad que morir por ella.

Si cientos, miles o incluso millones de seres humanos aceptamos una nueva conciencia basada en las posibilidades, alineamos nuestras acciones con nuestras intenciones y vivimos según las maravillosas leyes universales del amor, la bondad y la compasión, surgirá en el mundo una nueva conciencia y experimentaremos una verdadera unión. En este caso tal vez tengamos que retirar del poder a muchos líderes.

Si te comprometes a diario a sacar lo mejor de ti y superas los estados mentales egoístas motivados por las hormonas del estrés —yo también estoy haciendo lo mismo—, cambiaremos juntos el mundo al cambiar cada uno por dentro. Y si una cantidad lo bastante grande de personas vamos suavizando nuestras reacciones para volvernos más humanos, en este caso a medida que las comunidades formadas por individuos en las que vivimos se extiendan por todo el mundo, acabarán eliminando la mentalidad actual basada en el miedo, la competitividad, la carencia, la hostilidad, la codicia y el engaño. Y con el paso del tiempo lo nuevo dejará atrás lo viejo. A mí me preocupa sobre todo que vivamos en un mundo donde las investigaciones científicas están motivadas por los puros intereses personales y a menudo influenciadas por las ganancias, por eso me pregunto si nos han dicho la verdad sobre cómo son en realidad las cosas. De nosotros depende descubrirla por nuestra cuenta.

Imagínate un mundo habitado por miles de millones de personas que, como un banco de peces, viven como una unidad, donde todo el mundo tiene los mismos pensamientos elevados en cuanto a las posibilidades infinitas y que esos pensamientos les permiten tomar mejores decisiones, ser más altruistas y crear experiencias más iluminadoras. La gente ya no vivirá entonces dejándose llevar por las emociones del estado de supervivencia que tanto abundan hoy día, en las que se sienten más materia que energía y no son conscientes de las posibilidades que tienen. En su lugar vivirán movidos por emociones más expansivas, altruistas y sinceras, sintiéndose más energía que materia, estando en contacto con algo más grande que ellos mismos.

Si lo conseguimos, *surgirá* un mundo totalmente distinto y viviremos según un nuevo credo basado en abrir nuestro corazón. Eso es lo que veo cuando cierro los ojos para meditar.

Doctor Joe Dispenza

Apéndice

Meditación: cambia tus creencias y percepciones

Si prefieres grabar tu meditación guiada en lugar de adquirir en mi web una de las versiones grabadas en CD o en MP3, utiliza uno de estos dos siguientes textos. El primero es una meditación de una hora que consiste en cambiar dos creencias o percepciones tuyas, y el segundo es una meditación de cuarenta y cinco minutos que consiste en cambiar una creencia o percepción.

Si decides grabar la meditación, detente uno o dos segundos en cada serie de puntos suspensivos, y durante al menos cinco segundos entre una frase y otra. He añadido una nota después de la segunda parte de cada meditación para recordarte que debes incluir un periodo de silencio en tu grabación para permanecer en lo desconocido antes de empezar la última parte de la meditación, en la que cambiarás una o dos creencias o percepciones tuyas.

Versión de la meditación de 1 hora
(cambia dos creencias y percepciones)

Ahora... sé consciente... del espacio... que hay entre tus ojos... en el espacio.

Siente... la energía del espacio... que hay entre tus ojos... en el espacio.

Y ahora… advierte… el espacio… que hay entre tus sienes… en el espacio.

Percibe… la cantidad de espacio… que hay entre tus sienes… en el espacio.

Y ahora… percibe… el espacio… que tus orificios nasales… ocupan en el espacio.

Siente… la cantidad de espacio… que hay en el interior de tus orificios nasales… en el espacio.

Percibe… el espacio… que hay entre tu lengua y el fondo de tu garganta… en el espacio.

Y ahora fíjate… en la cantidad de espacio… que el fondo de tu garganta ocupa… en el espacio.

Nota… la energía del espacio… alrededor de tus orejas… en el espacio.

Advierte… la energía del espacio… más allá de las orejas… en el espacio.

Y ahora observa… el espacio… que hay debajo de tu mentón… en el espacio.

Percibe… la cantidad de espacio… que hay alrededor de tu cuello… en el espacio.

Nota… el espacio… que hay más allá de tu pecho… en el espacio.

Y ahora percibe… la energía del espacio… que hay alrededor de tu pecho… en el espacio.

Advierte… la cantidad de espacio… que hay más allá de tus hombros… en el espacio.

Siente… la energía del espacio… que hay alrededor de tus hombros… en el espacio.

Fíjate… en el espacio… que hay detrás de tu espalda… en el espacio.

Percibe… la energía del espacio… que hay más allá de tu columna… en el espacio.

Y ahora nota… el espacio… que hay entre tus muslos… en el espacio.

Fíjate… en la energía del espacio… que conecta tus rodillas… en el espacio.

Sé consciente… de la cantidad de espacio… que hay alrededor de tus pies… en el espacio.

Advierte… la energía del espacio… que hay más allá de tus pies… en el espacio.

Sé consciente… del espacio… que hay alrededor de tu cuerpo… en el espacio.

Percibe… la energía del espacio… que hay más allá de tu cuerpo… en el espacio.

Y ahora... sé consciente... del espacio que hay entre tu cuerpo y las paredes de la habitación... en el espacio.

Siente... la cantidad de espacio... que ocupa toda la habitación... en el espacio.

Sé consciente... del espacio... que ocupa todo el espacio... en el espacio.

Y ahora percibe... la cantidad de espacio... que ese espacio toma... en el espacio.

Y ahora... es el momento... de entrar en el estado de sin cuerpo... sin yo... sin materia... sin espacio... sin tiempo... para convertirte en pura conciencia... en una conciencia en el campo infinito de potenciales... y de invertir tu energía en lo desconocido... Y cuanto más permanezcas en lo desconocido... más atraerás una vida nueva... Conviértete simplemente en un pensamiento en el vacío de lo infinito... y pon tu atención en el estado de sin materia... sin cuerpo... sin tiempo...

Y si tú... como observador cuántico... descubres que tu mente vuelve a lo conocido... a lo habitual... a la gente... a las cosas... o a los lugares de la realidad a la que estás acostumbrado... a tu cuerpo... a tu identidad, a tus emociones... al tiempo... al pasado... o al futuro previsible... advierte simplemente que estás pensando en lo conocido... haz que tu conciencia vuelva al vacío de posibilidades... y entra en el estado de sin yo... sin cuerpo... sin materia... sin espacio... sin tiempo... Adéntrate en la esfera inmaterial de los potenciales cuánticos... Cuanto más consciente eres de las posibilidades... más posibilidades y oportunidades estás creando en tu vida... Mantente presente...

[Permanece en este estado de 5 a 20 minutos, dependiendo del tiempo del que dispongas para meditar.]

¿Cuál era la primera creencia… o percepción… sobre ti y tu vida que querías cambiar?

¿Quieres seguir creyéndolo y percibiéndolo de esa forma?

Si no es así… quiero que tomes una decisión… con una intención tan firme… que la amplitud generada por esa decisión… cree una energía más poderosa que la de los programas grabados en tu cerebro… y la de las adicciones emocionales de tu cuerpo… y deja que tu cuerpo responda a una mente nueva…

Deja que esta decisión se convierta en una experiencia inolvidable… y que la experiencia… te produzca una emoción con una energía tan potente… que reescriba los programas… y cambie tu biología… Sal del estado en el que te has acomodado y cambia tu energía… para poder cambiar con ella tu biología…

Ahora es el momento de entregar tu pasado a la posibilidad… y de dejar que el campo infinito de posibilidades lo resuelva de la forma más adecuada para ti… Déjalo ir.

Ahora… ¿qué es lo que quieres creer y percibir sobre ti y tu vida… y cómo te hará sentir?

Venga… es hora de entrar en un nuevo estado del ser… y de dejar que tu cuerpo responda a una mente nueva… cambia tu energía combinando una intención clara con una emoción elevada para que la materia se eleve a una mente nueva…

Deja que la decisión… acarree una amplitud de energía… más poderosa que la de cualquier experiencia del pasado… y que tu cuerpo sea alterado por tu conciencia, por tu energía… adquiere un estado del ser nuevo… haz que este momento te defina… y deja que este pensamiento intencional se convierta en una experiencia interior tan poderosa… que acarree una intensa energía emocional que se convierta en un recuerdo inolvidable… reemplazando el recuerdo del pasado con un recuerdo nuevo en tu cerebro y tu cuerpo… ¡Venga! Llénate de fuerza… De inspiración… Toma una decisión inolvidable…

Ahora… deja que tu cuerpo saboree el futuro que deseas mostrándole cómo se sentirá al creer en él… y que responda a una mente nueva…

¿Y cómo vivirás en este estado del ser?… ¿Qué decisiones tomarás?… ¿Cómo te comportarás?… ¿Qué experiencias habrán en tu futuro?… ¿Qué clase de vida llevarás?… ¿Cómo te sentirás?… ¿Cómo amarás?… Deja que las ondas infinitas de posibilidades colapsen en la experiencia que deseas en tu vida…

Enseña a tu cuerpo emocionalmente lo que sería vivir este nuevo futuro… Venga… abre tu corazón… Y cree en la posibilidad… Elévate… enamórate del momento… y experimenta ese futuro ahora…

Entrega ahora tu creación a una mente superior… ya que lo que piensas y experimentas en esta esfera de posibilidades… cuando lo sientes de verdad… acaba manifestándose en el futuro… yendo de las ondas de las posibilidades a las partículas en la realidad… de lo inmaterial a lo material… del pensamiento, a la energía en la materia…

Entrega… ahora tu nueva creencia al campo de concien-
cia que ya sabe cómo organizar el resultado de una forma
que sea perfecta para ti… sembrando una semilla en posi-
bilidad…

¿Cuál era la segunda creencia o percepción que querías
cambiar sobre ti y tu vida?… ¿Y te sirve de algo seguir cre-
yéndolo o percibiéndolo… de esta forma?

Si no es así, es hora de tomar una decisión con una inten-
ción tan firme… que la amplitud de esa decisión… aca-
rree una energía tan poderosa que haga que tu cuerpo
responda a una mente nueva… que la decisión que tomes
sea decisiva… y se convierta en una experiencia inolvida-
ble… Sal del estado en el que te has acomodado y cambia
tu energía para que esa materia se eleve a una mente
nueva… ¡Venga! Llénate de fuerza… Deja que tu energía
te inspire…

Deja que la energía de la decisión… reescriba neurológica-
mente los programas subconscientes de tu cerebro… y que
haga también lo mismo a nivel emocional y genético en tu
cuerpo… haz que la decisión acarree una energía más po-
derosa que la del pasado… y deja que tu energía cambie tu
biología… Llénate de inspiración…

Y ahora… entrega esa creencia a una inteligencia supe-
rior… déjala ir… y ofrécela… al campo de posibilidades…
para que vuelva a convertirse en energía…

¿Qué quieres ahora creer y percibir sobre ti y tu vida?… ¿Y
cómo te hará sentir?

Venga, entra en un nuevo estado del ser… deja que tu cuerpo se eleve a una mente nueva… y que la energía de esta decisión… reescriba los circuitos de tu cerebro… y los genes de tu cuerpo… y que este se libere en un futuro nuevo… Debes sentir la energía nueva… para ir más allá del cuerpo, el entorno y el tiempo… y dominar estos tres elementos… Conviértete en un pensamiento que afecta la materia…

Enseña a tu cuerpo emocionalmente… cómo sería creer de este modo… llenarte de fuerza… emocionarte por tu propia grandeza… tener valor… ser invencible… amar la vida con pasión… sentirte ilimitado… vivir como si tus plegarias se hubieran cumplido… Venga, deja que tu cuerpo, como mente inconsciente, saboree tu futuro… enviando señales nuevas a genes nuevos… Tu energía es el epifenómeno de la materia… cambia tu energía y tu cuerpo… Venga, haz que tu mente importe…

¿Cómo vivirías en este estado del ser? Y si creyeras en ello, ¿qué decisiones tomarías?… ¿Cómo te comportarías?… ¿Y qué experiencias te crearía este estado del ser?… ¿Y cómo sería… curarte, ser libre, creer en ti y en las posibilidades?… Déjate ir…

Bendice este futuro con tu energía… Así te conectarás a un nuevo destino… ya que allí donde pones la atención, pones la energía… Invierte en tu futuro… y deja que sea el que te defina en lugar de tu pasado… Abre tu corazón y deja que tu cuerpo sienta la profunda emoción producida por tu experiencia interior… y recuerda que sea lo que sea lo que experimentes en el mundo de lo desconocido… y lo que aceptes emocionalmente… acabará reduciendo su frecuencia *como energía… y manifestándose en las tres dimensiones como materia…*

Y ahora olvídate de ello y no intentes perseguir un resultado… deja que una inteligencia superior se ocupe de manifestar lo que es adecuado para ti…

Pon tu mano izquierda sobre tu corazón… quiero que bendigas tu cuerpo… para que se eleve a una mente nueva… que bendigas tu vida… para que sea una prolongación de tu mente… que bendigas tu futuro… para que no vuelva a ser nunca más tu pasado… que bendigas tu pasado… para que se convierta en sabiduría… que bendigas las adversidades de tu vida… para que te permitan conocer tu grandeza… y veas el significado que se oculta detrás de todas las cosas… que bendigas tu alma… para que te despierte de este sueño… y que bendigas lo divino que habita en ti… para advertir su presencia en tu interior… y cómo se expresa a través de ti… y de todo cuanto te rodea… para que te muestre la razón de tu existencia…

Y por último… quiero que agradezcas la nueva vida antes de que se manifieste… para que tu cuerpo, como mente inconsciente, empiece a experimentar ese futuro ahora… Porque la impronta emocional del agradecimiento significa que el acontecimiento ya ha ocurrido… Ya que la gratitud… es el estado por excelencia del que recibe…

Memoriza ahora simplemente este sentimiento… y sé consciente de tu cuerpo nuevo… tu entorno nuevo… y tu tiempo nuevo… y cuando sientas que estás preparado, abre los ojos.

Versión de la meditación de 45 minutos
(cambia una creencia o percepción)

Ahora... sé consciente... del espacio... que hay entre tus ojos... en el espacio.

Siente... la energía del espacio... que hay entre tus ojos... en el espacio.

Y ahora... advierte... el espacio... que hay entre tus sienes... en el espacio.

Percibe... la cantidad de espacio... que hay entre tus sienes... en el espacio.

Y ahora... percibe... el espacio... que tus orificios nasales... ocupan en el espacio.

Siente... la cantidad de espacio... que hay en el interior de tus orificios nasales... en el espacio.

Percibe... el espacio... que hay entre tu lengua y el fondo de tu garganta... en el espacio.

Y ahora fíjate... en la cantidad de espacio... que el fondo de tu garganta ocupa... en el espacio.

Nota... la energía del espacio... alrededor de tus orejas... en el espacio.

Advierte... la energía del espacio... más allá de tus orejas... en el espacio.

Y ahora observa… el espacio… que hay debajo de tu mentón… en el espacio.

Percibe… la cantidad de espacio… que hay alrededor de tu cuello… en el espacio.

Nota… el espacio… que hay más allá de tu pecho… en el espacio.

Y ahora percibe… la energía del espacio… que hay alrededor de tu pecho… en el espacio.

Advierte… la cantidad de espacio… que hay más allá de tus hombros… en el espacio.

Siente… la energía del espacio… que hay alrededor de tus hombros… en el espacio.

Fíjate… en el espacio… que hay detrás de tu espalda… en el espacio.

Percibe… la energía del espacio… que hay más allá de tu columna… en el espacio.

Y ahora nota… el espacio… que hay entre tus muslos… en el espacio.

Fíjate… en la energía del espacio… que conecta tus rodillas… en el espacio.

Sé consciente… de la cantidad de espacio… que hay alrededor de tus pies… en el espacio.

Advierte… la energía del espacio… que hay más allá de tus pies… en el espacio.

Sé consciente… del espacio… que hay alrededor de tu cuerpo… en el espacio.

Percibe… la energía del espacio… que hay más allá de tu cuerpo… en el espacio.

Y ahora… sé consciente… del espacio que hay entre tu cuerpo y las paredes de la habitación… en el espacio.

Siente… la cantidad de espacio… que ocupa toda la habitación… en el espacio.

Sé consciente… del espacio… que ocupa todo el espacio… en el espacio.

Percibe… la cantidad de espacio… que ese espacio toma… en el espacio.

Y ahora… es el momento… de entrar en el estado de sin cuerpo… sin yo… sin materia… sin espacio… sin tiempo… para convertirte en pura conciencia… en una conciencia en el campo infinito de potenciales… y de invertir tu energía en la posibilidad… Y cuanto más permanezcas en lo desconocido… más lo atraerás a tu vida… Conviértete simplemente en un pensamiento en el vacío de lo infinito… y entra en el estado de sin materia… sin cuerpo… sin tiempo… Cuanto más centres tu atención en lo desconocido… más atraerás una nueva vida.

Deja que tu conciencia pase de partícula a onda... de materia a conciencia... de lo material a lo inmaterial... del tiempo y el espacio al sin tiempo y sin espacio... del mundo de los sentidos... al mundo más allá de los sentidos... de lo conocido a lo desconocido... Y si tú... como observador cuántico... descubres que tu mente vuelve a lo conocido... a las personas que conoces... a las cosas... o a los lugares de tu realidad a la que estás acostumbrado... a tu cuerpo... a tus hábitos, a tu identidad, a tus emociones... al tiempo... al pasado... o al futuro previsible... advierte simplemente que estás pensando en lo conocido... vuelve a concentrarte en el vacío de posibilidades... y entra en el estado de sin yo... sin cuerpo... sin materia... sin espacio... sin tiempo... Adéntrate en la esfera inmaterial de los potenciales cuánticos... en la vacuidad de la eternidad... y cuanto más consciente eres de las posibilidades... más posibilidades y oportunidades estás creando en tu vida... Mantente presente...

[Permanece en este estado de 5 a 10 minutos, dependiendo del tiempo del que dispongas para meditar.]

¿Cuál era la primera creencia... o percepción... sobre ti y tu vida que querías cambiar?... ¿Y quieres seguir creyéndolo y percibiéndolo de esa forma?... Si no es así... quiero que tomes una decisión con una intención tan firme... que la amplitud generada por esa decisión cree una energía más poderosa que la de los programas grabados en tu cerebro y la de las adicciones emocionales de tu cuerpo... deja que tu cuerpo responda a una mente nueva... que esta decisión se convierta en una experiencia inolvidable... y que la experiencia interior te produzca una emoción con una energía tan potente que reescriba los programas y cambie tu biología...

Sal del estado en el que te has acomodado y cambia tu energía… para poder cambiar con ella tu biología… ¡Venga! Deja que esto te inspire y trasciende tu pasado. ¡Llénate de inspiración, de fuerza! Deja que tu energía te inspire… y ahora entrega esa creencia a una inteligencia superior… a una mente superior… déjala ir y ofrécesela al campo de posibilidades para que vuelva a convertirse en energía…

Ahora ¿qué es lo que quieres creer y percibir sobre ti y tu vida… y cómo te hará sentir eso?… Venga… entra en un nuevo estado del ser… deja que tu cuerpo se eleve a una mente nueva… y que la energía de esta decisión reescriba los circuitos de tu cerebro y cambie los genes de tu cuerpo… y deja que tu cuerpo se libere del pasado al vivir un nuevo futuro… Cambia tu energía al combinar una intención clara con una emoción elevada para que la materia se eleve a una mente nueva… y deja que la decisión acarree una amplitud de energía más poderosa que la de cualquier experiencia del pasado… y que tu cuerpo sea alterado por tu conciencia, por tu energía… adquiere un estado del ser nuevo… haz que este momento te defina… y deja que este proceso interior, esta experiencia, acarree una energía emocional tan poderosa que se convierta en un recuerdo inolvidable…

Y ahora enseña a tu cuerpo emocionalmente cómo sería creer de este modo… llenarte de fuerza… emocionarte por tu propia grandeza… ser invencible… tener valor… amar la vida… sentirte ilimitado… vivir como si tus oraciones se hubieran cumplido… Deja que tu cuerpo saboree este futuro, y envíe señales nuevas a genes nuevos. Tu energía es lo que afecta a la materia y cuando cambias tu energía, cambias tu cuerpo… Venga, haz que tu mente importe… Desde este nuevo estado del ser, ¿cómo vivirías?… ¿Qué decisiones tomarías… cómo te comportarías… qué experiencias tendrías?… ¿Y cómo te sentirías… al creer en las posibilidades… en ti… en que te curas… en que eres libre… en que te emocionas por tu energía?… Venga, haz que tu futuro cobre vida… Créalo, enamórate de él. Desde este estado del ser, susténtalo con tu atención…. ya que allí donde pones la atención, pones la energía… Invierte en tu futuro observándolo… y deja que sea el que te defina en lugar de tu pasado… Abre tu corazón y deja que tu cuerpo sienta la profunda emoción producida por tu experiencia interior… ya que cualquier cosa que experimentes realmente como posibilidad y aceptes emocionalmente… te acabará encontrando en el futuro… De ser un pensamiento… se transformará en energía… en materia… y ahora olvídate de ello, entrega tu creación… a una inteligencia superior… y deja que se ocupe del resultado de la forma perfecta para ti.

Pon tu mano izquierda sobre tu corazón… quiero que bendigas tu cuerpo… para que se eleve a una mente nueva… a una energía nueva… Que bendigas tu vida… para que sea una prolongación de tu mente… y así tu estado del ser… se refleje en tu mundo… Que bendigas tu futuro… para que no vuelva a ser nunca más tu pasado… que bendigas tu pasado… para que se convierta en sabiduría… que bendigas los retos de tu vida… para que te permitan conocer tu grandeza… que bendigas tu alma… para que te despierte de este sueño y te guíe… y que bendigas lo divino que habita en ti… para que su energía fluya en ti… por ti… a través de ti… y a tu alrededor… y su mente se convierta en la tuya… y su naturaleza… se convierta en tu naturaleza… y su voluntad… se convierta en tu voluntad… y su amor por la vida… se convierta en tu amor por la vida… y para que se te revele enviándote una señal... en tu vida de alguna manera... para que veas que es real... Y ahora después de enviar la señal con tus pensamientos... y de atraer la situación que deseas con tu intensa emoción... quiero que sientas un estado de gratitud... y que des las gracias... por tu nueva vida antes de que se manifieste... Porque la impronta emocional del agradecimiento significa... que el acontecimiento ya ha ocurrido... y cuanto más permanezcas en este estado de gratitud... más atraerás tu nueva vida... ya que la gratitud es el estado por excelencia del que recibe... Y ahora vuelca tu atención en el nuevo cuerpo... la nueva vida... y el nuevo futuro que deseas alcanzar... y cuando sientas que estás preparado... abre los ojos.

Notas

Capítulo 1

1. C. K. Meador, «Hex Death: Voodoo Magic or Persuasion?», *Southern Medical Journal,* vol. 85, n.º 3, págs. 244-247, 1992.

2. R. R. Reeves, M. E. Ladner, R. H. Hart, *et al.,* «Nocebo Effects with Antidepressant Clinical Drug Trial Placebos», *General Hospital Psychiatry,* vol. 29, n.º 3, págs. 275-277, 2007; C. K. Meador, *True Medical Detective Stories,* North Charleston, SC, CreateSpace, 2012.

3. A. F. Leuchter, I. A. Cook, E. A. Witte, *et al.,* «Changes in Brain Function of Depressed Subjects During Treatment with Placebo», *American Journal of Psychiatry,* vol. 159, n.º 1, págs. 122-129, 2002.

4. B. Klopfer, «Psychological Variables in Human Cancer», *Journal of Protective Techniques,* vol. 21, n.º 4, págs. 331-340, 1957.

5. J. B. Moseley, Jr., N. P. Wray, D. Kuykendall, *et al.,* «Arthroscopic Treatment of Osteoarthritis of the Knee, A Prospective, Randomized, Placebo-Controlled Trial. Results of a Pilot Study», *American Journal of Sports Medicine,* vol. 24, n.º 1, págs. 28-34, 1996.

6. Discovery Health Channel, Discovery Networks Europe, Discovery Channel University, *et al., Placebo: Mind Over Medicine?* Este documental, dirigido por J. Arrison, se emitió en el 2002. Films for the Humanities & Sciences, Princeton, Nueva Jersey, 2004, DVD.

7. J. B. Moseley, Jr., K. O'Malley, N. J., Petersen, *et al.,* «A Controlled Trial of Arthroscopic Surgery for Osteoarthritis of the Knee», *New England Journal of Medicine,* vol. 347, n.º 2, págs. 81-88, 2002. El siguiente estudio independiente también reveló los mismos resultados: A. Kirkley, T. B. Birmingham, R. B. Litchfield, *et al.,* «A Randomized Trial of Arthroscopic Surgery for Osteoarthritis of the

Knee», *New England Journal of Medicine,* vol. 359, n.º 11, págs. 1097-1107, 2008.

8. L. A. Cobb, G. I. Thomas, D. H. Dillard, *et al.,* «An Evaluation of Internal-Mammary-Artery Ligation by a Double-Blind Technic», *New England Journal of Medicine,* vol. 260, n.º 22, págs. 1115-1118, 1959; E. G. Diamond, C. F. Kittle y J. E. Crockett, «Comparison of Internal Mammary Artery Ligation and Sham Operation for Angina Pectoris», *American Journal of Cardiology,* vol. 5, n.º 4, págs. 483-486, 1960.

9. T. Maruta, R. C. Colligan, M. Malinchoc, *et al.,* «Optimism-Pessimism Assessed in the 1960s and Self-Reported Health Status 30 Years Later», *Mayo Clinic Proceedings,* vol. 77, n.º 8, págs. 748-753, 2002.

10. T. Maruta, R. C. Colligan, M. Malinchoc, *et al.,* «Optimists vs. Pessimists: Survival Rate Among Medical Patients over a 30-Year Period», *Mayo Clinic Proceedings,* vol. 75, n.º 2, págs. 140-143, 2000.

11. B. R. Levy, M. D. Slade, S. R. Kunkel, *et al.,* «Longevity Increased by Positive Self-Perceptions of Aging», *Journal of Personality and Social Psychology,* vol. 83, n.º 2, págs. 261-270, 2002.

12. I. C. Siegler, P. T. Costa, B. H. Brummett, *et al.,* «Patterns of Change in Hostility from College to Midlife in the UNC Alumni Heart Study Predict High-Risk Status», *Psychosomatic Medicine,* vol. 65, n.º 5, págs. 738-745, 2003.

13. J. C. Barefoot, W. G. Dahlstrom y R. B. Williams, Jr., «Hostility CHD Incidence, and Total Mortality: A 25-Year Follow-Up Studiy of 255 Physicians», *Psychosomatic Medicine,* vol. 45, n.º 1, págs. 59-63, 1983.

14. D. M. Becker, L. R. Yanek, T. F. Moy, *et al.,* «General Well-Being is Strongly Protective Against Future Coronary Heart Disease Events in an Apparently Healthy High-Risk Population», resumen n.º 103966 presentado en las Sesiones Científicas de la Asociación Americana del Corazón, Anaheim, California, 12 de noviembre del 2001.

15. National Cancer Institute, «Anticipatory Nausea and Vomiting (Emesis)», 2013, www.cancer.gov/cancertopics/pdq/supportivecare/nausea/HealthProfessional/page4#Reference4.2.

16. J. T. Hickok, J. A. Roscoe y G. R. Morrow, «The Role of Patients' Expectations in the Development of Anticipatory Nausea Related

to Chemotherapy for Cancer», *Journal of Pain and Symptom Management,* vol. 22, n.º 4, págs. 843-850, 2011.

17. R. de la Fuente-Fernández, T. J. Ruth, V. Sossi, *et al.,* «Expectation and Dopamine Release: Mechanism of the Placebo Effect in Parkinson's Disease», *Science,* vol. 293, n.º 5532, págs. 1164-1166, 2001.

18. C. R. Hall, «The Law, the Lord, and the Snake Handlers: Why a Knox County Congregation Defies the State, The Devil, and Death», *Louisville Courier Journal,* 21 de agosto de 1988; véase también: www.wku.edu/agriculture/thelaw.pdf.

19. K. Dolak, «Teen Daughters Lift 3,000-Pound Tractor Off Dad», ABC News, (10 de abril, 2013), http://abcnews.go.com/blogs/headlines/2013/04/teendaughters-lift-3000-pound-tractor-off-dad.

20. Véase la nota 1.

Capítulo 2

1. H. K. Beecher, «The Powerful Placebo», *Journal of the American Medical Assocation,* vol. 159, n.º 17, págs. 1602-1606, 1955.

2. W. B. Cannon, «Voodoo Death», *American Anthropologist,* vol. 44, n.º 2, págs. 169-181, 1942.

3. La palabra *placebo* se usó por primera vez en el salmo 116 con el que se iniciaban las vísperas católicas para los difuntos. Durante la Edad Media la familia del difunto solía pagar a plañideras para que recitaran estos versos, y como sus llantos fingidos eran a veces demasiado exagerados, la palabra *placebo* acabó significando «adulador» o «zalamero». A principios del siglo diecinueve los médicos comenzaron a administrar tónicos y pastillas inertes, y otros tratamientos parecidos, para tranquilizar a aquellos pacientes a los que no podían ayudar o a los hipocondríacos. Esos médicos tomaron prestada la palabra *placebo* y le dieron el significado que tiene en la actualidad.

4. Y. Ikemi y S. Nakagawa, «A Psychosomatic Study of Contagious Dermatitis», *Kyoshu Journal of Medical Science,* vol. 13, págs. 335-350, 1962.

5. R. Luparello, H. A. Lyons, E. R. Bleecker, *et al.,* «Influences of Suggestion on Airway Reactivity in Asthmatic Subjects», *Psychosomatic Medicine,* vol. 30, n.º 6, págs. 819-829, 1968.

6. J. D. Levine, N. C. Gordon y H. L. Fields, «The Mechanism of Placebo Analgesia», *Lancet,* vol. 2, n.º 8091, págs. 654-657, 1978; J. D. Levine, N. C. Gordon, R. T. Jones, *et al.,* «The Narcotic Antagonist Naloxone Enhances Clinical Pain», *Nature,* vol. 272, n.º 5656, págs. 826-827, 1978.

7. R. Ader y N. Cohen, «Behaviorally Conditioned Immunosuppression», *Psychosomatic Medicine,* vol. 37, n.º 4, págs. 333-340, 1975.

8. H. Benson, *The Relaxation Response,* Morrow, Nueva York, 1975. [Edición en castellano: *La relajación,* Grijalbo, Barcelona, 1997.]

9. N. V. Peale, *The Power of Positive Thinking,* Prentice-Hall, Nueva York, 1952. [Edición en castellano: *El poder del pensamiento tenaz,* Grijalbo, Barcelona, 1981.]

10. N. Cousins, «Anatomy of an Illness (as Perceived by the Patient)», *New England Journal of Medicine,* vol. 295, n.º 26, págs. 1458-1463, 1976. [Edición en castellano: *Anatomía de una enfermedad o la voluntad de vivir,* Kairós, Barcelona, 1982.]

11. N. Cousins, *Anatomy of an Illness as Perceived by the Patient: Reflections on Healing and Regeneration,* W. W. Norton and Company, Nueva York, 1979.

12. T. Hayashi, S. Tsujii, T. Iburi, *et al.,* «Laughter Up-Regulates the Genes Related to NK Cell Activity in Diabetes», *Biomedical Research* (Tokio, Japón), vol. 28, n.º 6, págs. 281-285, 2007.

13. N. Cousins, *Anatomy of an Illness as Perceived by the Patient: Reflections on Healing and Regeneration,* Norton, Nueva York, 1979, pág. 56.

14. B. S. Siegel, *Love, Medicine, and Miracles: Lessons Learned About Self-Healing from a Surgeon's Experience with Exceptional Patients,* Harper and Row, Nueva York, 1986. [Edición en castellano: *Amor, medicina milagrosa,* Espasa, Madrid, 2010.]

15. I. Kirsch y G. Sapirstein, «Listening to Prozac but Hearing Placebo: A Meta-analysis of Antidepressant Medication», *Prevention and Treatment,* vol. 1, n.º 2, artículo 00002a, 1998.

16. I. Kirsch, B. J. Deacon, T. B. Huedo-Medina, *et al.,* «Initial Severity and Antidepressant Benefits: A Meta-analysis of Data Submitted to the Food and Drug Administration», *PLOS Medicine,* vol. 5, n.º 2, pág. e45, 2008.

17. B. T. Walsh, S. N. Seidman, R. Sysko, *et al.,* «Placebo Response in Studies of Major Depression: Variable, Substantial, and Growing», *Journal of the American Medical Association,* vol. 287, n.º 14, págs. 1840-1847, 2002.

18. R. de la Fuente-Fernández, T. J. Ruth, V. Sossi, *et al.,* «Expectation and Dopamine Release: Mechanism of the Placebo Effect in Parkinson's Disease», *Science,* vol. 293, n.º 5532, págs. 1164-1166, 2001.

19. F. Benedetti, L. Colloca, E. Torre, *et al.,* «Placebo-Responsive Parkinson Patients Show Decreased Ativity in Single Neurons of the Subthalamic Nucleus», *Nature Neuroscience,* vol. 7, n.º 6, págs. 587-588, 2004.

20. F. Benedetti, A. Pollo, L. Lopiano, *et al.,* «Conscious Expectation and Unconscious Conditioning in Analgesic: Motor, and Hormonal Placebo/Nocebo Responses», *Journal of Neuroscience,* vol. 23, n.º 10, págs. 4315-4323, 2003.

21. F. Benedetti, H. S. Mayberg, T. D. Wager, *et al.,* «Neurobiological Mechanisms of the Placebo Effect», *Journal of Neuroscience,* vol. 25, n.º 45, págs. 10390-10402, 2005.

22. F. Benedetti, M. Amanzio, S. Baldi, *et al.,* «Inducing Placebo Respiratory Depressant Responses in Humans via Opioid Receptors», *European Journal of Neuroscience,* vol. 11, n.º 2, págs. 625-631, 1999.

23. T. J. Kaptchuk, E. Friedlander, J. M. Kelley, *et al.,* «Placebos Without Deception: A Randomized Controlled Trial in Irritable Bowel Syndrome», *PLOS ONE,* vol. 5, n.º 12, pág. e15591, 2010.

24. A. J. Crum y E. J. Langer, «Mind-Set Matters: Exercise and the Placebo Effect», *Psychological Science,* vol. 18, n.º 2, págs. 165-171, 2007.

25. R. Desharnais, J. Jobin, C. Côté, *et al.,* «Aerobic Exercise and the Placebo Effect: A Controlled Study», *Psychosomatic Medicine,* vol. 55, n.º 2, págs. 149-154, 1993.

26. B. Blackwell, S. S. Bloomfield y C. R. Buncher, «Demonstration to Medical Students of Placebo Responses and Non-drug Factors», *Lancet,* vol. 299, n.º 7763, págs. 1279-1282, 1972.

27. I. Dar-Nimrod y S. J. Heine, «Exposure to Scientific Theories Affects Women's Math Performance», *Science,* vol. 314, n.º 5798, pág. 435, 2006.

28. C. Jencks y M. Phillips, eds., *The Black-White Test Score Gap,* Brookings Institution Press, Washington, D. C., 1998.

29. C. M. Steele y J. Aronson, «Stereotype Threat and the Intellectual Test Performance of African Americans», *Journal of Personality and Social Psychology,* vol. 69, n.º 5, págs. 797-811, 1995.

30. A. L. Geers, S. G. Helfer, K. Kosbab, *et al.,* «Reconsidering the Role of Personality in Placebo Effects Dispositional Optimism, Situational Expectations, and the Placebo Response», *Journal of Psychosomatic Research,* vol. 58, n.º 2, págs. 121-127, 2005; A. L. Geers, K. Kosbab, S. G. Helfer, *et al.,* «Further Evidence for Individual Differences in Placebo Responding: An Interactionist Perspective», *Journal of Psychosomatic Research,* vol. 62, n.º 5, págs. 563-570, 2007.

31. D. R. Hamilton, *How Your Mind Can Heal Your Body,* Hay House, Carlsbad, California, 2010, pág. 19.

32. D. Goleman, B. H. Lipton, C. Pert, *et al., Measuring the Immeasurable: The Scientific Case for Spirituality,* Sounds True, Boulder, Colorado, 2008, pág. 196; B. H. Lipton y S. Bhaerman, *Spontaneous Evolution: Our Positive Future (and a Way to There from Here),* Hay House, Carlsbad, California, 2009, pág. 25.

Capítulo 3

1. A. Vickers, *People v. the State of Illusion,* película dirigida por S. Cervine (Phoenix, *AZ,* Exalt Films, 2012). Véase también Laboratory of Neuro Imaging, Universidad de California, Los Ángeles, www.loni.ucla.edu/About_Loni/education/brain_trivia.shtml.

2. L. R. Squire y E. R. Kandel, *Memory: From Mind to Molecules,* Scientific American Library, Nueva York, 1999. Véase también D. Church, *The Genie in Your Genes: Epigenetic Medicine and the New Biology of Intention,* Elite Books, Santa Rosa, California, 2007, pág. 94. [Edición en castellano: *El genio en sus genes: la medicina energética y la nueva biología de la intención,* Obelisco, Barcelona, 2008].

3. También se conoce como regla de Hebb o ley de Hebb. Véase D. O. Hebb, *The Organization of Behavior: A Neuropsychological Theory,* John Wiley & Sons, Nueva York, 1949. [Edición en castellano: *Organización de la conducta,* Debate, Barcelona, 1985].

4. K. Aydin, A. Ucar, K. K. Oguz, *et al.,* «Increased Gray Matter Density in the Parietal Cortex of Mathematicians: A Voxel-Based Morphometry Study», *American Journal of Neuroradiology,* vol. 28, n.º 10, págs. 1859-1864, 2007.

5. V. Sluming, T. Barrick, M. Howard, *et al.,* «Voxel-Based Morphometry Reveals Increased Gray Matter Density in Broca's Area in Male Symphony Orchestra Musicians», *NeuroImage,* vol. 17, n.º 3, págs. 1613-1622, 2002.

6. M. R. Rosenzweig y E. L. Bennett, «Psychobiology of Plasticity: Effects of Training and Experience of Brain and Behavior», *Behavioural Brain Research,* vol. 78, n.º 1, págs. 57-65, 1996; E. L. Bennett, M. C. Diamond, D. Krech, *et al.,* «Chemical and Anatomical Plasticity Brain», *Science,* vol. 146, n.º 3644, págs. 610-619, 1964.

Capítulo 4

1. E. J. Langer, *Mindfulness,* Addison-Wesley, Reading, Massachusetts, 1989; E. J. Langer, *Counter Clockwise: Mindful Health and the Power of Possibility,* Ballantine Books, Nueva York, 2009.

2. C. Feinberg, «The Mindfulness Chronicles: On the "Psychology of Possibility"», *Harvard Magazine* (septiembre-octubre, 2010), http://hardvardmagazine.com/2010/09/the-mindfulness-chronicles.

3. J. Medina, *The Genetic Inferno: Inside the Seven Deadly Sins,* Cambridge University Press, Cambridge, Reino Unido, 2000, pág. 4.

4. F. Crick, «Central Dogma of Molecular Biology», *Nature,* vol. 227, n.º 5258, págs. 561-563, 1970.

5. M. Ho, «Death of the Central Dogma», Institute of Science in Society, publicado el 9 de marzo del 2004, www.i-sis.org.uk/DCD.php.

6. S. C. Segerstrom y G. E. Miller, «Psychological Stress and the Human Immune System: a Meta-analytic Study of 30 Years of Inquiry», *Psychological Bulletin,* vol. 130, n.º 4, págs. 601-630, 2004; M. S. Kopp y J. Réthelyi, «Where Psychology Meets Physiology: Chronic Stress and Premature Mortality-The Central-Eastern European Health Paradox», *Brain Research Bulletin,* vol. 62, n.º 5, págs. 351-367, 2004; B. S. McEwen y T. Seeman, «Protective and Damaging Effects of Mediators of Stress. Elaborating and Testing the Concepts of Allostasis and Allostatic Load», *Annuals of the New York Academy of Sciences,* vol. 896, págs. 30-47, 1999.

7. J. L. Oschman, «Trauma Energetics», *Journal of Bodywork and Movement Therapies,* vol. 10, n.º 1, págs. 21-34, 2006.

8. K. Richardson, *The Making of Intelligence,* Columbia University Press, Nueva York, 2000, citado por E. L. Rossi en *The Psychobiology of Gene Expression: Neuroscience and Neurogenesis in Hypnosis and the Healing Arts,* W. W. Norton and Company, Nueva York, 2002, pág. 50.

9. E. L. Rossi, *The Psychobiology of Gene Expression: Neuroscience and Neurogenesis in Hypnosis and the Healing Arts,* W. W. Norton and Company, Nueva York, 2002, p. 9.

10. D. Church, *The Genie in Your Genes: Epigenetic Medicine and the New Biology of Intention,* Elite Books, Santa Rosa, California, 2007, pág. 32. [Edición en castellano: *El genio en sus genes: la medicina energética y la nueva biología de la intención,* Obelisco, Barcelona, 2008.]

11. Véase: www.epigenome.org.

12. J. Cloud, «Why Your DNA Isn't Your Destiny», *Time Magazine* (6 de enero, 2010), http://content.time.com/time/magazine/article/0,9171,1952313,00.html#ixzz2eN2VCb1W.

13. M. F. Fraga, E. Ballestar, M. F. Paz, *et al.,* «Epigenetic Differences Arise During the Lifetime of Monozygotic Twins», *Proceedings of the National Academy of Sciences USA,* vol. 102, n.º 30, págs. 10604-10609, 2005.

14. D. Ornish, M. J. Magbanua, G. Weidner, *et al.,* «Changes in Prostate Gene Expression in Men Undergoing an Intensive Nutrition and Lifestyle Intervention», *Proceedings of the National Academy of Sciences,* vol. 105, n.º 24, págs. 8369-8374, 2008.

15. L. Stein, «Can Lifestyle Changes Bring out the Best in Genes», *Scientific American* (17 de junio, 2008), http://www.scientificamerican.com/article.cfm?id=can-lifestyle-changes-bring-out-the-best-in-genes.

16. T. Rönn, P. Volkov, C. Davegårdh, *et al.,* «A Six Months Exercise Intervention Influences the Genome-Wide DNA Methylation Pattern in Human Adipose Tissue», *PLOS Genetics,* vol. 9, n.º 6, pág. e1003572, 2013.

17. D. Chow, «Why Your DNA May Not Be Your Destiny», *LiveScience* (4 de junio, 2013), http:// www.livescience.com/37135-dna-

epigenetics-disease-research.html. Véase también la nota 12 de este capítulo.

18. M. D. Anway, A. S. Cupp, M. Uzumcu, *et al.*, «Epigenetic Transgenerational Actions of Endocrine Disruptors and Male Fertility», *Science,* vol. 308, n.º 5727, págs. 1466-1469, 2005.

19. S. Roy, S. Khanna, P. E. Yeh, *et al.*, «Wound Site Neutrophil Transcriptome in Response to Psychological Stress in Young Men», *Gene Expression,* vol. 12, n.ᵒˢ 4-6, págs. 273-287, 2005.

20. M. Uddin, A. E. Aiello, D. E. Wildmann, *et al.*, «Epigenetic and Immune Function Profiles Associated with Posttraumatic Stress Disorder», *Proceedings of the National Academy of Sciences,* vol. 107, n.º 20, págs. 9470-9475, 2010.

21. S. W. Cole, B. D. Naliboff, M. E. Kemeny, *et al.*, «Impaired Response to HAART in HIV-Infected Individuals with High Autonomic Nervous System Activity», *Proceedings of the National Academy of Sciences,* vol. 98, n.º 22, págs. 12695-12700, 2001.

22. J. Kiecolt-Glaser, T. J. Loving, J. R. Stowell, *et al.*, «Hostile Marital Interactions, Proinflammatory Cytokine Production, and Wound Healing», *Archives of General Psychiatry,* vol. 62, n.º 12, págs. 1377-1384, 2005.

23. J. A. Dusek, H. H. Otu, A. L. Wohlhueter, *et al.*, «Genomic Counter-Stress Changes Induced by the Relaxation Response», *PLOS ONE,* vol. 3, n.º 7, pág. e2576, 2008.

24. M. K. Bhasin, J. A. Dusek, B. H. Chang, *et al.*, «Relaxation Response Induces Temporal Transcriptome Changes in Energy Metabolism, Insulin Secretion, and Inflammatory Pathways», *PLOS ONE,* vol. 8, n.º 5, pág. e62817, 2013.

Capítulo 5

1. S. Schmemann, «End Games End in a Huff», *New York Times* (20 de octubre, 1996), www.nytimes.com/1996/10/20/weekinreview/end-games-end-in-a-huf.html.

2. J. Corbett, «Aaron Rodgers Is a Superstar QB out to Join Super Bowl Club», *USA Today* (20 de enero, 2011), http://usatoday.30.usatoday.com/sports/football/nfl/packers/2011-00-19-aaron-rodgers-cover_N.htm.

3. J. Nicklaus, *Golf My Way,* with K. Bowden, Simon & Schuster, Nueva York, 2005, pág. 79. [Edición en castellano: *Golf: técnicas de juego,* Asesoría Técnica de Ediciones, 1981, pág. 92.]

4. H. H. Ehrsson, S. Geyer y E. Naito, «Imagery of Voluntary Movement of Fingers, Toes, and Tongue Activates Corresponding Body-Part-Specific Motor Representations», *Journal of Neurophysiology,* vol. 90, n.º 5, págs. 3304-3316, 2003.

5. A. Pascual-Leone, D. Niguyet, L. G. Cohen, *et al.,* «Modulation of Muscle Responses Evoked by Transcranial Magnetic Stimulation During the Acquisition of New Fine Motor Skills», *Journal of Neurophysiology,* vol. 74, n.º 3, págs. 1037-1045, 1995.

6. V. K. Ranganathan, V. Siemionow, J. Z. Liu, *et al.,* «From Mental Power to Muscle Power: Gaining Strength by Using the Mind», *Neuropsychologia,* vol. 42, n.º 7, págs. 944-956, 2004; G. Yue y K. J. Cole, «Strenght Increases from the Motor Program: Comparison of Training with Maximal Voluntary and Imagined Muscle Contractions», *Journal of Neurophysiology,* vol. 67, n.º 5, págs. 1114-1123, 1992.

7. P. Cohen, «Mental Gymnastics Increase Bicep Strenght», *New Scientist,* vol. 172, n.º 2318, pág. 17, 2001, www.newscientist.com/article/dn1591-mental-gymnastics-increase-bicep-strength.html. Ui03PLzk_Vk.

8. A. Guillot, F. Lebon, D. Rouffet, *et al.,* «Muscular Responses During Motor Imagery as a Function of Muscle Contraction Types», *International Journal of Psychophysiology,* vol. 66, n.º 1, págs. 18-27, 2007.

9. L. Robertson, *Mind Sculpture: Unlocking Your Brain's Untapped Potential,* Bantam Books, Nueva York, 2000; S. Begley, «God and the Brain: How We're Wired for Spirituality», *Newsweek,* 7 de mayo, 2001, págs. 51-57; A. Newburg, E. D'Aquili y V. Rause, *Why God Won't Go Away: Brain Science and the Biology of Belief,* Ballantine Books, Nueva York, 2001.

10. Rossi, *The Psychobiology of Gene Expression.*

11. Yue y Cole, «Strenght Increases from the Motor Program»; N. Doidge, *The Brain That Changes Itself,* Viking Penguin, Nueva York, 2007.

12. K. M. Dillon, B. Minchoff y K. H. Baker, «Positive Emotional States and Enhancement of the Immune System», *International Journal of Psychiatry in Medicine,* vol. 15, n.º 1, págs. 13-18, 1985-1986; S. Perera, E. Sabin, P. Nelson, *et al.,* «Increases in Salivary Lysozyme and IgA Concentrations and Secretory Rates Independent of Salivary Flow Rates Following Viewing of Humorous Videotape», *International Journal of Behavioral Medicine,* vol. 5, n.º 2, págs. 118-128, 1998.

13. B. E. Kok, K. A. Coffey, M. A. Cohn, *et al.,* «How Positive Emotions Build Physical Health: Perceived Positive Social Connections Account for the Upward Spiral Between Positive Emotions and Vagal Tone», *Psychological Science,* vol. 24, n.º 7, págs. 1123-1132, 2013.

14. T. Yamamuro, K. Senzaki, S. Iwamoto, *et al.,* «Neurogenesis in the Dentate Gyrus of the Rat Hippocampus Enhanced by Tickling Stimulation with Positive Emotion», *Neuroscience Research,* vol. 68, n.º 4, págs. 285-289, 2010.

15. T. Baumgartner, M. Heinrichs, A. Vonlanthen, *et al.,* «Oxytocin Shapes the Neural Circuitry of Trust and Trust Adaptation in Humans», *Neuron,* vol. 58, n.º 4, págs. 639-650, 2008.

16. M. G. Cattaneo, G. Lucci y L. M. Vicentini, «Oxytocin Stimulates in Vitro Angiogenesis via a Pyk-2/Src-Dependent Mechanism», *Experimental Cell Research,* vol. 315, n.º 18, págs. 3210-3219, 2009.

17. A. Szeto, D. A. Nation, A. J. Mendez, *et al.,* «Oxytocin Attenuates NADPH-Dependent Superoxide Activity and IL-6 Secretion in Macrophages and Vascular Cells», *American Journal of Physiology: Endocrinology and Metabolism,* vol. 295, n.º 6, págs. E1495-501, 2008.

18. H. J. Monstein, N. Grahn, M. Truedsson, *et al.,* «Oxytocin and Oxytocin-Receptor mRNA Expression in the Human Gastrointestinal Tract: A Polymerase Chain Reaction Study», *Regulatory Peptides,* vol. 119, n.º (1-2), págs. 39-44, 2004.

19. J. Borg, O. Melander, L. Johansson, *et al.,* «Gastroparesis Is Associated with Oxytocin Deficiency, Oesophageal Dysmotility with HyperCCKemia, and Autonomic Neuropathy with Hypergastrinemia», *BMC Gastroenterology,* vol. 9, p. 17, 2009.

Capítulo 6

1. Discovery Channel, «Brainwashed», segunda temporada, cuarto episodio de la serie *Curiosity* emitida el 28 de octubre del 2012.

Capítulo 7

1. A. Mardiyati, «Kuda Lumping: a Spirited, Glass-Eating Javanese Game of Horse», *Jakarta Globe* (16 de marzo, 2010), www.thejakartaglobe.com/archive/kuda-lumping-a-spirited-glass-eating-javanese-game-of-horse.

2. Lo demuestran dos estudios en particular. En el primero los sujetos se pusieron gafas especiales con las que lo veían todo de color azul al mirar a la izquierda, y de color amarillo al mirar a la derecha. Pero después de un cierto tiempo en lugar de ver el mundo de color azul y amarillo volvieron a verlo como antes, porque no lo estaban percibiendo a través de los ojos sino de su cerebro, el cual llenó la realidad basándose en los recuerdos de los sujetos. Véase I. Kohler, *The Formation and Transformation of the Perceptual World*, International Universities Press, Nueva York, 1964. En el otro estudio, cuando a los participantes depresivos les mostraron dos imágenes distintas en una rápida secuencia —la de una fiesta y la de un funeral—, recordaban la escena del funeral más a menudo de lo habitual, indicando que tendemos a percibir el ambiente de una manera que reafirma cómo nos sentimos. Véase A. T. Beck, *Cognitive Therapy and The Emotional Disorders*, International Universities Press, Nueva York, 1976.

3. D. P. Phillips, T. E. Ruth y L. M. Wagner, «Psychology and Survival», *Lancet*, vol. 342, n.º 8880, págs. 1142-1145, 1993.

4. P. D. Rozée y G. van Boemel, «The Psychological Effects of War Trauma and Abuse on Older Cambodian Refugee Women», *Women and Therapy*, vol. 8, n.º 4, págs. 23-50, 1989; G. B. van Boemel y P. D. Rozée, «Treatment for Psychosomatic Blindness Among Cambodian Refugee Women», *Women and Therapy*, vol. 13, n.º 3, págs. 239-266, 1992.

5. L. Siegel, «Cambodians' Vision Loss Linked to War Trauma», *Los Angeles Times* (15 de octubre, 1989), http://articles.latimes.com/1989-10-15-news/mn-232_1_vision-loss.

6. A. Kondo, «Blinding Horrors: Cambodian Women's Vision Loss Linked to Sights of Slaugther», *Los Angeles Times* (4 de junio, 1989), http://articles.latimes.com/1989-06-04/news/hl-2445_1_pol-pot-khmer-rouge-blindness.

7. P. Cooke, «They Cried until They Could Not See», *New York Times Magazine,* vol. 140, págs. 24-25, 45-48 (23 de junio, 1991).

8. R. de la Fuente-Fernández, T. J. Ruth, V. Sossi, *et al.,* «Expectation and Dopamine Release: Mechanism of the Placebo Effect in Parkinson's Disease», *Science,* vol. 293, n.º 5532, págs. 1164-1166, 2001.

9. S. Siegel y B. M. C. Ramos, «Applying Laboratory Research: Drug Anticipation and the Treatment of Drug Addiction», *Experimental and Clinical Psychopharmacology,* vol. 10, n.º 3, págs. 162-183, 2002.

10. S. L. Assefi y M. Garry, «Absolut Memory Distortions: Alcohol Placebos Influence the Misinformation Effect», *Psychological Science,* vol. 14, n.º 1, págs. 77-80, 2003.

11. R. S. Ulrich, «View Through a Window May Influence Recovery from Surgery», *Science,* vol. 224, n.º 4667, págs. 420-421, 1984.

12. C. W. F. McClare, «Resonance in Bioenergetics», *Annals of the New York Academy of Sciences,* vol 227, págs. 74-97, 1974.

13. B. H. Lipton, *The Biology of Belief: Unleashing the Power of Consciousness, Matter & Miracles,* Hay House, Carlsbad, California, 2008, pág. 111; A. R. Liboff, «Toward an Electromagnetic Paradigm for Biology and Medicine», *Journal of Alternative and Complementary Medicine,* vol. 10, n.º 1, págs. 41-47, 2004; R. Goodman y M. Blank, «Insights into Electromagnetic Interaction Mechanisms», *Journal of Cellular Physiology,* vol. 192, n.º 1, págs. 16-22, 2002; L. B. Sivitz, «Cells Proliferate in Magnetic Fields», *Science News,* vol. 158, n.º 13, págs. 196-197, 2000; M. Jin, M. Blank y R. Goodman, «ERK1/2 Phosphorylation, Induced by Electromagnetic Fields, Diminishes During Neoplastic Transformation», *Journal of Cellular Biochemistry,* vol. 78, n.º 3, págs. 371-379, 2000; C. F. Blackman, S. G. Benane y D. E. House, «Evidence for Direct Effect of Magnetic Fields on Neurite Outgrowth», *FASEB Journal,* vol. 7, n.º 9, págs. 801-806, 1993; A. D. Rosen, «Magnetic Field Influence on Acetylcholine Release at the Neuromuscular Junction», *American Journal of Physiology,* vol. 262, n.º 6, pt. 1, págs. C1418-C1422, 1992; M. Blank, «Na-K-APTase

Function in Alternating Electrical Fields», *FASEB Journal*, vol. 6, n.º 7, págs. 2434-2438, 1992; T. Y. Tsong, «Deciphering the Language of Cells», *Trends in Biochemical Sciences*, vol. 14, n.º 3, págs. 89-92, 1989; G. P. A. Yen-Patton, W. F. Patton, D. M. Beer, *et al.*, «Endothelial Cell Response to Pulsed Electromagnetic Fields: Stimulation of Growth Rate and Angiogenesis in Vitro», *Journal of Cellular Physiology*, vol. 134, n.º 1, págs. 37-46, 1988.

Capítulo 8

1. N. Bohr, «On the Constitution of Atoms and Molecules», *Philosophical Magazine*, vol. 26, n.º 151, págs. 1-25, 1913.

2. F. A. Popp, «Biophotons and their Regulatory Role in Cells», *Frontier Perspectives*, vol. 7, n.º 2, págs. 13-22, 1998.

Capítulo 10

1. D. J. Siegel, *The Mindful Brain: Reflection and Attunement in the Cultivation of Well-Being*, W. W. Norton and Company, Nueva York, 2007. [Edición en castellano: *Cerebro y mindfulness: la reflexión y la atención plena para cultivar el bienestar*, Paidós Ibérica, Barcelona, 2012.]

Capítulo 11

1. L. Fehmi y J. Robbins, *The Open-Focus Brain: Harnessing the Power of Attention to Heal Mind and Body*, Trumpeter Books, Boston, 2007.

Agradecimientos

Después de terminar mi segundo libro estaba seguro de que no volvería a escribir ninguno más. El gran esfuerzo que supuso para mí hacerme un hueco para escribir e investigar mientras dirigía una concurrida clínica de salud integrativa y viajaba casi cada semana, además del tiempo que dedicaba a mi familia, a las reuniones con mi plantilla e incluso a dormir y comer, me impedían darme el lujo de contemplar la naturaleza por la ventana mientras hacía largas pausas para reflexionar en el siguiente pensamiento que estaba a punto de teclear en el ordenador.

He aprendido que llevar una idea inmaterial a la realidad material exige mucha tenacidad, determinación, concentración, resistencia, energía, tiempo, creatividad y —lo más importante— apoyo. Personalmente, he sido capaz de llevarlo a cabo gracias al amor incondicional, al aliento, a la ayuda y la colaboración de mis colegas, mi equipo, mis amigos y mi familia. Les estaré siempre agradecido por ello.

Me gustaría expresar mi gratitud al equipo de Hay House por creer en mí de nuevo. Es un honor y una gran suerte formar parte de una familia tan maravillosa. Quiero darles las gracias a Reid Tracy, Stacey Smith, Shannon Littrell, Alex Freemon, Christy Salinas y al resto del equipo. Espero haberos aportado algo a cada uno de vosotros de algún modo.

De vez en cuando un ángel bendice nuestra vida. Esta clase de ángeles suelen ser humildes, altruistas, poderosos y sumamente abnegados. Mientras escribía este libro tuve la suerte de conocer a un auténtico ángel. Mi querida editora y ahora amiga, Katy Koontz, es la personificación de la excelencia, la magia, la elegancia y la humildad. Katy, ha sido un gran honor para mí haber trabajado contigo en este proyecto. Gracias por ser tan incansable, sensata y sincera conmigo y por ofrecerme tantas cosas.

Te agradezco, Sally Carr, tu participación en mi manuscrito. Tuve la gran suerte de que encontraras siempre un hueco para ayudarme cuando lo necesitaba. Fuiste muy generosa.

También deseo citar a Paula Meyer, mi ayudante de dirección y gestora, que se ha convertido en una auténtica líder y en la voz de la razón en mi vida. Gracias por entregarte con tanta pasión a la misma causa que la mía. Tu luz no cesa de brillar. Estoy impresionado por la persona en la que te has convertido.

Dana Reichel es la administrativa de nuestra clínica y mi ayudante personal. Dana, aprecio el papel decisivo que jugaste al supervisar a la plantilla de la clínica y asegurarte de que todo el mundo se sintiera querido y atendido. No tengo palabras para agradecer tu inteligencia emocional, tu sencilla sabiduría, tu valor y la alegría que le has dado a tanta gente, incluyéndome a mí. Espero que sigas así.

Gracias, Trina Greenbury. Nunca he conocido a una persona tan organizada, profesional, honesta y noble. Te agradezco que hayas seguido el viaje conmigo. Eres asombrosa.

La labor de mi cuñada, Katina Dispenza, ha sido fundamental en mi vida de muchas formas creativas. Katina, me siento muy afortunado por tu gran interés y tu colaboración. Siempre he apreciado los detalles especiales que tuviste en cuenta al representarme en el mundo. Eres extraordinaria.

También doy las gracias en especial a Rhadell Hovda, Adam Boyce, Katie Horning, Elaina Clauson, Tobi Perkins, Bruce Armstrong, Amy Schefer, Kathy Lund, Keren Retter, al doctor Mark Bingel y al doctor Marvin Kunikiyo. Habéis contribuido en mi vida de muchas formas maravillosas, os estoy muy agradecido.

La mente creativa de John Dispenza, mi hermano y mejor amigo, siempre me ha impresionado. Gracias, John, por el diseño de la cubierta y los gráficos, y sobre todo por el amor y los consejos que me has estado dando a lo largo de mi vida.

Jeffrey Fannin es el neurocientífico cuántico que me ha ayudado de infinitas maneras a registrar los cambios. Gracias a ti, Jeffrey, estamos ahora haciendo historia. No sabes lo mucho que te agradezco todo lo que has hecho por mí.

Dawson Church es un genio y un noble amigo al que le apasiona tanto como a mí la ciencia y el misticismo. No sabes cuánto te agradezco, Dawson, las hermosas palabras que has escrito en el prólogo de este libro. Espero que en el futuro trabajemos juntos.

Beth Wolfson es la directora técnica de mis instructores y una gran líder empresarial. Gracias, Beth, por crear conmigo el modelo empresarial para la transformación y por tu infinita pasión al creer en este mensaje. Y también quiero darles las gracias al resto de mis instructores empresariales de todas partes del mundo que trabajan con tanta diligencia para convertirse en el vivo ejemplo del cambio y del liderazgo para muchos. Vuestra gran dedicación es muy estimulante para mí.

Quiero dar en especial las gracias a John Collinsworth y a Jonathan Swartz, que me han guiado, asesorado y aconsejado profesionalmente para que comprendiera mejor los mecanismos del mundo de los negocios.

Doy las gracias a mis hijos Jace, Gianna y Shen, que se están convirtiendo en unos respetables jóvenes adultos, por permitirme ser tan raro.

Y a mi querida Roberta Brittingham, tú eres mi placebo.

Sobre el autor

Joe Dispenza DC captó por primera vez la atención del público al ser uno de los científicos que participó en la galardonada película *¡¡Y tú qué sabes!?* Desde que se estrenó en el 2004, fue expandiendo, profundizando y aumentando vertiginosamente sus investigaciones en varias direcciones fundamentales, y todas ellas reflejan su pasión por explorar cómo podemos aplicar los últimos descubrimientos en el campo de la neurociencia y la física cuántica no solo para curarnos, sino también para llevar una vida más feliz y plena. El doctor Dispenza está convencido de que cada uno de nosotros tenemos el potencial de manifestar nuestra propia grandeza y capacidades ilimitadas.

Como profesor y conferenciante, ha sido invitado a hablar en público en más de 26 países de los 6 continentes, donde ha enseñado a miles de personas con el estilo accesible, alentador y compasivo que lo caracteriza, cómo reprogramar el cerebro y volver a condicionar al cuerpo para producir unos cambios duraderos. Además de ofrecer una variedad de cursos online y de teleclases, imparte por todo el mundo talleres progresivos de tres días de duración y otros avanzados de cinco días.

Como investigador, el doctor Joe Dispenza analiza la ciencia que hay detrás de las remisiones espontáneas y cómo la gente se cura a sí misma de dolencias crónicas e incluso de enfermedades terminales. Últimamente ha empezado a asociarse con otros científicos para llevar a cabo extensas investigaciones sobre los efectos de la meditación durante sus talleres avanzados. Él y su equipo se dedican a realizar los mapeos cerebrales con electroencefalogramas (EEG), a registrar el campo energético que irradiamos los humanos mediante la visualización por descarga de gas (GDV, del inglés gas discharge visualitation), a medir con aparatos del instituto HeartMath la coherencia cardíaca, y a captar la energía del ambiente antes, durante y después del taller por medio de un sensor GDVSPUTNIK. Dentro de poco planea registrar también en sus investigaciones los cambios epigenéticos.

Como autor, el doctor Joe Dispenza ha escrito *Desarrolla tu cerebro: la ciencia de cambiar tu mente* y *Deja de ser tú: la mente crea la realidad,* obras en las que detalla la neurociencia de los cambios y la epigenética. Es doctor en quiropráctica por la Life University, donde se licenció con la máxima calificación. Ha cursado estudios de posgrado en neurología, neurociencia, función y química cerebral, biología celular, formación de los recuerdos, envejecimiento y longevidad. Cuando no está ocupado dando conferencias o escribiendo, atiende a sus pacientes en su clínica quiropráctica en las inmediaciones de Olympia, Washington.

www.drjoedispenza.com

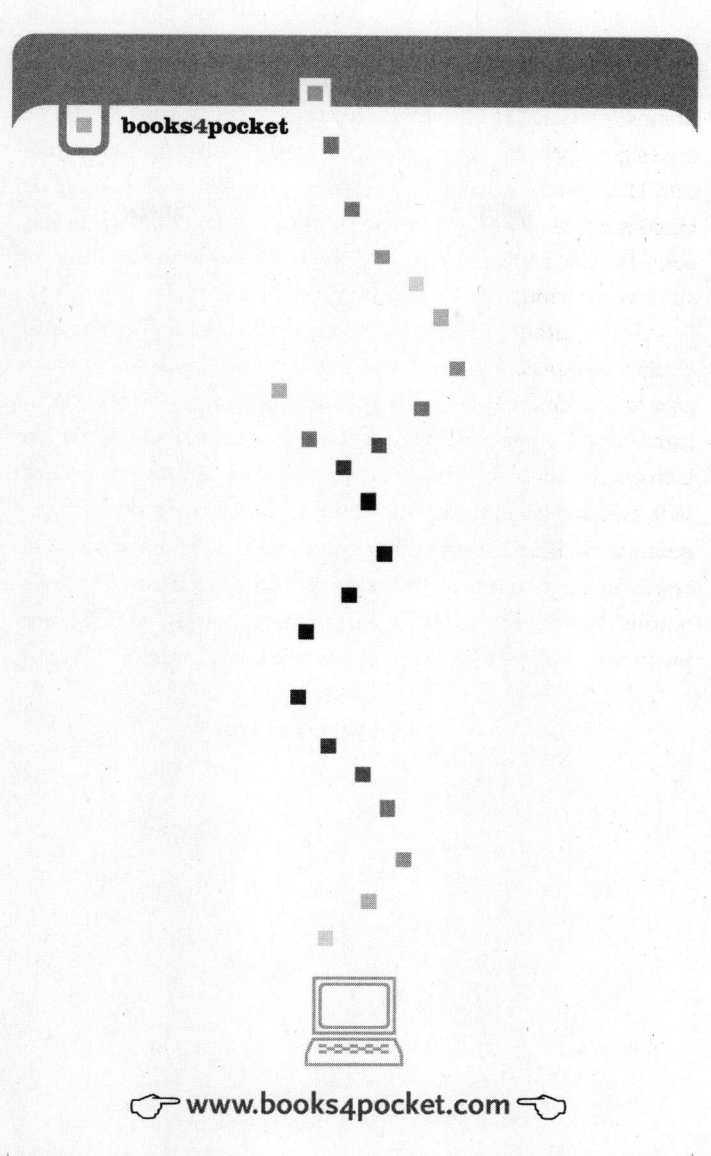

www.books4pocket.com